废旧产品再制造系统
低碳运营管理决策优化

刘碧玉 著

本书获得 国家自然科学基金项目（71971064，71501046）
福建省社会科学规划基地重大项目（FJ2019JDZ012） 等资助
福建省自然科学基金面上项目（2019J01636）

科学出版社
北 京

内 容 简 介

本书是专门研究废旧产品再制造系统低碳运营管理决策问题的著作，主要内容来源于作者及研究生多年研究的积累。本书在前人已有的研究成果基础上，将理论分析和实际问题相结合，从无碳排放约束到考虑碳排放政策影响，再到专利授权背景下考虑碳排放政策影响三种情形下废旧产品再制造系统运营管理决策问题进行较为系统的研究，形成一个比较完整的体系，丰富了回收再制造运营管理决策领域理论研究成果，为制造/再制造商制定运营管理决策提供理论指导，为环境政策制定者提供决策参考，为实现节能减排和可持续发展提供理论支持。

本书可供物流管理、物流工程、工业工程、管理科学与工程、系统工程、控制理论与控制工程、环境科学等相关领域的教学、科研与生产管理人员阅读，也可作为相关专业研究生的教学参考书。

图书在版编目（CIP）数据

废旧产品再制造系统低碳运营管理决策优化/刘碧玉著. —北京：科学出版社，2021.12
　ISBN 978-7-03-065872-2

Ⅰ. ①废⋯ Ⅱ. ①刘⋯ Ⅲ. ①废品回收-低碳经济-运营管理-研究 Ⅳ. ①F713.2

中国版本图书馆 CIP 数据核字（2020）第 153848 号

责任编辑：杭　玫／责任校对：贾娜娜
责任印制：张　伟／封面设计：无极书装

科学出版社出版
北京东黄城根北街 16 号
邮政编码：100717
http://www.sciencep.com

北京虎彩文化传播有限公司 印刷
科学出版社发行　各地新华书店经销
*

2021 年 12 月第　一　版　开本：720×1000　B5
2021 年 12 月第一次印刷　印张：17 1/2
字数：350 000
定价：156.00 元
（如有印装质量问题，我社负责调换）

作者简介

刘碧玉，女，1981年9月出生，湖南祁阳人，管理学博士，福建省社会科学研究基地福州大学物流研究中心，福州大学经济与管理学院副教授、博士研究生导师，Luleå University of Technology 联合培养博士、访问学者，浙江大学博士后。国际生产与运作管理学会（Production and Operations Management Society，POMS）会员、教育部物流管理与工程专业青年工作组成员、中国物流学会常务理事、中国系统工程学会可持续运营与管理系统分会委员、中国"双法"研究会服务科学与运作管理分会理事、国家自然科学基金通讯评审专家、全国大学生物流设计大赛评审专家、福建省商贸流通业专家、福建省绩效评估专家，*IISE Transactions*、*International Journal of Production Research*、*International Journal of Production Economics*、*Journal of Cleaner Production*、 *International Transactions in Operational Research*、《管理科学学报》和《系统工程理论与实践》等期刊审稿人。

研究方向为闭环供应链、服务供应链及可持续运营管理等。近年来，主要集中研究废旧产品回收再制造决策、闭环供应链运营决策、碳排放政策优化和租赁服务供应链可持续运营决策等亟待解决的社会现实问题，主持国家自然科学基金项目 2 项，中国博士后科学基金项目、福建省社会科学规划基地重大项目、福建省自然科学基金面上项目等省部级课题多项。相关研究成果发表在 *International Journal of Production Research*、*International Journal of Production Economics*、*Stochastic Environmental Research and Risk Assessment*、*International Transactions in Operational Research*、*Journal of Cleaner Production*、*Computers & Industrial Engineering*、《管理科学学报》和《中国管理科学》等本学科主流期刊上，分别被 SSCI（Social Sciences Citation Index，社会科学引文索引）、SCI（Science Citation Index，科学引文索引）[均为 JCR（Journal Citation Reports，《期刊引用报告》）二区或一区期刊]和 CSSCI（Chinese Social Sciences Citation Index，中文社会科学引文索引）收录。在 Springer 和科学出版社合作出版学术专著各 1 部；获福建省社会科学成果奖青年佳作奖和江苏高校哲学社会科学优秀成果二等奖。入选"福建省高校新世纪优秀人才计划""福建省高校杰出青年科研人才计划""福州大学旗山学者奖励计划""福州大学杰出青年励志奖"。

主讲"运营管理""采购与供应管理""运输管理""库存控制与优化""工程经济学""现代物流技术与装备""物流中心设计与管理""物流系统工程"等物流专业核心课程，在机械工业出版社合作出版《全球采购与供应管理》教材 1 部，副主编《物流管理概论》、参编《生产运营管理》教材各 1 部。参与省级教学教改项目 2 项，主持福州大学研究生教学教改项目重点项目 1 项；指导学生参加全国大学生物流设计大赛、全国高校商业精英挑战赛创新创业竞赛、全国高校商业精英挑战赛流通业经营模拟大赛、"云丰杯"全国绿色供应链与逆向物流设计大赛等，分别获得过一等奖、二等奖、三等奖等。

序　言

近年来，全球气候变暖已成为人类面临的重大挑战，为减缓这一进程，2005年正式生效的国际公约《京都议定书》设定了一种通过管制和市场双重手段以有效达到减排效果的"减排机制"：针对每个国家或地区设定排放限额，允许"排放权交易"。我国也提出了相应减排目标：2009年，提出到2020年实现碳强度比2005年下降40%~45%的目标；2014年，在《中美发表气候变化联合声明》中宣布于2030年左右二氧化碳排放达到峰值；2020年，国家主席习近平在气候雄心峰会上发表题为"继往开来，开启全球应对气候变化新征程"的重要讲话，宣布中国将提高国家自主贡献力度，采取更加有力的政策和措施，力争2030年前二氧化碳排放达到峰值，努力争取2060年前实现碳中和[①]。这些目标的设定，意味着我国低碳发展任务将更加紧迫。这些目标的实现最终要分解落实到微观企业层面。在减排目标下，回收再制造是企业应对资源短缺和环境污染问题的有效策略。以再制造一个汽车发动机缸盖为例，它所释放的二氧化碳比生产一个新设备减少61%，耗水减少93%，能源减少86%，材料消耗减少99%。基于回收再制造的经济效益和环保效益，同时在企业责任延伸制度的规制下，越来越多的原始设备制造商（original equipment manufacturer，OEM）在生产新产品的同时也回收废旧产品进行再制造，如中国第一汽车集团有限公司、上海大众联合发展有限公司等纷纷进行再制造方面的实践。

国家发展和改革委员会（以下简称国家发改委）2012年公布的数据显示，我国每年家电报废量超过5 000万台，年均增长20%，预计到"十二五"期末，年报废量将达到1.6亿多台；前瞻产业研究院发布的《2018年中国废弃电器电子产品回收处理行业现状与前景预测》统计，全球每年产生的废弃电器电子在4 000万~5 000万吨。2017年，我国废弃电器电子约为1 082万吨，预计到2022年，废弃电器电子将达到2 193万吨。日益增多的废旧产品，使得一些OEM没有足够的

---

① 习近平.继往开来，开启全球应对气候变化新征程. http://politics.people.com.cn/n1/2020/1213/c1024-31964434.html，2020-12-13.

生产能力有效地进行大规模的再制造。因此，一些独立再制造商纷纷涌现，如汽车零部件、机床设备及轮胎再制造商等。1998年，国内首家内燃机再制造商——中国重汽集团济南复强动力有限公司成立；2008年，国家发改委将14家企业列为汽车零部件再制造试点单位，已经进入标准化发展阶段；2015年，潍柴动力（潍坊）再制造有限公司、东风康明斯发动机有限公司、大众一汽发动机（大连）有限公司等10家再制造发动机、变速箱车企业被列为再制品"以旧换再"推广试点企业。此外，国家发改委同相关部委推进再制造产业示范基地建设，国务院在循环经济发展战略及行动计划中也提出要规划集中建设5~10个零部件再制造产业示范基地。这些再制造商的涌现及再制造产业示范基地的建设，预示着再制造工程在我国已经蓬勃发展。这些企业在制定战略或运营决策时，同样受到碳排放政策的管制。因此，研究废旧产品再制造系统低碳运营管理决策优化问题具有重要的理论和现实意义。

本书在借鉴前人研究成果的基础上，将废旧产品回收再制造系统作为具体研究对象，聚焦研究该系统低碳运营管理决策优化问题，全书分四篇，按照理论基础——一般环境下废旧产品再制造系统运营管理决策优化——低碳环境下废旧产品再制造系统运营管理决策优化——专利授权下废旧产品再制造系统低碳运营管理决策优化"由浅入深，由简至繁"的思路进行写作。

第一篇：理论基础篇。首先，阐述再制造的概念、内涵和特征，对废旧产品再制造系统的一般流程及其不确定因素展开分析；其次，提出降低不确定因素对再制造系统运营管理决策影响的方法，以期为后续研究奠定基础。

第二篇：一般环境下废旧产品再制造系统运营管理决策优化。在没有考虑碳排放政策约束下，着重研究各个子系统运营管理决策之间的协调优化问题。首先，研究提前期问题，以由采购零部件和再制造零部件组成的再制品为研究对象，以实现拆卸子系统、再加工子系统和重新装配子系统在时间上的有效衔接；其次，在此基础上进行各子系统批量计划和再制造系统主生产计划的研究，从而实现废旧产品再制造系统整体的有效协调。

第三篇：低碳环境下废旧产品再制造系统运营管理决策优化。首先，基于系统动力学分析影响废旧产品再制造系统碳排放量及其成本的影响因素；其次，分析各种不同碳排放政策和基金补贴下废旧产品再制造系统运营管理决策；最后，基于以上研究结果分别从回收商、再制造商和政府等不同层面提出减排策略。

第四篇：专利授权下废旧产品再制造系统低碳运营管理决策优化。针对专利授权下无碳排放约束和有碳排放政策影响两种情形，分别建立需求确定条件下和不确定条件下由制造商与再制造商组成的两阶段博弈模型，比较两种情形下的最优策略，研究不同碳排放政策对两者运营决策的影响。

本书涉及的科研成果是在国家自然科学基金项目"产品租赁服务供应链可持续运营决策与协调优化"（71971064）、"考虑碳排放政策的废旧产品回收再制造决策与减排策略研究"（71501046），福建省社会科学规划基地重大项目"专利授权下考虑碳排放的闭环供应链可持续运营策略"（FJ2019JDZ012）和福建省自然科学基金面上项目"共享经济下面向再制造的租赁产品服务系统可持续运营策略"（2019J01636）等资助下取得的。在此表示衷心的感谢！

作　者

2021 年 12 月

目 录

第一篇 理论基础篇

第1章 废旧产品再制造系统概述 3
1.1 再制造概述 3
1.2 废旧产品再制造系统一般流程及其再制造子系统分析 7
1.3 影响废旧产品再制造系统运营管理决策的不确定因素 9
1.4 降低不确定因素对废旧产品再制造系统运营管理决策影响的方法 11

第二篇 一般环境下废旧产品再制造系统运营管理决策优化

第2章 废旧产品再制造系统生产计划提前期决策优化 15
2.1 问题描述及参数定义 15
2.2 不考虑再制造率情形下再制造系统生产计划提前期优化 18
2.3 考虑再制造率情形下再制造系统生产计划提前期优化 28

第3章 废旧产品再制造系统生产批量决策优化 39
3.1 问题描述及参数定义 39
3.2 考虑拆卸后零部件质量状况的拆卸和再制造总成本模型 43
3.3 考虑采购提前期的再制造系统综合优化模型 45
3.4 算例分析 48

第4章 废旧产品再制造系统主生产计划优化 54
4.1 问题描述及参数定义 54
4.2 优化模型构建 56

4.3 优化模型求解 ·· 57

第三篇　低碳环境下废旧产品再制造系统运营管理决策优化

第5章　考虑碳排放的废旧产品再制造系统动力学模型及影响分析 ········ 71
5.1 问题描述 ·· 71
5.2 因果关系图 ·· 74
5.3 系统动力学模型构建 ·· 76
5.4 系统动力学模型仿真及分析 ·· 78

第6章　碳排放政策影响下废旧产品再制造系统低碳运营管理决策优化 ···· 84
6.1 碳排放政策影响下废旧产品再制造系统回收决策优化 ··············· 84
6.2 碳排放政策影响下废旧产品再制造系统再制造决策优化 ············ 108

第7章　碳排放政策和基金补贴政策下废旧产品再制造系统运营管理决策 ···· 127
7.1 问题描述 ··· 127
7.2 基金补贴政策下废旧产品再制造系统运营管理决策优化 ··········· 129
7.3 碳税政策与基金补贴政策下废旧产品再制造系统运营管理
决策优化 ·· 139

第8章　低碳环境下废旧产品再制造系统减排策略 ······················· 152
8.1 不同碳排放政策下废旧产品再制造系统成本与碳排放 ············· 152
8.2 碳排放政策和基金补贴政策下废旧产品再制造系统成本与碳排放 ··· 156
8.3 废旧产品再制造系统减排策略 ······································· 171

第四篇　专利授权下废旧产品再制造系统低碳运营管理决策优化

第9章　不考虑碳排放约束的再制造系统运营管理决策优化 ············· 179
9.1 问题描述及参数定义 ·· 179
9.2 需求确定情形下无碳排放约束的再制造系统运营管理决策优化 ··· 182
9.3 需求不确定情形下无碳排放约束的再制造系统运营管理决策优化 ··· 187

第 10 章 需求确定条件下考虑碳排放政策影响的低碳运营管理决策优化 ······ 196

10.1 问题描述与参数定义 ······ 196
10.2 碳税政策下再制造系统运营管理决策优化 ······ 197
10.3 碳限额与交易政策下再制造系统运营管理决策优化 ······ 200
10.4 数值算例分析 ······ 212

第 11 章 需求不确定条件下考虑碳排放政策约束的再制造系统运营管理决策优化 ······ 217

11.1 碳税政策下再制造系统运营管理决策优化 ······ 217
11.2 碳限额与交易政策下再制造系统运营管理决策优化 ······ 224
11.3 数值算例分析 ······ 230

第 12 章 专利授权下废旧产品再制造系统中主要参数对运营管理决策的影响 ······ 232

12.1 新品和再制品需求方差对运营决策的影响 ······ 232
12.2 再制造率对运营决策的影响 ······ 238
12.3 消费者购买意愿对运营决策的影响 ······ 245

参考文献 ······ 252

第一篇
理论基础篇

第1章 废旧产品再制造系统概述

相对于一般制造系统,废旧产品再制造系统的显著特征在于存在诸多不确定因素。本章先阐述废旧产品再制造的概念、内涵和特征,然后从再制品的源头到再制品的终端需求,分析废旧产品再制造系统中存在的不确定性,以及其对废旧产品再制造系统运营管理决策的影响,并提出降低负面影响的措施,进而为后续对不确定性的处理提供依据。

1.1 再制造概述

1.1.1 再制造的概念

20世纪80年代以来,由于再制造具有环保性和经济性等特点,越来越受到学术界和企业界的广泛关注。相对于一般制造而言,迄今为止,再制造还没有一个统一的定义。

美国再制造研究先驱Lund和Mundial(1984)最早对再制造(Remanufacturing)进行了定义,他们认为"再制造是指将废旧产品进行恢复与处理的过程,最终使其达到可用和经济的状态,它包括对废旧产品的拆卸、清洗、维修、重新装配及调试等全过程";Guide等(1997)将再制造定义为一个能使废旧产品恢复到与原产品功能和寿命完全一样状态的过程;德国再制造工程中心将再制造定义为,以废旧产品为毛坯,采用特殊的工艺和专门的技术对拆解后的零部件进行一次全新的制造,且通过该过程制造出来的产品无论在质量上还是性能上都不低于原新品(Steinhilper,1998);Kerr和Ryan(2001)认为再制造是指将废旧产品加工处理成与原产品同质的再循环过程。2009年,英国标准"Design for Manufacture, Assembly, Disassembly and End-of-Life Processing(MADE). Part 2: Terms and

Definitions"对再制造的定义如下：通过加工处理将使用过的废旧产品至少恢复到原产品性能，并确保其性能不亚于新产品的过程（Return a used product to at least its original performance with a warranty that is equivalent or better than that of the newly manufactured product）。

我国再制造研究先驱徐滨士等（2000）将再制造工程简称为再制造，并指出，产品生命周期理论是再制造研究的理论基础，其研究对象为废旧产品的报废或恢复处理等环节，研究内容则为研发新的再制造技术以修复废旧产品性能，目的是保障废旧产品生命周期终端的高性能及低投入使用。2007年，徐滨士（2007）进一步给出了再制造的详细定义，即"再制造是指以产品全生命周期理论为指导思想，以恢复废旧产品性能为最终目标，以节能环保、优质、高效为行动准则，以先进高新技术和产业化、规模化生产为手段，对回收回来的废旧产品进行性能修复和价值恢复所采取的一系列技术措施或工程活动过程的总称"。

由以上定义可以看出，"和新品一样"是再制造定义中的关键措辞。若站在生产厂商的角度来看，再制造的定义首先表明了再制造商生产运营的根本目的，其次提出了对再制品的要求及再制造商对履行这种要求的能力。再制造毛坯可能存在诸多缺陷，但再制造商必须再制造出符合"和新品一样"的标准的再制品；若从顾客（客户）的角度来看，"和新品一样"则代表了顾客（客户）对再制品的期望，即无论是在性能上还是在外观上，再制品必须达到或优于同类新品的规格。

1.1.2 再制造的内涵

再制造的本质是一种修复，它包含物理和化学过程，但与维修和再循环存在着很大区别。与维修的差异体现在各自的目的上，如维修通常发生在产品使用阶段，它的目的是保持企业正常运转而采取的相关措施，而再制造是指将回收回来的废旧产品进行拆卸，并对拆卸得到的零部件进行分类检测，运用高新技术对具有剩余价值的零部件进行修复和升级，使得到的再制品无论是在质量上还是在性能上都能达到甚至超出原产品的质量和性能。再制造与再循环的不同主要体现在工艺过程上，再循环是指在对回收产品进行拆解、粉碎、分离乃至燃烧等操作后，只回收利用部分材料与能量的过程，在这个过程中，原产品的形状和性能不但被破坏，而且首次制造时的产品的附加值已不复存在，在此过程中需要消耗大量的新能量，并会产生大量的废水、废气等环境污染物（徐滨士等，2000），而废旧机电类产品的再制造工艺流程类似于但又有别于大修，相较于大修，两者在效果上存在较大区别，再制造效果主要体现在以下四个方面（朱胜和姚巨坤，2009）：①具备规模化、批量化及专业化等生产过程；②需要先进的再制造技术和现代生产管理手段，如表面工程技术、寿命评估技术等；③包括对原产品的技术升级；④得到的再制品性能达到甚至超过新品。

由此，通过以上分析，可将再制造内涵总结如下：①再制造是在统筹考虑产品全生命周期和充分利用回收产品零部件的基础上，运用相关技术得到不亚于新品性能的再制品，在这个过程中可以实现减少环境污染的功能；②对落后的被淘汰产品实施再制造，不仅可以提升其产品性能，还可以延长其生命周期；③对废旧产品零部件实施再制造，可以扩大它的应用范围。然而，并非所有的废旧产品都适合进行再制造，Lund（1996）认为只有满足以下六个条件的废旧产品才适合进行再制造：①具备持久、耐用等特性，即在产品生命周期内，无论是在正常使用还是在维修状况下，都具有良好的耐用、耐磨性及抗环境分解能力，同时不额外消耗资源，可以持续满足顾客（用户）的需求；②产品功能的非完整性，即回收产品只是丧失部分功能，且仅为表面损伤，而内部材质功能保持完好；③具备可替换的和能实施标准化批量生产等功能的产品；④具备较高剩余价值，即使得再制造的经济效益得到保证；⑤为保证再制造的可行性，需具备成熟稳定的制造技术；⑥为保证再制造的终端消费，顾客（用户）对再制品具有一定的认同性。此外，Lund（1996）还分析了进行再制造可能存在的风险：①顾客对再制品的认可度不高将直接影响再制品的销量；②高质量废旧产品的匮乏及较高的价格会严重限制再制造的规模；③基于竞争或技术保护，OEM极有可能从技术或法律层面（如加快产品更新换代的速度或提高新旧产品间零部件的不兼容性）提高再制造商进入门槛。

1.1.3 再制造的特征

由于自身的特殊性，不同于一般制造系统的生产方式，再制造具有以下七项主要特征（陈翔宇和梁工谦，2006）。

（1）制造对象不同。再制造通常主要以回收产品、废旧零部件或毛坯为对象，通过采取各种不同技术与措施对这些废旧产品进行修复。

（2）产品流程不同。一般来说，再制造由"拆卸、再加工和重新装配"等"三大工序"组成，或如图1-1所示，由包括产品完全拆卸和分解、分解后的零部件清洗、零部件详细检测和分类、零部件修复和更换、产品再装配、最终测试六道分解工序组成。

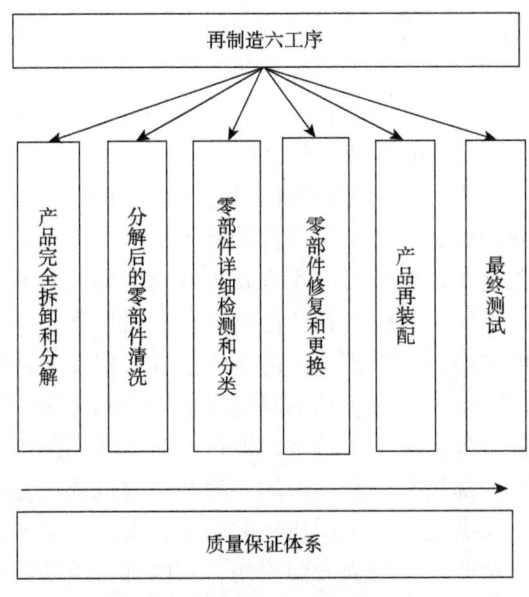

图 1-1 再制造六工序示意图

（3）物流管理不同。再制造的对象为回收回来的废旧产品，从这个角度来说，再制造物流过程属于逆向物流过程。由于在再制造过程中，有时也需要从外部采购新的零部件，从而也包含了正向物流，又因为再制造过程的随机性，其物流管理相比一般制造过程更具复杂性。

（4）生产技术不同。相对于一般制造系统，再制造对象通常是那些在尺寸、性能等方面存在不同程度损耗的废旧零部件，因此需要借助于"加法技术""恢复技术""强度技术""表层防护技术"等一系列区别于一般制造技术的再制造技术，才能将这些废旧零部件恢复到正常的技术标准。

（5）质量控制不同。再制品和零部件的特殊性、废旧产品的多生命周期性及再制造过程中较大的随机性等，使得在再制造过程中，并不能仅仅依赖于传统的质量控制和质量改进方法。

（6）生产组织不同。不同于一般制造系统，再制造过程具有高度不确定性且存在苛刻的约束条件等不同于一般制造系统的复杂性，导致传统的生产组织方法不能保障再制造正常的生产节奏和准时性。

（7）生产控制不同。再制造过程既包括正向物流，也包括逆向物流，这一特殊性使得再制造过程具有时变性和离散性等特点，从而导致整个再制造系统的生产控制更为复杂。

1.2 废旧产品再制造系统一般流程及其再制造子系统分析

1.2.1 再制造系统一般流程

再制造是一项极其复杂的系统工程，主要包括拆解、零部件分类、清洗、寿命评估与鉴定、再制造加工或新零部件更换、产品重新装配、质量与性能检测等步骤（Xu and Zhu，1999）。中国国家标准计划项目《机械产品再制造通用技术要求》（项目编号：20091291-T-469）以图示的方式给出了再制造系统的一般流程，如图1-2所示（Xu and Zhu，1999）。

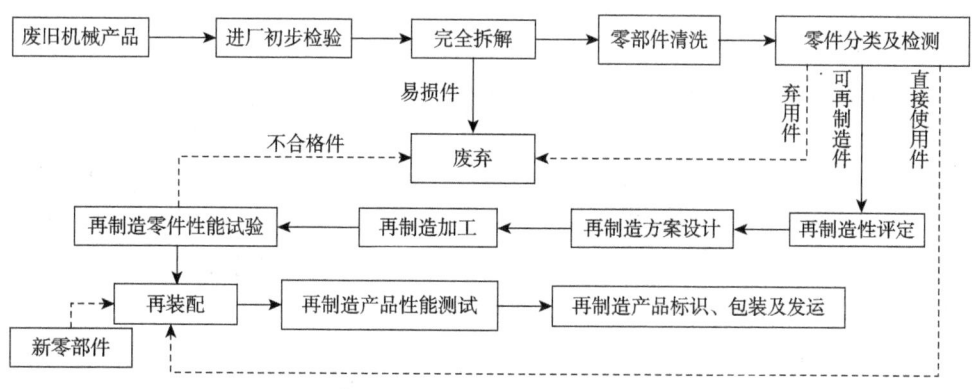

图1-2 再制造系统的一般流程

由图1-2可以看出，对废旧产品实施再制造不仅是一个循环利用的过程，也是一个完整的生产经营过程。以汽车发动机的再制造过程为例，先将回收回来的废旧发动机作为"再制造毛坯"，采用先进的加工设备和工艺，按照严格的技术标准要求，对废旧发动机的主要部件进行清理、再制造和全面检测。同时，为了保证制造精度对易磨损件进行更换，经过重新装配后进行整机检测，待达到或超过新发动机的性能标准后，最后发包销往再制品市场。因而，通过图1-2所示的流程还可以看出，相对于新品制造，再制造在技术及管理上提出了新的要求。

1.2.2 再制造系统分析

本书所研究的再制造系统包括拆卸、再加工和重新装配三个子系统。这三个子系统有着紧密的联系,三者之间的关系如图 1-3 所示。不同子系统之间有着不同的研究问题,下面将分别针对不同子系统进行分析。

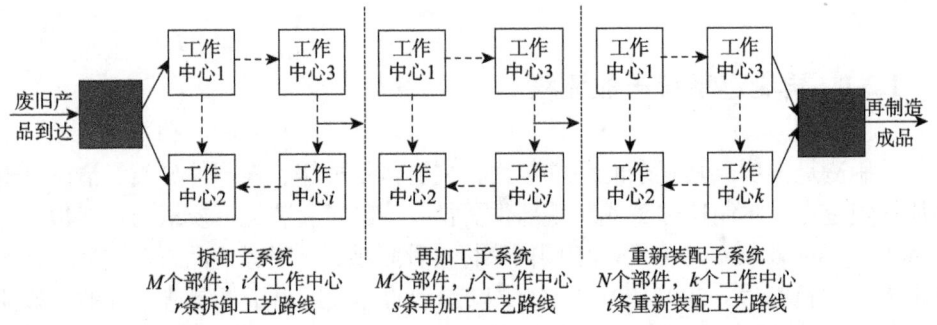

图 1-3 再制造系统示意图

1. 拆卸子系统

拆卸是废旧产品再制造系统特有的环节,作为零部件进入再制造的门槛,会影响到再制造的其他各个方面。拆卸子系统的主要任务是完成废旧产品的拆卸,同时还包括对拆卸后零部件的清洗、检测及性能评估等工作。然后确定哪些产品或零部件具有再制造价值,并让有价值的产品或零部件进入再加工子系统,从而实现材料的回收和零部件的再制造。综上所述,在拆卸子系统内部,主要的研究问题包括拆卸提前期、拆卸批量计划和拆卸序列综合集成优化等。其中,拆卸提前期对废旧产品的拆卸时间起决定性作用;拆卸批量计划主要确定给定计划期内废旧产品拆卸批量;拆卸序列综合集成优化主要确定拆卸顺序。

2. 再加工子系统

再加工子系统的主要任务是将拆卸完的零部件恢复到新的状态,所使用的加工技术包括通过更换一些小的零件或者对拆卸完的零部件进行尺寸修理,即对表面有划伤、压痕或腐蚀等缺陷的零部件采用表面工程、热喷涂等技术进行性能恢复。然而,在再制造过程中,不同的工位或者不同的工作中心所完成的工作可能不一样。因此,再制造作业调度还涉及工作位置的选择、工作顺序的安排及零部件的运输。值得注意的是,在再制造过程中对于那些易磨损、老化、无再制造价值的零部件,需要进行外部采购以满足重新装配的要求。因此,再加工子系统作业调度除了涉及加工中心的选择、工作顺序的安排及零部件的运输外,还需对再制造数进行选择。此外,再制造车间协调工作中最大的困难来自回收的废旧产品质量状态的差异、回收废旧产品时间的不确定性,以及获得合格零部件数量的随机性。

3. 重新装配子系统

在重新装配子系统中,当有些零部件已经损坏报废或者再制造零件无法满足市场需求时,则需要进行采购,采购的零部件和再制造零部件有互补与替代两种关系。重新装配子系统将这些采购的零部件和已恢复的再制造零部件重新组装为再制品,就需要充分协调新零部件供应系统和再制造零部件供应系统。其中,新零部件供应系统通常由外部供应商等组成;再制造零部件供应系统通常由企业内部仓库、拆卸及再制造车间等组成。一般来说,企业会优先使用再制造得到的可用零部件,如果再制造零部件的数量能够满足生产要求,则不需要使用新的零部件;否则,使用新的零部件以补充其中的差额部分。

1.3 影响废旧产品再制造系统运营管理决策的不确定因素

再制造系统存在着大量的不确定性因素(Guide,2000),如废旧产品的时间、数量及质量的不确定性,从而使得再制造决策变得复杂。为更好地认识影响再制造生产计划的不确定性因素,本书基于已有研究成果(Guide et al.,1997,1999a,2003a;Guide,2000),按照再制品再制造正向流程从"原材料"(即废旧产品)的输入到终端产品的输出的顺序,对废旧产品再制造系统中的不确定因素进行分析。

1.3.1 回收提前期、数量和质量的不确定性

不同产品具有不同的生命周期,且因使用程度差异,使得在废旧产品回收过程中,无法预知回收提前期、数量和质量,而回收数量的保证又依赖于产品回收的逆向物流网络,这些不确定性是再制造生产计划较之一般制造系统生产计划制订复杂的主要原因。产品使用寿命的不确定性和销售的随机性,使得回收产品到达时间和数量不确定,从而导致拆卸后零部件再制造工艺路线的随机性;受产品所属行业、所处生命周期阶段、技术更新速度、企业产品销售状况、回收策略及回收努力等众多因素的影响,回收产品在供应数量和质量等方面的可预测性较

差，其不确定性将造成物料情况的不确定，最终导致约束匹配的复杂和回收需求难以平衡等问题。因而，废旧产品可回收数量和质量的不确定性使再制造生产计划明显复杂于一般制造系统生产计划。

1.3.2 拆卸提前期和拆卸序列的不确定性

拆卸子系统作为再制造系统的首要环节，拆卸计划的制订必然会影响整个再制造生产计划，如果不能与再制造其他子系统有效协调，将导致再制造系统的高库存，从而降低整个再制造系统的效率。回收的废旧产品在使用过程中常常有部分零部件出现耗损或丢失现象，使得待拆卸的废旧产品的质量状态和空间结构极其不确定，从而导致拆卸无法按照既定的技术路线进行操作；如果拆卸目标零部件是多种产品的通用零部件，回收进入拆卸车间的废旧产品类型各异，且不同产品拆卸深度、拆卸路径均不相同，故拆卸子系统的操作明显区别于装配的逆过程，是一个工艺复杂多变、对象不确定的过程。同时，由于拆卸操作自动化程度低，拆卸时间也具有高度的不确定性，不同产品结构的废旧产品的拆卸时间也存在很大差异，因而预估拆卸作业时间和确定准确的提前期变得十分困难。

1.3.3 再制造加工路线、加工时间和再制造率的不确定性

回收产品的实际质量通常只有在拆卸检测后方可确定，拆卸后零部件的质量差异会导致在再加工子系统中工艺路线、处理时间、可再制造率等方面具有高度的随机性。再制造加工路线、加工时间的不确定，是在制订实际的生产计划和调度方案时最受关注的问题。回收产品个体状况的不同，将会导致再制造流程的不同。因此，在再加工子系统中，其加工路线是不确定的；高度变动的加工时间也是回收产品可利用质量状况的函数。拆卸子系统在拆卸提前期、拆卸批量和废旧零部件质量上存在的不确定性，使得再制造加工和装配环节生产计划的安排十分复杂，再制造和装配的工序安排、提前期和库存量等安排都高度可变。

1.3.4 再制品需求的不确定性

除以上不确定性外，相对于新品，再制品的需求波动性更大。这包括顾客（用户）对再制品的认知差异和需求预测的偏差等。实际上，需求预测的结果往往是根据某种需求预测模型得来的，但这些模型通常同实际存在着一定的偏差，且对于一些定性的特征（如需求的波动及客户心理等），模型本身无法体现。因

此，需求预测更具不确定性；相比欧美国家消费者而言，受各种因素影响，我国对产品的回收意识还不强，顾客（用户）对再制品的认知相对模糊，进而导致再制品市场需求具有高度的不确定性。另外，需求不确定性还表现在再制品对新产品的双边替代规律及对客户价值和市场需求的影响。

1.4 降低不确定因素对废旧产品再制造系统运营管理决策影响的方法

Guide 等（1999a）、Gungor 和 Gupta（1999）研究指出，在废旧产品再制造系统中面临的主要困难是不确定性及其引起的可变性，面对这些不确定性因素，传统的生产计划工具并不适用。因此，在研究废旧机电类产品再制造过程中，降低不确定性因素对生产计划制订的不利影响，是一项迫切需要攻克的课题。近年来，已经有不少学者针对这一课题展开了研究，从不同角度提出了一些方法以降低不确定性因素对再制造系统的影响。

1.4.1 提高库存量降低不确定因素对生产过程的影响

Guide 等（1999a）提出的通过提高库存量来降低不确定因素对生产过程的影响的方法，是早期较常采用的主要方法。这一方法虽然在一定程度上可以缓冲部分变动性，抵消不确定性对生产系统带来的部分影响，但对再制造商而言，若对回收的废旧产品采取高库存策略，将导致企业耗费巨大的资金，降低存货周转率，结果必然会影响企业收益。Luh 等（2005）的研究表明，库存设置的合理性能在一定程度上减少不确定因素对再制造系统的影响。

1.4.2 从不确定性来源的角度寻求降低对生产系统影响的方法

通过 1.3 部分对影响再制造生产计划的不确定性因素分析可知，回收产品的回收时机和质量的不一致等是不确定因素产生的主要根源，回收产品的可用部分取决于废旧产品的生命周期和已服役时间。因此，有学者追溯到废旧产品的回收环节，如 Guide 等（2003b）提出用财政激励措施来确定废旧产品的回收时间、数量和质量及该过程相关的物流函数，进而降低不确定性因素对再制造系统的影响；Zikopoulos 和 Tagaras（2008）、Galbreth 和 Blackburn（2006）指出，可通过对回收产品进行快速分类，明确其质量等级，从而降低回收产品质量的不确定性带来的影响。此外，Reveliotis（2007）在提出不确定性管理概念的基础上，尝试通过机器学习中的强化学习理论来管理再制造系统中拆卸计划的不确定性。

1.4.3 提高对废旧产品回收数量和回收时间的预测能力，降低回收不确定性

将预计能回收的废旧产品数量和实际需求数量进行比较，可以有效降低回收产品数量和到达时间的不确定性对再制造系统生产计划制订的影响。有调查显示，仅少部分企业对废旧产品的到达时间和数量有一定的控制，且这部分企业也只是建立了一个废旧产品累积系统，即当市场对再制品有需求时就从废旧产品库存中取出一部分用于再制造。然而，回收的不确定性往往使这些企业的废旧产品库存量是实际投入再制造数的三倍。因而，有必要降低回收过程中的不确定性。

1.4.4 加强各部门协调和信息共享，降低不确定性因素对再制造系统影响

各职能部门之间的互相协调，即各部门建立回收废旧产品和购买（或生产）新部件之间的平衡信息（尤其是当新品的生产与再制造需要相同的资源时，这些信息变得极为关键），将有助于消除废旧产品回收、拆卸、再制造和重新装配等环节中的不确定性。此外，信息的透明度和及时对这些信息进行整合，可在某种程度上降低再制造过程中不确定性带来的生产计划的变动性。同时，由于再制造具有劳动密集型特点，提高再制造过程中各类信息的透明度，不仅可以降低随机性对再制造系统的干扰，还能提高再制造生产计划的准确性。因而，针对再制造系统中特有的不确定性，借助一定的信息化技术，实现再制造系统中的信息共享极其必要。

第二篇

一般环境下废旧产品再制造系统运营管理决策优化

第 2 章　废旧产品再制造系统生产计划提前期决策优化

提前期的确定是废旧产品再制造系统运营管理决策制定过程中的一个关键问题。进行再制造的产品一般是价值昂贵的产品，如发动机、打印机等，这些产品在再制造过程中依然会产生库存成本，且从废旧产品的分类、拆卸、再制造和重新装配等过程的物料匹配角度来看，采用按订单生产（make to order，MTO）的策略更为合理（Guide，2000）。在这种策略下，快速响应顾客需求和准时交货尤为重要，而对于同时采用再制造零部件和采购零部件的制造/再制造混合系统来说，拆卸后零部件可再制造性和质量的不确定性使得再制造过程中提前期的确定十分困难。如何确定合理的再制造系统生产计划提前期，均衡库存成本和缺货成本使得废旧产品再制造系统的效用最大化成为制订再制造生产计划的关键。因此，本章综合考虑再加工和重新装配两个子系统，从整体的角度研究 MTO 策略下由采购零部件和再制造零部件构成的单一再制品的提前期优化问题。

2.1　问题描述及参数定义

2.1.1　问题描述

本章在现有研究成果的基础上，研究由再制造零部件和采购零部件组成的完整再制品的提前期优化问题。目前已有一些学者研究了提前期对再制造系统的影响，如 Guide 等（1999b）研究了从拆卸子系统到再加工子系统的拆卸释放机制，定性分析了不同提前期对释放机制选择的影响；van der Laan 等（1999）分析了提前期变化对基于推拉式控制策略的再制造成本和库存成本的影响；Bayındır 等（2003）在返回的回收产品无差异、需求满足泊松分布的假设前提下，分析了包括拆卸提前期的各种系统参数对企业为降低成本应采取的策略的影响；Tang 和 Grubbström（2005）研究了需求和回收确定条件下制造/再制造混合系统中，提前期对零部件库存系统的影响。这些文献的研究结果表明，合理的再制造系统生产计划提前期对实现在制品库存最小化和再制造系统的效用最大化起着非常重要的作用。关于再制造系统生产计划提前期优化问题，目前已提出的方法多是启发式算法，且主要针对单一零部件的拆卸提前期进行优化，如 Stanfield 等（2006）探讨了基于客户特定交货期的生产准备时间，提出使用网络流模型表示再制造流水车间，运用启发式算法，通过平衡客户交货期、置信水平和最小化总完工时间来安排再制造顺序，从而确定准备时间。Yang 和 Gao（2009）提出采用 Markov 链来追踪多余的时间空隙，以将其从不确定的环境中与正常的制造时间和交替时间区别开来，对拆卸提前期问题进行优化。Tang 等（2007）、包兴等（2007）、Bao 等（2008）针对 MTO 策略下再制造系统生产计划提前期进行了研究。Tang 等（2007）以时间为坐标，用提前期的分布函数和密度函数建立模型，通过拉氏变换进行求解，研究了单一核心零部件的生产计划提前期。包兴等（2007）、Bao 等（2008）在 Tang 等（2007）的基础上，针对回收零部件并非 100%可用，使得以最小化再制造成本为目标得到的生产计划提前期呈现双峰分布形式的情况，将最小相对熵方法应用于生产计划提前期分布的拟合。本章在研究问题和研究方法上与现有文献均有不同。在研究问题上，与以上文献既有联系又有区别。联系在于都是以时间为坐标，研究 MTO 策略下再制造系统生产计划提前期优化问题，区别在于文献（Tang et al.，2007；包兴等，2007；Bao et al.，2008）的研究对象是单一核心零部件，只考虑拆卸而不考虑零部件的再制造过程，而本书以整个再制品为研究对象，并根据实际的再制造过程，重点考虑拆卸后零部件质量的不确定性引起的单位可用零部件再制造时间的随机性对提前期的影响。在研究方法上，以往文献均是假设涉及的随机变量服从某一特定分布然后求解，而在实际应用中，概率分布往往通过统计推断、假设检验或借助专家知识等预测得到，但样本空间不足等原因可能导致预测得到的概率分布与实际不吻合。因而，这类处理随机变量的方法只适合特定类型或有一定假设的问题的求解，当在假设不成立的情况下很难保证解的鲁棒性。鉴于随机变量具体分布的难以获得性，本书采用鲁棒优化方法，在只知零部件再制造时间一阶矩、二阶矩的有限分布信息条件下，将问题转化为矩问题进行求解。

本章研究 MTO 策略下再制造系统中后两个子系统（即再加工子系统和重新装配子系统）总提前期的整体优化（刘碧玉和陈伟达，2014；Liu et al.，2019）。考虑某一产品由两类零部件（即 b_1 和 b_2）组成，其中，零部件 b_2 由外部采购得到，而对于零部件 b_1，再制造商在实际运营过程中，会根据市场对产品的不同需求及再制造率的不确定性而采取不同的获取决策。一般来说，对于零部件 b_1 的来源有以下两种情形的设定。情形1：只能由再制造得到，即不考虑再制造率情形；情形2：当再制造不成功时可由外部采购获得，即考虑再制造率情形。无论对于情形 1 还是情形 2，最后成品的装配时刻不仅取决于所订购零部件的到达情况，也十分依赖于再制造车间对拆卸后零部件的再制造时间。再制造零部件的获得时间具有很大的随机性，这里的随机性不仅包括零部件质量差异导致的再制造时间的不确定性，也包括拆卸后零部件可再制造性的不确定性引起的选择进行再制造的数量的不确定性。这些不确定性将会导致装配计划的延迟和采购零部件库存成本的增加。比装配计划提前期早到的零部件会产生库存持有成本；比装配计划提前期晚到的零部件则会造成装配中断和其他零部件的库存，产生缺货成本。因此，需要确定合理的再制造系统生产计划提前期，以降低再制造时间的不确定性引起的库存持有成本和缺货成本。对于再制造商来说，当再制造零部件和采购零部件到达之后，重新装配和传统的装配过程没有差异，零部件质量和时间的不确定性已经被消除，因此这里的再制造系统生产计划提前期主要包括了再制造时间和采购时间，不考虑重新装配时间。

基于以上分析，本章结合再制造商生产实际，分别研究上述两种情形下的废旧产品再制造系统生产计划提前期优化问题。针对这两种情形分别以最小化再制造过程中的库存持有成本和缺货成本为目标建立优化模型；在具有同样一阶矩、二阶矩的所有分布中寻求使最坏分布下的目标函数值最小的最优再制造系统生产计划提前期，保证在降低库存成本的同时更好地满足顾客（用户）的交货期；最后通过将求解结果与假设再制造时间服从正态分布、均匀分布求得的结果进行比较，同时分析再制造率、再制造时间的均值和方差、库存持有成本、缺货成本等参数对提前期和总成本的影响，以期为再制造商安排生产计划提供指导，并将这种处理不确定性变量的方法推广应用到其他领域。

2.1.2 基本假设与符号说明

对本章研究的废旧产品再制造系统做如下假设。

（1）在 $t=0$ 时刻顾客（用户）订单到达并于 $t=T$ 时刻确认零部件的质量后，交付重新装配。

（2）在 $t=t_0$ 时刻下达零部件 b_1 的再制造指令，即 $T-t_0$ 是该再制造系统生产计划提前期。

（3）零部件 b_2 始终在 $T-t_p$ 时刻下达采购订单，即零部件 b_2 总是在 T 时刻到达。

基于以上假设，本章分别针对考虑再制造率和不考虑再制造率构建最小化库存持有成本和缺货成本的优化模型，目的是确定零部件 b_1 何时开始再制造。

1. 模型中涉及的参数定义

T——再制品装配需求时刻。

t_0——零部件 b_1 再制造开始时刻。

t_p——零部件 b_2 的采购提前期,为固定值。

h——零部件单位时间库存持有成本,假设零部件 b_1、b_2 相同。

c——在 $t=T$ 时刻,未得到可用的零部件 b_1 或零部件 b_2 未到达而发生的单位时间缺货成本,为不失一般性,假设 $c>h$。

$T-t_0$——再制造系统生产计划提前期。

2. 针对情形 1 涉及的参数

t_r——单位可用零部件 b_1 的再制造时间,包括再制造成功 1 个可用零部件之前,再制造失败的不可用零部件的再制造时间,为随机变量。

$F(t_r)$——随机变量 t_r 的概率分布函数。

$f(t_r)$——随机变量 t_r 的概率密度函数。

μ——随机变量 t_r 的一阶矩。

$\mu^2+\sigma^2$——随机变量 t_r 的二阶矩。

3. 针对情形 2 涉及的参数

t_1——拆卸后单位零部件的再制造时间,为随机变量。

$F(t_1)$——随机变量 t_1 的概率分布函数。

$f(t_1)$——随机变量 t_1 的概率密度函数。

μ_1——随机变量 t_1 的一阶矩。

$\mu_1^2+\sigma_1^2$——随机变量 t_1 的二阶矩。

t_2——零部件 b_1 的采购时间,为常量。

2.2 不考虑再制造率情形下再制造系统生产计划提前期优化

2.2.1 模型构建

在不考虑再制造率情形下,零部件 b_1 始终来源于对拆卸后零部件的再制造,由再制造数来满足 100%的再制造率。不考虑再制造率情形下再制造系统物流、信息流示意图如图 2-1 所示。

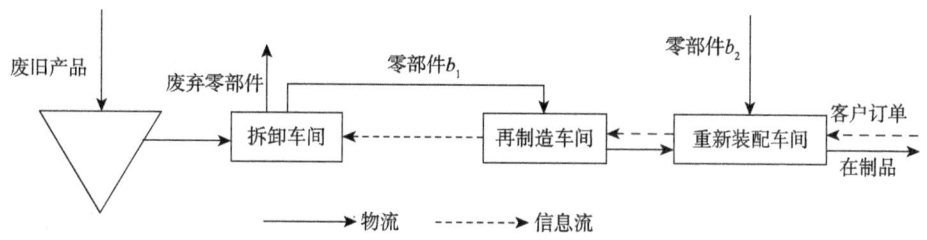

图 2-1 不考虑再制造率情形下再制造系统物流、信息流示意图

由图 2-1 可知,最后销往市场的产品始终由再制造零部件和采购零部件装配而成。虽然拆卸后对零部件可再制造性的判定大大降低了不可再制造率,但考虑到判断的准确性及机器故障等原因,当需要 1 个可用零部件时,可能需要选择 2 个或 2 个以上拆卸后零部件进行再制造才能得到,因而这里的再制造时间表示获得一个可用再制造零部件的时间,具有很大的随机性,不考虑再制造率情形下再制造系统生产计划提前期示意图如图 2-2 所示。

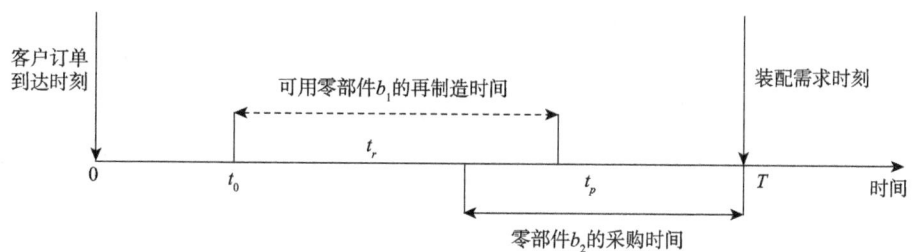

图 2-2 不考虑再制造率情形下再制造系统生产计划提前期示意图

本章假设零部件在数量上可以满足重新装配需求,产生的库存持有成本和缺货成本仅与时间相关,而库存时间仅在下列情况下发生。

(1)当 $t_0+t_r \leqslant T$ 时,则再制造零部件 b_1 存入仓库,产生库存持有成本(库存时间为 $T-t_0-t_r$),采购零部件 b_2 刚好在 T 时刻到达,不产生库存持有成本和缺货成本。

(2)当 $t_0+t_r > T$ 时,则因为再制造零部件 b_1 延期到达而产生缺货成本(缺货时间为 t_0+t_r-T),采购零部件 b_2 在 T 时刻到达并等待再制造零部件 b_1 到达后一起进入装配,在此期间产生库存持有成本(库存时间为 t_0+t_r-T)。

根据以上分析建立的优化模型如下:

$$\min_{t_0} G_f(t_0) = \min_{t_0} E_f \left[h(T-t_0-\tilde{t}_r)^+ + (h+c)(t_0+\tilde{t}_r-T)^+ \right]$$

$$\text{s.t.} \begin{cases} E(\tilde{t}_r) = \mu \\ E(\tilde{t}_r^2) = \mu^2 + \sigma^2 \end{cases} \quad (2\text{-}1)$$

其中，$(T-t_0-\tilde{t}_r)^+$ 表示当 $T-t_0-t_r > 0$ 时，取 $T-t_0-t_r$；否则，取 0。$h(T-t_0-\tilde{t}_r)^+$ 表示当再制造零部件 b_1 在装配需求时刻 T 之前再制造完成时，产生的库存持有成本；$(h+c)(t_0+\tilde{t}_r-T)^+$ 表示当再制造零部件 b_1 在装配需求时刻 T 之后完成时，由再制造零部件 b_1 产生的缺货成本和由再制造零部件 b_2 产生的库存持有成本。

由此可以看出，该模型结构类似于经典的报童模型。在确定报童模型的最优控制参数时，由于实际中 t_r 的分布信息是极其有限的，通常的做法是，通过历史数据得到均值和方差，然后假设其概率分布为某一具体分布。当分布函数已知时，可以比较容易地求出最优再制造系统生产计划提前期。然而，当只知道 t_r 有限分布信息（一阶矩、二阶矩）的情况下，对该问题的求解可转化为在满足这一约束下的所有分布集合中寻求使最坏分布下目标函数值最小的最优再制造系统生产计划提前期（Scarf，1958），该方法为最小-最大（min-max）优化方法，由 Scarf 于 1958 年提出，也被称为 "Scarf's rule"。依据该方法，原模型可转化为以下 min-max 模型。

$$\min_{t_0 \geq 0} \max_{f \sim H(\mu,\sigma)} G_f(t_0) = \min_{t_0 \geq 0} \max_{f \sim H(\mu,\sigma)} E_f \left[h(T-t_0-\tilde{t}_r)^+ + (h+c)(t_0+\tilde{t}_r-T)^+ \right] \quad (2\text{-}2)$$

其中，$H(\mu,\sigma)$ 表示所有均值为 μ、标准差为 σ 的分布集合。

2.2.2 模型求解

随后，Gallego 和 Moon（1993）、Moon 和 Choi（1997）、Ouyang 和 Wu（1998）、Gallego 等（2001）、Alfares 和 Elmorra（2005）对 min-max 优化方法展开了进一步研究。证实该方法有较强的实用性和使用方便性，并可以通过分析求解的结果直观地得出研究结论。其在数学、经济、运营管理等领域也得到了一定应用（Mostard et al., 2005；Yue et al., 2006；Perakis and Roels, 2008；Özler et al., 2009；Delage and Ye, 2010；Jiang et al., 2011；Liao et al., 2011；Pal et al., 2015）。

因此，基于 min-max 优化方法，对上述目标函数式（2-2）的求解思路如下：首先，固定 t_0，在分布集合 $H(\mu,\sigma)$ 中寻求使 $P(t_0)$ 最大的最坏分布，其中

$$P(t_0) = \max_{f \sim H(\mu,\sigma)} E_f \left[h(T-t_0-\tilde{t}_r)^+ + (h+c)(t_0+\tilde{t}_r-T)^+ \right] \quad (2\text{-}3)$$

其次，在此基础上确定 t_0，使目标函数值达到最小。根据前面的分析，我们

可以得

$$E_f\left[h(T-t_0-\tilde{t}_r)^+ + (h+c)(t_0+\tilde{t}_r-T)^+\right] = \int_0^\infty \left[h(T-t_0-\tilde{t}_r)^+ + (h+c)(t_0+\tilde{t}_r-T)^+\right]dF(\tilde{t}_r) \quad (2\text{-}4)$$

原目标函数转化为求：

$$\max \int_0^\infty \left[h(T-t_0-\tilde{t}_r)^+ + (h+c)(t_0+\tilde{t}_r-T)^+\right]dF(t_r)$$

$$\text{s.t.}\begin{cases} E(\tilde{t}_r) = \mu \\ E(\tilde{t}_r^{\,2}) = \mu^2 + \sigma^2 \end{cases} \quad (2\text{-}5)$$

将式（2-5）中 $dF(t_r)$ 看作变量，令 $U = T - t_0$，则式（2-5）等价于：

$$\max \int_0^\infty \left[h(U-\tilde{t}_r)^+ + (h+c)(\tilde{t}_r-U)^+\right]dF(t_r)$$

$$\text{s.t.}\begin{cases} \int dF(t_r) = 1 \\ \int t_r dF(t_r) = \mu \\ \int t_r^{\,2} dF(t_r) = \mu^2 + \sigma^2 \\ dF(t_r) \geqslant 0 \end{cases} \quad (2\text{-}6)$$

由式（2-6）可以看出，该问题是一个只知随机变量 $\tilde{t}_r$ 的一阶矩和二阶矩的矩问题。根据对偶理论的性质 2-1 和性质 2-2，该矩问题可以转化为其对偶问题进行求解。

性质 2-1：（弱对偶理论）原问题的最优解小于等于对偶问题的最优解 $(Z_P \leqslant Z_D)$。

性质 2-2：如果对偶问题存在一个严格或内部可行解且最优值是有界的，那么原问题（2-6）是可行的且具有相同最优值。

因而，为求解模型（2-6），先根据引理 2-1 将其转化为对偶问题。

引理 2-1：当原问题为

$$\min \int B(D)dF(D)$$

$$\text{s.t.}\begin{cases} \int dF(D) = 1 \\ \int D dF(D) = \mu \\ \int D^2 dF(D) = \mu^2 + \sigma^2 \\ dF(D) \geqslant 0 \end{cases} \quad (2\text{-}7)$$

其对偶问题为

$$\max \alpha_L + \mu\beta_L + (\mu^2 + \sigma^2)\gamma_L$$

$$\text{s.t.} \begin{cases} \alpha_L + D\beta_L + D^2\gamma_L \geqslant B(D) \\ \forall D \end{cases} \quad (2\text{-}8)$$

证明： 原问题等价于

$$\min \int B(D)\mathrm{d}F(D)$$

$$\text{s.t.} \begin{cases} \int \mathrm{d}F(D) \leqslant 1 \\ -\int \mathrm{d}F(D) \leqslant -1 \\ \int D\mathrm{d}F(D) \leqslant \mu \\ -\int D\mathrm{d}F(D) \leqslant -\mu \\ \int D^2\mathrm{d}F(D) \leqslant \mu^2 + \sigma^2 \\ -\int D^2\mathrm{d}F(D) \leqslant -\sigma^2 - \mu^2 \\ \mathrm{d}F(D) \geqslant 0 \end{cases} \quad (2\text{-}9)$$

此时，可以将 $\mathrm{d}F(D)$ 看作一个变量，那么对偶问题为

$$\max(\alpha_1 - \alpha_2) + \mu(\beta_1 - \beta_2) + [\sigma^2 + \mu^2](\gamma_1 - \gamma_2)$$

$$\text{s.t.} \begin{cases} (\alpha_1 - \alpha_2) + D(\beta_1 - \beta_2) + D^2(\gamma_1 - \gamma_2) \geqslant B(D) \\ \forall D \end{cases} \quad (2\text{-}10)$$

令 $\alpha_1 - \alpha_2 = \alpha_L$，$\beta_1 - \beta_2 = \beta_L$，$\gamma_1 - \gamma_2 = \gamma_L$，从而可以得到式（2-8）。

由引理2-1，可以得到式（2-6）的对偶问题如下：

$$\min \alpha_L + \mu\beta_L + (\mu^2 + \sigma^2)\gamma_L$$

$$\text{s.t.} \begin{cases} \alpha_L + t_r\beta_L + t_r^2\gamma \geqslant h(U - t_r)^+ + (h+c)(t_r - U)^+ \\ \forall t_r \geqslant 0 \end{cases} \quad (2\text{-}11)$$

很显然，式（2-11）满足性质2-2，因而原问题的最优解与对偶问题最优解相等，即 $Z_P = Z_D$。

在式（2-11）中，α_L、β_L 和 γ_L 是决策变量。对每个给定的 t_0，令

$$I(t_r) = h(U - t_r)^+ + (h+c)(t_r - U)^+$$

假设 t_0、μ、σ 已知，则对任意 $t_r \geqslant 0$，有且仅存在两点 A、B 使得二次函数 $T(t_r) = \alpha_L + t_r\beta_L + t_r^2\gamma_L$ 且 $T(t_r) \geqslant h(U - t_r)^+ + (h+c)(t_r - U)^+$ 同时成立。因此，使

得目标函数达到最优解的随机变量 t_r 服从两点分布,如图 2-3 所示。

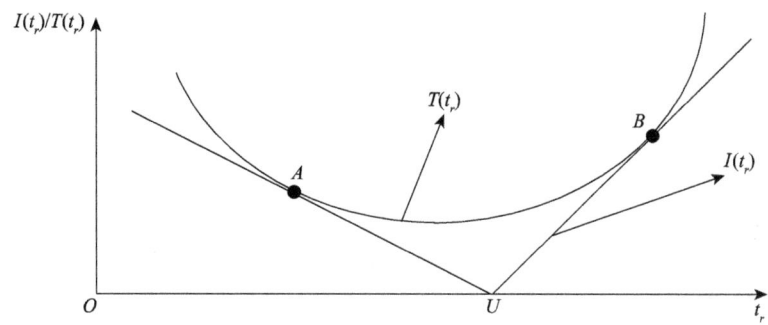

图 2-3 满足对偶问题约束条件的解的分布情况

因此,对偶问题的最优解即在满足上述约束的所有两点分布集合里找到使目标函数值最小的两点分布。

设在 A、B 两点的值分别为 D_a、D_b,取值的概率分别为 p_1、p_2,则由互补松弛定理可以得到下列方程组:

$$\begin{cases} p_1 + p_2 = 1 \\ p_1 D_a + p_2 D_b = \mu \\ p_1 D_a^2 + p_2 D_b^2 = \mu^2 + \sigma^2 \end{cases} \quad (2\text{-}12)$$

由图 2-3 可知,将分别以概率:

$$p_1(\gamma) = \frac{c-\gamma}{p+h+c}, \quad p_2(\gamma) = \frac{p+h+\gamma}{p+h+c} \quad (2\text{-}13)$$

使得

$$D_a = q_1(\gamma) = \mu - \sigma\sqrt{\frac{p+h+\gamma}{c-\gamma}}, \quad D_b = q_2(\gamma) = \mu + \sigma\sqrt{\frac{c-\gamma}{p+h+\gamma}} \quad (2\text{-}14)$$

因此,根据性质 2-1 和性质 2-2,对偶问题的最优解 (D_a, D_b, p_1, p_2) 也是原问题的最优解。

令

$$Pt_0 = \max_{f \sim H(\mu,\sigma)} E_f\left[h(T-t_0-t_b)^+ + (h+c)(t_0+t_b-T)^+\right] = \max_{f \sim H(\mu,\sigma)} E_f\left[I(t_0)\right] \quad (2\text{-}15)$$

其中,$I(t_0) = \left[h(T-t_0-t_b)^+ + (h+c)(t_0+t_b-T)^+\right]$,将 $U = T-t_0$ 代入,得

$$I(U) = \left[h\frac{|U-t_b|+(U-t_b)}{2} + (h+c)\frac{|t_b-U|+(t_b-U)}{2}\right] = \left[c\frac{(t_b-U)}{2} + (2h+c)\frac{|t_b-U|}{2}\right]$$

$$(2\text{-}16)$$

$$E[I(U)] = E\left(c\frac{(t_b-U)}{2}\right) + \frac{2h+c}{2}E\left(\sqrt{(t_b-U)^2}\right) \leq \frac{c}{2}E(t_b-U) + \frac{2h+c}{2}\sqrt{E(U-t_b)^2}$$
（2-17）

很显然，对任意 t_0，以上两点分布属于分布集合 $H(\mu, \mu^2+\sigma^2)$，且原问题的最优解为最小化式（2-17）的上界。

因而，

$$P(U) = \frac{c}{2}(\mu-U) + \frac{2h+c}{2}\sqrt{D(U-t_b) + \left[E(U-t_b)\right]^2} \quad (2\text{-}18)$$

很容易证明式（2-18）右边关于 U 是严格凸的，令 $r = \dfrac{h}{c}$。因此，根据 $\dfrac{\partial P}{\partial U} = 0$，得到最优再制造系统生产计划提前期：

$$\begin{aligned}
U^* = T - t_0^* &= \mu + \frac{c}{\sqrt{(2h+c)^2 - c^2}}\sigma \\
&= \mu + \frac{1}{\sqrt{(2r+1)^2 - 1}}\sigma
\end{aligned} \quad (2\text{-}19)$$

2.2.3 算例分析

为验证该求解方法的可行性和准确性，下面将求解结果与假设 t_r 服从正态分布、均匀分布情况下的结果进行比较。

将 $U = T - t_0$ 代入，则式（2-1）等价于：

$$G_f(U) = h\int_0^U (U-t_r)f(t_r)\mathrm{d}t_r + (h+c)\int_U^\infty (t_r-U)f(t_r)\mathrm{d}t_r \quad (2\text{-}20)$$

很容易证明 $G_f(U)$ 关于 U 是严格凸的。因而，可以根据 $\dfrac{\partial G}{\partial U} = 0$ 求得最优再制造系统生产计划提前期。

（1）当随机变量 t_r 服从正态分布，即当 $f(t_r) = \dfrac{1}{\sqrt{2\pi}\sigma}\mathrm{e}^{-\frac{(t_r-\mu)^2}{2\sigma^2}}$ 时，由 $\dfrac{\partial G_f(U)}{\partial U} = h\int_0^U f(t_r)\mathrm{d}t_r - (h+c)\int_U^\infty f(t_r)\mathrm{d}t_r = h[\Phi(U)-1/2] - (h+c)[1-\Phi(U)] = 0$，得 $\Phi\left(\dfrac{U-\mu}{\sigma}\right) = \dfrac{3h+2c}{4h+2c}$，将 $\dfrac{h}{c} = r$ 代入，则

$$\Phi\left(\frac{U-\mu}{\sigma}\right) = \frac{3r+2}{4r+2}$$

$$U^* = T - t_0^* = \mu + \Phi^{-1}\left(\frac{3r+2}{4r+2}\right)\sigma \quad (2\text{-}21)$$

（2）当随机变量 t_r 服从均匀分布，即当 $f(t_r)=1/(b-a)$ 时，由 $\dfrac{\partial G_f(U)}{\partial U}=0$，得

$$U^* = T - t_0^* = \frac{(h+c)b}{2h+c} = \frac{r+1}{2r+1}(\mu + \sqrt{3}\sigma) \quad (2\text{-}22)$$

记 U_w 为只知一阶矩、二阶矩有限分布信息条件下求得的最优再制造系统生产计划提前期，U_n 为当 t_r 服从正态分布时的最优再制造系统生产计划提前期，U_u 为当 t_r 服从均匀分布时的最优再制造系统生产计划提前期，则

$$\begin{cases} U_w = \mu + \dfrac{1}{\sqrt{(2r+1)^2-1}}\sigma \\ U_n = \mu + \Phi^{-1}\left(\dfrac{3r+2}{4r+2}\right)\sigma \\ U_u = \dfrac{r+1}{2r+1}(\mu + \sqrt{3}\sigma) \end{cases} \quad (2\text{-}23)$$

分别取 $\mu=8$，$\sigma=1$；$\mu=10$，$\sigma=1$；$\mu=14$，$\sigma=2$；$\mu=16$，$\sigma=2$ 四组不同均值和方差，并在 $0<r<1$ 范围内随机取 100 组数据，分别比较 U_w、U_n 和 U_u 的吻合情况。图 2-4~图 2-7 中的曲线分别为 U_w、U_n 和 U_u 的拟合曲线，R^2 表示拟合曲线与所取数据对应点的拟合度。

（1）当 $\mu=8$，$\sigma=1$ 时的算例结果。

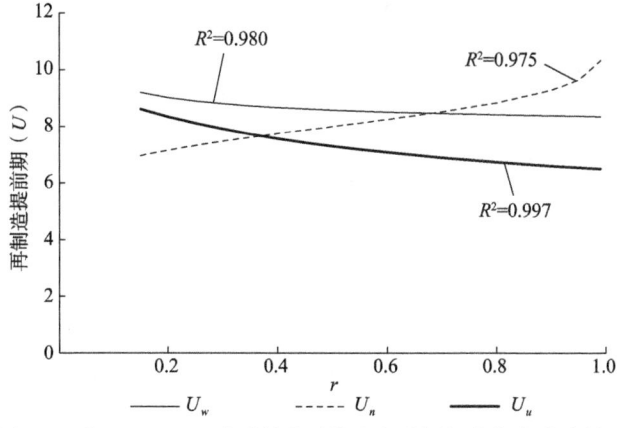

图 2-4　当 $\mu=8$，$\sigma=1$ 时再制造系统生产计划提前期的吻合情况

（2）当 $\mu=10$，$\sigma=1$ 时的算例结果。

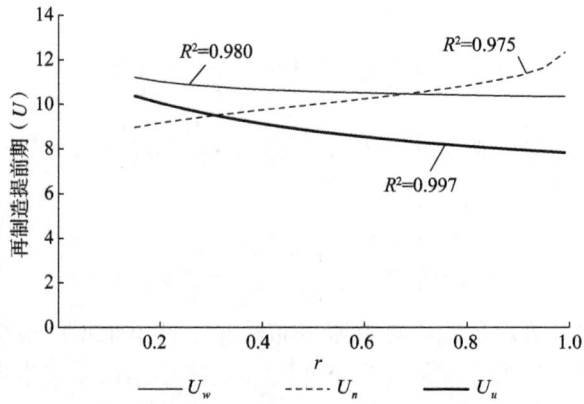

图 2-5　当 $\mu=10$，$\sigma=1$ 时再制造系统生产计划提前期的吻合情况

（3）当 $\mu=14$，$\sigma=2$ 时的算例结果。

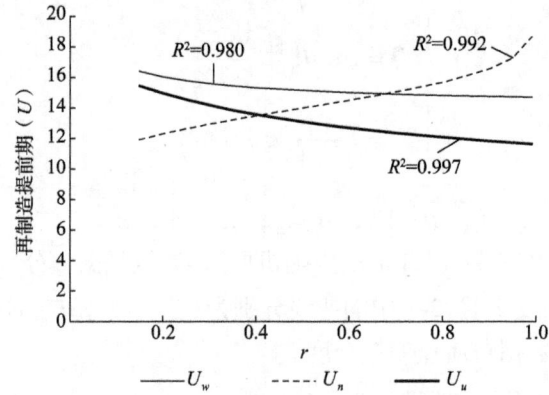

图 2-6　当 $\mu=14$，$\sigma=2$ 时再制造系统生产计划提前期的吻合情况

（4）当 $\mu=16$，$\sigma=2$ 时的算例结果。

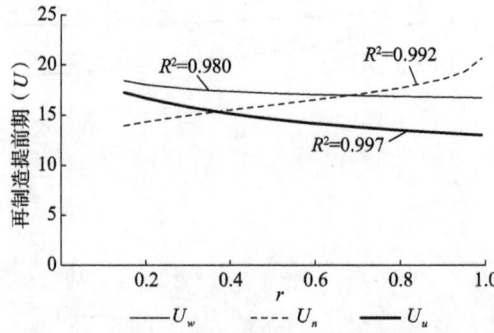

图 2-7　当 $\mu=16$，$\sigma=2$ 时再制造系统生产计划提前期的吻合情况

通过以上数值计算,得到四组不同均值和方差情况下两者的差异,如表 2-1 所示。

表 2-1 U_w 与 U_n、U_u 比较表

输入		输出					
μ	σ	正态分布			均匀分布		
		maxGap$_1$	AveGap$_1$	minGap$_1$	maxGap$_2$	AveGap$_2$	minGap$_2$
8	1	32.2%	13.1%	0	28.6%	17.8%	6.9%
10	1	25.0%	10.4%	0	32.2%	20.4%	7.9%
14	2	37.6%	15.0%	0	26.2%	16.1%	6.2%
16	2	32.2%	13.1%	0	28.6%	17.8%	6.9%

U_w 和 U_i 两者差值与 U_i 之比表达式记为

$$\text{Gap} = \frac{|U_w - U_i|}{U_i} \times 100\% \qquad (2\text{-}24)$$

其中,$i = n$ 或 u,在所取 100 组数据中,maxGap 是指 Gap 的最大值;minGap 是指 Gap 的最小值;AveGap 是指 Gap 的平均值,其大小反映 U_w 和 U_i 的整体吻合度。

由图 2-4~图 2-7 和表 2-1 可以看出,U_w 和 U_n、U_u 吻合较好,说明在只知道 t_r 一阶矩、二阶矩有限分布信息条件下可以保证解的鲁棒性。分析图表得到具体结论如下。

(1)由表 2-1 数据得到,U_w 和 U_n 的最大差值不超过 37.6%,最小值为 0,平均差值不超过 15.0%;U_w 和 U_u 的最大差值不超过 32.2%,最小差值不超过 7.9%,平均差值不超过 20.4%,说明 U_w 与 U_n、U_u 吻合较好。

(2)由图 2-4~图 2-7 拟合曲线趋势及表 2-1 中数据可以看出,对于 U_w 和 U_n 来说,AveGap$_1$ 的变化趋势随着 $\frac{\mu}{\sigma}$ 的增大而变小,说明当 $\frac{\mu}{\sigma}$ 较大时,在只知一阶矩、二阶矩有限分布信息条件下求得的结果与已知服从正态分布求得的结果更加接近。

(3)当 $r \to 0$ 时,U_w 和 U_u 趋势一致,且随着 r 的减少两者愈接近;U_w 和 U_n 随着 r 的减少两者的差异趋向最大值,即 maxGap$_1$ 在 $r \to 0$ 时取得,说明当单位库存持有成本 $h \to 0$ 时,零部件的库存持有成本对总成本的影响不大,因而再制造系统生产计划提前期可以足够长。同时,随着 r 的增加再制造系统生产计划提前期缩短,在图 2-4~图 2-7 中,U_w、U_u 更好地反映了这一现实情况,而 U_n 则在一定程度上导致缺货成本的增加,从而影响总成本。

（4）对于 U_w 和 U_u 来说，两者的差值随着 r 的增大而增大；对于 U_w 和 U_n 来说，当 $r<0.7$ 时，$U_w>U_n$，两者的差值随着 r 的增大而减小；当 $r>0.7$ 时，$U_w<U_n$，两者的差值随着 r 的增大而减小，但减幅很小，U_w、U_n 非常接近。

2.3　考虑再制造率情形下再制造系统生产计划提前期优化

2.3.1　模型构建

对于某些昂贵的 MTO 模式下的产品来说，由于顾客对产品时效及可靠性的高要求，在某些情况下，再制造商会采取这种策略，即零部件 b_1 有两种可能来源（再制造或外部采购）：首先对拆卸后零部件进行再制造，再制造成功的概率为 p，若再制造成功，则与零部件 b_2 装配为成品；若再制造失败，则由外部采购获得零部件 b_1 后与零部件 b_2 装配为成品，此时为新品。考虑再制造率情形下再制造系统物流、信息流示意图如图 2-8 所示。

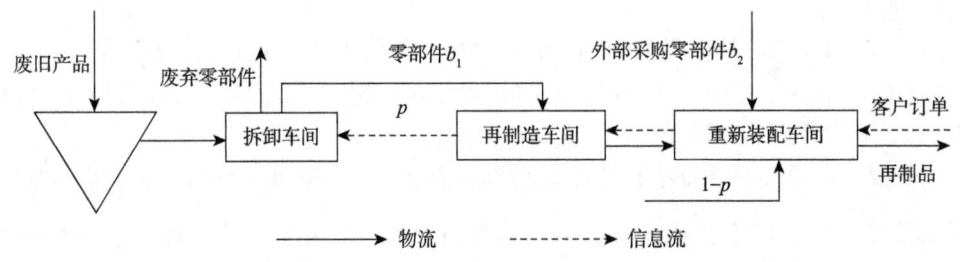

图 2-8　考虑再制造率情形下再制造系统物流、信息流示意图

由图 2-8 可知，拆卸后零部件再制造成功的概率为 p，若再制造不成功，则需要借助外部采购获得零部件 b_1。图 2-9 为考虑再制造率情形下再制造系统生产计划提前期示意图。

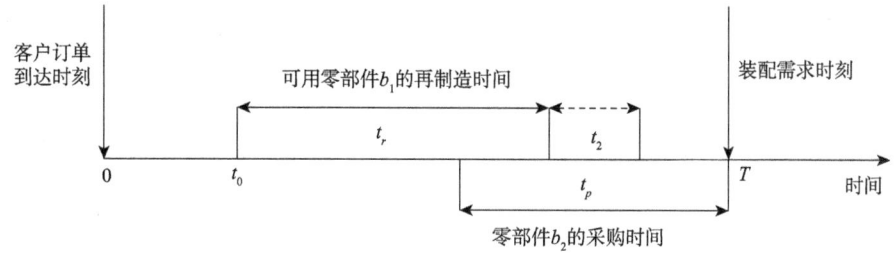

图 2-9 考虑再制造率情形下再制造系统生产计划提前期示意图

同 2.2 节，假设零部件在数量上可以满足重新装配需求，产生的库存持有成本和缺货成本只与时间有关。当再制造率为 p 时，库存时间将在下列情况下发生。

（1）若再制造成功，当 $t_0+t_1 \leqslant T$ 时，则再制造零部件 b_1 存入仓库产生库存持有成本[库存时间为 $p(T-t_0-t_1)$]，采购零部件 b_2 刚好在 T 时刻到达，不产生库存持有成本和缺货成本；当 $t_0+t_1>T$ 时，则因为再制造零部件 b_1 延期到达而产生缺货成本[缺货时间为 $p(t_0+t_1-T)$]。

（2）若再制造不成功，则需要通过外部采购获得零部件 b_1，当 $t_0+t_1+t_2 \leqslant T$ 时，因为再制造零部件 b_1 存入仓库等待采购零部件 b_2 到达而产生库存持有成本[库存时间为 $(1-p)(T-t_0-t_1-t_2)$]；当 $t_0+t_1+t_2>T$ 时，采购零部件 b_2 在 T 时刻到达，并等待再制造零部件 b_1 到达后一起进入装配，在此期间产生库存持有成本及延期装配导致的缺货成本[库存时间和缺货时间均为 $(1-p)(t_0+t_1+t_2-T)$]。

根据以上分析建立的优化模型如下：

$$\min_{t_0} G_f(t_0) = \min_{t_0} E_f \left\{ \begin{array}{l} p\left[(c+h_2)(t_0+\tilde{t}_1-T)^+ + h_1(T-t_0-\tilde{t}_1)^+\right] \\ (1-p)\left[(c+h_2)(t_0+\tilde{t}_1+t_2-T)^+ + h_1(T-t_0-\tilde{t}_1-t_2)^+\right] \end{array} \right\}$$

$$\text{s.t.} \begin{cases} E(\tilde{t}_1) = \mu_1 \\ E(\tilde{t}_1^2) = \mu_1^2 + \sigma_1^2 \end{cases} \quad (2-25)$$

其中，$(T-t_0-\tilde{t}_1)^+$ 表示当 $T-t_0-t_1 \geqslant 0$ 时，取 $T-t_0-t_1$；否则，取 0。$h_1(T-t_0-\tilde{t}_1)^+$ 表示当再制造零部件 b_1 在装配需求时刻 T 之前获得时，产生的库存持有成本；$(c+h_2)(t_0+\tilde{t}_1-T)^+$ 表示当零部件 b_1 在装配需求时刻 T 之后完成时，由零部件 b_1 产生的缺货成本和由零部件 b_2 产生的库存持有成本。

同理 2.2 节，原模型即转化为以下 min-max 模型。

$$\min_{t_0 \geq 0} \max_{f \sim H(\mu_1,\sigma_1)} G_f(t_0)$$

$$= \min_{t_0 \geq 0} \max_{f \sim H(\mu_1,\sigma_1)} E_f \left\{ \begin{array}{l} p\left[(c+h_2)(t_0+\tilde{t}_1-T)^+ + h_1(T-t_0-\tilde{t}_1)^+\right]^+ \\ (1-p)\left[(c+h_2)(t_0+\tilde{t}_1+t_2-T)^+ + h_1(T-t_0-\tilde{t}_1-t_2)^+\right] \end{array} \right\}$$

$$\text{s.t.} \begin{cases} E(\tilde{t}_1) = \mu_1 \\ E(\tilde{t}_1^2) = \mu_1^2 + \sigma_1^2 \end{cases} \quad (2\text{-}26)$$

其中，$H(\mu_1,\sigma_1)$ 代表所有均值为 μ_1、标准差为 σ_1 的分布集合。

从式（2-25）可以看出，总成本 $G_f(t_0)$ 与再制造率 p 存在以下关系。

（1）若 $t_0 + t_1 > T$，则总成本 $G_f(t_0)$ 随着再制造率 p 的提高而降低。

（2）若 $t_0 + t_1 < T < t_0 + t_1 + t_2$，则当 $(c+h_2+h_1)(T-t_0-t_1) > (c+h_2)t_2$ 时，总成本 $G_f(t_0)$ 随着 p 的增加而上升；当 $(c+h_2+h_1)(T-t_0-t_1) < (c+h_2)t_2$ 时，总成本 $G_f(t_0)$ 随着 p 的增加而降低。

（3）若 $t_0 + t_1 + t_2 < T$，则总成本 $G_f(t_0)$ 随着 p 的增加而上升。

2.3.2 模型求解

根据 $(T-t_0-\tilde{t}_1)^+ = T-t_0-t_1 + (\tilde{t}_1+t_0-T)^+$ 和 $(T-t_0-\tilde{t}_1-t_2)^+ = T-t_0-t_1-t_2 + (t_1+t_0+t_2-T)^+$，式（2-25）可以转化为

$$\min_{t_0 \geq 0} \max_{f \sim H(\mu_1,\sigma_1)} G_f(t_0)$$

$$= \min_{t_0 \geq 0} \max_{f \sim H(\mu_1,\sigma_1)} E_f \left\{ \begin{array}{l} p\left[(c+h_2+h_1)(t_0+\tilde{t}_1-T)^+ + h_1(T-t_0-\tilde{t}_1)\right]^+ \\ (1-p)\left[(c+h_2+h_1)(t_0+\tilde{t}_1+t_2-T)^+ + h_1(T-t_0-\tilde{t}_1-t_2)\right] \end{array} \right\}$$

$$\text{s.t.} \begin{cases} E(\tilde{t}_1) = \mu_1 \\ E(\tilde{t}_1^2) = \mu_1^2 + \sigma_1^2 \end{cases} \quad (2\text{-}27)$$

令 $U = T - t_0$，则式（2-27）转化为

$$\min_{0 \leq U \leq T} \max_{f \sim H(\mu_1,\sigma_1)} G_f(U)$$

$$= \min_{0 \leq U \leq T} \max_{f \sim H(\mu_1,\sigma_1)} E_f \left\{ \begin{array}{l} p\left[(c+h_2+h_1)(\tilde{t}_1-U)^+ + h_1(U-\tilde{t}_1)\right]^+ \\ (1-p)\left[(c+h_2+h_1)(\tilde{t}_1+t_2-U)^+ + h_1(U-\tilde{t}_1-t_2)\right] \end{array} \right\}$$

$$\text{s.t.} \begin{cases} E(\tilde{t}_1) = \mu_1 \\ E(\tilde{t}_1^2) = \mu_1^2 + \sigma_1^2 \end{cases} \quad (2\text{-}28)$$

对式（2-28）进行求解。

由性质 2-1 可得

$$G_f(U) \leqslant G'_f(U) \quad (2\text{-}29)$$

其中，

$$\begin{aligned} G'_f(U) &= h_1 E_f(U - t_2 - \tilde{t}_1) + ph_1 t_2 + p(c + h_1 + h_2)\frac{\sqrt{\sigma_1^2 + (U - \mu_1)^2} - (U - \mu_1)}{2} \\ &\quad + (1-p)(c + h_1 + h_2)\frac{\sqrt{\sigma_1^2 + (U - t_2 - \mu_1)^2} - (U - t_2 - \mu_1)}{2} \\ &= h_1(U - t_2 - \mu_1) + ph_1 t_2 + \frac{(c + h_1 + h_2)}{2} \\ &\quad \times \left[p\sqrt{\sigma_1^2 + (U - \mu_1)^2} - pt_2 - (U - t_2 - \mu_1) + (1-p)\sqrt{\sigma_1^2 + (U - t_2 - \mu_1)^2} \right]. \end{aligned}$$

因此，原模型的求解等价于最小化其上界。

$$\begin{aligned} \frac{\partial G'_f(U)}{\partial U} &= \frac{(c + h_1 + h_2)}{2} p \left[\frac{(U - \mu_1)}{\sqrt{\sigma_1^2 + (U - \mu_1)^2}} - \frac{(U - t_2 - \mu_1)}{\sqrt{\sigma_1^2 + (U - t_2 - \mu_1)^2}} \right] \\ &\quad + \frac{(c + h_1 + h_2)(U - t_2 - \mu_1)}{2\sqrt{\sigma_1^2 + (U - t_2 - \mu_1)^2}} - \frac{(c - h_1 + h_2)}{2} \end{aligned} \quad (2\text{-}30)$$

令 $H(p) = \dfrac{\partial G'_f(U)}{\partial U}$，则由图 2-9 得出，$\mu_1 \leqslant U$，即 $H(p)$ 是有关 p 的线性增函数，因而，

$$\begin{aligned} \frac{\partial G'_f(U)}{\partial U} &\geqslant \frac{\partial G'_f(U)}{\partial U}\bigg|_{p=0} = \frac{(c + h_1 + h_2)}{2}\frac{(U - t_2 - \mu_1)}{\sqrt{\sigma_1^2 + (U - t_2 - \mu_1)^2}} - \frac{(c + h_2 - h_1)}{2} \\ \frac{\partial G'_f(U)}{\partial U} &\leqslant \frac{\partial G'_f(U)}{\partial U}\bigg|_{p=1} = \frac{(c + h_1 + h_2)}{2}\frac{(U - \mu_1)}{\sqrt{\sigma_1^2 + (U - \mu_1)^2}} - \frac{(c + h_2 - h_1)}{2} \end{aligned} \quad (2\text{-}31)$$

由式（2-31）可知：

（1）若 $\dfrac{\partial G'_f(U)}{\partial U}\bigg|_{p=1} \leqslant 0$，即目标函数 $G(U)$ 对 U 的一阶导恒小于零，则 $G(U)$ 是 U 的减函数，故当 $U^* = U_{\max} = \mu_1 + \dfrac{|c + h_2 - h_1|}{2\sqrt{h_1(c + h_2)}}\sigma_1$ 时，总成本 $G_f(U)$ 最小。

（2）若 $\dfrac{\partial G'_f(U)}{\partial U}\big|_{p=0} > 0$，即目标函数 $G(U)$ 对 U 的一阶导恒大于零，则 $G(U)$ 是 U 的增函数，故当 $U^* = U_{\min}$，总成本 $G_f(U)$ 最小，其中，

当 $\dfrac{|c+h_2-h_1|}{2\sqrt{h_1(c+h_2)}}\sigma_1 < t_2$ 时，$U^* = U_{\min} = \mu_1$；反之，$U^* = U_{\min} = \mu_1 + t_2 + \dfrac{|c+h_2-h_1|}{2\sqrt{h_1(c+h_2)}}\sigma_1$。

（3）除以上两种情形外，$G_f(U)$ 关于 U 严格为凸，因而最优解可以通过一阶最优条件求得 U^*，即通过 $\dfrac{\partial G'_f(U)}{\partial U} = 0$ 可以得到

$$\frac{p(U-\mu_1)}{\sqrt{\sigma_1^2+(U-\mu_1)^2}} + \frac{(1-p)(U-t_2-\mu_1)}{\sqrt{\sigma_1^2+(U-t_2-\mu_1)^2}} = \frac{c+h_2-h_1}{c+h_2+h_1} \quad (2\text{-}32)$$

因此，通过以上分析，此时最优再制造生产计划提前期为满足式（2-28）的解。由于很难得到其解析表达式，本书将通过算例进行验证并分析再制造率及各成本参数对提前期和总成本的影响。

2.3.3 算例分析

基于对实际再制造商的调研和相关文献中的算例，设定参数如下：μ=16；σ=2；h_1=5；h_2=8；t_2=5；c=20。本节重点分析再制造率 p 对生产计划提前期和总成本的影响，因而以下分别通过以再制造率 p 为横坐标，在 0<p<1 范围内以步长为 0.03 随机取一系列数据，分别以最优再制造系统生产计划提前期和总成本为纵坐标绘制一系列图来反映其变化趋势。同时，分别分析不同再制造时间的均值和方差，库存持有成本 h_1、h_2，缺货成本 c 及零部件 b_1 的采购时间 t_2 对再制造系统生产计划提前期 U 和总成本 $G(U)$ 的影响。

1. 不同均值 μ 和方差 σ 对再制造系统生产计划提前期 U 和总成本 $G(U)$ 的影响

为分析不同均值 μ 和方差 σ 对再制造系统生产计划提前期 U 和总成本 $G(U)$ 的影响，分别取不同均值和方差，得到临界值和再制造系统生产计划提前期 U，如表 2-2 所示，并绘制趋势图 2-10 和图 2-11 如下。

第 2 章 废旧产品再制造系统生产计划提前期决策优化

表 2-2 不同均值和方差下临界值和再制造系统生产计划提前期 U

输入		输出	
		临界值	再制造系统生产计划提前期 U
$\sigma=2$	$\mu=12$	0.77	当 $0<p<0.77$ 时，$U=18.94$；当 $0.77 \leqslant p<1$ 时，$U=13.94$
	$\mu=14$	0.80	当 $0<p<0.80$ 时，$U=20.94$；当 $0.80 \leqslant p<1$ 时，$U=15.94$
	$\mu=16$	0.80	当 $0<p<0.80$ 时，$U=22.94$；当 $0.80 \leqslant p<1$ 时，$U=17.94$
$\mu=16$	$\sigma=1.0$	0.83	当 $0<p<0.83$ 时，$U=21.97$；当 $0.83 \leqslant p<1$ 时，$U=16.97$
	$\sigma=1.5$	0.83	当 $0<p<0.83$ 时，$U=22.46$；当 $0.83 \leqslant p<1$ 时，$U=17.46$
	$\sigma=2.0$	0.80	当 $0<p<0.80$ 时，$U=22.94$；当 $0.80 \leqslant p<1$ 时，$U=17.94$

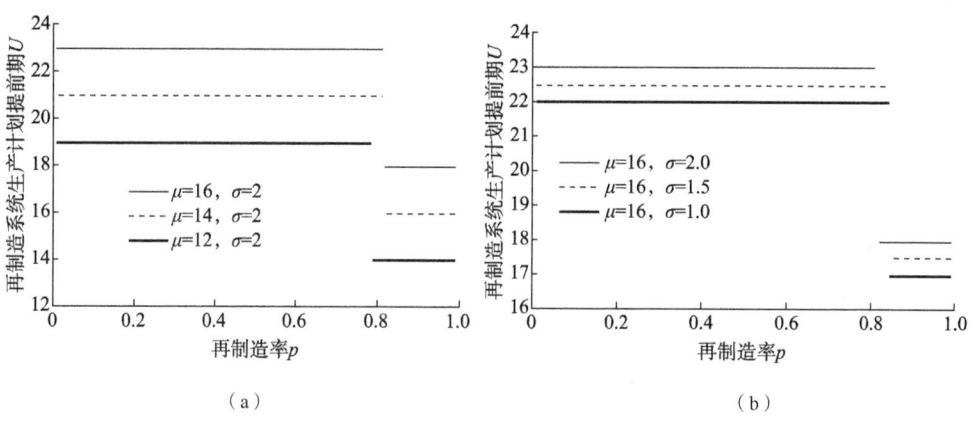

图 2-10 不同均值 μ 和方差 σ 对再制造系统生产计划提前期 U 的影响

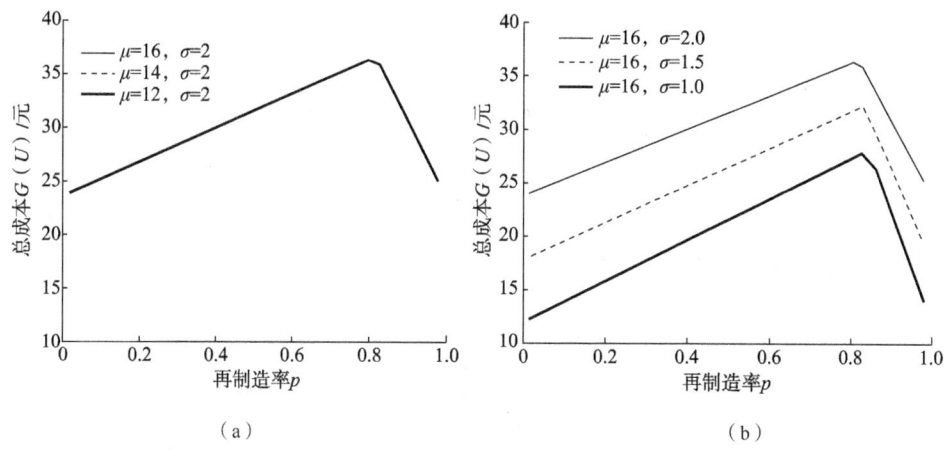

图 2-11 不同均值 μ 和方差 σ 对总成本 $G(U)$ 的影响

由图 2-10（a）可以看出，当方差 σ 不变，均值 μ 变化时，再制造系统生产计划提前期随着均值 μ 的增加而变长；由图 2-10（b）可以看出，当均值 μ 不变，方差 σ 变化时，再制造系统生产计划提前期也会随着方差 σ 的增加而变长。这与再制造实际情况是符合的，即当零部件再制造时间较长时，为减少缺货引起的缺货成本，再制造系统生产计划提前期更长；方差 σ 反映了再制造时间的变化幅度，当变化幅度越大，即方差 σ 越大时，再制造系统生产计划提前期越长，从表 2-2、图 2-10（a）和图 2-10（b）可以看出，当再制造率小于某个值（本书定义该值为临界值）但大于 0 这个区间时，再制造系统生产计划提前期相同，当再制造率处于临界值到 1 这个区间时，再制造提前期相同，但相对再制造率处于 0 到临界值这个区间的再制造提前期来说更短，这一结果与 2.3.2 得到的结论是一致的。

由图 2-11（a）可以看出，当方差 σ 不变，均值 μ 变化时，并不影响总成本 $G(U)$，原因是总成本 $G(U)$ 函数与 $U-\mu$ 存在函数关系，再制造系统生产计划提前期 U 会随着均值 μ 的变化而变化，且变化幅度与均值 μ 保持一致，从而使得 $U-\mu$ 保持不变，因此总成本 $G(U)$ 不受均值 μ 的影响；但总成本 $G(U)$ 会随着再制造率 p 的变化而变化，当再制造率 p 属于 0 到临界值这个区间时，总成本 $G(U)$ 随着再制造率 p 的增加而增加，当再制造率 p 属于临界值到 1 这个区间时，总成本 $G(U)$ 会随着再制造率 p 的增加而减少。由图 2-11（b）可以看出，总成本 $G(U)$ 随着方差的增大而增加，且当再制造率 p 属于 0 到临界值这个区间时，总成本 $G(U)$ 会随着再制造率 p 的增加而增加；当再制造率 p 属于临界值到 1 这个区间时，总成本 $G(U)$ 会随着再制造率 p 的增加而减少。

2. 零部件 b_1 的采购时间 t_2 对再制造系统生产计划提前期 U 和总成本 $G(U)$ 的影响

以下分别取 $\mu=14$，$\sigma=2$，$t_2=2$，$t_2=5$，$t_2=8$ 分析其对再制造系统生产计划提前期 U 和总成本 $G(U)$ 的影响。根据前面的求解结果，得到临界值和再制造系统生产计划提前期 U 如表 2-3 所示，变化趋势如图 2-12 所示。

表 2-3　当采购时间 t_2 分别取 2、5、8 时临界值及再制造系统生产计划提前期 U

输入		输出	
		临界值	再制造系统生产计划提前期 U
t_2	2	0.71	当 $0<p<0.71$ 时，$U=17.94$；当 $0.71\leq p<1$ 时，$U=15.94$
	5	0.80	当 $0<p<0.80$ 时，$U=20.94$；当 $0.80\leq p<1$ 时，$U=15.94$
	8	0.83	当 $0<p<0.83$ 时，$U=23.94$；当 $0.83\leq p<1$ 时，$U=15.94$

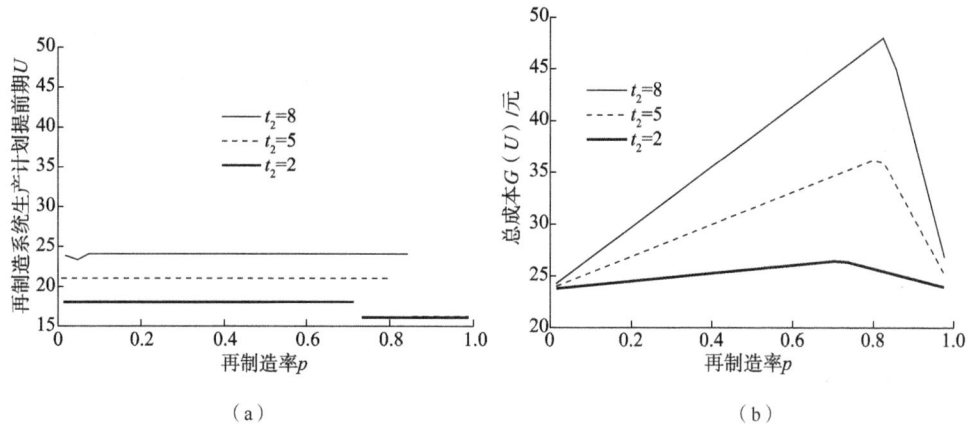

图 2-12 零部件 b_1 的采购时间 t_2 对再制造系统生产计划提前期 U 和总成本 $G(U)$ 的影响

由图 2-12（a）可以看出，再制造系统生产计划提前期随着零部件 b_1 的采购时间 t_2 的增加而变长。当再制造率处于 0 到临界值这个区间时，相同的采购时间 t_2 对应的再制造系统生产计划提前期相同，当再制造率处于临界值到 1 这个区间时，再制造系统生产计划提前期不受采购时间 t_2 的影响，且相对于再制造率处于 0 到临界值这个区间来说，再制造系统生产计划提前期更短，而临界值随着采购时间 t_2 的增加而提高，如表 2-3 所示。

由图 2-12（b）可以得到：总成本随着采购时间 t_2 的增加而增加。并且，当再制造率处于 0 到临界值这个区间时，总成本随着再制造率的增加而增加；当再制造率处于临界值到 1 这个区间时，总成本随着再制造率的增加而减少。这说明当再制造率提高到一定程度时，零部件 b_1 会因为再制造率的提高而不需要通过外部采购获得，因而节约了零部件 b_2 的获得时间，从而使得总成本减少。

3. 零部件 b_1 和 b_2 库存持有成本 h_1、h_2 对再制造系统生产计划提前期 U 和总成本 $G(U)$ 的影响

分别取 $h_1=3$，$h_1=5$，$h_1=7$；$h_2=5$，$h_2=8$，$h_2=10$。分析零部件 b_1 和 b_2 库存持有成本 h_1、h_2 对再制造系统生产计划提前期 U 和总成本 $G(U)$ 的影响，算例结果如表 2-4、图 2-13 和图 2-14 所示。

表 2-4 当零部件 b_1 和 b_2 库存持有成本 h_1 取 3、5、7 及 h_2 取 5、8、10 时的临界值及再制造系统生产计划提前期 U

输入		输出	
		临界值	再制造系统生产计划提前期 U
h_1	3	0.95	当 $0<p<0.95$ 时，$U=20.26$；当 $0.95≤p<1$ 时，$U=15.26$
	5	0.80	当 $0<p<0.80$ 时，$U=20.94$；当 $0.80≤p<1$ 时，$U=15.94$

续表

输入		临界值	输出
			再制造系统生产计划提前期 U
h_1	7	0.77	当 $0<p<0.77$ 时，$U=20.50$；当 $0.77 \leqslant p<1$ 时，$U=15.50$
h_2	5	0.80	当 $0<p<0.80$ 时，$U=20.79$；当 $0.80 \leqslant p<1$ 时，$U=15.79$
	8	0.80	当 $0<p<0.80$ 时，$U=20.94$；当 $0.80 \leqslant p<1$ 时，$U=15.94$
	10	0.77	当 $0<p<0.77$ 时，$U=21.04$；当 $0.77 \leqslant p<1$ 时，$U=16.04$

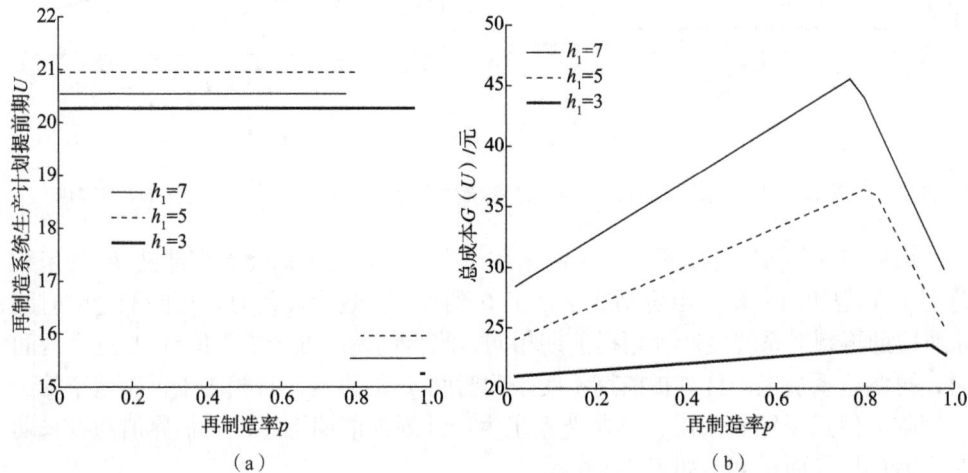

图 2-13 零部件 b_1 库存持有成本 h_1 对再制造系统生产计划提前期 U 和总成本 $G(U)$ 的影响

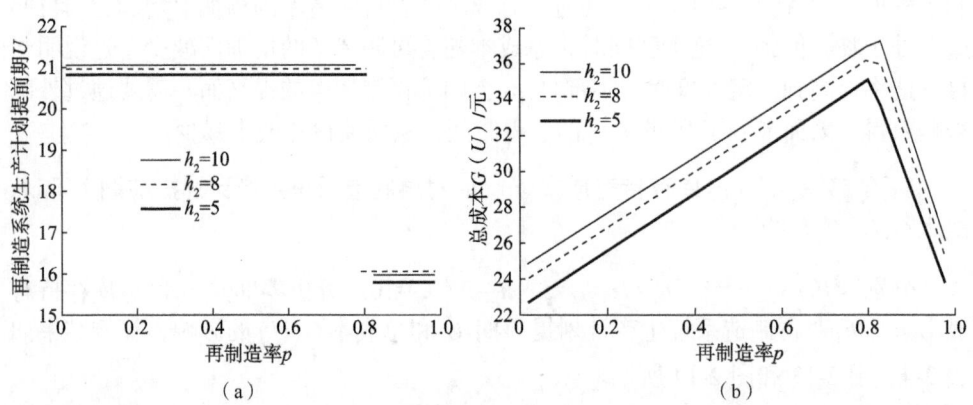

图 2-14 零部件 b_2 库存持有成本 h_2 对再制造系统生产计划提前期 U 和总成本 $G(U)$ 的影响

由图 2-13（a）可知，随着零部件 b_1 库存持有成本 h_1 的增加，再制造系统生产计划提前期没有呈现递增或递减趋势，而临界值也随着其增加而变小，且变化幅度较大，库存持有成本相对于再制造时间的均值、方差及零部件 b_1 的采购时间对临界值的影响更大，如表 2-4 所示。

由图 2-13（b）可以看出，从横向来看，总成本随着零部件 b_1 库存持有成本 h_1 的增加而增加；当再制造率处于 0 到临界值这个区间时，总成本随着再制造率的增加而增加，且当库存持有成本 h_1 减少到一定程度时，增加的幅度越不明显，当再制造率处于临界值到 1 这个区间时，总成本随着再制造率的增加而减少，且减少的幅度随着库存持有成本 h_1 的减少而减少，由此说明库存持有成本 h_1 对总成本的影响较大。

由图 2-14（a）可以看出，再制造系统生产计划提前期随着零部件 b_2 库存持有成本 h_2 的增加而增加，但增加的幅度不太明显，临界值也随着其增加而减少，且当再制造率小于临界值时，再制造系统生产计划提前期较长，而当再制造率大于临界值时，再制造系统生产计划提前期较短，且与前者差值较大，如表 2-4 所示。

由图 2-14（b）可知，总成本随着零部件 b_2 库存持有成本 h_2 的增加而增加，但增加的幅度较零部件 b_1 库存持有成本 h_1 对其的影响小；当再制造率小于临界值时，总成本随着再制造率的提高而增加，当再制造率大于临界值时，总成本随着再制造率的提高而减少。

4. 缺货成本 c 对再制造系统生产计划提前期 U 和总成本 $G(U)$ 的影响

分别取缺货成本 $c=15$，$c=20$，$c=25$，分析其对再制造系统生产计划提前期 U 和总成本 $G(U)$ 的影响，如表 2-5 及图 2-15 所示。

表 2-5　当缺货成本 c 分别取 15、20 和 25 时的临界值及再制造系统生产计划提前期 U

输入		输出	
	临界值	再制造系统生产计划提前期 U	
c	15	0.77	当 $0<p<0.77$ 时，$U=20.77$；当 $0.77 \leqslant p<1$ 时，$U=15.68$
	20	0.80	当 $0<p<0.80$ 时，$U=20.94$；当 $0.80 \leqslant p<1$ 时，$U=15.94$
	25	0.83	当 $0<p<0.83$ 时，$U=21.18$；当 $0.83 \leqslant p<1$ 时，$U=16.18$

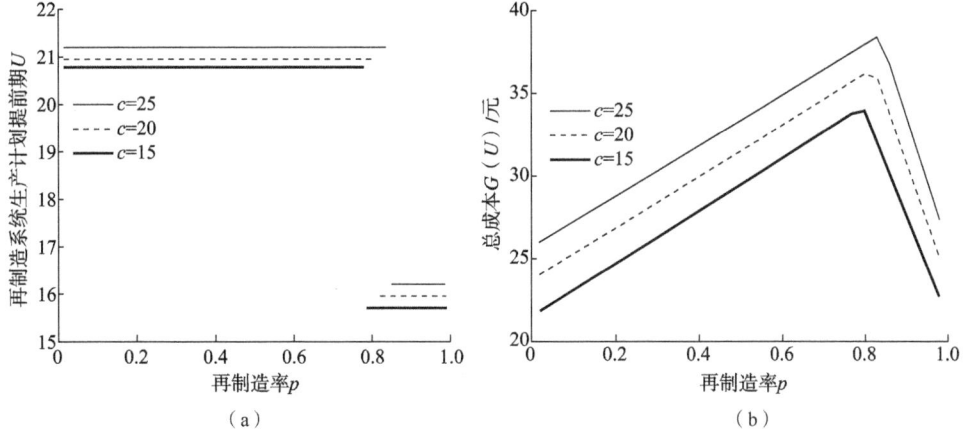

图 2-15　缺货成本 c 对再制造系统生产计划提前期 U 和总成本 $G(U)$ 的影响

由图 2-15（a）可以看出，当缺货成本 c 越大时，再制造系统生产计划提前期越长，且临界值随着缺货成本 c 的增加而增加，如表 2-5 所示。当再制造率小于临界值时，再制造系统生产计划提前期不变，但比再制造率大于临界值时的提前期要长。

由图 2-15（b）可知，总成本随着缺货成本 c 的增加而增加，在再制造率小于临界值时，总成本随着再制造率的提高而增加，当再制造率大于临界值时，总成本随着再制造率的提高而减少。

第 3 章 废旧产品再制造系统生产批量决策优化

在第 2 章对废旧产品再制造系统生产计划提前期研究的基础上，本章主要研究在需求和再制造率不确定下各个子系统的批量计划，以实现从拆卸子系统、再制造子系统到重新装配子系统整个再制造系统在数量上的有效协调。

3.1 问题描述及参数定义

3.1.1 问题描述

关于制造/再制造混合系统的产成品批量问题，一些学者分别从顾客偏好（谢家平和王爽，2011）、回收价格（Shi et al., 2011）、机器故障率/维修率（Wang et al., 2011）及新品/再制品成本和价格差异（Kenné et al., 2012；Kim et al., 2013；郭军华等，2013；颜荣芳等，2013；高举红等，2017）等视角展开研究，但均将"再制品"看作一个整体，考虑新品和再制品的成本节约，重点优化新品和再制品的生产量，未涉及其组成部分——零部件。对于废旧产品再制造系统来说，其与一般制造系统的主要区别在于零部件供应源不同。Mukhopadhyay 和 Ma（2009）虽然研究了在装配过程中新零部件和再制造零部件之间的关系，但它求解的是为满足需求的最终再制造生产批量，并没有划分各个子系统及对子系统之间的协调问题进行研究。实际上，子系统之间是紧密衔接的，只有全面协调好它们的关系，才能实现再制造系统的整体最优，这也是再制造商在实际运营过程中面临的主要困难。万延花和陈伟达（2012）根据再制造率和顾客需求的不确定性，利用利润的两阶段函数给出了再制造零部件和重新装配产品的最优批量，针对产品的后两个子系统，即再加工和重新装配过程中的批量计划进行整体优化；黄伟鑫和陈伟达（2012）考虑回收、拆卸、再制造、重新装配的能力限制，以总成本最小化为目标，构建了模糊再制造系统混合整数规划模型。以上两篇文献虽然分别研究了两个子系统或整个闭环供应链（closed-loop supply chain，CLSC）系统的协调问题，但是在建立的模型中使用的是固定的单位再制造成本，没有考虑零部件质量状况不同引起的质量成本。

然而，再制造实施过程中的最大困难源自所回收的废旧产品质量状况的差异较大，进而不同程度地影响再制造成本。Guide 和 Pentico（2003）研究手机再制造商的案例，将回收产品分为 6 个等级，从最高到最低，结果显示再制造成本增加了 10 倍；Behret 和 Korugan（2009）将回收产品按质量状况分为好、中、差三个等级，假设分别对应不同的再制造成本，分析了质量水平的不确定性对再制造系统的影响，结果显示对回收产品进行质量等级分类可以比较显著地降低生产成本。因而，这说明废旧产品间的质量差异较大，有必要考虑由质量差异引起的不同的再制造成本。近年来，也有一些研究考虑了供应质量的不确定性对再制造系统的影响。曹俊等（2010）基于新品和再制品质量差异和消费者购买偏好建立了两阶段动态博弈模型，研究了制造商与再制造商在市场中的价格和质量竞争问题，提出制造商的最优策略是提升新品质量，而再制造商的最优策略则是研发新技术以降低生产成本。Pokharel 和 Liang（2012）提出了一个解析模型，用来评估依赖于回收产品质量的回收价格和再制造数的决策。谢家平等（2012）考虑质量水平对返回废旧产品的降级率的影响，研究了不同市场结构下制造商的最优制造/再制造决策。Galbreth 和 Blackburn（2006，2010）分别从连续和离散的角度对回收产品质量水平进行分级，研究了最优回收和再制造策略。不同于以上两篇文献，Ferguson 等（2009）用一个连续的模糊变量描述回收产品的质量等级，对各生产周期、各等级回收产品的再制造数问题进行研究。继而，Teunter 和 Flapper（2011）将废旧产品根据质量状况分成有限个等级，按从高到低的顺序进行再制造的原则，对需求确定和需求不确定两种情况下的各等级回收产品的最优回收与再制造策略进行研究。虽然这些文献都考虑了质量不确定性对再制造决策的影响，但只是针对回收产品的质量状况进行研究，且研究的是最终产成品的批量决策。实际上，在再制造系统中，最后构成再制品的是对回收产品进行拆卸后得到的零部件，拆卸同一质量等级的废旧产品得到的同种零部件可能具有不同的质量水平，因而按照 Galbreth 和 Blackburn（2006，2010）、Ferguson 等（2009）、Teunter 和 Flapper（2011）的分类原则得到的优化结果并不是最符合实际的。Korugan 等（2013）虽然比较了再制造拆卸后零部件和生产新零部件对机器的生产数量与生产过程的影响，但该文献将所有拆卸后零部件看作一个整体，质量等级被视为同一级别，只体现了与新零部件的质量差异。

综上所述，现有文献主要集中在对制造/再制造混合系统产成品的批量决策进行研究；关于子系统协调的研究没有考虑零部件质量成本，均假设不同质量状况的零部件再制造成本相同且为某一固定值；关于质量不确定的研究主要集中在对回收产品的质量不确定性进行研究，决策变量主要是回收数和再制品数，而没有考虑再制造各个子系统之间的数量决策问题；对于拆卸后零部件的质量水平，也仅仅被视为同一等级进行研究。不同于现有研究，本章根据再制造实际，考虑拆卸后零部件的质量差异及由此导致的差异再制造成本，研究再制造商从第三方回收商获取未经分类的废旧产品后，拆卸—再制造/采购—重新装配整个再制造系统的批量决策问题。该研究可以帮助企业制定更符合实际的再制造优化决策，为企业生产运营管理提供有意义的理论指导。

本章研究的废旧产品再制造系统包括拆卸、再制造和重新装配三个子系统，这三者是紧密衔接的，其整个再制造过程如图 3-1 所示。

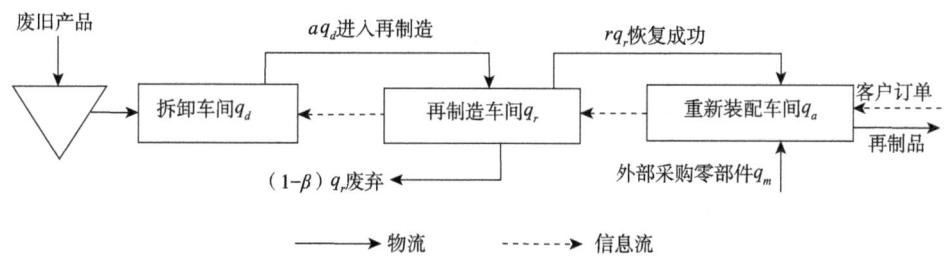

图 3-1 废旧产品再制造系统关系示意图

从图 3-1 可以看出，废旧产品首先进入拆卸车间，拆卸下来的零部件质量具有高度不确定性，有些即使再制造也无法再使用，有些虽然经过加工可以恢复使用，但其再制造成本较高。因而，为了满足最后的装配需求，一般来说，拆卸批量要大于实际进入再制造车间的再制造数，拆卸批量越多，可供选择的再制造零部件质量等级越高，从而可以降低再制造成本，但同时也增加了拆卸成本。为了准确描述拆卸、再制造过程中发生的成本，需要根据拆卸后零部件的质量状况，构建能反映不同质量状况零部件质量成本的拆卸和再制造总成本模型，为使整个再制造系统利润最大化，需要在该拆卸和再制造总成本模型的基础上进一步考虑其后新零部件供应和重新装配过程。其次，被选择进行再制造的零部件进入再制造车间进行维修、恢复等处理。在这个过程中，存在一系列诸如机器故障、零部件质量状况不确定等因素，使得零部件的成功恢复率（本书称为再制造率）并不一定为 100%，而由于再制造率的随机性，恢复成功的零部件数量并不是确定的，必要时需要从外部供应商购买新零部件来满足重新装配的需求。在新零部件采购提前期不确定的情况下，再制造商需要充分协调好新零部件和再制造零部件两个供应系统,即确定再制造数和采购数。最后,来自两个供应系统的零部件进入重新装配车间,完成再制品组装工作以满足不确定的顾客需求。

3.1.2 模型假设及参数定义

本书对考虑的再制造系统做如下假设。
(1) 废旧产品市场结构为完全竞争市场,供应完全能满足需求。
(2) 无能力约束,无固定成本。
(3) 再制造商回收的废旧产品未按质量状况进行分级。
(4) 拆卸成本与拆卸批量呈线性关系,即单位拆卸成本 c_d 为某一固定值。
(5) 拆卸后零部件质量状况通过再制造成本反映,且其质量状况在拆卸后准备再制造前可知。
(6) 零部件的废弃处理成本为 0,且不存在残值。
(7) 再制品由再制造零部件和外购零部件构成,且拆卸、再制造和重新装配均由同一家再制造商完成。

除此以外,本书利用概率分布的方法模拟再制品需求和再制造率的不确定性,为简化算式表达的复杂度,假设再制造率 β 服从 $U(0,1)$ 之间的均匀分布,再制品需求 x 服从 $U(0,b)$ 之间的均匀分布。

对本书涉及的参数定义如下:
c_d——单位拆卸成本。
c_m——新零部件的单位采购成本。
c_p——单位装配成本。
c_{h_1}——释放到重新装配车间进行组装之前零部件的单位库存持有成本。
c_{h_2}——满足顾客需求后剩余再制品的单位库存持有成本(为不失一般性,假设 $c_{h_2} > c_{h_1}$)。
c_s——不能满足顾客需求的单位缺货成本。
$g(\cdot)$——对应拆卸后零部件质量状况的再制造成本的概率密度函数。
$G(\cdot)$——对应拆卸后零部件质量状况的再制造成本的概率分布函数。
t——选择进入再制造的零部件的最大再制造成本(考虑再制造的经济性,假设 $t < c_m$),即指只选择再制造成本不超过 t 的拆卸零部件进入再制造。
C_R——q_r 个零部件的总再制造成本。
TC——拆卸和再制造总成本。
R——平均再制造零部件获取成本。

r——再制造率,进入再制造车间的零部件恢复成功的概率;$\Phi(\beta)$ 为 β 的概率分布函数,$\varphi(\beta)$ 为 β 的概率密度函数。

p——单位产品的市场价格(假设新品和再制品同质,价格无差异)。

x——顾客需求,为随机变量;$f(x)$ 为其概率密度函数。

π——总利润。

本章的决策变量如下。

q_d——拆卸批量。

q_r——再制造批量。

q_m——外部采购批量。

q_a——装配批量。

α——拆卸后进入再制造车间进行再制造的零部件比率(再制造批量/拆卸批量),$\alpha = \dfrac{q_r}{q_d}$。

3.2 考虑拆卸后零部件质量状况的拆卸和再制造总成本模型

对于拆卸和再加工两个子系统来说,再制造商只需要平衡拆卸和再制造成本,确定合理的拆卸批量来最小化拆卸和再制造总成本,但对于包括重新装配子系统的整个再制造系统来说,再制造商不仅要平衡拆卸和再制造成本,也要考虑由此引起的新零部件采购总成本、库存持有成本或缺货成本的变化,因而仅仅使得拆卸和再制造成本最小的拆卸批量与再制造数并不能保证整个再制造系统的利润最大化。因此,本节主要构建能反映拆卸后零部件质量状况的拆卸和再制造总成本模型,并分析当拆卸和再制造总成本最小时及当整个再制造系统利润最大化时的决策差异,从而为构建整个再制造系统的综合优化模型奠定基础。

基于 Galbreth 和 Blackburn(2006)关于再制造成本与回收产品质量状况负相关的思想,考虑拆卸后零部件质量状况的好坏导致的差异再制造成本(假设为某一给定分布)。很显然,零部件质量状况越好,其再制造成本越低;零部件质量状况越差,其再制造成本越高。从经济性考虑,当拆卸后零部件的再制造成本超过 t 时则废弃处理,反之则再制造。因而,当再制造数为 q_r 时的总再制造成本可以写成:

$$C_R = q_r \frac{\int_0^t xg(x)\mathrm{d}x}{\int_0^t g(x)\mathrm{d}x} \tag{3-1}$$

其中，t 与选择进行再制造的整体零部件质量水平存在负相关关系，如前分析，整体零部件质量水平与可供选择进行再制造的零部件数量的多少有关。本书假设市场对再制品的需求随机，且再制造率为随机变量，再制造数不是某一固定值，因而定义再制造数和拆卸批量的比率（即 $\alpha = \dfrac{q_r}{q_d}$）来描述进入再制造的零部件的整体质量水平，其含义是 α 越大，拆卸批量越接近再制造数，选择进行再制造的拆卸零部件的整体质量水平越低，对应的再制造成本 t 的取值越大。对于再制造商可以接受的最大再制造成本 t，则存在 $G(t) = \alpha$ [或 $t = G^{-1}(\alpha)$]。据此，可将式（3-1）简化为

$$C_R = q_d \int_0^t xg(x)\mathrm{d}x = q_d \int_0^{G^{-1}\left(\frac{q_r}{q_d}\right)} xg(x)\mathrm{d}x \tag{3-2}$$

命题 3-1：对于给定的 q_r，可以证明 C_R 关于 q_d 在 $[q_r, +\infty)$ 下凸且单调递减。

证明：首先将 C_R 对 q_d 进行求导，得

$$\begin{aligned}
\frac{\mathrm{d}C_R}{\mathrm{d}q_d} &= \int_0^{G^{-1}\left(\frac{q_r}{q_d}\right)} xg(x)\mathrm{d}x - \frac{q_r}{q_d} \times G^{-1}\left(\frac{q_r}{q_d}\right) \\
&= \frac{q_r}{q_d}\left[\frac{\int_0^{G^{-1}\left(\frac{q_r}{q_d}\right)} xg(x)\mathrm{d}x}{\int_0^{G^{-1}\left(\frac{q_r}{q_d}\right)} g(x)\mathrm{d}x} - G^{-1}\left(\frac{q_r}{q_d}\right) \right]
\end{aligned} \tag{3-3}$$

其中，$\dfrac{\int_0^{G^{-1}\left(\frac{q_r}{q_d}\right)} xg(x)\mathrm{d}x}{\int_0^{G^{-1}\left(\frac{q_r}{q_d}\right)} g(x)\mathrm{d}x}$ 为 x 在 $\left[0, G^{-1}\left(\dfrac{q_r}{q_d}\right)\right]$ 的期望值，其上限总是小于 $G^{-1}\left(\dfrac{q_r}{q_d}\right)$，因而 $\dfrac{\mathrm{d}C_R}{\mathrm{d}q_d}$ 总是小于 0。

再对 q_d 求二阶导数，

$$\frac{\mathrm{d}^2 C_R}{\mathrm{d}^2 q_d} = \frac{q_r^2}{q_d^3 g\left(G^{-1}\left(\dfrac{q_r}{q_d}\right)\right)} \tag{3-4}$$

由此可以看出二阶导数 $\dfrac{\mathrm{d}^2 C_R}{\mathrm{d}^2 q_d}$ 总是大于 0，从而得证。

当单位拆卸成本为某一固定值 c_d 时，拆卸和再制造总成本可表示为

$$\mathrm{TC} = c_d q_d + C_R = c_d q_d + q_d \int_0^t x g(x) \mathrm{d}x \qquad (3\text{-}5)$$

由式（3-3）及 $\alpha = \dfrac{q_r}{q_d}$ 可得到 TC 对 q_d 的一阶导数：

$$\dfrac{\mathrm{d}\mathrm{TC}}{\mathrm{d}q_d} = c_d + \int_0^{G^{-1}(\alpha)} x g(x) \mathrm{d}x - \alpha G^{-1}(\alpha) \qquad (3\text{-}6)$$

由命题 3-1 可知，C_R 关于 q_d 在 $[q_r, +\infty)$ 单调递减，拆卸成本 $c_d q_d$ 是 q_d 的线性函数，为单调递增函数，令 $U(\alpha) = \max\left[\alpha G^{-1}(\alpha) - \int_0^{G^{-1}(\alpha)} x g(x) \mathrm{d}x\right]$，结合式（3-6）可得到以下结论。

（1）当 $c_d > U(\alpha)$，即单位拆卸成本 c_d 较大时，$\dfrac{\mathrm{d}\mathrm{TC}}{\mathrm{d}q_d}$ 恒大于 0，TC 为关于 q_d 在 $[q_r, +\infty)$ 下凸且单调递增的函数，此时，再制造商选择的拆卸批量越接近需求的再制造数（即 α 趋于 1），拆卸和再制造总成本越小。

（2）当 $c_d < U(\alpha)$ 时，TC 为关于 q_d 在 $[q_r, +\infty)$ 先减后增的凸函数。因而，存在唯一最优值 q_d，即 $\dfrac{\mathrm{d}\mathrm{TC}}{\mathrm{d}q_d} = 0$ 时使得 TC 最小以满足给定的再制造数 q_r 的需求。

本章中的再制造数最终是为了满足重新装配的需求，由满足市场需求的重新装配数确定。根据上述推导，如果不考虑整个再制造系统的利润最大化，只考虑拆卸和再加工两个子系统，也存在对应的唯一最优值 α 使得 TC 最小以满足给定的再制造数 q_r 的需求。鉴于模型求解的复杂性，本章将在 3.4 节通过算例给出 α 的求解过程，并分析当 TC 最小时，α 和 c_d 的变化关系。本书的研究目的是对再制造系统进行整体优化，当 TC 取最小值时并不意味着此时的总利润最大，原因是当 α 取不同值时，q_r、q_m 的取值会发生变化，这将影响到新零部件采购总成本、库存持有成本和缺货成本，从而影响总利润，在 3.4 节算例中将分析 TC 与总利润的关系。

3.3　考虑采购提前期的再制造系统综合优化模型

利用两阶段利润函数的思想，综合考虑销售收益、重新装配成本、拆卸成

本、再制造成本、零部件库存持有成本、再制品库存持有成本和缺货成本等，构建以利润最大化为目标的优化模型。首先确定最优装配批量，其次确定再制造数、外部采购批量及总利润最大化时最优的平均再制造零部件获取成本，最后确定最优拆卸批量。最优装配批量、再制造数和外部采购批量，三者之间满足 $q_a \leqslant \beta q_r + q_m$。

3.3.1 确定最优装配批量

构建第二阶段期望利润函数为

$$\max_{q_a} E_x(\pi_2/q_r,\beta,q_m) = -c_{h_1}\left[(\beta q_r + q_m) - q_a\right]^+ - q_a c_p$$
$$+ \int_{q_a}^{\infty}\left[pq_a - (x-q_a)c_s\right]f(x)\mathrm{d}x + \int_0^{q_a}\left[px - (q_a - x)c_{h_2}\right]f(x)\mathrm{d}x$$

（3-7）

其中，$\left[(\beta q_r + q_m) - q_a\right]^+$ 表示当 $\left[(\beta q_r + q_m) - q_a\right] > 0$ 时，取 $(\beta q_r + q_m) - q_a$，反之，取 0；$c_{h_1}\left[(\beta q_r + q_m) - q_a\right]^+$ 表示当再制造和采购零部件数之和大于重新装配对零部件的需求数时，会产生零部件库存持有成本；$q_a c_p$ 表示装配成本；后两项分别表示装配后再制品数小于或大于市场需求时的缺货成本和库存持有成本。

由于 $\dfrac{\partial^2 E_x\left[\pi_2|q_r,\beta,q_m\right]}{\partial^2 q_a} = -(p + c_s + c_{h_2})f(\tilde{q}_a) < 0$，故对任意给定的 β、q_r 和 q_m，利润 π_2 是 q_a 的凹函数。因此，可以根据 $\dfrac{\partial E_x\left[\pi_2|q_r,\beta,q_m\right]}{\partial q_a} = 0$ 求得最优重新装配批量：

$$q_a^* = \begin{cases} \tilde{q}_a & \beta q_r + q_m \geqslant \tilde{q}_a \\ \beta q_r + q_m & \beta q_r + q_m < \tilde{q}_a \end{cases}$$

（3-8）

其中，$\tilde{q}_a = F_x^{-1}\left[\dfrac{c_{h_1} - c_p + p + c_s}{p + c_s + c_{h_2}}\right] = \dfrac{c_{h_1} - c_p + p + c_s}{p + c_s + c_{h_2}}b$。

由式（3-8）可知，当再制造和外购零部件总数小于装配需求（即 $\beta q_r + q_m < \tilde{q}_a$）时，再制造商将对所有这些零部件进行组装；当再制造率较高或外购零部件数大于装配需求（即 $\beta q_r + q_m \geqslant \tilde{q}_a$）时，$q_a^*$ 和再制造数 q_r、外部采购批量 q_m 及再制造率 β 没有关系，再制造商将仅仅组装满足装配需求的零部件从而产生零部件库存，原因是零部件库存持有成本比再制品库存持有成本低。

根据上述求得的最优装配数 q_a^*，得到第二阶段期望利润函数如下：

$$E_x\left[\pi_2\left(q_a^* \mid q_m \leqslant q_a\right)\right] = +\int_{\beta q_r + q_m}^{\infty}\left[P(\beta q_r + q_m) - (x - \beta q_r - q_m)c_s\right]f(x)dx$$
$$-(\beta q_r + q_m)c_p + \int_0^{\beta q_r + q_m}\left[px - (\beta q_r + q_m - x)c_{h_2}\right]f(x)dx \quad (3\text{-}9)$$

$$E_x\left[\pi_2\left(q_a^* \mid \beta q_r + q_m \geqslant \tilde{q}_a\right)\right] = -c_{h_1}\left[(\beta q_r + q_m) - \tilde{q}_a\right] - \tilde{q}_a c_p$$
$$+ \int_{\tilde{q}_a}^{\infty}\left[p\tilde{q}_a - (x - \tilde{q}_a)c_s\right]f(x)dx \quad (3\text{-}10)$$
$$+ \int_0^{\tilde{q}_a}\left[px - (\tilde{q}_a - x)c_{h_2}\right]f(x)dx$$

将 $\beta q_r + q_m = \tilde{q}_a$ 代入式（3-9）和式（3-10）中，得

$$E_x\left[\pi_2\left(q_a^* \mid \beta q_r + q_m \leqslant \tilde{q}_a\right)\right]\Big|(\beta q_r + q_m = \tilde{q}_a)$$
$$= E_x\left[\pi_2\left(q_a^* \mid \beta q_r + q_m \geqslant \tilde{q}_a\right)\right]\Big|(\beta q_r + q_m = \tilde{q}_a) \quad (3\text{-}11)$$

因此，第二阶段期望利润 $E_x(\pi_2 \mid q_r, \beta, q_m)$ 关于 $\beta q_r + q_m$ 是连续的。

3.3.2 确定最优再制造数和外部采购批量

在第二阶段的基础上，考虑再制造零部件拆卸和再制造成本，得到第一阶段期望利润函数如下：

$$\max_{q_r, q_m} \pi_1 = -\text{TC} - c_m q_m + E_X[\pi_2]$$
$$= -\text{TC} - c_m q_m + \int_0^{(q_a - q_m)/q_r} E_X\left[\pi_2\left(q_a^* / \beta q_r + q_m \leqslant q_a\right)\varphi(\beta)d\beta\right] \quad (3\text{-}12)$$
$$+ \int_{(q_a - q_m)/q_r}^{1} E_X\left[\pi_2\left(q_a^* / \beta q_r + q_m \geqslant q_a\right)\right]\varphi(\beta)d\beta$$

通过求得式（3-10）的最大值，确定最优再制造数 q_r、外部采购批量 q_m。其中，

$$\text{TC} = c_d q_d + q_d \int_0^t xg(x)dx = q_r\left[\frac{c_d}{\alpha} + \frac{\int_0^{G^{-1}(\alpha)} xg(x)dx}{\alpha}\right]。$$

为简便起见，令

$$R = \frac{c_d}{\alpha} + \frac{\int_0^{G^{-1}(\alpha)} xg(x)dx}{\alpha} \quad (3\text{-}13)$$

对于再制造数 q_r 来说，本书定义 R 为平均再制造零部件获取成本，由式（3-13）

可知，当 α 确定后，R 为某一确定值，又因为：

$$\int_0^{(\tilde{q}_a-q_m)/q_r} \beta^2 f(\beta q_r + q_m)\varphi(\beta)\mathrm{d}\beta \int_0^{(\tilde{q}_a-q_m)/q_r} f(\beta q_r + q_m)\varphi(\beta)\mathrm{d}\beta \geqslant$$

$$\left[\int_0^{(\tilde{q}_a-q_m)/q_r} \beta f(\beta q_r + q_m)\varphi(\beta)\mathrm{d}\beta\right]^2,$$

可以证明 π_1 关于 q_r、q_m 是凹的，因而可以通过求解 $\dfrac{\partial \pi_1}{\partial q_r}=0$ 和 $\dfrac{\partial \pi_1}{\partial q_m}=0$ 得

$$\begin{cases} q_r^* = \dfrac{8b(c_m+c_{h_1})^3}{9(p+c_s+c_{h_2})(2R+c_{h_1})^2} \\[2mm] q_m^* = \left[\dfrac{3b(p+c_s+c_{h_1})(2R+c_{h_1})-4b(c_m+c_{h_1})^2}{3(p+c_s+c_{h_2})(2R+c_{h_1})}\right]^+ \\[2mm] \pi_1^* = -Rq_r^* - q_m^*(c_m-c_{h_1}) - \dfrac{(c_{h_1}q_r^{*2}+bc_s q_r^*)+(p+c_s+c_{h_1}-c_p)\left[(q_a-q_m^*)^2-2q_a q_r^*\right]}{2q_r^*} \\[2mm] \qquad + \dfrac{(p+c_s+c_{h_2})\left[(q_a-q_m^*)^2(2q_a+q_m^*)-3q_a q_r^*\right]}{6bq_r^*} \end{cases}$$

（3-14）

3.3.3 确定最优拆卸批量

由式（3-14）可得到 $\dfrac{\mathrm{d}^2\pi_1^*}{\mathrm{d}^2 R}<0$，说明 π_1 关于 R 是凹的。因而，可以通过求解 $\dfrac{\mathrm{d}\pi_1^*}{\mathrm{d}R}=0$ 得到 R^*，然后由式（3-13）得到对应的最优再制造批量/拆卸批量 α^*，再将 3.3.2 中求得的 q_r^* 代入式 $\alpha^* = \dfrac{q_r^*}{q_d^*}$，求得最优拆卸批量 q_d^*。

3.4 算例分析

为说明模型的有效性，本书通过算例进行验证。假设拆卸后零部件再制造成

本（反映其质量状况）服从 Gamma 分布 $G(5,2)$，令 $c_m = 40$，$c_p = 25$，$c_{h_1} = 8$，$c_{h_2} = 10$，$c_s = 25$，$p = 120$，$b = 500$。

3.4.1 结果分析

根据本章所构建模型，按照以下步骤进行求解：

（1）求解当总利润 π_1 最大时 R 的取值，任取一 c_d 值（在本算例中，取 $c_d = 2$），计算出 α^*。

（2）求解最优装配批量 q_a^*、再制造数 q_r^* 和外部采购批量 q_m^*。

（3）根据由（1）得到的 α^* 和由（2）得到的再制造数 q_r^*，求出最优拆卸批量 q_d^*。

依照上述求解步骤，得到的决策结果如表 3-1 所示。

表 3-1 决策结果

变量	R	α	t	π_1^*	q_d^*	q_r^*	q_m^*	$\tilde{q}_a$	q_a^*
输出	5.52	0.82	13.85	7 690	1 067	875	0	413	875β，当 $\beta \in (0, 0.47)$
									413，当 $\beta \in [0.47, 1]$

上述结果说明：

（1）当拆卸后零部件再制造成本超过 13.85 时即废弃处理，即 α 设为 0.82 是经济的，此时 TC=4 830 并不是其最小值，因此，为获得利润最大化，再制造商并不能通过判定 TC 是否为最小值来制定拆卸、再制造及采购批量决策。

（2）本算例中 $q_m^* = 0$，即不需要外购新零部件，装配批量完全由再制造零部件提供，说明了再制造的经济性。从表 3-1 可以看出，在一定范围内最优装配批量会随着再制造率的变化而变化。当再制造数和外部采购批量之和不足以满足顾客需求时，即 $\beta q_r + q_m < \tilde{q}_a$，对应的再制造率 $\beta \in (0, 0.47)$，装配批量随着再制造率的增大而增加。当再制造率增大到一定程度，使得再制造数和采购批量之和等于顾客需求时，即 $\beta q_r + q_m = \tilde{q}_a$，对应的再制造率 $\beta = 0.47$，最优装配批量等于 413，而后趋于稳定。这与 3.3 节证明的结果是一致的。

3.4.2 灵敏度分析

本章主要考虑拆卸后零部件质量状况不一致导致的不同再制造成本从而影响

整个再制造系统利润的批量决策，因而，以下将分别分析 α 对拆卸和再制造总成本 TC、再制造数 q_r^*、外部采购批量 q_m^* 及总利润 π_1 的影响。

1. 当 TC 取最小值时，最优再制造批量/拆卸批量 α^* 与单位拆卸成本 c_d 的关系

将 $G(\cdot) = G(5,2)$ 代入，分别取不同单位拆卸成本 $c_d = 2, 5, 10, 15, 20$，并在 $0 < \alpha < 1$ 范围内随机取 20 组数据，绘制以 α^* 为横坐标、$\dfrac{\mathrm{d}TC}{\mathrm{d}q_d}$ 为纵坐标的变化趋势图，如图 3-2 所示。

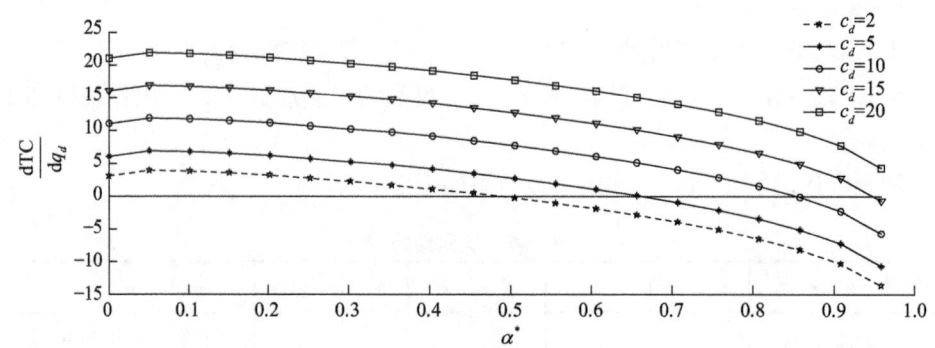

图 3-2 当 c_d 取不同值时最优再制造批量/拆卸批量 α^* 的变化趋势图

分析图 3-2 可知：

（1）当 $c_d > \max\left[\alpha G^{-1}(\alpha) - \int_0^{G^{-1}(\alpha)} xg(x)\mathrm{d}x\right]$ 时，如图 3-2 中，当 $c_d = 20$ 时，$\dfrac{\mathrm{d}TC}{\mathrm{d}q_d}$ 始终大于 0，当 α^* 趋于 1 时 TC 取得最小值；当 $c_d < \max\left[\alpha G^{-1}(\alpha) - \int_0^{G^{-1}(\alpha)} xg(x)\mathrm{d}x\right]$ 时，如图 3-2 中 $c_d = 2, 5, 10, 15$ 的系列曲线显示，总是存在一个 α 值使得 $\dfrac{\mathrm{d}TC}{\mathrm{d}q_d} = 0$，即此时 TC 取得最小值。这与 3.3 的证明结论是一致的。

（2）观察当 $c_d = 2, 5, 10, 15$ 时的系列曲线可以看出，单位拆卸成本 c_d 越大，当 $\dfrac{\mathrm{d}TC}{\mathrm{d}q_d} = 0$ 时 α 的取值越大。这说明当单位拆卸成本较大时，选择的拆卸批量越大，拆卸总成本增加越多，因而，出于经济性考虑，再制造商所选择的拆卸批量将越接近所需要的再制造数，即 α^* 越大；反之，所设置的 α^* 应越小。这与再制造系统实际情况是相吻合的。

2. α 对 q_r、q_m、TC 及总利润 π_1 的影响

依据前面对平均再制造零部件获取成本 R 的定义，R 是关于 α 的函数，因此，为简化模型的复杂度，先分析 R 对 q_r、q_m 及总利润 π_1 的影响。然后分析当总利润 π_1 最大时 R 的取值，以及对应的 c_d 和 α 的变化情况，分别如图 3-3~图 3-5 所示。

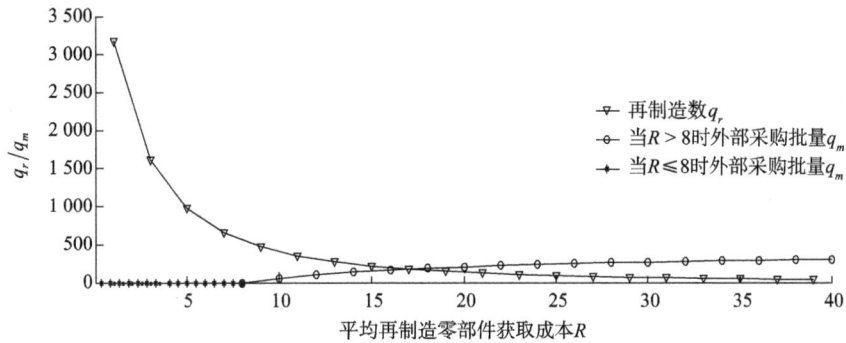

图 3-3　R 与 q_r、q_m 的关系

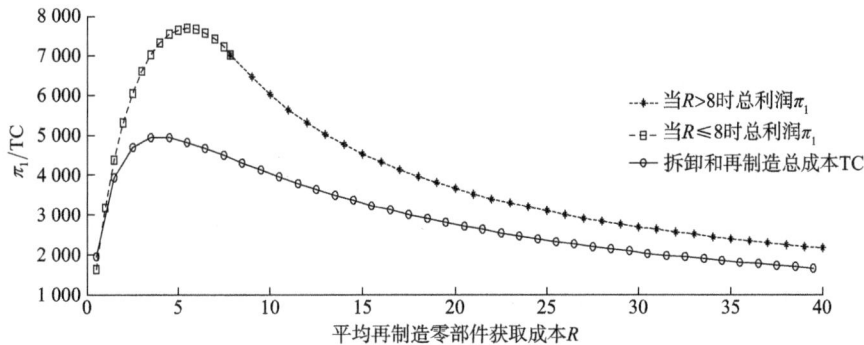

图 3-4　R 对拆卸和再制造总成本 TC 及总利润 π_1 的影响

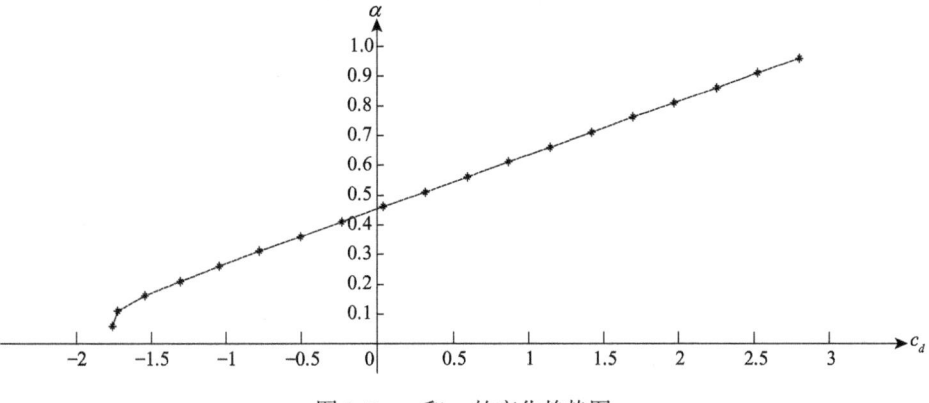

图 3-5　c_d 和 α 的变化趋势图

由图 3-3 可知，当 $R \leqslant 8$ 时，$q_m = 0$，当 $R > 8$ 时，q_m 随着 R 的增大而增大，而 q_r 始终随着 R 的增大而减少，说明当平均再制造零部件获取成本 $R \leqslant 8$ 时，再制造零部件能满足装配需求，不需要外购新零部件；当 R 不断增加时，因为较高的再制造零部件获取成本，再制造商会减少再制造零部件的数量，而增加外部采购零部件数量，这与实际的再制造情况是相吻合的。

由图 3-4 可知，总利润 π_1 是 R 的凹函数，存在一个唯一的 R 值（在本算例中，$R=5.52$）使得总利润 π_1 最大。对于拆卸和再制造总成本 TC 也是关于 R 的凹函数，但极值点（在本算例中，$R=4$）并不等于总利润最大时的极值点。当 $R \leqslant 4$ 时，TC 随着 R 的增加而增加，当 $R > 4$ 时，TC 随着 R 的增加而减少，但这并不意味着总利润 π_1 会随着 TC 的减少而降低，原因是当 R 增加，TC 减少时，再制造数 q_r 减少，有可能导致采购总成本或缺货成本的增加，因而这也是符合实际的。当总利润 π_1 最大，即 $R=5.52$ 时，根据式（3-13）得

$$c_d = 5.52\alpha - \int_0^{G^{-1}(\alpha)} xg(x)\mathrm{d}x$$

为说明此时 c_d 和 α 的变化趋势，以 c_d 为横轴，α 为纵轴绘制变化趋势图，如图 3-5 所示。

从图 3-5 可以看出，当 $0 < \alpha \leqslant 0.45$ 时，c_d 为负值，说明当再制造商选取较小的 α，即选择足够多的拆卸批量时，再制造是不经济的，此时不可能获得最大利润；再制造商只有提高 α，减少拆卸批量，降低拆卸总成本，从而提高整个再制造系统的总利润，且 α 随着 c_d 的增加而增大，即单位拆卸成本越高，再制造商应选择越少的拆卸批量，这与 2.3 节的证明和图 3-2 显示的结果是一致的，也符合再制造商的实际情况，因而验证了模型的正确性和有效性。

以上研究发现，为平衡拆卸和再制造成本，实现拆卸和再加工子系统的有效衔接，当单位拆卸成本一定且不超过某一值时，在考虑零部件质量成本的情况下，存在唯一最优再制造/拆卸比率使得拆卸和再制造总成本最小，且单位拆卸成本越大，再制造/拆卸比率越高，这与实际的再制造过程是相吻合的；但是，拆卸和再制造总成本最小并不能保证整个再制造系统的利润最大化，因为在此时的再制造/拆卸比率下得到的再制造数不一定恰好满足装配需求数，因而虽然满足了拆卸和再制造总成本的最小化，但同时也可能增加外购零部件总成本、库存成本或缺货成本，为全面平衡再制造系统所有成本，不能仅仅依据拆卸和再制造总成本最低来制定批量决策，需要构建整个再制造系统的综合优化模型。本章通过构建两阶段优化模型求解得出最优批量决策、单位再制造零部件获取成本、再制造/拆卸比率。在再制造率和市场需求不确定下，再制造数随着单位再制造零部件获取成本的增加而增加，采购批量则刚好相反，最优装配批量会随着再制造率变化。当再制造数和采购数之和不足以满足顾客需求时，对再制造零部件的利用率提

高，用于满足需求的装配批量也得到提高，最优装配批量随着再制造率的提高而增大；当再制造率提高到一定程度，即再制造数和采购数之和刚好满足顾客需求时，最优装配批量等于实际顾客需求，且不再随着再制造率的提高而增大，原因是零部件的库存持有成本低于再制品的库存持有成本；再制造/拆卸比率随着单位拆卸成本的增加而变大，说明当单位拆卸成本较高时，再制造商选择的拆卸批量应越接近于再制造数，反之，则可选择尽量多的拆卸批量，以提高进入再制造车间零部件的整体质量水平，从而降低再制造成本，这与再制造实际情况相吻合。不同于以往文献研究中再制造成本为某一固定值的假设，本章考虑拆卸后零部件的不同质量状况导致的差异再制造成本更符合再制造实际，鉴于模型求解的复杂性，本章假设对应拆卸后零部件质量状况的再制造成本为某一具体分布，且优化目标主要是经济指标，考虑零部件质量状况不确定的情形，以及将环境方面的优化目标，如拆卸、再制造过程中的碳排放成本等考虑进来也值得进一步研究。

第4章 废旧产品再制造系统主生产计划优化

基于废旧产品再制造系统正向物流，即从拆卸后零部件到再制品的研究主线，在第2章对再制造系统生产计划提前期的研究和第3章对各个子系统批量计划的研究基础上，本章主要研究废旧产品再制造系统主生产计划优化问题。

4.1 问题描述及参数定义

在环境日益恶化现状的驱动和政府法规的强制下，基于环保意识制造和产品回收（environmentally conscious manufacturing and product recovery，ECMPRO）已经成为一个重要和强制性的概念（Ilgin and Gupta，2010）。不少学者已对再制造生产决策进行了探索。Richter 和 Weber（2001）考虑到制造/再制造混合系统和确定性需求的情形，构建制造/再制造生产决策模型；Kleber 等（2002）研究回收系统中存在多种再制造选择的情形，提出确定线性成本情形下的最优生产、再制造和处置策略；Teunter 等（2006）研究供给和需求确定下制造/再制造生产决策问题；周垂日等（2008）基于产品异质可替代性和随机需求，研究生产环节的最优再处理方式及其产量；吴鹏和陈剑（2008）、Wang 等（2011）、Shi 等（2011）考虑需求和回收的不确定性，基于制造/再制造系统期望利润最大化，研究新品和再制品的单周期最优生产决策问题；Abbey 等（2015）考虑不同消费者偏好行为下新品和再制品的定价决策问题，提出当再制品进入市场时，新品的最优定价应该上调；Xiong 等（2016）比较了分别由制造商和回收商回收废旧产品的两种闭环供应链模式，结果发现，当再制造成本较高时，制造商与消费者倾向前一种模式，但从回收商和环保的角度，则后一种模式更好，然而，当再制品成本不高时，制造商、回收商和消费者都倾向后者；Pazoki 和 Abdul-Kader（2016）考虑产品的时间价值，研究再制造商的生产决策和回收决策问题，结果发现再制品随时间的恶化率与总利润无相关关系；Z.H.Wang 等（2016）考虑新品和再制品利用不同销售渠道的情形，研究制造商与再制造商的决策问题，结果发现制造商倾向新品和再制品通过不同的渠道分开销售；Jena 等（2018）考虑的是在一个三层再制造供应链中政府的激励机制如何影响企业的相关决策，通过比较分散决策与集中决策模型的计算结果，发现集中决策时废旧产品的回收率最高；Umeda 等（2017）建立一个多项的 Logit 模型，有效模拟了市场中新品、再制品和翻新品之间的竞争情况，发现回收系统的成果建立能显著提高再制品的市场份额；Hasanov 等（2019）考虑为制造商和再制造商提供生产材料的一级供应商和二级供应商，建立一个四级的闭环供应链决策模型，结果发现废旧产品的高回收率有利于闭环供应链降低成本并提高环境效益。由以上分析可知，这些文献的研究对象都是产成品，而对大多数耐用产品来说，产品的寿命周期往往比设计周期长（Gungor and Gupta, 1999），如汽车、打印机和移动电话机常常在以前设计制造的产品仍在使用时，就开始了新的设计，即使回收产品能恢复到"新产品"状态，但市场很可能已经没有这个需求了。此时，再制造的目标不再是整个产品，而是零部件（Kongar and Gupta, 2002）。同时，随着产品更新换代的加速，废旧产品的数量日益增加（Tian and Chen, 2014），OEM 没有足够的生产能力来应对这一局面，从而将再制造业务外包给第三方再制造商（third-party remanufacturer，TPR），典型的例子有 Dell、Hewlett-Packard 和 IBM 等（Patel, 2006）。这些 TPR，如汽车制造商、工业 DEM 和轮胎翻修商等（Guide, 2000），将零部件从不同种回收产品中拆卸下来后，通过再制造以满足不同的零部件需求。因而，本章主要针对独立的零部件再制造商的主生产计划进行研究（刘碧玉，2014）。

对于独立的零部件再制造商来说，其再制造过程示意图如图 4-1 所示。废旧产品回收后，进入拆卸车间进行拆卸，然后进行再制造，再制造成功后的零部件销往需求市场，未成功的零部件则进行废弃处理。根据实际的再制造过程，产生的成本包括再制造成本、废弃处理成本、库存持有成本及缺货成本，碳排放成本将在第三篇考虑。

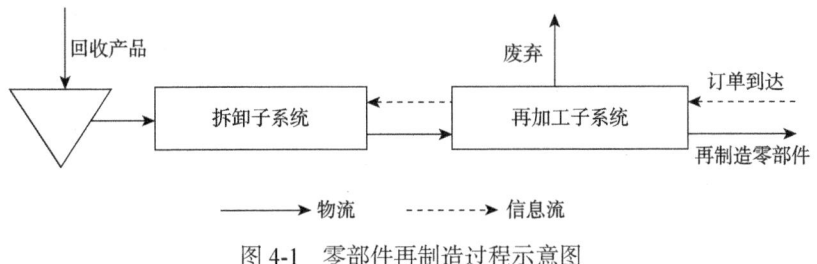

图 4-1 零部件再制造过程示意图

为方便表述,将模型中涉及的参数定义如下。

q_r——再制造数,为决策变量。

r——再制造率。

D——零部件的市场需求,为随机变量。

$F(D)$——随机变量 D 的概率分布函数。

$f(D)$——随机变量 D 的概率密度函数。

μ——随机变量 D 的一阶矩。

$\mu^2+\sigma^2$——随机变量 D 的二阶矩。

c_w——未再制造成功的零部件的单位废弃处理成本。

c_r——零部件单位再制造成本,不失一般性,假设拆卸后零部件全部进入再制造,因此,这里的再制造成本包括拆卸成本。

p——零部件单位销售价格。

h——零部件单位库存持有成本。

c——未满足市场需求的零部件单位缺货成本,为不失一般性,假设 $c>h$。

4.2 优化模型构建

如图 4-1 所示,在不考虑碳排放政策下,零部件再制造过程包括再制造成本、废弃处理成本、库存持有成本和缺货成本,根据以上问题描述和参数定义可得到总利润表达式为

$$L(q_r,D) = p\min(rq_r,D) - \left[c_r q_r + (1-r)q_r c_w + h(rq_r - D)^+ + c(D - rq_r)^+ \right]$$

(4-1)

对于随机变量 D 来说,期望总利润可以写为

$$\Pi_f^{ww}(q_r) = \int L(q_r,D) dF(D)$$

(4-2)

大多数文献对于随机需求的处理方法如下:假设实际的需求服从某一具体分布,但当假设与实际不符合时,会导致求解结果具有较大偏差。并且,市场对于再制品的需求,相对于新品来说,波动性更大,因而更难获得再制品需求的具体分布,但可获得其部分信息,如可以通过历史数据或预测,比较容易获得其一阶矩和二阶矩。因此,在不考虑碳排放政策的情形下,建立的优化模型如下:

$$\max_{q_r \geq 0} \Pi_f^{ww}(q_r)$$

$$= \max_{q_r \geq 0} \left\{ pE_F \min(rq_r, D) - \left[c_r q_r + (1-r)q_r c_w + hE_F (rq_r - D)^+ + cE_F (D - rq_r)^+ \right] \right\}$$

$$\text{s.t.} \begin{cases} E(D) = \mu \\ E(D^2) = \mu^2 + \sigma^2 \end{cases}$$

(4-3)

其中，$c_r q_r$ 表示再制造成本；$(1-r)q_r c_w$ 表示未再制造成功的零部件的废弃处理成本；x^+ 表示当 $x>0$ 时，取 x，否则，取 0；$hE_F(rq_r - D)^+$ 表示当再制造零部件数大于零部件需求数时，产生的期望库存持有成本；$cE_F(D - rq_r)^+$ 表示当再制造零部件数不足以满足零部件市场需求时，产生的期望缺货成本；约束条件 $E(D) = \mu$，$E(D^2) = \mu^2 + \sigma^2$ 分别表示随机变量 D 的一阶矩和二阶矩，即随机变量 D 表示具有相同一阶矩 (μ) 和二阶矩 $(\mu^2 + \sigma^2)$ 的分布集合。

4.3 优化模型求解

鉴于再制造零部件的市场需求较之其他产品波动更大，且其具体分布一般很难确定，但能获知其部分信息，如一阶矩、二阶矩等可以通过统计数据比较容易得到。因此，不同于以往大多数文献对于需求变量为正态分布的假设，本章基于"Scarf's rule"的思想，分别构建 min-max（Scarf，1958；Gallego and Moon，1993；Alfares and Elmorra，2005）和 REVD（relative expected value distribution，相对期望值分布）（Zhu et al.，2013）模型，在只知需求一阶矩、二阶矩有限分布信息下，将本章研究的问题转化为矩问题进行求解。

4.3.1 基于 min-max 模型的求解方法

根据 Scarf 提出的在有限分布信息条件下求解报童模型的方法针对本章的问题构建 min-max 模型进行求解。

基于以上分析，基本模型（4-2）等价于以下 min-max 模型：

$$\max_{q_r \geq 0} \min_{f \sim H(\mu, \mu^2 + \sigma^2)} \Pi_f^{ww}(q_r)$$

$$= \max_{q_r \geq 0} \min_{f \sim H(\mu, \mu^2 + \sigma^2)}$$

$$\left\{ pE_F \min(rq_r, D) - \left[c_r q_r + (1-r)q_r c_w + hE_F (rq_r - D)^+ + cE_F (D - rq_r)^+ \right] \right\} \quad (4\text{-}4)$$

其中，$H(\mu, \mu^2 + \sigma^2)$ 为所有一阶矩为 μ、二阶矩为 $(\mu^2 + \sigma^2)$ 的分布集合。

该模型的目标如下：寻找最优的再制造数 q_r 以最大化

$$\min_{f \sim H(\mu, \mu^2 + \sigma^2)} \Pi_f^{ww}(q_r) \quad (4\text{-}5)$$

同理第 2 章，其求解思路如下：①对任意给定的 q_r，在分布集合 $H(\mu,\mu^2+\sigma^2)$ 中寻求使 $P(q_r)$ 最小的最坏分布；②寻找最优的 q_r 最大化最小的 $P(q_r)$。其中，

$$P(q_r) = \min_{f \sim H(\mu, \mu^2 + \sigma^2)} \Pi_f^{ww}(q_r)$$

$$= \min_{f \sim H(\mu, \mu^2 + \sigma^2)} E_F \left\{ p \min(rq_r, D) - \left[h(rq_r - D)^+ + c(D - rq_r)^+ \right] \right\} \quad (4\text{-}6)$$

根据式（4-3），式（4-6）可以写为

$$P(q_r) = \min_{F(D)} \Pi_f^{ww}(q_r) = \int L(q_r, D)\,\mathrm{d}F(D)$$

$$\text{s.t.} \begin{cases} E(\tilde{D}) = \mu \\ E(\tilde{D}^2) = \mu^2 + \sigma^2 \end{cases} \quad (4\text{-}7)$$

将式（4-7）中 $\mathrm{d}F(D)$ 看作变量，则式（4-7）等价于：

$$Z_P = P(q_r) = \min_{F(D)} \Pi_f^{ww}(q_r) = \int L(q_r, D)\,\mathrm{d}F(D)$$

$$\text{s.t.} \begin{cases} \int \mathrm{d}F(D) = 1 \\ \int D\,\mathrm{d}F(D) = \mu \\ \int D^2\,\mathrm{d}F(D) = \mu^2 + \sigma^2 \\ \mathrm{d}F(D) \geq 0 \end{cases} \quad (4\text{-}8)$$

由式（4-8）可知，该问题是一个只知随机变量 D 的一阶矩和二阶矩的矩问题。由对偶理论的性质 2-1 和性质 2-2 可知，该问题可以转化为其对偶问题进行求解。

因而，为求解模型（4-8），先根据引理 2-1 将其转化为如下对偶问题：

$$Z_D = \max_{\alpha,\beta,\gamma} \left[\alpha + \mu\beta + \left(\mu^2 + \sigma^2\right)\gamma \right]$$
$$\text{s.t.} \begin{cases} \alpha + D\beta + D^2\gamma \geqslant L(q_r, D) \\ \forall D \end{cases} \quad (4\text{-}9)$$

很显然,式(4-9)满足性质 2-2,因而原问题的最优解与对偶问题最优解相等,即 $Z_P = Z_D$。

在式(4-9)中,α、β 和 γ 是决策变量,利用 $\min(\alpha q_r, D) = D - (D - \alpha q_r)^+$,可以得到

$$L(q_r, D) = \left[p\alpha - c_r - (1-\alpha)c_w \right]q_r - (p+h)(\alpha q_r - D)^+ - c(D - \alpha q_r)^+ \quad (4\text{-}10)$$

式(4-10)等价于:

$$L(q_r, D) = \begin{cases} \left[p\alpha - c_r - (1-\alpha)c_w \right]q_r - (p+h)(\alpha q_r - D) & \text{if } D < \alpha q_r \\ \left[p\alpha - c_r - (1-\alpha)c_w \right]q_r - c(D - \alpha q_r) & \text{if } D \geqslant \alpha q_r \end{cases} \quad (4\text{-}11)$$

由式(4-11)可以看出,目标函数是由两条线段组成的线性函数,记这两条线段为 L_1 和 L_2,其斜率分别为 $k_1 = -h$,$k_2 = p + c$。

对每个给定的 q_r,令 $T(D) = \alpha + D\beta + D^2\gamma$,假设 q_r、μ、σ 已知,则对任意 $D \geqslant 0$,有且仅存在 A、B 两点使得 $T(D) \geqslant L(q_r, D)$。因此,使得目标函数达到最大值的随机变量 D 服从两点分布,如图 4-2 所示。

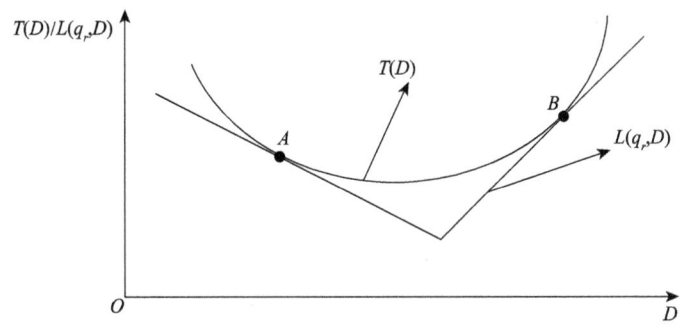

图 4-2 满足对偶问题约束条件的解的分布图

因此,对偶问题的最优解就是在满足上述约束的所有两点分布集合里找到使目标函数值最小的两点分布。

同理 2.2 节,设在 A、B 两点的值分别为 D_a、D_b,取值的概率分别为 p_1、p_2,则由互补松弛定理可以得到下列方程组:

$$\begin{cases} p_1 + p_2 = 1 \\ p_1 D_a + p_2 D_b = \mu \\ p_1 D_a^2 + p_2 D_b^2 = \mu^2 + \sigma^2 \end{cases} \quad (4\text{-}12)$$

由式（4-12）可知，将分别以概率：

$$p_1(\gamma) = \frac{c-\gamma}{p+h+c}, \quad p_2(\gamma) = \frac{p+h+\gamma}{p+h+c} \quad (4\text{-}13)$$

使得

$$D_a = q_1(\gamma) = \mu - \sigma\sqrt{\frac{p+h+\gamma}{c-\gamma}}, \quad D_b = q_2(\gamma) = \mu + \sigma\sqrt{\frac{c-\gamma}{p+h+\gamma}} \quad (4\text{-}14)$$

因此，根据性质 2-1 和性质 2-2，对偶问题的最优解（D_a, D_b, p_1, p_2）也是原问题的最优解。

根据 $(D-q)^+ = [|D-q| + (D-q)]/2$ 和柯西-施瓦茨不等式（Cauchy-Schwarz inequality）$E|D-q| \leq [E(D-q)^2]^{1/2} = [\sigma^2 + (q-\mu)^2]^{1/2}$，可以得到定理 4-1。

定理 4-1：

$$E(D-q)^+ \leq \frac{\sqrt{\sigma^2 + (q-\mu)^2} - (q-\mu)}{2}$$

其中，q 为决策变量；D 为随机变量。

很显然，对任意 q，以上两点分布属于分布集合 $H(\mu, \mu^2+\sigma^2)$，且使得定理 4-1 中等号成立。也就是说，定理 4-1 是紧的。

根据 $\min(\alpha q_r, D) = rq_r - (rq_r - D)^+$ 和 $(rq_r - D)^+ = (rq_r - D) + (D - rq_r)^+$，可得

$$\begin{aligned} \Pi^{ww}(q_r) = &-(p+h+c)E_F(D-rq_r)^+ \\ &-[hr + c_r + (1-\alpha)c_w]q_r + (p+h)\mu \end{aligned} \quad (4\text{-}15)$$

根据定理 4-1，则得

$$\begin{aligned} &-(p+h+c)\left[\frac{\sqrt{\sigma^2 + (rq_r - \mu)^2} - (rq_r - \mu)}{2}\right] \\ &-[hr + c_r + (1-r)c_w]q_r + (p+h)\mu \leq \Pi^{ww}(q_r) \end{aligned} \quad (4\text{-}16)$$

因此，对原模型的求解转化为求其下界的最大值，即求 $\max \min \Pi^{ww}(q_r)$。

很容易证明 $\min \Pi^{ww}(q_r)$ 关于 q_r 是严格凸的，证明如下：

令 $A = (p+h+c)r - [hr + c_r + (1-r)c_w]$，$B = hr + c_r + (1-r)c_w$，则

$$\frac{d\min \Pi^{ww}(q_r)}{dq_r} = -\frac{A+B}{2r}\left(\frac{rq_r-\mu}{\sqrt{\sigma^2+(rq_r-\mu)^2}}-1\right)-\frac{B}{r} \quad (4\text{-}17)$$

$$= \frac{A-B}{2r} - \frac{(A+B)(rq_r-\mu)}{2r\sqrt{\sigma^2+(rq_r-\mu)^2}}$$

$$\frac{d^2\min \Pi^{ww}(q_r)}{d^2 q_r} = \frac{-(A+B)}{2\alpha} \times \frac{\alpha\sqrt{\sigma^2+(\alpha q_r-\mu)^2}-\frac{(\alpha q_r-\mu)\times 2\alpha(\alpha q_r-\mu)}{2\sqrt{\sigma^2+(\alpha q_r-\mu)^2}}}{\sigma^2+(\alpha q_r-\mu)^2}$$

$$= -\frac{(A+B)\sigma^2}{2\left(\sqrt{\sigma^2+(\alpha q_r-\mu)^2}\right)^3} < 0$$

$$(4\text{-}18)$$

从而得证。

因此，由一阶最优条件 $d\min \Pi^{ww}(q_r)/dq_r = 0$，可以得到解析解如下：

$$q_r^* = \frac{\mu}{\alpha} + \frac{\sigma}{2\alpha}\left(\sqrt{\frac{A}{B}} - \sqrt{\frac{B}{A}}\right) \quad (4\text{-}19)$$

根据式（4-16）和式（4-19）得到式（4-20）：

$$\left(p+h-\frac{B}{\alpha}\right)\mu\left[1-\frac{\sigma}{\mu}\frac{\sqrt{AB}}{\alpha\left(p+h-\frac{B}{\alpha}\right)}\right] \leqslant \Pi^{ww}(q_r^*) \leqslant \left(p+h-\frac{B}{\alpha}\right)\mu \quad (4\text{-}20)$$

其中，不等式左边表示总期望利润的下界，右边表示当需求确定时，即 $\sigma = 0$ 时取得总期望利润的上界。

由于 q_r 非负，$E(D^+) = \mu$，当不进行再制造时，期望利润为 $-c\mu$，故当再制造获得的利润小于 $-c\mu$ 时，再制造商将选择不进行再制造。也就是说，当且仅当不等式（4-20）的左边大于 $-c\mu$ 时，q_r 由式（4-19）求得，否则，$q_r = 0$。因此，再制造策略如下。

（1）当 $A < 0$ 时，$\frac{\partial \Pi^{ww}(q_r)}{\partial q_r} < 0$。此时 $\min \Pi^{ww}(q_r)$ 是 q_r 的减函数，也就是说，$\max \min \Pi^{ww}(q_r) = \min \Pi^{ww}(0)$。

（2）当 $A>0$ 且总利润的下界 $\left(p+h-\dfrac{B}{\alpha}\right)\mu\left[1-\dfrac{\sigma}{\mu}\dfrac{\sqrt{AB}}{\alpha\left(p+h-\dfrac{B}{\alpha}\right)}\right]\geqslant -c\mu$ 时，

则最优解由一阶最优条件 $\mathrm{d}\min \varPi^{ww}(q_r)/\mathrm{d}q_r=0$ 得到。因此，

$$q_r^*=\begin{cases}\dfrac{\mu}{\alpha}+\dfrac{\sigma}{2\alpha}\left(\sqrt{\dfrac{A}{B}}-\sqrt{\dfrac{B}{A}}\right) & \text{if } A>0 \text{ and } A\mu-\sigma\sqrt{AB}\geqslant 0\\ 0 & \text{otherwise}\end{cases} \quad (4\text{-}21)$$

由式（4-21）可以看出，当且仅当 $\alpha>2(c_r+c_w)/(p-h+c+2c_w)$ 时，再制造数大于 μ/α，否则小于 μ/α。

4.3.2　基于 REVD 模型的求解方法

REVD 模型是基于"Scarf's rule"和 AEVD（absolute expected value distribution，绝对期望值分布）（Yue et al.，2006）模型提出的一种随机鲁棒模型（Zhu et al.，2013）。"Scarf's rule"、AEVD 模型和 REVD 模型都用于解决有限分布信息条件下的报童问题，分别代表了三种标准：绝对鲁棒标准、鲁棒偏差和相对鲁棒标准。其中，"Scarf's rule"的目标旨在使最坏分布情况下的优化目标最优，由此得到的决策结果有可能过于保守；AEVD 模型和 REVD 模型则为最小化决策后悔值，若定义 $G_f(q)$ 为决策值，$G_f(q_f^*)$ 为真实需求分布下的最优值，则 AEVD 模型表示两者的差值，即 $\mathrm{AEVD}_f(q)=G_f(q)-G_f(q_f^*)$，其目标为 $\min\limits_{q}\max\limits_{f\in H(I)}\mathrm{AEVD}_f(q)$；而 REVD 模型则表示两者的比值，$\mathrm{REVD}_f(q)=\dfrac{G_f(q)}{G_f(q_f^*)}$，其目标为 $\min\limits_{q}\max\limits_{f\in H(I)}\mathrm{REVD}_f(q)$。由此可以看出，AEVD 模型为最小化绝对后悔值，而 REVD 模型则为最小化相对后悔值，当 AEVD 的值变动较大或需求分布在较宽范围内浮动时，REVD 更能体现实际的后悔值大小。因而，本部分鉴于再制造零部件需求分布的较大不确定性，针对研究的问题构建 REVD 模型进行求解，在具有相同一阶矩、二阶矩的分布集合中，以最小化相对后悔值为鲁棒标准，寻找使得最坏分布下期望利润最大的最优再制造数，并与 min-max 模型求解结果进行比较。

根据以上分析，式（4-3）对应的 REVD 模型为

$$\max_{q \geqslant 0} \min_{f \sim H(\mu, \mu^2 + \sigma^2)} \text{REVD}_f(q) = \max_{q \geqslant 0} \min_{f \sim H(\mu, \mu^2 + \sigma^2)} \frac{G_f^{ww}(q)}{G_f^{ww}(q_f^*)} \quad (4\text{-}22)$$

其中，$H(\mu, \mu^2 + \sigma^2)$ 表示一阶矩为 μ，二阶矩为 $(\mu^2 + \sigma^2)$ 的分布集合。

上述模型的求解思路如下：①说明对于任意的再制造数 $q_r \geqslant 0$，最小的 $\text{REVD}_f(q)$ 在两点分布中取得，并找到对应的两点分布；②在两点分布中寻找最优的再制造数 q_r 最大化最小的 $\text{REVD}_f(q)$。为说明①，同理文献（Yue et al., 2006; Zhu et al., 2013），可以得到引理 4-1。

引理 4-1： 对于给定的 μ，σ，任意 $q \in [0, +\infty)$ 及 $f \in H(\mu, \mu^2 + \sigma^2)$，存在两点分布 $\{T(\gamma) | -(p+h) < \gamma \leqslant \gamma_0\} \in H(\mu, \mu^2 + \sigma^2)$ 使得 $\text{REVD}_f(q) \geqslant \text{REVD}_{T(\gamma)}(q)$。其中，$-(p+h) < \gamma \leqslant \gamma_0$，$T(\gamma)$ 分别以概率 $\omega_1(\gamma) = (c-\gamma)/(p+h+c)$、$\omega_2(\gamma) = (p+h+\gamma)/(p+h+c)$ 使得

$$q_1(\gamma) = \mu - \sigma \sqrt{\frac{p+h+\gamma}{c-\gamma}}, \quad q_2(\gamma) = \mu + \sigma \sqrt{\frac{c-\gamma}{p+h+\gamma}} \quad (4\text{-}23)$$

令 $q_1^{-1}(q)$、$q_2^{-1}(q)$ 为 $q_1(\gamma)$、$q_2(\gamma)$ 的反函数，则 $\gamma_0 = q_1^{-1}(0) = \dfrac{c\mu^2 - (p+h)\sigma^2}{\mu^2 + \sigma^2}$。

由引理 4-1 可以得到，最小的 $\text{REVD}_f(q)$ 存在于上述两点分布集合中，记 $\min \text{REVD}_f(q) = \text{REVD}_{\min}(q)$，则 $\min \text{REVD}_f(q)$ 的优化问题等价于在 $-(p+h) < \gamma \leqslant \gamma_0$ 中寻求一个 γ 使得 $\text{REVD}_{T(\gamma)}(q)$ 最小，即 $\text{REVD}_{\min}(q) = \min_{\gamma_0 \leqslant \gamma < p} \{\text{REVD}_{T(\gamma)}(q)\}$。

在两点分布 $T(\gamma)$ 下，目标函数 $G_f^{ww}(q)$ 可以写为

$$G_{T(\gamma)}^{ww}(q) = \begin{cases} C_R q + c(q - \mu) & \text{if } 0 \leqslant q < q_1(\gamma) \\ C_R q + \sigma \sqrt{(c-\gamma)(p+h+\gamma)} + \gamma(q - \mu) & \text{if } q_1(\gamma) \leqslant q < q_2(\gamma) \\ C_R q - (p+h)(q - \mu) & \text{if } q_2(\gamma) < q \end{cases} \quad (4\text{-}24)$$

其中，$C_R = p - \dfrac{c_r + (1-\alpha)c_w}{\alpha}$。

从式（4-24）可以看出，$G_{T(\gamma)}^{ww}(q)$ 由三段函数组成，如图 4-3 所示。令 $q_{T(\gamma)}^*$ 为最大化 $G_{T(\gamma)}^{ww}(q)$ 的最优值，由图 4-3 可以看出，当 $\gamma > -C_R$ 时，$q_{T(\gamma)}^* = q_2(\gamma)$；当 $\gamma < -C_R$ 时，$q_{T(\gamma)}^* = q_1(\gamma)$。

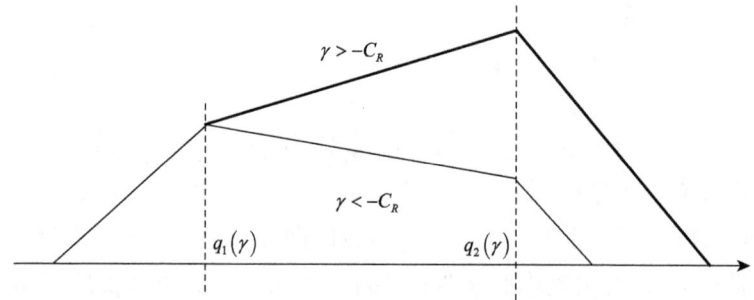

图 4-3 目标函数 $G_{T(\gamma)}^{ww}(q)$ 关于 q 的变化趋势

为方便下面的计算，令

$$V_{-}(q,\gamma) := \text{REVD}_{T(\gamma)}(q)\Big|_{-(p+h)<\gamma \leqslant -C_R, q_1(\gamma) \leqslant q \leqslant q_2(\gamma)} = \frac{G_{T(\gamma)}(q)}{G_{T(\gamma)}(q_1(\gamma))}\Big|_{q_1(\gamma) \leqslant q \leqslant q_2(\gamma)}$$

$$= \frac{C_R q + \sigma\sqrt{(c-\gamma)(p+h+\gamma)} + \gamma(q-\mu)}{C_R q_1(\gamma) + \sigma\sqrt{(c-\gamma)(p+h+\gamma)} - \gamma\left(\sigma\sqrt{(p+h+\gamma)/(c-\gamma)}\right)}$$

$$V_{+}(q,\gamma) := \text{REVD}_{T(\gamma)}(q)\Big|_{-C_R \leqslant \gamma \leqslant \gamma_0, q_1(\gamma) \leqslant q \leqslant q_2(\gamma)} = \frac{G_{T(\gamma)}(q)}{G_{T(\gamma)}(q_2(\gamma))}\Big|_{q_1(\gamma) \leqslant q \leqslant q_2(\gamma)}$$

$$= \frac{C_R q + \sigma\sqrt{(c-\gamma)(p+h+\gamma)} + \gamma(q-\mu)}{C_R q_2(\gamma) + \sigma\sqrt{(c-\gamma)(p+h+\gamma)} + \gamma\left(\sigma\sqrt{(c-\gamma)/(p+h+\gamma)}\right)}$$

若设 q^e 为最大化最小 REVD 的再制造数，即 $\max_q(\text{REVD}_{\min}(q)) = \text{REVD}_{\min}(q^e)$，则可相应得到如下结果。

（1）当 $\gamma_0 < -C_R$ 时，

$$\text{REVD}_{\min}(q) = \min_{-(p+h)<\gamma \leqslant \gamma_0} \text{REVD}_{T(\gamma)}(q) = \min_{-(p+h)<\gamma \leqslant \gamma_0} V_{-}(q,\gamma_1)$$

因为 $V_{-}(q,\gamma_1)$ 和 $\min_{-(p+h)<\gamma_1 \leqslant \gamma_0} V_{-}(q,\gamma_1)$ 均为 q 的减函数，因而，

$$q^e = 0，\quad \text{REVD}_{\min}(q^e) = \text{REVD}_{\min}(0) = \min_{-(p+h)<\gamma \leqslant \gamma_0} V_{-}(0,\gamma) \quad (4\text{-}25)$$

（2）当 $\gamma_0 \geqslant -C_R$ 时，同理文献（Zhu et al.，2013），可以得到引理 4-2。

引理 4-2：

$$\min_{-(p+h)<\gamma \leqslant \gamma_0} \{\text{REVD}_{T(\gamma)}(q)\} = \min\left\{\min_{-(p+h)<\gamma_1 \leqslant -C_R} V_{-}(q,\gamma_1), \min_{-C_R \leqslant \gamma_2 \leqslant \gamma_0} V_{+}(q,\gamma_2)\right\}$$

因而，由引理 4-2 可得

$$\text{REVD}_{\min}(q) = \min_{-(p+h)<\gamma\leqslant\gamma_0}\left(\text{REVD}_{T(\gamma)}(q)\right)$$
$$= \min\left\{\min_{-(p+h)<\gamma_1\leqslant -C_R}V_{-}(q,\gamma_1),\min_{-C_R\leqslant\gamma_2\leqslant\gamma_0}V_{+}(q,\gamma_2)\right\} \quad (4\text{-}26)$$

又因为

$$\begin{cases} V_{-}(q,\gamma_1)\geqslant 1 & \text{for } q\leqslant q_1(\gamma_1), -(p+h)<\gamma_1\leqslant -C_R \\ V_{+}(q,\gamma_2)\geqslant 1 & \text{for } q\geqslant q_2(\gamma_2), -C_R\leqslant\gamma_2\leqslant\gamma_0 \end{cases}$$

且

$$\begin{cases} \min_{-(p+h)<\gamma_1\leqslant -C_R} q_1(\gamma_1) = q_1(-C_R) \\ \max_{-C_R\leqslant\gamma_2\leqslant\gamma_0} q_2(\gamma_2) = q_2(-C_R) \end{cases}$$

因而,

$$\begin{cases} \min_{-(p+h)<\gamma_1\leqslant -C_R} V_{-}(q,\gamma_1)\geqslant 1 & \text{for } q\leqslant q_1(-C_R) \\ \min_{-C_R\leqslant\gamma_2\leqslant\gamma_0} V_{+}(q,\gamma_2)\geqslant 1 & \text{for } q\geqslant q_2(-C_R) \end{cases}$$

此外,$V_{-}(q,\gamma_1)$ 和 $\min_{-(p+h)<\gamma_1\leqslant -C_R}V_{-}(q,\gamma_1)$ 是 q 的减函数,而 $V_{+}(q,\gamma_2)$ 和 $\min_{-C_R\leqslant\gamma_2\leqslant\gamma_0}V_{+}(q,\gamma_2)$ 是 q 的增函数。因而得

$$q_1(-C_R)\leqslant q^e\leqslant q_2(-C_R),\quad \min_{-C_R\leqslant\gamma_2\leqslant\gamma_0}V_{+}(q^e,\gamma_2)=\min_{-(p+h)<\gamma_1\leqslant -C_R}V_{-}(q^e,\gamma_1) \quad (4\text{-}27)$$

综上得

$$\text{REVD}_{\min}(q)=\begin{cases} \min_{-(p+h)<\gamma_1\leqslant -C_R}V_{-}(q^e,\gamma_1) & \text{if } q\leqslant q^e \\ \min_{-C_R\leqslant\gamma_2\leqslant\gamma_0}V_{+}(q^e,\gamma_2) & \text{if } q\geqslant q^e \end{cases} \quad (4\text{-}28)$$

为方便下一步计算最优再制造数 q^e 以最大化最小的 $\text{REVD}_f(q)$,先通过以下参数变换对式(4-28)进行进一步简化。

$$\theta=\frac{q-\mu}{\sigma},\alpha_0=\frac{c+C_R}{p+h},\beta=\frac{p+h-C_R}{p+h},\lambda=\frac{\mu}{\sigma},x=-\frac{\gamma_1+C_R}{p+h},y=\frac{\gamma_2+C_R}{p+h},a=\frac{\gamma_0+C_R}{p+h}$$

令

$$\begin{cases} g_{-}(\theta,x):=V_{-}(q,\gamma_1):=1+\dfrac{1+\theta\sqrt{(\alpha_0+x)/(\beta-x)}}{\alpha_0+(\beta-1)\lambda\sqrt{(\alpha_0+x)/(\beta-x)}}x \\ g_{+}(\theta,y):=V_{+}(q,\gamma_2):=1+\dfrac{1-\theta\sqrt{(\beta+y)/(\alpha_0-y)}}{\beta+(\beta-1)\lambda\sqrt{(\beta+y)/(\alpha_0-y)}}y \end{cases} \quad (4\text{-}29)$$

那么,式(4-28)变为

$$\text{REVD}_{\min}(q) = \begin{cases} \min\limits_{0 \leqslant x \leqslant \beta} g_-(\theta, x) & \text{if } q \leqslant q^e \\ \min\limits_{0 \leqslant y \leqslant \alpha} g_+(\theta, y) & \text{if } q \geqslant q^e \end{cases} \quad (4\text{-}30)$$

式（4-30）为对于任意给定的 q 而得到的最小 REVD，下一步即为寻找最优的再制造数 q^e。根据式（4-28）和式（4-30），原问题即转化为求以下优化问题：

$$\min_{0 \leqslant x \leqslant \beta, 0 \leqslant y \leqslant \alpha} g_-(\theta, x) \quad \text{s.t.} \quad g_-(\theta, x) = g_+(\theta, y) \quad (4\text{-}31)$$

消除 θ，式（4-31）则变为

$$\text{REVD}_{\min}(q^e)$$
$$= \min_{0 \leqslant x < \beta, 0 \leqslant y < \alpha} g_{\alpha_0, \beta, \lambda}(x, y)$$
$$= \min_{0 \leqslant x < \beta, 0 \leqslant y < \alpha}$$

$$\left(1 + \frac{\left(\sqrt{(\alpha_0 + x)/(\beta - x)} + \sqrt{(\beta + y)/(\alpha_0 - y)}\right)xy}{\sqrt{\frac{\alpha_0 + x}{\beta - x}}\left[\beta + (\beta - 1)\lambda\sqrt{\frac{\beta + y}{\alpha_0 - y}}\right]x + \sqrt{\frac{\beta + y}{\alpha_0 - y}}\left[\alpha_0 + (\beta - 1)\lambda\sqrt{\frac{\alpha_0 + x}{\beta - x}}\right]y}\right)$$

$$(4\text{-}32)$$

通过计算雅可比矩阵，很容易证明 $g(x,y)$ 是关于 (x,y) 的凸函数，这在算例中也将得到验证。因而 $g(x,y)$ 存在唯一最小值，令 x^*、y^* 为对应的最优解，则其可通过一阶最优条件求得，进而得到以下结果：

$$\max_{q_r} \min_{f \in H(\mu, \sigma, [0, +\infty))} \text{REVD}_f(q_r) = \begin{cases} \min g_-(-\mu/\sigma, x) & \text{if } \gamma_0 \leqslant -C_R \\ g(x^*, y^*) & \text{if } \gamma_0 \geqslant -C_R \end{cases} \quad (4\text{-}33)$$

$$q_r^* = \begin{cases} 0 & \text{if } \gamma_0 \leqslant -C_R \\ \dfrac{\mu}{\alpha} + \dfrac{\theta^* \sigma}{\alpha} & \text{if } \gamma_0 \geqslant -C_R \end{cases} \quad (4\text{-}34)$$

$$\max_{q_r} \prod_f^{ww}(q_r) = G_{T(\gamma)}^{ww}(q_r^*) =$$

$$\begin{cases} C_R \alpha q_r^* + c(\alpha q_r^* - \mu) & \text{if } 0 \leqslant \alpha q_r^* \leqslant q_1(\gamma) \\ C_R \alpha q_r^* + \sigma\sqrt{(c-\gamma)(p+h+\gamma)} + \gamma(\alpha q_r^* - \mu) & \text{if } q_1(\gamma) \leqslant \alpha q_r^* \leqslant q_2(\gamma) \\ C_R \alpha q_r^* - (p+h)(\alpha q_r^* - \mu) & \text{if } q_2(\gamma) \leqslant \alpha q_r^* \end{cases}$$

$$(4\text{-}35)$$

$$\theta^* = \frac{-\left[\beta+(\beta-1)\lambda\sqrt{\dfrac{\beta+y^*}{\alpha_0-y^*}}\right]x^* + \left[\alpha_0+(\beta-1)\lambda\sqrt{\dfrac{\alpha_0+x^*}{\beta-x^*}}\right]y^*}{\sqrt{\dfrac{\alpha_0+x^*}{\beta-x^*}}\left[\beta+(\beta-1)\lambda\sqrt{\dfrac{\beta+y^*}{\alpha_0-y^*}}\right]x^* + \sqrt{\dfrac{\beta+y^*}{\alpha_0-y^*}}\left[\alpha_0+(\beta-1)\lambda\sqrt{\dfrac{\alpha_0+x^*}{\beta-x^*}}\right]y^*}$$

(4-36)

第三篇

低碳环境下废旧产品再制造系统运营管理决策优化

第5章 考虑碳排放的废旧产品再制造系统动力学模型及影响分析

近年来，环境污染和资源短缺问题日益突出，低碳经济应运而生，回收再制造活动作为可持续发展的重要形式，受到越来越多的关注。再制造是指对回收后的废旧产品进行拆卸、翻新，再组装成产品的过程，组装后的产品在性能和期望使用寿命上不会低于最初的新品。国家发改委、科技部、工业和信息化部等11个部门在2010年就提出：与新品相比，再制品可节约成本50%，节材70%，节能60%，大气污染物排放量降低80%以上。由此可见，相对于新品生产，回收再制造活动更有利于实现减排的目标。从理论上来讲，因为再制品更能有效地降低企业能耗、增加企业利润和提高社会效益，对于制造和再制造混合生产的企业而言，增加再制品的生产可以达到低碳节能、提高利润的目的。由于回收的废旧产品在质量和数量上的不确定性，低再制造率会带来更高的再制造成本和碳排放量；此外，再制品的数量并不一定总是能够满足市场需求，这也将会导致缺货成本的增加。那么，企业到底该如何确定进入再制造门槛的再制造率及分配制造和再制造能力比例，才能在最小化碳排放的同时，实现成本的最小化。政府该如何引导才能更好地促使企业实现碳减排。这都是政府和企业需要思考并解决的问题。本章围绕以上问题展开研究，以期为企业的回收再制造决策和政府制定合理的奖惩机制及碳减排政策提供理论依据。

5.1 问题描述

纵观国内外相关文献，已有不少学者研究了回收再制造决策问题及与碳排放相关的闭环供应链决策问题。回收再制造决策方面，李响和李勇建（2011）构建由再制造商和分销商组成的逆向供应链，利用博弈论和优化理论分析随机回收和随机需求下二者的最优决策，结果表明，分散系统中产品的回收价格和再制造数偏低，而销售价格偏高。周岩等（2015）研究了由多个供应商、制造商、零售商和回收中心组成的闭环供应链网络，利用均衡理论和变分不等式分析产品均衡采购量、交易量及新品和再制品价格，最后通过算例对废旧产品分配比率灵敏度进行分析，从而说明废旧产品分类管理的重要性。

  与碳排放相关的闭环供应链主要集中在对闭环供应链中碳足迹、碳排放约束下的回收再制造决策问题等的研究。在碳足迹研究方面，Fahimnia 等（2013）分析了闭环供应链中的成本和碳足迹，发现碳排放政策可以有效降低企业的再制造成本和碳排放量；Tornese 等（2016）描述了碳足迹在多装卸和服务等级情况下，再制造过程中产品的转运和回收过程的碳排放量，结果显示抢占式的再制造过程可以减少 40%的碳排放量。在对碳排放约束下的回收再制造决策问题研究方面，Bazan 等（2017）以包含制造商和零售商的两级闭环供应链为对象，研究了不同协调模式下碳排放和能源对该供应链决策的影响；Chen 等（2018）研究了在碳限额与交易政策及回收政策下垄断制造商制/再制造及回收策略，结果表明政府实施碳限额与交易政策，以及制造商的回收和再制造活动都会对环境产生影响；Yenipazarli（2016）针对生产新品和再制品的制造商，分析了碳税政策对其最优生产和定价决策的影响，结果表明，当税率高于某一水平时，从盈利的角度来看，再制造对于制造商来说并不是一个好的选择；聂佳佳等（2015）研究了在碳排放约束下回收产品比例、碳排放总量及参与各方的利润，结果发现，再制造减排程度会增加产品回收比例，降低批发价格和零售价格，且政府的碳排放奖惩系数越大，闭环供应链的总利润越大；Yang 等（2016）考虑了废旧产品不同质量等级对再制造活动的影响，通过建立非线性规划模型研究碳税约束下多产品回收和再制造问题。在上述研究基础上，Y.Wang 等（2017）扩展研究了同时受资金和碳排放约束下的制造/再制造决策问题，结果表明，资金受限可以激励企业采用较高质量的回收产品进行再制造，并且可以降低碳排放量，而碳排放限制可以鼓励资金受限的企业进行再制造来实现利润最大化，也有学者同时考虑了补贴政策和碳排放政策对闭环供应链决策的影响，如常香云等（2013）以中国汽车发动机为例，研究补贴和碳税政策下汽车零部件制造/再制造技术选择的系统动力模型，结果表明：补贴激励和碳税约束的政策组合，能更好地引导企业选择低碳再制造技术，提高汽车零部件再制造的经济效益和碳减排效益；Yang 和 Xu（2019）考虑碳排放政策，构建了一个包含多个制造/再制造企业及配送中心的闭环供应链网络，提出一种连续优化算法，分析补贴和再制造率对均衡结果的影响，结果表明，在碳排放政策下，政府补贴可以激励企业加大对减排技术的投入，在减少碳排放量的同时增加整个闭环供应链网络的总利润。此外，还有学者研究了不同碳排放政策对再制造决策的影响，如刘碧玉等（2016）、Liu 等（2015）比较了碳限额、碳税、碳限额与交易三种政策对再制造决策的影响，提出再制造商应致力于提高再制造率来增加总利润，而碳税政策应成为政府决策者的首选。

可见，学者们已经从不同角度研究了企业回收再制造决策问题及碳排放政策对闭环供应链的影响，但尚未发现学者们从系统的角度，分析影响回收再制造系统总成本和碳排放的内外因，从而引导企业做出更合理的回收再制造决策，并为政府制定奖惩机制和碳减排政策提供参考。再制造率及再制造能力比例作为调节企业制造和再制造活动的重要变量，其变化必然会使企业产生不同的成本和碳排放，而碳减排的压力也会影响企业选择不同的再制造率和再制造能力比例来降低成本与碳排放，二者之间是一个复杂的反馈系统。因此，在考虑碳排放影响下，使用系统动力学方法研究碳排放、回收、制造/再制造决策及市场需求之间的相互动态作用，可以更好地分析影响回收再制造系统成本和碳排放的内外因，从而为回收商、再制造商制定运营决策和政府制定引导企业实现碳减排的奖惩机制及碳减排政策提供参考。虽然也有一些学者基于系统动力学分析了不同因素对企业回收再制造活动的影响，但主要集中在对政府补贴政策、回收检测及消费者行为研究方面，如 Vlachos 等（2007）考虑了法律规定的回收义务和消费者环保意识，基于系统动力学方法研究了逆向供应链中再制造设施的产能规划问题；Wang 等（2014）基于系统动力学模型分析了政府制定的四种补贴制度对回收再制造活动的影响，结果表明，不同的补贴政策对回收再制造活动会产生不同的影响；Chang 等（2016）分析了在环境污染、社会福利、制造商的创新环境及消费者环保意识影响下，中国政府补贴制度对回收再制造产业的影响，研究结果为补贴政策的完善及回收再制造产业的持续发展提供见解。由此可知，现有文献尚未考虑碳排放，更未系统地分析影响回收再制造成本和碳排放的内外因。

基于以上背景，本章从促进资源节约的角度出发，以回收商和再制造商组成的废旧产品再制造系统为研究对象。借助系统动力学理论进行建模，模拟分析企业再制造率及再制造能力比例变化对回收再制造成本和碳排放的影响，以期根据仿真结果为回收商、再制造商提出运营策略以提高各自收益并降低碳排放，同时为政府提出策略以引导企业实现碳减排。

本章考虑的废旧产品再制造系统闭环供应链流程图如图 5-1 所示。在该系统中，第三方回收商负责废旧产品的回收，再制造商同时生产新品和再制品，假设两者同质，且以相同价格在同一市场销售，消费者对两类产品无消费偏好。考虑到再制品的制造成本小于新品的制造成本，再制造商会优先选择再制造，当再制品不能满足市场需求时才生产新品。由于市场需求的不确定性，两者均会产生一定的库存，并且再制造率的变化及再制造商制造能力和再制造能力之间的不同分配方案也会造成回收商和再制造商库存水平的变化，最终使回收再制造过程产生不同的成本和碳排放。本章基于系统动力学原理模拟分析再制造率及再制造能力比例的变化对回收再制造成本和碳排放的影响，以期根据仿真结果从回收商、再制造商和政府角度提出相应策略，从而实现碳减排。

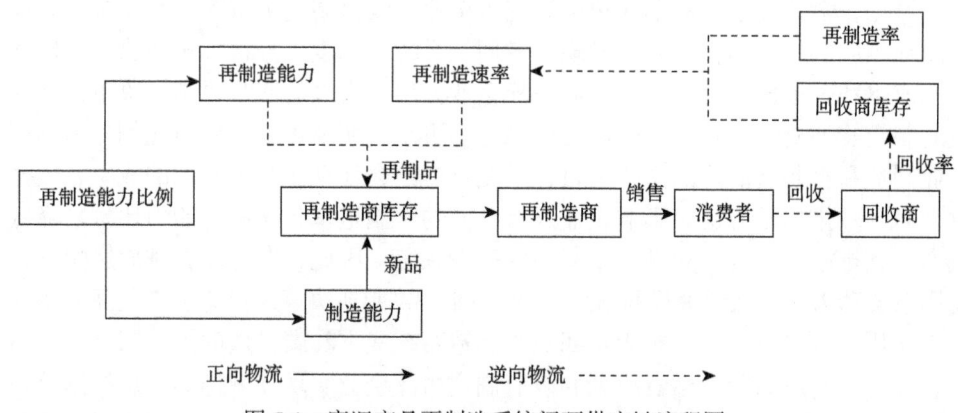

图 5-1　废旧产品再制造系统闭环供应链流程图

5.2　因果关系图

系统动力学是美国麻省理工学院福瑞斯特教授于1956年提出的一种计算机仿真方法，是一门认识和解决信息系统反馈问题的交叉学科，是研究复杂系统动态反馈问题的重要方法和手段（钟永光等，2013，2016）。目前广泛应用在人口发展问题、生态环境保护问题及经济可持续发展问题等方面。

在废旧产品回收再制造系统中，主要要素之间的关系如下：市场需求的变化会影响期望成品库存，根据期望成品库存和再制造商现有库存可得到期望成品库存缺额，只有当期望成品库存缺额大于零时企业才会进行再制造，否则只用再制造商现有库存就能满足市场需求。此外，回收的废旧产品只有检验合格后，才能进入再制造环节，否则对其进行废弃处理。同时，回收商的库存也要达到回收产品库存水平上限，否则就很难满足批量再制造的条件。因此，根据参与主体和各要素之间的相互作用绘制因果关系图，如图5-2所示。

图5-2 左上角表示企业的总能力与制造能力和再制造能力之间的关系，企业的总能力越大，制造能力和再制造能力就越大，再制造能力比例和制造能力比例存在反向关系。

图5-2 中间部分表示新品需求数量、再制品需求数量和成品库存之间的关

第 5 章 考虑碳排放的废旧产品再制造系统动力学模型及影响分析

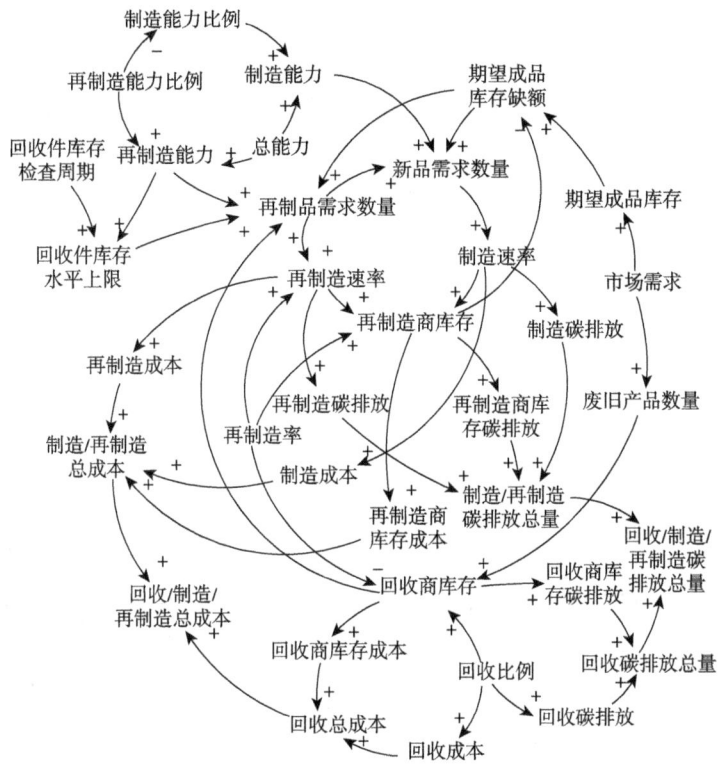

图 5-2 考虑碳排放的回收再制造系统因果关系图

系，存在三条重要的反馈回路。第一条为再制造商库存的负反馈回路，再制造商库存越多，期望成品库存缺额就越少，再制品需求数量就越少，进一步造成较低的再制造速率，最终导致再制造商库存的减少；第二条为期望成品库存的负反馈回路，期望成品库存缺额越大，新品需求数量就越多，从而提高企业的制造速率，增加再制造商库存，最终导致期望成品库存缺额下降；第三条为新品需求数量的正反馈回路，新品需求数量的增加会先提高制造速率，从而增加再制造商库存，减少期望成品库存缺额，然后又会减少再制品需求数量，反过来使新品需求数量进一步增加。另外，再制造率越高，可再制品数量就越多，而再制造速率等于可再制品数量和再制品需求数量中的较小值。因此，再制造率的变化也会影响再制造速率，从而进一步影响再制造商库存和回收商库存。

图 5-2 右下角表示回收商库存的变化情况，回收商库存受废旧产品数量和回收比例及再制造率的影响，废旧产品数量越大、回收率越高，回收商库存就越多；再制造率越高，回收商库存则越少。回收商库存能否满足企业的再制造活动，还要取决于回收件库存上限和回收商库存之间的差额。

此外，因果关系图中还存在几种关系：新品需求数量和再制品需求数量的增加会促使企业提高自身的制造速率和再制造速率，同时增加再制造商库存，从而造成再制造商制造/再制造碳排放总量、制造/再制造总成本的增加；回收商回收的废旧产品数量占市场上产品数量越多，即回收比例越大，回收商的回收成本和回收商库存成本就越大，同时造成回收碳排放和回收商库存碳排放的增加。最后，制造/再制造和回收环节碳排放量和成本的增加，导致供应链成本和碳排放的增加。

5.3　系统动力学模型构建

5.3.1　系统流图

本章设置再制造率和再制造能力比例为调节变量，结合图 5-2 绘制考虑碳排放的回收再制造系统流图，如图 5-3 所示。在该系统流图中，主要考虑回收商库存、再制造商库存、回收成本和回收碳排放、制造/再制造成本和制造/再制造碳排放的情况。

5.3.2　动力学方程

（1）回收商库存=INTEG（回收速率-不可再制造速率-再制造速率，60）。
（2）回收商库存成本=INTEG（回收商库存费用累积速率，0）。
（3）回收商库存碳排放=INTEG（回收商库存碳排放累积速率，0）。
（4）回收总成本=回收商库存成本+回收成本。
（5）回收成本=INTEG（回收费用累积速率，0）。
（6）回收速率=回收比例×废旧产品数量。
（7）回收碳排放=INTEG（回收碳排放累积速度，0）。
（8）回收碳排放总量=回收碳排放+回收商库存碳排放。
（9）回收件库存水平上限=再制造能力×回收件库存检查周期。
（10）市场需求=RANDOM NORMAL（100, 200, 150, 5, 5）。
（11）废旧产品数量=DELAY11（市场需求，产品生命周期，0）。
（12）期望成品库存=市场需求×期望成品库存调整时间。
（13）期望成品库存缺额=（期望成品库存-再制造商库存）/成品库存调节

第 5 章 考虑碳排放的废旧产品再制造系统动力学模型及影响分析

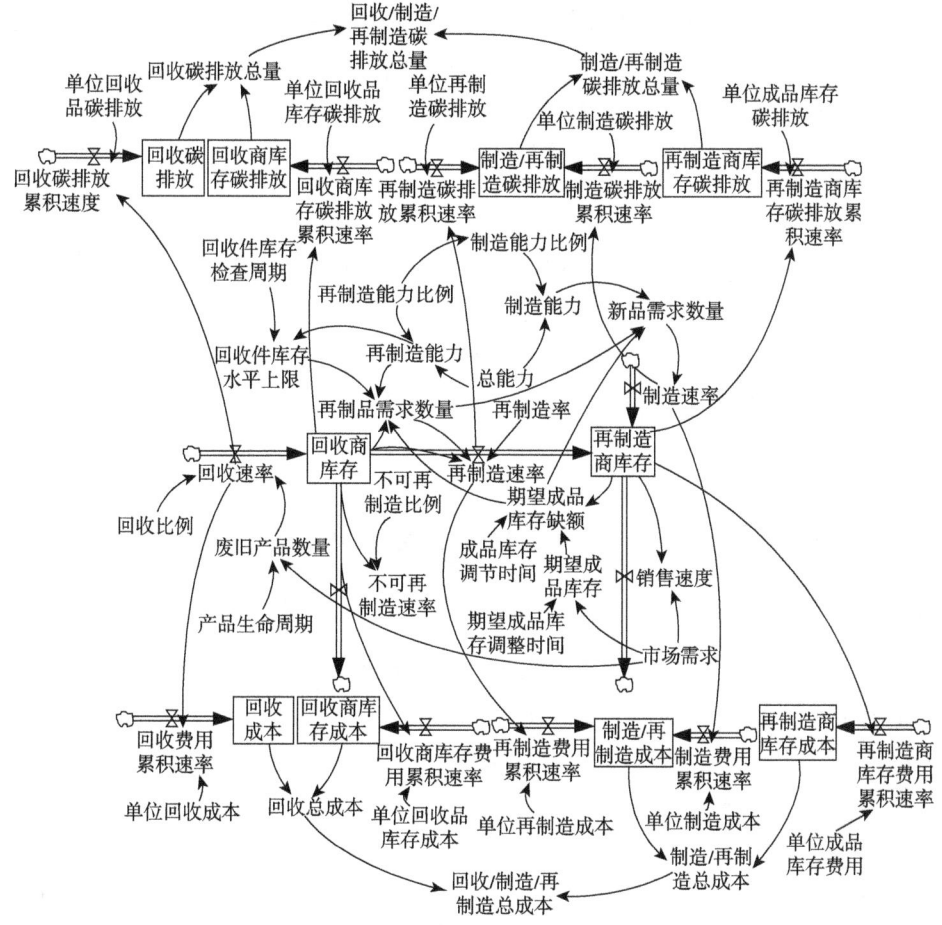

图 5-3 考虑碳排放的回收再制造系统流图

时间。

（14）再制造商库存=INTEG（制造速率+再制造速率-销售速度，100）。

（15）再制造商库存成本=INTEG（再制造商库存费用累积速率，0）。

（16）再制造商库存碳排放=INTEG（再制造商库存碳排放累积速率，0）。

（17）制造/再制造总成本=再制造商库存成本+制造/再制造成本。

（18）制造/再制造成本=INTEG（制造费用累积速率+再制造费用累积速率，0）。

（19）制造/再制造碳排放=INTEG（制造碳排放累积速率+再制造碳排放累积速率，0）。

（20）制造/再制造碳排放总量=再制造商库存碳排放+制造/再制造碳排放。

（21）制造速率=新品需求数量。

（22）新品需求数量=IF THEN ELSE［期望成品库存缺额≥再制品需求数量，MIN（制造能力，期望成品库存缺额-再制品需求数量），0］。

（23）制造能力=总能力×制造能力比例。

（24）制造能力比例=1-再制造能力比例。

（25）销售速度= MIN（市场需求，再制造商库存）。

（26）再制品需求数量=IF THEN ELSE［回收商库存≥回收件库存水平上限：AND：期望成品库存缺额≥0，MIN（再制造能力，期望成品库存缺额），0］。

（27）再制造能力=总能力×再制造能力比例。

（28）再制造速率=MIN（回收商库存×再制造率，再制品需求数量）。

（29）不可再制造速率=不可再制造比例×回收商库存。

5.4 系统动力学模型仿真及分析

为验证以上模型的有效性和准确性，从而据此提出相应减排策略，本节对模型进行仿真，并对仿真结果进行分析。

5.4.1 模型检验

用 VENSIM 软件对系统模型模拟仿真前需对模型进行有效性检验，主要检验方法包括（钟永光等，2013，2016）：①量纲一致性检验，确定各系统动力学方程等式两边的单位是否匹配；②结构行为检验，确定模型能否正常运行；③极端条件测试，检测模型中各个变量的方程是否符合现实情况及是否稳定可靠，能否在比较极端的情况下反映现实世界的真实规律或决策者意愿；④敏感性测试，确定系统中较敏感的参数以分析敏感参数变化对系统产生的影响。本书在模拟仿真前用 VENSIM 软件提供的 units check 和 check model 功能完成量纲一致性检验和结构行为检验，同时对模型进行极端条件测试和敏感性测试，发现再制造率和再制造能力比例是模型中较敏感的参数，系统行为能迅速感知二者的变化。

5.4.2 相关参数初始赋值

系统动力学主要强调系统的结构，系统行为结果在很大程度上取决于模型结构而非变量的参数值。因此，参数值的精确度以满足系统建模基本要求为标准。本书在常香云等（2013）、杨珺等（2012）研究的基础上对相关参数进行初始赋值，如表 5-1 所示，部分参数需根据实际参数值的大小在模型中测试获得，模型的仿真时间设为 100 周。

表 5-1 模型相关参数

名称	数值	单位
终止时间	100	周
初始时间	0	周
时间总长	1	周
单位制造成本	8	元
单位再制造成本	6	元
单位回收成本	5	元
单位制造碳排放	0.5	千克
单位再制造碳排放	0.3	千克
单位回收碳排放	0.2	千克
单位成品/回收产品库存费用	2	元
单位成品/回收产品库存碳排放	0.1	千克
回收比例	0.7	无
产品生命周期	6	周

5.4.3 仿真结果分析

为验证所构建的系统动力学模型，本书接下来分析再制造率及再制造能力比例变化对回收商和再制造商库存、回收成本和回收碳排放的影响，从而为后续提出相应策略以实现成本和碳排放量最小化提供依据。限于篇幅，假设再制造率 $r=0.7$，分析不同再制造能力比例 k 的变化对回收商和再制造商库存、成本和碳排放的影响。

1. 回收商库存分析

图 5-4 反映了回收商库存随企业再制造能力比例 k 的变化而变化的趋势。从图 5-4 可以看出，在仿真的初始阶段，回收商库存的变化趋势基本一致，主要原因是回收商只有待产品到达报废周期后才能对其进行回收，但此时废旧产品的数量还不满足再制造的条件，故回收商的库存随仿真时间的增加而增加，之后回收商库存开始随企业再制造能力比例的变化而变化。可以看出，当企业再制造能力比例 $k=0.4$ 时，回收商库存随仿真时间呈现逐渐上升的趋势，主要原因是此时再制造商的再制造能力低于期望成品库存缺额，再制品需求数量固定为企业的再制

造能力 80，故随着回收时间的增加，回收商库存积累越来越多。当 $k=0.6$ 时，回收商库存随仿真时间的增加保持在一个稳定的状态，主要原因是受期望成品库存和回收商库存的影响，再制品需求数量维持在 120，而此时的可再制品数量较少，故再制造速率等于回收商库存和再制造率的乘积，回收的废旧产品几乎全部用来再制造，故回收商库存随仿真时间增加保持一个稳定状态。当 $k=0.8$ 时，期望成品库存缺额与企业再制造能力之间的差额造成再制品需求数量出现较大波动，再制造速率受再制品需求数量和可再制品数量影响也出现波动，最终导致回收商库存随仿真时间增加呈现上下波动的现象。

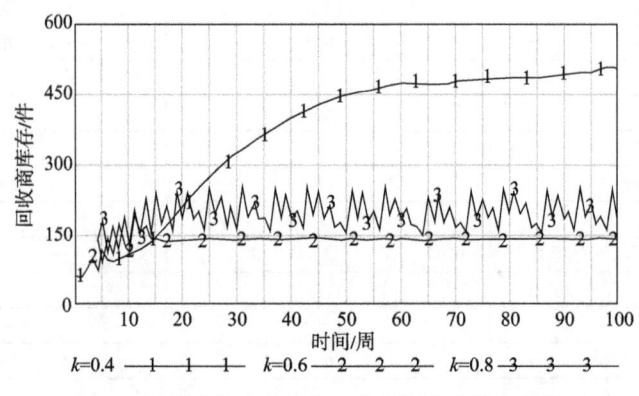

图 5-4　再制造能力比例的变化对回收商库存的影响

2. 再制造商库存分析

再制造能力比例主要通过影响再制造商制造速率和再制造速率来影响再制造商库存。再制造商库存随再制造能力比例 k 的变化而变化的趋势如图 5-5 所示。

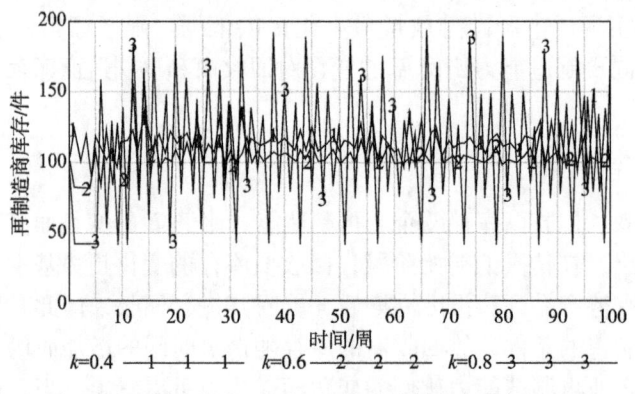

图 5-5　再制造能力比例的变化对再制造商库存的影响

从图 5-5 可以看出，当 $k=0.4$ 和 0.6 时，再制造商库存在 100 上下浮动，但

$k=0.6$ 的波动幅度小于 $k=0.4$ 的情况。主要原因是当 $k=0.4$ 和 0.6 时，再制造速率分别等于再制品需求数量 80 及回收商库存和再制造率的乘积 100 左右，另外制造速率等于制造能力和期望成品库存缺额与再制品需求数量之差的较小值，并随再制造速率的变化而变化。当 $k=0.4$ 时，再制造不能满足市场需求，需要再制造商制造新品来弥补市场缺货；而当 $k=0.6$ 时，再制造速率较大，故只需较少的新品即可满足需求。因此，当 $k=0.6$ 时再制造商库存的波动幅度小于 $k=0.4$ 的情况；当 $k=0.8$ 时，回收商需要较长时间的回收才能达到回收件库存水平上限，此时才会产生再制品需求数量，因此再制造速率随仿真时间呈现较大波动。制造速率受制造能力和期望成品库存与再制品需求数量之差的影响也会随再制造速率的波动而波动，最终导致再制造商库存的较大波动。

3. 回收成本和回收碳排放分析

图 5-6 描述了回收成本和回收碳排放随再制造能力比例 k 变化而变化的趋势。

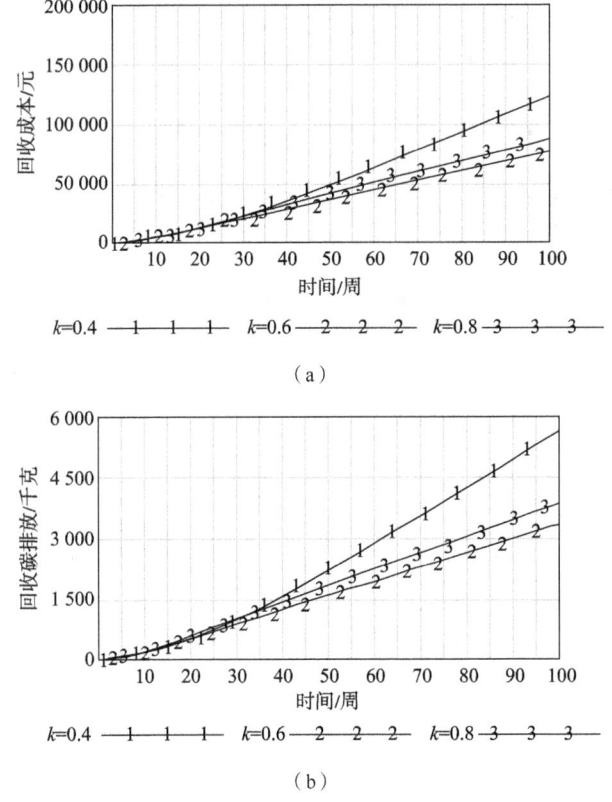

（a）

（b）

图 5-6　再制造能力比例的变化对回收成本和回收碳排放的影响

从图 5-6 可以看出，在仿真的初始阶段，回收成本和回收碳排放在三种情形下基本一致,这主要是因为前期回收商库存较低,不能满足企业的再制造能力,所以回收商库存的累积速度基本保持一致,回收成本和回收碳排放也不会有太大的差别;从仿真中期开始,随着企业再制造能力比例的增加,回收成本和回收碳排放先减少后增加。当 $k=0.4$ 时,再制造速率固定在 80,此时回收速率大于再制造速率,故回收商库存随仿真时间的增加而增加。因此,回收成本和回收碳排放增加的速度也较快;当 $k=0.6$ 时,虽然制造速率比较稳定,但再制品需求数量的增加导致回到的可再制品全部用于再制造,故回收商库存累积速度较慢,因此造成回收成本和回收碳排放随仿真时间缓慢增加;当 $k=0.8$ 时,再制造能力比例较高,回收商需要先积累库存才能满足再制造需求,因此,其库存水平存在上下波动的情况,但在仿真期间的平均库存要大于 $k=0.6$ 的情况。最终,当再制造能力比例 $k=0.8$ 时的回收成本和回收碳排放要大于当再制造能力比例 $k=0.6$ 时的回收成本和回收碳排放。

4. 制造/再制造成本和制造/再制造碳排放分析

图 5-7 描述了再制造能力比例的变化对制造/再制造成本和制造/再制造碳排放的影响。

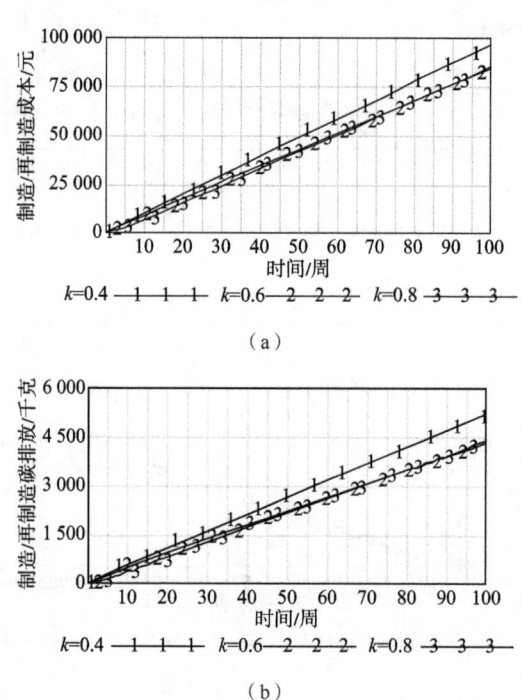

图 5-7 再制造能力比例对制造/再制造成本和制造/再制造碳排放的影响

从图 5-7 可以看出，随着再制造能力比例 k 的增加，再制造商的成本和碳排放先减少后增加。当 $k=0.4$ 时，制造/再制造成本和制造/再制造碳排放最高。因为此时再制造速率固定为再制品需求数量 80，为了满足市场需求，再制造商需要生产大量的新品，而新品的单位制造成本和碳排放均高于再制品，故造成制造/再制造成本和制造/再制造碳排放的快速增加；当 $k=0.6$ 时，可再制品数量可以满足再制品需求数量和市场需求，故新品生产数量较少，导致制造/再制造成本和制造/再制造碳排放小于 $k=0.4$ 的情况；当 $k=0.8$ 时，受回收商库存和期望成品库存影响，间隔一定时间才会产生一定数量的再制品需求，而新品需求数量也随之发生变化，导致制造/再制造速率出现上下波动的情况，但是二者的平均生产速率略高于 $k=0.6$ 时的情况。因此，当 $k=0.8$ 时再制造商的制造/再制造成本和制造/再制造碳排放略高于 $k=0.6$ 时。

分析模拟仿真结果可知，再制造率和再制造能力比例的变化会对回收商和再制造商的成本和碳排放产生不同影响，并且存在最优的再制造率和再制造能力比例可以实现回收再制造成本和碳排放的最小化。

第6章 碳排放政策影响下废旧产品再制造系统低碳运营管理决策优化

各国政府为了达到降低碳排放，实现可持续发展的目的，近年来纷纷出台了碳减排相关政策。本章在第 5 章的研究基础上，从构建数学模型的角度研究在碳排放政策影响下废旧产品再制造系统低碳运营管理决策优化问题，以期为再制造商制定运营决策及政府制定碳排放政策提供理论模型。

6.1 碳排放政策影响下废旧产品再制造系统回收决策优化

6.1.1 问题描述

考虑由一个产品制造商和回收商组成的废旧产品再制造系统，该系统的流程如图 6-1 所示。由图 6-1 可知，制造商负责产品的制造和再制造，并通过直销的方式销售新品和再制品，待产品到达生命周期后，由回收商对废旧产品进行回收，并且可以通过提高网络回收服务水平吸引消费者交投废旧产品。之后对回收的废旧产品进行初级筛选，将可能进行再制造的废旧产品转让给制造商进行再制造，其余的废旧产品进行环保处理。市场需求由制造商生产的新品和再制品共同满足。

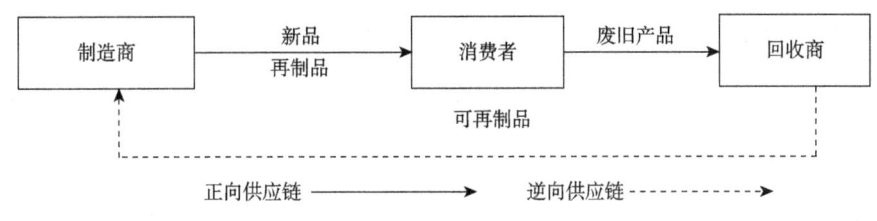

图 6-1　废旧产品再制造系统流程

目前，国内外实务界和学术界在废旧产品逆向回收模式方面已经展开了较多研究。一些学者对影响回收模式决策的因素进行了分析。例如，聂佳佳（2011）讨论了强势零售商对闭环供应链回收模式的影响；Savaskan 等（2004）指出零售商竞争程度是回收模式决策的重要影响因素，零售商竞争激烈时制造商回收较优，反之零售商回收较优；计国君（2009）的研究表明，在需求不确定及再制品与新产品存在价差的条件下，回收模式的选择与回收成本相关；韩小花和薛声家（2010）研究发现制造商之间的竞争程度、废旧产品回收的难易程度和再制造成本的节约共同影响回收渠道的演化结果；郭军华等（2012）研究了需求不确定下闭环供应链的回收模式选择问题，发现随着决策目标的不同，制造商回收模式的选择也会相应变化；孙嘉轶等（2013）分析了制造商选择单个、两个零售商或者自己回收三种模式下企业的最优决策行为，得出制造商选择的回收模式受新品和再制品的成本差异、市场规模大小等的影响；慕艳芬和马祖军（2015）从消费者对回收渠道满意度的异质性入手，构建回收商双寡头垄断下的回收利润模型，并分析产品回收价格、回收率受消费者偏好和渠道便利性等因素的影响，为回收商经营决策提供了一定的参考；Z.B.Wang 等（2016）基于计划行为理论，研究了城市居民的行为习惯对零售商回收废旧产品活动的影响，结果表明居民的环保意识、对废旧产品回收的态度、对非正规回收的认可程度及居民收入和回收成本是影响零售商回收废旧电器电子产品的关键因素；Zhu 等（2017）通过 Stackelberg 博弈模型分析在集中决策和分散决策下零售商与网络回收平台回收废旧电器电子产品的定价和协调问题，结果表明当考虑消费者讨价还价的习惯时，零售商和网络回收平台为了维持各自的利润都会减少废旧电器电子产品的回收成本，而制造商在收益和费用分摊合同中将会提高废旧电器电子产品的转移支付价格；尹君和谢家平（2017）考虑回收过程中的不确定因素，构建再制造分级回收系统动力学模型，仿真结果表明，合理的分级回收有利于减少回收过程的不确定性，促进再制造良性发展的同时提高消费者的环保意识；李春发等（2019）利用系统动力学分析了废旧手机供应、回收、处理和销售环节的影响因素，研究结果表明，废旧手机回收平台服务质量、消费者感知收益和感知风险是影响回收绩效的主要因素。

基于影响因素的分析，不少学者从不同角度比较了不同回收模式的选择。例如，姚卫新（2004）分别比较分析了闭环供应链中由制造商、零售商和第三方回收三种情形下的供应链系统收益，发现零售商负责回收是最优的闭环供应链回收模式；王发鸿和达庆利（2006）以电子行业为例，研究了再制造逆向物流中的不同回收模式，发现自建回收处理系统利润最大；Shulman 等（2010）分析了双边垄断时闭环供应链的回收模式选择，发现制造商回收模式下收益最高；计国君和黄位旺（2010）分析了企业单独回收、集体回收两种模式对制造商回收的激励效果，结果发现，前者存在一定优势；继而，计国君和黄位旺（2012）运用 Stackelberg 博弈模型，比较分析了不同回收处理模式下的利益相关主体的经济行为；倪明和莫露骅（2013）建立了零售商和维修中心两种回收模式下废旧产品集中决策模型，研究表明当维修中心的维修成本高于再制造节约的单位成本时，维修中心的回收价格高于零售商的回收价格；反之，零售商的回收价格高；郭军华等（2015）引入消费者对新品及再制品 WTP（willing to pay，支付意愿）的差异，从回收率最大化、零售价最低及制造商利润最优三个方面比较分析了分别以制造商、零售商和第三方回收商为主体从消费者处回收 EOL（end of life，生命周期结束）产品的三种回收模式；李春发和冯立攀（2016）基于消费者网络回收渠道偏好，比较了传统回收、网络回收和第三方回收平台构成的不同双渠道回收模式，结果表明存在一个消费者网络回收渠道偏好的帕累托区间，使得双渠道回收策略下的利润要高于单渠道回收的利润；Miao 等（2017）在闭环供应链的基础上建立系统动力模型研究回收点的覆盖率对废旧产品回收率的影响，同时讨论第三方回收模式对产品销售率和市场份额的影响，结果表明第三方回收模式更优。在对传统回收模式研究的基础上，也有学者开始研究在"互联网＋"背景下的回收模式及回收策略。H.Wang 等（2018）调查了中国 10 家具有代表性的"互联网＋"回收企业，总结出四种典型的"互联网＋"回收模式，为"互联网＋"回收的可持续发展提供了借鉴意义；X. V. Wang 和 L. Wang（2019）在废旧电器电子产品的回收再制造活动中引入大数据和工业 4.0 的概念，并建立废旧电器电子产品回收复杂网络系统，开发符合国际标准的数学模型，为废旧电器电子产品的回收再制造规模化发展提供了借鉴；Zhu 和 Li（2020）基于双向市场理论，研究了"互联网＋"回收平台的定价机制和竞争模型，并通过数值算例分析回收服务差异性和匹配效率等参数对废旧电器电子产品回收价格及回收主体利润的影响，结果表明，匹配效率的提高和回收服务差异性的改善都有利于提高废旧电器电子产品的回收价格和回收主体利润。

也有不少工作关注了政府政策影响下的回收决策问题。周永圣和汪寿阳（2010）研究了政府监控下的退役产品回收模式，发现零售商回收模式下回收率及利润最优、零售价最低、市场需求最高；聂佳佳等（2011）研究了回收再制造闭环供应链的定价问题，发现奖惩机制有利于零售商提高回收比例和制造商提高利润；Sheu 和 Chen（2012）分析比较了政府对不同主体实施征税或补贴方式下企业回收模式决策行为；曹柬等（2013）通过建立一个对新品收税，对再制品免税并给予补贴的模型，研究了政府激励回收商积极再制造的契约设计；Z. H. Wang 等（2016）研究了制造商和零售商信息不对称的闭环供应链废旧电器电子产品回收决策问题，结果表明引入政府奖惩机制后，电器电子产品的批发价和零售价都会降低，但是会增加废旧电器电子产品的回购价和回收数量；Li 等（2017）通过博弈模型研究正规和非正规废旧电器电子产品双渠道逆向回收问题，同时考虑消费者偏好确定最优的回收策略，以期给政府和正规回收部门制定合理的治理机制提供依据；李潇芮等（2018）构建了回收商在有无奖惩情况下独立研发与合作研发的回收决策模型，结果发现，回收商利润与政府是否实施奖惩无关，但研发水平与政府奖惩力度和技术溢出率有关；W. Wang 等（2018）考虑有无政府奖惩机制，研究了由零售商和第三方回收商相互竞争的双渠道回收决策问题，结果表明，政府的奖惩机制会增加废旧产品的回收价格和回收率，也会增加零售商和回收商的利润。

由以上研究可以看出，虽然目前较多学者对回收模式的影响因素、选择决策及政府政策下企业回收决策行为展开了研究，也取得了一系列成果，但尚未发现从再制造商角度考虑碳排放政策约束的回收模式选择决策方面的研究。因此，本节研究考虑碳排放政策影响下废旧产品再制造系统回收决策优化问题。

模型中所涉及的符号定义如下。

c_m——单位新品生产成本。

c_r——单位再制品生产成本，$c_r < c_m$。

Δ——单位再制造节约成本，$\Delta = c_m - c_r$。

p——产品销售价格，制造商的决策变量。

p_r——废旧产品的单位回收价格，回收商的决策变量。

x——网络回收服务水平，回收商通过建立网络回收平台和投入广告宣传等吸引消费者交投废旧产品，回收商的决策变量。

p_t——制造商从回收商处回购可再制造废旧产品的单位回购价格，制造商的决策变量。

ρ_1——回收商将回收的废旧产品转让给制造商的比率，$\rho_1 \in (0,1)$。

ρ_2——制造商的再制造率，$\rho_2 \in (0,1)$。

c_0——回收商回收废旧产品的单位运营成本，包括物流、仓储、运输和人力成本等。

e_m——单位新品碳排放量。

φe_m ——单位再制品碳排放量,其中 φ 表示通过回收废旧产品进行再制造得到的单位再制品碳排放量同单位新品碳排放量的比值,且 $0<\varphi<1$,φ 越大表示废旧产品回收再制造对减少碳排放的作用越小。

e_r ——回收商回收单位废旧产品产生的碳排放量。

δ ——政府对企业碳排放量征收的单位碳税。

ε_1 ——碳排放权的单位卖出价格。

ε_2 ——碳排放权的单位买入价格,一般来说 $\varepsilon_1 \leqslant \varepsilon_2$。

M_m ——政府给制造商制定的碳排放总量上限。

M_r ——政府给回收商制定的碳排放总量上限。

c_d ——回收商对筛选掉的废旧产品的单位环保处理成本。

c_s ——再制造商对不可再制造废旧产品的单位处理成本。

π_i^j ——供应链节点企业 i 在 j 情况下的收益函数。其中,$i\in\{m,r,\}$,m 表示制造商,r 表示回收商;$j\in\{t,c,f,\}$,t 表示碳税政策,c 表示碳限额与交易政策,f 表示基金补贴。

在实际情况下,由于闭环供应链运营比较复杂,并且影响因素众多,在符合实际情况的前提下,为了简化研究过程,针对本章的研究内容,提出如下假设。

假设 6-1:制造商和回收商之间是 Stackeberg 博弈关系,制造商是市场领导者,回收商是追随者,二者均是追求利润最大化的理性决策者。

假设 6-2:参考 Savaskan 等(2004)的研究,假设新品和再制品同质,消费者对两类产品无购买偏好,产品以相同的价格直接出售给消费者。产品的市场需求量满足 $D(P)=a-bp$,其中,a 表示市场容量;b 表示消费者对产品价格的敏感系数,a、b 均为常数且 $a>0$,$b>0$。

假设 6-3:回收商可以通过回收网络平台建设及广告宣传投入等来提高网络回收服务水平,从而吸引消费者交投废旧产品,回收服务水平的提高需要回收商投入更多的成本。参考 Jørgensen 等(2000)的研究,假设网络回收服务成本函数满足 $C(x)=\dfrac{\tau x^2}{2}$,其中,τ 表示回收商的成本参数;x 表示网络回收服务水平,且 $\tau>0$,$x>0$。

假设 6-4:参考 Mukhopadhyay 和 Setoputro(2005)的研究,假设废旧产品的回收数量满足 $R(p_r,x)=\alpha+\beta p_r+kx$,其中,$\alpha$ 表示市场上潜在的回收数量;β 表示消费者对废旧产品回收的环保意识敏感系数,β 越大,说明消费者的环保意识越高;k 表示消费者对网络回收服务的敏感系数,k 越大,表示消费者对网络回收服务的敏感性越高,α、β、k 均为常数且 $\alpha>0$,$\beta>0$,$k>0$。

6.1.2 模型构建与求解

碳排放政策是实现减排的重要手段，美国国会预算办公室（Congressional Budget Office，CBO）主要研究了四种碳排放政策，即碳限额、碳税、碳限额与交易、碳抵消[①]。2006年"十一五"规划以来，中国政府为了节约资源，降低能源消耗、减少污染物排放，开始出台一系列政策促进中国低碳经济的发展。碳税政策、碳限额与交易政策作为重要的减排政策，得到政府的重视。鉴于碳税政策、碳限额与交易政策的普遍性，以下主要阐述这两种政策。

1. 情形1：碳税政策

碳税是碳排放权价格的一种形式。从经济角度来说，它是一种庇古税（Bashmakov et al.，2001），是一种有效的碳减排措施（Gupta et al.，2007）。许多国家（如澳大利亚）实施了这一政策（Helm，2005）。实施碳税政策时，政府按照一定的税率对制造商和回收商所产生的碳排放量进行征税。在碳税政策下，制造商的利润函数：

$$\pi_m^t = (p - c_m - \delta e_m)D + \{\rho_1\rho_2[\Delta + \delta e_m(1-\varphi)] - \rho_1 p_t - \rho_1(1-\rho_2)c_s\}R(p_r, x) \quad (6\text{-}1)$$

回收商的利润函数：

$$\pi_r^t = [\rho_1 p_t - p_r - c_0 - (1-\rho_1)c_d - \delta e_r]R(p_r, x) - \frac{\tau x^2}{2} \quad (6\text{-}2)$$

由式（6-2）求关于 p_r^t 和 x^t 的一阶导为0，可得

$$\begin{cases} p_r^t = \dfrac{\beta\tau - k^2[\rho_1 p_t^{t*} - c_0 - (1-\rho_1)c_d - \delta e_r] - \alpha\tau}{2\beta\tau - k^2} \\[2mm] x^t = \dfrac{k\{\beta[\rho_1 p_t^{t*} - c_0 - (1-\rho_1)c_d - \delta e_r] + \alpha\}}{2\beta\tau - k^2} \\[2mm] R(p_r, x)^t = \dfrac{\beta\tau\{\alpha + \beta[\rho_1 p_t^{t*} - c_0 - (1-\rho_1)c_d - \delta e_r]\}}{2\beta\tau - k^2} \end{cases} \quad (6\text{-}3)$$

命题6-1：在碳税政策下，回收商的策略集为 (p_r^t, x^t)。

证明：由式（6-2）得 $\dfrac{\partial^2 \pi_r^t}{\partial p_r^2} = -2\beta < 0$，$\dfrac{\partial^2 \pi_r^t}{\partial x^2} = -\tau < 0$。

[①] 美国国会预算办公室主要研究了四种碳排放政策，即碳限额、碳税、碳限额与交易、碳抵消。其中，碳抵消可以看作碳限额与交易政策的一种特殊形式。

故式（6-2）的海塞矩阵为 $H = \begin{bmatrix} \dfrac{\partial^2 \pi_r^t}{\partial p_r^2} & \dfrac{\partial^2 \pi_r^t}{\partial p_r \partial x} \\ \dfrac{\partial^2 \pi_r^t}{\partial x \partial p_r} & \dfrac{\partial^2 \pi_r^t}{\partial x^2} \end{bmatrix} = \begin{bmatrix} -2\beta & -k \\ -k & -\tau \end{bmatrix}$。

因为 $\dfrac{\partial^2 \pi_r^t}{\partial p_r^2} = -2\beta < 0$，所以当 $|H| = 2\beta\tau - k^2 > 0$ 时，π_r^t 是关于 p_r^t 和 x^t 的严格凹函数，$\left(p_r^{t*}, x^{t*}\right)$ 为式（6-2）的极大值点。得证。

Stackelberg 博弈是一种主从博弈，即参与博弈的主体之间信息不对称、地位不对等。Stackelberg 博弈中的主导方是具有较高层次的决策者，在博弈过程中具有较强的控制权和话语权，并且事先了解追随者的决策，之后依据追随者的决策结合自身的运营条件做出最优决策以实现自身利润的最大化；Stackelberg 博弈中的追随者是具有较低层次的决策者，即事先不了解主导方的决策信息，在博弈过程中具有较弱的控制权和话语权。Stackelberg 博弈的求解方法通常是逆向归纳法，首先求解追随者的最优决策，其次主导方根据追随者的决策做出自己的最优决策。

由于市场对新品的需求远大于对再制品的需求，并且制造商和再制造商之间也有着一定的合作关系，可以满足领导者与追随者企业彼此知悉对方的成本和市场需求信息的假设条件。本书研究环境规制和基金补贴下废旧产品回收再制造系统运营管理决策，将制造商作为市场的领导者，回收商/再制造商作为追随者，通过建立 Stackelberg 博弈模型进行求解，得出各自的最优决策。

根据 Stackelberg 博弈模型，制造商作为市场的领导者，通过回收商的最优决策集来得到自己的最优策略。将式（6-3）代入式（6-1）分别求关于 p 和 p_t 的一阶偏导条件为 0，可得

$$\begin{cases} p^{t*} = \dfrac{a + b(c_m + \delta e_m)}{2b} \\ p_t^{t*} = \dfrac{\rho_1 \rho_2 \left[\Delta + \delta e_m (1-\varphi)\right] - \rho_1(1-\rho_2)c_s + c_0 + (1-\rho_1)c_d + \delta e_r}{2\rho_1} - \dfrac{\alpha}{2\beta\rho_1} \end{cases} \quad (6\text{-}4)$$

命题 6-2：在碳税政策下，制造商的最优策略集为 $\left(p^{t*}, p_t^{t*}\right)$。

证明：将式（6-3）的 p_r^t、x^t、$R(p_r, x)^t$ 代入式（6-1），整理可得式（6-1）的海塞矩阵为 $H = \begin{bmatrix} \dfrac{\partial^2 \pi_m^t}{\partial p^2} & \dfrac{\partial^2 \pi_m^t}{\partial p \partial p_t} \\ \dfrac{\partial^2 \pi_m^t}{\partial p_t \partial p} & \dfrac{\partial^2 \pi_m^t}{\partial p_t^2} \end{bmatrix} = \begin{bmatrix} -b & 0 \\ 0 & -\dfrac{2\rho_1^2 \beta^2 \tau}{2\beta\tau - k^2} \end{bmatrix}$。

因为 $\dfrac{\partial^2 \pi'_m}{\partial p^2} = -b < 0$，所以当 $|H| = \dfrac{2b\rho_1^2\beta^2\tau}{2\beta\tau - k^2} > 0$，即 $2\beta\tau - k^2 > 0$ 时，(p^{t*}, p_t^{t*}) 为式（6-1）的极大值点。得证。

将式（6-4）的 p^{t*}、p_t^{t*} 代入 p_r^t、x^t、$R(p_r, x)^t$ 可得

$$\begin{cases} p_r^{t*} = \dfrac{(\beta\tau - k^2)\{\rho_1\rho_2[\Delta + \delta e_m(1-\varphi)] - \rho_1(1-\rho_2)c_s - c_0 - (1-\rho_1)c_d - \delta e_r\}}{2(2\beta\tau - k^2)} - \dfrac{\alpha(3\beta\tau - k^2)}{2\beta(2\beta\tau - k^2)} \\[2ex] x^{t*} = \dfrac{k(\beta\{\rho_1\rho_2[\Delta + \delta e_m(1-\varphi)] - \rho_1(1-\rho_2)c_s - c_0 - (1-\rho_1)c_d - \delta e_r\} + \alpha)}{2(2\beta\tau - k^2)} \\[2ex] R(p_r, x)^{t*} = \dfrac{\beta\tau(\alpha + \beta\{\rho_1\rho_2[\Delta + \delta e_m(1-\varphi)] - \rho_1(1-\rho_2)c_s - c_0 - (1-\rho_1)c_d - \delta e_r\})}{2(2\beta\tau - k^2)} \end{cases}$$

（6-5）

将式（6-4）和式（6-5）代入制造商与回收商的利润函数，得到最优利润分别为

$$\pi_m^{t*} = \dfrac{[a - b(c_m + \delta e_m)]^2}{4b} + \dfrac{\tau(\alpha + \beta\{[\Delta + \delta e_m(1-\varphi)]\rho_1\rho_2 - \rho_1(1-\rho_2)c_s - c_0 - (1-\rho_1)c_d - \delta e_r\})^2}{4(2\beta\tau - k^2)}$$

$$\pi_r^{t*} = \dfrac{\tau(\alpha + \beta\{[\Delta + \delta e_m(1-\varphi)]\rho_1\rho_2 - \rho_1(1-\rho_2)c_s - c_0 - (1-\rho_1)c_d - \delta e_r\})^2}{8(2\beta\tau - k^2)}$$

根据以上求解结果，可得到以下结论。

结论 6-1：政府对制造商和回收商征收的单位碳税税率的增加将增加产品的销售价格及制造商从回收商处回购废旧产品的价格，回收商的回收价格、回收数量及网络回收服务水平的变化将取决于新品碳排放量与回收产品碳排放量的比值。

证明：将 p^{t*}、p_t^{t*}、p_r^{t*}、x^{t*}、$R(p_r, x)^{t*}$ 分别对 δ 求导可得

$$\dfrac{\partial p^{t*}}{\partial \delta} = \dfrac{e_m}{2} > 0, \quad \dfrac{\partial p_t^{t*}}{\partial \delta} = \dfrac{\rho_1\rho_2(1-\varphi)e_m + e_r}{2\rho_1} > 0,$$

$$\dfrac{\partial p_r^{t*}}{\partial \delta} = \dfrac{(\beta\tau - k^2)[\rho_1\rho_2(1-\varphi)e_m - e_r]}{2(2\beta\tau - k^2)}, \quad \dfrac{\partial x^{t*}}{\partial \delta} = \dfrac{k\beta[\rho_1\rho_2(1-\varphi)e_m - e_r]}{2(2\beta\tau - k^2)},$$

$$\frac{\partial R(p_r,x)^{t^*}}{\partial \delta} = \frac{\tau\beta^2 \left[\rho_1\rho_2(1-\varphi)e_m - e_r\right]}{2(2\beta\tau - k^2)}$$

因此，$\frac{\partial p_r^{t^*}}{\partial \delta}$、$\frac{\partial x^{t^*}}{\partial \delta}$、$\frac{\partial R(p_r,x)^{t^*}}{\partial \delta}$ 的大小取决于 $\left[\rho_1\rho_2(1-\varphi)e_m - e_r\right]$ 的值，当 $0 < \frac{e_r}{e_m} < \rho_1\rho_2(1-\varphi)$ 时，$\frac{\partial p_r^{t^*}}{\partial \delta} > 0$、$\frac{\partial x^{t^*}}{\partial \delta} > 0$、$\frac{\partial R(p_r,x)^{t^*}}{\partial \delta} > 0$；当 $\frac{e_r}{e_m} > \rho_1\rho_2(1-\varphi)$ 时，$\frac{\partial p_r^{t^*}}{\partial \delta} < 0$、$\frac{\partial x^{t^*}}{\partial \delta} < 0$、$\frac{\partial R(p_r,x)^{t^*}}{\partial \delta} < 0$。

结论 6-1 表明，政府对制造商征收的碳税税率越高，制造商的生产成本就越高，为了获得更多的利润，制造商就会增加产品的销售价格，从而造成产品销售数量的减少。另外，由于单位新品碳排放大于单位再制品碳排放，此时，制造商会积极进行再制造活动，提高 WEEE 的回购价格从回收商处获得更多的可再制造 WEEE。对于回收商来说，当回收 WEEE 产生的单位碳排放与单位新品碳排放的比值满足 $0 < \frac{e_r}{e_m} < \rho_1\rho_2(1-\varphi)$ 条件，即单位回收废旧产品碳排放较小时，废旧产品的回收价格、回收数量及网络回收服务水平会随政府征收的碳税税率的增加而增加。此时，回收废旧产品产生的碳排放较少，回收商支付的碳税成本较低。为了弥补碳税成本的支出，回收商会增加废旧产品的回收价格和网络回收服务水平来吸引消费者交投更多的废旧产品，从而实现规模效益并赢利的目的。此时，政府征收碳税有利于促进回收产业的发展；当回收废旧产品产生的单位碳排放与单位新品碳排放的比值满足 $\frac{e_r}{e_m} > \rho_1\rho_2(1-\varphi)$ 条件，即单位回收废旧产品碳排放较大时，废旧产品的回收价格、回收数量及网络回收服务水平会随政府征收的碳税税率的增加而减少。此时，回收废旧产品产生较多的碳排放，回收商支付的碳税成本较高。因此，回收商会减少回收价格，降低网络回收服务水平，从而减少废旧产品回收数量以降低碳税成本的支出。此时，政府征收碳税不利于促进回收产业的发展。

结论 6-2： 单位再制品碳排放与单位新品碳排放的比值的增加将使废旧产品的回收价格、网络回收服务水平及制造商从回收商处回购废旧产品的回购价格降低，回收数量减少。

证明： 将 $p_t^{t^*}$、$p_r^{t^*}$、x^{t^*}、$R(p_r,x)^{t^*}$ 分别对 φ 求导，可得

$$\frac{\partial p_t^{t^*}}{\partial \varphi} = -\frac{\rho_2 \delta e_m}{2} < 0, \quad \frac{\partial p_r^{t^*}}{\partial \varphi} = -\frac{(\beta\tau - k^2)\delta e_m}{2(2\beta\tau - k^2)} < 0$$

$$\frac{\partial x^{t^*}}{\partial \varphi} = -\frac{\beta k \rho_1 \rho_2 \delta e_m}{2(2\beta\tau - k^2)} < 0, \quad \frac{\partial R(p_r, x)^{t^*}}{\partial \varphi} = -\frac{\beta^2 \tau \rho_1 \rho_2 \delta e_m}{2(2\beta\tau - k^2)} < 0$$

结论 6-2 表明，单位再制品碳排放与单位新品产生的碳排放比值的增加，即单位再制品碳排放越多，制造商从回收商处回购废旧产品的价格就越低。说明再制造带来的碳减排优势越不明显，制造商降低从回收商处回购废旧产品的回购价格以降低回购数量，从而减少再制品的生产数量。此时，制造商的再制造积极性不够高。对回收商来说，单位再制品产生的碳排放越多，废旧产品的回收价格和网络回收服务水平越低，回收数量越少。制造商减少从回收商处回购废旧产品的数量，损害了回收商的利润，打击了回收商的回收积极性。基于利润最大化原则，回收商会降低回收价格和网络回收服务水平，从而减少从消费者处回收废旧产品的数量。因此，单位再制品碳排放较高不利于回收再制造产业的发展。

结论 6-3：单位新品碳排放的增加将使制造商销售价格、回购价格增加，同时增加回收商的回收价格、回收数量和网络回收服务水平。

证明：将 p^{t^*}、$p_t^{t^*}$、$p_r^{t^*}$、x^{t^*}、$R(p_r, x)^{t^*}$ 分别对 e_m 求导，可得

$$\frac{\partial p^{t^*}}{\partial e_m} = \frac{\delta}{2} > 0, \quad \frac{\partial p_t^{t^*}}{\partial e_m} = \frac{\delta \rho_1 (1-\varphi)}{2} > 0,$$

$$\frac{\partial p_r^{t^*}}{\partial e_m} = \frac{\delta \rho_1 \rho_2 (\beta\tau - k^2)(1-\varphi)}{2(2\beta\tau - k^2)} > 0, \quad \frac{\partial x^{t^*}}{\partial e_m} = \frac{\beta k \delta \rho_1 \rho_2 (1-\varphi)}{2(2\beta\tau - k^2)} > 0,$$

$$\frac{\partial R(p_r, x)^{t^*}}{\partial e_m} = \frac{\beta^2 \tau \delta \rho_1 \rho_2 (1-\varphi)}{2(2\beta\tau - k^2)} > 0$$

结论 6-3 表明，当单位新品碳排放增加时，意味着制造商需要政府缴纳更多的碳税，会造成制造成本的增加。因此，一方面，制造商会提高产品的销售价格获得利润；另一方面，制造商会更加关注再制造活动，加大对再制造的投入，因此制造商从回收商处回购废旧产品的回购价格会增加。在利润的驱动下，回收商也会提高废旧产品的回收价格和网络回收服务水平，从而增加废旧产品的回收数量以满足再制造活动。

结论 6-4：单位回收废旧产品碳排放的增加将增加制造商从回收商回购废旧产品的回购价格，同时降低回收商的回收价格和网络回收服务水平，减少回收数量。

证明：将 $p_t^{t^*}$、$p_r^{t^*}$、x^{t^*}、$R(p_r, x)^{t^*}$ 分别对 e_r 求导，可得

$$\frac{\partial p_t^{t^*}}{\partial e_r} = \frac{\delta}{2\rho_1} > 0, \quad \frac{\partial p_r^{t^*}}{\partial e_r} = -\frac{\delta(\beta\tau - k^2)}{2(2\beta\tau - k^2)} < 0,$$

$$\frac{\partial x'^*}{\partial e_r} = -\frac{k\beta\delta}{2(2\beta\tau - k^2)} < 0, \quad \frac{\partial R(p_r, x)'^*}{\partial e_r} = -\frac{\beta^2\tau\delta}{2(2\beta\tau - k^2)} < 0$$

结论 6-4 表明，单位回收废旧产品碳排放越多，回收商向政府缴纳的碳税就越多。因此，回收商的回收意愿降低，废旧产品的回收价格和网络回收服务水平会下降，最终造成废旧产品回收数量的减少。制造商为了通过再制造减少生产成本，反而会提高从回收商处回购废旧产品的回购价格。

2. 情形2：碳限额与交易政策

碳限额与交易政策是基于市场的一种环境政策，在该政策下，由市场决定碳排放权价格。不少国家也采用了这种政策，如新西兰碳排放权交易政策（New Zealand Emissions Trading Scheme，NZ ETS）（Jiang et al.，2009）、欧盟碳排放权交易政策（European Union Emission Trading Scheme，EU ETS）[①]。在这种政策下，政府会根据企业的实际情况分配一定的碳排放限额，如果排放量超出限额，为避免政府的罚款和制裁，企业必须购买额外的排放权；反之，也可以出售多余的碳排放权，该种政策相对于碳排放政策来说，灵活性更大，可以根据企业实际的碳排放消耗量进行买入或卖出。

在碳限额与交易政策下，制造商的利润函数：

$$\begin{aligned}\pi_m^c =\ & (p - c_m)D \\ & + \left[\Delta\rho_1\rho_2 - \rho_1 p_t - \rho_1(1-\rho_2)c_s\right]R(p_r, x) \\ & + \varepsilon_1\left\{M_m - \left[D - \rho_1\rho_2(1-\varphi)R(p_r, x)\right]e_m\right\}^+ \\ & - \varepsilon_2\left\{\left[D - \rho_1\rho_2(1-\varphi)R(p_r, x)\right]e_m - M_m\right\}^+ \\ & x^+ = \max(x, 0)\end{aligned} \quad (6\text{-}6)$$

回收商的利润函数：

$$\begin{aligned}\pi_r^c =\ & \left[\rho_1 p_t - p_r - c_0 - (1-\rho_1)c_d\right]R(p_r, x) \\ & - \frac{\tau x^2}{2} \\ & + \varepsilon_1\left[M_r - R(p_r, x)e_r\right]^+ \\ & - \varepsilon_2\left[R(p_r, x)e_r - M_r\right]^+\end{aligned} \quad (6\text{-}7)$$

---

① 据统计，2008年，欧盟近50%的碳排放采用EU ETS（European Commission，2008）；而在2012年初，EU ETS 覆盖了27个欧盟成员国及冰岛（Iceland）、列支敦士登（Liechtenstein）和挪威（Norway）（European Commission，2012）。

在碳限额与交易政策下,回收商产生的碳排放总量分为大于、小于和等于碳限额三种情况,接下来分别讨论。先求式(6-6)关于p_r和x的一阶导为0,可得

$$p_r^c = \begin{cases} \dfrac{\beta\tau - k^2\left[\rho_1 p_t^* - c_0 - (1-\rho_1)c_d - \varepsilon_1 e_r\right] - \alpha\tau}{2\beta\tau - k^2} & M_r - R(p_r,x)e_r > 0 \\[2mm] \dfrac{\beta\tau - k^2\left[\rho_1 p_t^* - c_0 - (1-\rho_1)c_d\right] - \alpha\tau}{2\beta\tau - k^2} & M_r - R(p_r,x)e_r = 0 \\[2mm] \dfrac{\beta\tau - k^2\left[\rho_1 p_t^* - c_0 - (1-\rho_1)c_d - \varepsilon_2 e_r\right] - \alpha\tau}{2\beta\tau - k^2} & M_r - R(p_r,x)e_r < 0 \end{cases}$$

(6-8)

$$x^c = \begin{cases} \dfrac{k\left\{\beta\left[\rho_1 p_t^* - c_0 - (1-\rho_1)c_d - \varepsilon_1 e_r\right] + \alpha\right\}}{2\beta\tau - k^2} & M_r - R(p_r,x)e_r > 0 \\[2mm] \dfrac{k\left\{\beta\left[\rho_1 p_t^* - c_0 - (1-\rho_1)c_d\right] + \alpha\right\}}{2\beta\tau - k^2} & M_r - R(p_r,x)e_r = 0 \\[2mm] \dfrac{k\left\{\beta\left[\rho_1 p_t^* - c_0 - (1-\rho_1)c_d - \varepsilon_2 e_r\right] + \alpha\right\}}{2\beta\tau - k^2} & M_r - R(p_r,x)e_r < 0 \end{cases}$$

(6-9)

$$R(p_r,x)^c = \begin{cases} \dfrac{\beta\tau\left\{\alpha + \beta\left[\rho_1 p_t^{t*} - c_0 - (1-\rho_1)c_d - \varepsilon_1 e_r\right]\right\}}{2\beta\tau - k^2} & M_r - R(p_r,x)e_r > 0 \\[2mm] \dfrac{\beta\tau\left\{\alpha + \beta\left[\rho_1 p_t^{t*} - c_0 - (1-\rho_1)c_d\right]\right\}}{2\beta\tau - k^2} & M_r - R(p_r,x)e_r = 0 \\[2mm] \dfrac{\beta\tau\left\{\alpha + \beta\left[\rho_1 p_t^{t*} - c_0 - (1-\rho_1)c_d - \varepsilon_2 e_r\right]\right\}}{2\beta\tau - k^2} & M_r - R(p_r,x)e_r < 0 \end{cases}$$

(6-10)

命题 6-3:在碳限额与交易政策下,回收商的最优决策集为(p_r^c, x^c)。

证明过程同命题 6-1。

根据 Stackelberg 博弈模型,制造商作为市场的领导者,通过回收商的最优决策集来得到自己的最优策略。同样地,在碳限额与交易政策下,制造商产生的碳排放量分为大于、等于和小于碳限额三种情况。接下来分情况进行谈论。

将式(6-8)、式(6-9)和式(6-10)的第一项代入式(6-6)分别求当制造商碳排放量小于、等于和大于碳限额时关于p和p_t的偏导为0,可得

$$p^{c*} = \begin{cases} \dfrac{a + b(c_m + \varepsilon_1 e_m)}{2b} \\ \dfrac{a + bc_m}{2b} \\ \dfrac{a + b(c_m + \varepsilon_2 e_m)}{2b} \end{cases} \quad (6\text{-}11)$$

当 $M_r - R(p_r, x)e_r > 0$ 时,

$$p_t^{c*} = \begin{cases} \dfrac{\Delta\rho_1\rho_2 - \rho_1(1-\rho_2)c_s + c_0 + (1-\rho_1)c_d + \varepsilon_1\left[\rho_1\rho_2(1-\varphi)e_m + e_r\right]}{2\rho_1} - \dfrac{\alpha}{2\beta\rho_1} \\ \dfrac{\Delta\rho_1\rho_2 - \rho_1(1-\rho_2)c_s + c_0 + (1-\rho_1)c_d + \varepsilon_1 e_r}{2\rho_1} - \dfrac{\alpha}{2\beta\rho_1} \\ \dfrac{\Delta\rho_1\rho_2 - \rho_1(1-\rho_2)c_s + c_0 + (1-\rho_1)c_d + \varepsilon_1 e_r + \rho_1\rho_2\varepsilon_2(1-\varphi)e_m}{2\rho_1} - \dfrac{\alpha}{2\beta\rho_1} \end{cases}$$

$$(6\text{-}12)$$

当 $M_r - R(p_r, x)e_r = 0$ 时,

$$p_t^{c*} = \begin{cases} \dfrac{\Delta\rho_1\rho_2 - \rho_1(1-\rho_2)c_s + c_0 + (1-\rho_1)c_d + \rho_1\rho_2(1-\varphi)\varepsilon_1 e_m}{2\rho_1} - \dfrac{\alpha}{2\beta\rho_1} \\ \dfrac{\Delta\rho_1\rho_2 - \rho_1(1-\rho_2)c_s + c_0 + (1-\rho_1)c_d}{2\rho_1} - \dfrac{\alpha}{2\beta\rho_1} \\ \dfrac{\Delta\rho_1\rho_2 - \rho_1(1-\rho_2)c_s + c_0 + (1-\rho_1)c_d + \rho_1\rho_2(1-\varphi)\varepsilon_2 e_m}{2\rho_1} - \dfrac{\alpha}{2\beta\rho_1} \end{cases}$$

$$(6\text{-}13)$$

当 $M_r - R(p_r, x)e_r < 0$ 时,

$$p_t^{c*} = \begin{cases} \dfrac{\Delta\rho_1\rho_2 - \rho_1(1-\rho_2)c_s + c_0 + (1-\rho_1)c_d + \rho_1\rho_2(1-\varphi)\varepsilon_1 e_m + \varepsilon_2 e_r}{2\rho_1} - \dfrac{\alpha}{2\beta\rho_1} \\ \dfrac{\Delta\rho_1\rho_2 - \rho_1(1-\rho_2)c_s + c_0 + (1-\rho_1)c_d + \varepsilon_2 e_r}{2\rho_1} - \dfrac{\alpha}{2\beta\rho_1} \\ \dfrac{\Delta\rho_1\rho_2 - \rho_1(1-\rho_2)c_s + c_0 + (1-\rho_1)c_d + \varepsilon_2\left[\rho_1\rho_2(1-\varphi)e_m + e_r\right]}{2\rho_1} - \dfrac{\alpha}{2\beta\rho_1} \end{cases}$$

$$(6\text{-}14)$$

将式（6-12）、式（6-13）和式（6-14）代入 p_r^c、x^c、$R(p_r, x)^c$，可得

当 $M_r - R(p_r, x)e_r > 0$ 时,

$$p_r^{c*} = \begin{cases} \dfrac{(\beta\tau-k^2)\{\Delta\rho_1\rho_2-\rho_1(1-\rho_2)c_s-c_0-(1-\rho_1)c_d+\varepsilon_1[\rho_1\rho_2(1-\varphi)e_m-e_r]\}}{2(2\beta\tau-k^2)} - \dfrac{\alpha(3\beta\tau-k^2)}{2\beta(2\beta\tau-k^2)} \\[2ex] \dfrac{(\beta\tau-k^2)\{\Delta\rho_1\rho_2-\rho_1(1-\rho_2)c_s-c_0-(1-\rho_1)c_d-\varepsilon_1 e_r\}}{2(2\beta\tau-k^2)} - \dfrac{\alpha(3\beta\tau-k^2)}{2\beta(2\beta\tau-k^2)} \\[2ex] \dfrac{(\beta\tau-k^2)\{\Delta\rho_1\rho_2-\rho_1(1-\rho_2)c_s-c_0-(1-\rho_1)c_d+\rho_1\rho_2(1-\varphi)\varepsilon_2 e_m-\varepsilon_1 e_r\}}{2(2\beta\tau-k^2)} - \dfrac{\alpha(3\beta\tau-k^2)}{2\beta(2\beta\tau-k^2)} \end{cases}$$

(6-15)

$$x^{c*} = \begin{cases} \dfrac{k(\beta\{\Delta\rho_1\rho_2-\rho_1(1-\rho_2)c_s-c_0-(1-\rho_1)c_d+\varepsilon_1[\rho_1\rho_2(1-\varphi)e_m-e_r]\}+\alpha)}{2(2\beta\tau-k^2)} \\[2ex] \dfrac{k\{\beta[\Delta\rho_1\rho_2-\rho_1(1-\rho_2)c_s-c_0-(1-\rho_1)c_d-\varepsilon_1 e_r]+\alpha\}}{2(2\beta\tau-k^2)} \\[2ex] \dfrac{k\{\beta[\Delta\rho_1\rho_2-\rho_1(1-\rho_2)c_s-c_0-(1-\rho_1)c_d+\rho_1\rho_2(1-\varphi)\varepsilon_2 e_m-\varepsilon_1 e_r]+\alpha\}}{2(2\beta\tau-k^2)} \end{cases}$$

(6-16)

$$R(p_r,x)^{c*} = \begin{cases} \dfrac{\beta\tau(\alpha+\beta\{\Delta\rho_1\rho_2-\rho_1(1-\rho_2)c_s-c_0-(1-\rho_1)c_d+\varepsilon_1[\rho_1\rho_2(1-\varphi)e_m-e_r]\})}{2(2\beta\tau-k^2)} \\[2ex] \dfrac{\beta\tau\{\alpha+\beta[\Delta\rho_1\rho_2-\rho_1(1-\rho_2)c_s-c_0-(1-\rho_1)c_d-\varepsilon_1 e_r]\}}{2(2\beta\tau-k^2)} \\[2ex] \dfrac{\beta\tau\{\alpha+\beta[\Delta\rho_1\rho_2-\rho_1(1-\rho_2)c_s-c_0-(1-\rho_1)c_d+\rho_1\rho_2(1-\varphi)\varepsilon_2 e_m-\varepsilon_1 e_r]\}}{2(2\beta\tau-k^2)} \end{cases}$$

(6-17)

$$\pi_m^{c*} = \begin{cases} \dfrac{[a-b(c_m+\varepsilon_1 e_m)]^2}{4b} + \dfrac{\tau(\alpha+\beta\{\Delta\rho_1\rho_2-\rho_1(1-\rho_2)c_s-c_0-(1-\rho_1)c_d+\varepsilon_1[\rho_1\rho_2(1-\varphi)e_m-e_r]\})^2}{4(2\beta\tau-k^2)} \\[2ex] \dfrac{[a-b(c_m+\varepsilon_1 e_m)]^2}{4b} + \dfrac{\tau\{\alpha+\beta[\Delta\rho_1\rho_2-\rho_1(1-\rho_2)c_s-c_0-(1-\rho_1)c_d-\varepsilon_1 e_r]\}^2}{4(2\beta\tau-k^2)} \\[2ex] \dfrac{[a-b(c_m+\varepsilon_1 e_m)]^2}{4b} + \dfrac{\tau\{\alpha+\beta[\Delta\rho_1\rho_2-\rho_1(1-\rho_2)c_s-c_0-(1-\rho_1)c_d+\rho_1\rho_2(1-\varphi)\varepsilon_2 e_m-\varepsilon_1 e_r]\}^2}{4(2\beta\tau-k^2)} \end{cases}$$

(6-18)

$$\pi_r^{c*} = \begin{cases} \dfrac{\tau\left(\alpha+\beta\left\{\Delta\rho_1\rho_2-\rho_1(1-\rho_2)c_s-c_0-(1-\rho_1)c_d+\varepsilon_1\left[\rho_1\rho_2(1-\varphi)e_m-e_r\right]\right\}\right)^2}{8(2\beta\tau-k^2)} \\[2mm] \dfrac{\tau\left\{\alpha+\beta\left[\Delta\rho_1\rho_2-\rho_1(1-\rho_2)c_s-c_0-(1-\rho_1)c_d-\varepsilon_1 e_r\right]\right\}^2}{4(2\beta\tau-k^2)} \\[2mm] \dfrac{\tau\left\{\alpha+\beta\left[\Delta\rho_1\rho_2-\rho_1(1-\rho_2)c_s-c_0-(1-\rho_1)c_d+\rho_1\rho_2(1-\varphi)\varepsilon_2 e_m-\varepsilon_1 e_r\right]\right\}^2}{8(2\beta\tau-k^2)} \end{cases}$$

(6-19)

当 $M_r - R(p_r,x)e_r = 0$ 时，

$$p_r^{c*} = \begin{cases} \dfrac{(\beta\tau-k^2)\left[\Delta\rho_1\rho_2-\rho_1(1-\rho_2)c_s-c_0-(1-\rho_1)c_d+\rho_1\rho_2(1-\varphi)\varepsilon_1 e_m\right]}{2(2\beta\tau-k^2)} - \dfrac{\alpha(3\beta\tau-k^2)}{2\beta(2\beta\tau-k^2)} \\[2mm] \dfrac{(\beta\tau-k^2)\left[\Delta\rho_1\rho_2-\rho_1(1-\rho_2)c_s-c_0-(1-\rho_1)c_d\right]}{2(2\beta\tau-k^2)} - \dfrac{\alpha(3\beta\tau-k^2)}{2\beta(2\beta\tau-k^2)} \\[2mm] \dfrac{(\beta\tau-k^2)\left[\Delta\rho_1\rho_2-\rho_1(1-\rho_2)c_s-c_0-(1-\rho_1)c_d+\rho_1\rho_2(1-\varphi)\varepsilon_2 e_m\right]}{2(2\beta\tau-k^2)} - \dfrac{\alpha(3\beta\tau-k^2)}{2\beta(2\beta\tau-k^2)} \end{cases}$$

(6-20)

$$x^{c*} = \begin{cases} \dfrac{k\left\{\beta\left[\Delta\rho_1\rho_2-\rho_1(1-\rho_2)c_s-c_0-(1-\rho_1)c_d+\rho_1\rho_2(1-\varphi)\varepsilon_1 e_m\right]+\alpha\right\}}{2(2\beta\tau-k^2)} \\[2mm] \dfrac{k\left\{\beta\left[\Delta\rho_1\rho_2-\rho_1(1-\rho_2)c_s-c_0-(1-\rho_1)c_d\right]+\alpha\right\}}{2(2\beta\tau-k^2)} \\[2mm] \dfrac{k\left\{\beta\left[\Delta\rho_1\rho_2-\rho_1(1-\rho_2)c_s-c_0-(1-\rho_1)c_d+\rho_1\rho_2(1-\varphi)\varepsilon_2 e_m\right]+\alpha\right\}}{2(2\beta\tau-k^2)} \end{cases}$$

(6-21)

$$R(p_r,x)^{c*} = \begin{cases} \dfrac{\beta\tau\left\{\alpha+\beta\left[\Delta\rho_1\rho_2-\rho_1(1-\rho_2)c_s-c_0-(1-\rho_1)c_d+\rho_1\rho_2(1-\varphi)\varepsilon_1 e_m\right]\right\}}{2(2\beta\tau-k^2)} \\[2mm] \dfrac{\beta\tau\left\{\alpha+\beta\left[\Delta\rho_1\rho_2-\rho_1(1-\rho_2)c_s-c_0-(1-\rho_1)c_d\right]\right\}}{2(2\beta\tau-k^2)} \\[2mm] \dfrac{\beta\tau\left\{\alpha+\beta\left[\Delta\rho_1\rho_2-\rho_1(1-\rho_2)c_s-c_0-(1-\rho_1)c_d+\rho_1\rho_2(1-\varphi)\varepsilon_2 e_m\right]\right\}}{2(2\beta\tau-k^2)} \end{cases}$$

(6-22)

$$\pi_m^{c*} = \begin{cases} \dfrac{(a-bc_m)^2}{4b} + \dfrac{\tau\{\alpha+\beta[\Delta\rho_1\rho_2-\rho_1(1-\rho_2)c_s-c_0-(1-\rho_1)c_d+\rho_1\rho_2(1-\varphi)\varepsilon_1 e_m]\}^2}{4(2\beta\tau-k^2)} \\[2mm] \dfrac{(a-bc_m)^2}{4b} + \dfrac{\tau\{\alpha+\beta[\Delta\rho_1\rho_2-\rho_1(1-\rho_2)c_s-c_0-(1-\rho_1)c_d]\}^2}{4(2\beta\tau-k^2)} \\[2mm] \dfrac{(a-bc_m)^2}{4b} + \dfrac{\tau\{\alpha+\beta[\Delta\rho_1\rho_2-\rho_1(1-\rho_2)c_s-c_0-(1-\rho_1)c_d+\rho_1\rho_2(1-\varphi)\varepsilon_2 e_m]\}^2}{4(2\beta\tau-k^2)} \end{cases}$$

(6-23)

$$\pi_r^{c*} = \begin{cases} \dfrac{\tau\{\alpha+\beta[\Delta\rho_1\rho_2-\rho_1(1-\rho_2)c_s-c_0-(1-\rho_1)c_d+\rho_1\rho_2(1-\varphi)\varepsilon_1 e_m]\}^2}{8(2\beta\tau-k^2)} \\[2mm] \dfrac{\tau\{\alpha+\beta[\Delta\rho_1\rho_2-\rho_1(1-\rho_2)c_s-c_0-(1-\rho_1)c_d]\}^2}{8(2\beta\tau-k^2)} \\[2mm] \dfrac{\tau\{\alpha+\beta[\Delta\rho_1\rho_2-\rho_1(1-\rho_2)c_s-c_0-(1-\rho_1)c_d+\rho_1\rho_2(1-\varphi)\varepsilon_2 e_m]\}^2}{8(2\beta\tau-k^2)} \end{cases}$$

(6-24)

当 $M_r - R(p_r,x)e_r < 0$ 时，

$$p_r^{c*} = \begin{cases} \dfrac{(\beta\tau-k^2)[\Delta\rho_1\rho_2-\rho_1(1-\rho_2)c_s-c_0-(1-\rho_1)c_d+\rho_1\rho_2(1-\varphi)\varepsilon_1 e_m-\varepsilon_2 e_r]}{2(2\beta\tau-k^2)} - \dfrac{\alpha(3\beta\tau-k^2)}{2\beta(2\beta\tau-k^2)} \\[2mm] \dfrac{(\beta\tau-k^2)[\Delta\rho_1\rho_2-\rho_1(1-\rho_2)c_s-c_0-(1-\rho_1)c_d-\varepsilon_2 e_r]}{2(2\beta\tau-k^2)} - \dfrac{\alpha(3\beta\tau-k^2)}{2\beta(2\beta\tau-k^2)} \\[2mm] \dfrac{(\beta\tau-k^2)[\Delta\rho_1\rho_2-\rho_1(1-\rho_2)c_s-c_0-(1-\rho_1)c_d+\rho_1\rho_2(1-\varphi)\varepsilon_2 e_m-\varepsilon_2 e_r]}{2(2\beta\tau-k^2)} - \dfrac{\alpha(3\beta\tau-k^2)}{2\beta(2\beta\tau-k^2)} \end{cases}$$

(6-25)

$$x^{c*} = \begin{cases} \dfrac{k\{\beta[\Delta\rho_1\rho_2-\rho_1(1-\rho_2)c_s-c_0-(1-\rho_1)c_d+\rho_1\rho_2(1-\varphi)\varepsilon_1 e_m-\varepsilon_2 e_r]+\alpha\}}{2(2\beta\tau-k^2)} \\[2mm] \dfrac{k\{\beta[\Delta\rho_1\rho_2-\rho_1(1-\rho_2)c_s-c_0-(1-\rho_1)c_d-\varepsilon_2 e_r]+\alpha\}}{2(2\beta\tau-k^2)} \\[2mm] \dfrac{k\{\beta[\Delta\rho_1\rho_2-\rho_1(1-\rho_2)c_s-c_0-(1-\rho_1)c_d+\rho_1\rho_2(1-\varphi)\varepsilon_2 e_m-\varepsilon_2 e_r]+\alpha\}}{2(2\beta\tau-k^2)} \end{cases}$$

(6-26)

$$R(p_r,x)^{c*} = \begin{cases} \dfrac{\beta\tau\{\alpha+\beta[\Delta\rho_1\rho_2-\rho_1(1-\rho_2)c_s-c_0-(1-\rho_1)c_d+\rho_1\rho_2(1-\varphi)\varepsilon_1 e_m-\varepsilon_2 e_r]\}}{2(2\beta\tau-k^2)} \\[6pt] \dfrac{\beta\tau\{\alpha+\beta[\Delta\rho_1\rho_2-\rho_1(1-\rho_2)c_s-c_0-(1-\rho_1)c_d-\varepsilon_2 e_r]\}}{2(2\beta\tau-k^2)} \\[6pt] \dfrac{\beta\tau\{\alpha+\beta[\Delta\rho_1\rho_2-\rho_1(1-\rho_2)c_s-c_0-(1-\rho_1)c_d+\rho_1\rho_2(1-\varphi)\varepsilon_2 e_m-\varepsilon_2 e_r]\}}{2(2\beta\tau-k^2)} \end{cases}$$

（6-27）

$$\pi_m^{c*} = \begin{cases} \dfrac{[a-b(c_m+\varepsilon_2 e_m)]^2}{4b}+\dfrac{\tau\{\alpha+\beta[\Delta\rho_1\rho_2-\rho_1(1-\rho_2)c_s-c_0-(1-\rho_1)c_d+\rho_1\rho_2(1-\varphi)\varepsilon_1 e_m-\varepsilon_2 e_r]\}^2}{4(2\beta\tau-k^2)} \\[6pt] \dfrac{[a-b(c_m+\varepsilon_2 e_m)]^2}{4b}+\dfrac{\tau\{\alpha+\beta[\Delta\rho_1\rho_2-\rho_1(1-\rho_2)c_s-c_0-(1-\rho_1)c_d-\varepsilon_2 e_r]\}^2}{4(2\beta\tau-k^2)} \\[6pt] \dfrac{[a-b(c_m+\varepsilon_2 e_m)]^2}{4b}+\dfrac{\tau\{\alpha+\beta[\Delta\rho_1\rho_2-\rho_1(1-\rho_2)c_s-c_0-(1-\rho_1)c_d+\rho_1\rho_2(1-\varphi)\varepsilon_2 e_m-\varepsilon_2 e_r]\}^2}{4(2\beta\tau-k^2)} \end{cases}$$

（6-28）

$$\pi_r^{c*} = \begin{cases} \dfrac{\tau\{\alpha+\beta[\Delta\rho_1\rho_2-\rho_1(1-\rho_2)c_s-c_0-(1-\rho_1)c_d+\rho_1\rho_2(1-\varphi)\varepsilon_1 e_m-\varepsilon_2 e_r]\}^2}{8(2\beta\tau-k^2)} \\[6pt] \dfrac{\tau\{\alpha+\beta[\Delta\rho_1\rho_2-\rho_1(1-\rho_2)c_s-c_0-(1-\rho_1)c_d-\varepsilon_2 e_r]\}^2}{8(2\beta\tau-k^2)} \\[6pt] \dfrac{\tau\{\alpha+\beta[\Delta\rho_1\rho_2-\rho_1(1-\rho_2)c_s-c_0-(1-\rho_1)c_d+\rho_1\rho_2(1-\varphi)\varepsilon_2 e_m-\varepsilon_2 e_r]\}^2}{8(2\beta\tau-k^2)} \end{cases}$$

（6-29）

根据以上求解结果，可得到结论 6-5。

结论 6-5：在碳限额与交易政策下，当 $M_m>[D-\rho_1\rho_2(1-\varphi)R(p_r,x)]e_m$ 且 $M_r>R(p_r,x)e_r$ 时，碳排放权单位卖出价格的增加将使废旧产品的转让价格增加，而废旧产品回收价格、网络回收服务水平及回收数量的变化取决于新品碳排放与回收产品碳排放的比值；当 $M_m\leqslant[D-\rho_1\rho_2(1-\varphi)R(p_r,x)]e_m$ 且 $M_r>R(p_r,x)e_r$ 时，碳排放权单位卖出价格的增加将使废旧产品的转让价格增加，使废旧产品的回收价格、网络回收服务水平及回收数量减少；当 $M_m>[D-\rho_1\rho_2(1-\varphi)R(p_r,x)]e_m$ 且 $M_r\leqslant R(p_r,x)e_r$ 时，碳排放权单位卖出价格的增加将使废旧产品的转让价格、回收价格、网络回收服务水平及回收数量增加。另外，当 $M_m \geq \left[D-\rho_1\rho_2(1-\varphi)R(p_r,x)\right]e_m$ 且 $M_r < R(p_r,x)e_r$ 时，碳排放权单位买入价格的增加将使废旧产品的转让价格增加，使废旧产品的回收数量、网络回收服务水平及回收数量减少；当 $M_m < \left[D-\rho_1\rho_2(1-\varphi)R(p_r,x)\right]e_m$ 且 $M_r < R(p_r,x)e_r$ 时，碳排放权单位买入价格的增加将使废旧产品的转让价格增加，而废旧产品回收价格、网络回收服务水平及回收数量的变化取决于新品碳排放与回收产品碳排放的比值；当 $M_m < \left[D-\rho_1\rho_2(1-\varphi)R(p_r,x)\right]e_m$ 且 $M_r \geq R(p_r,x)e_r$ 时，碳排放权单位买入价格的增加将使废旧产品的转让价格、回收价格、网络回收服务水平及回收数量增加。

证明：p_t^{c*}、p_r^{c*}、x^{c*}、$R(p_r,x)^{c*}$ 分别对 ε_1 和 ε_2 求导，可得当 $M_m > \left[D-\rho_1\rho_2(1-\varphi)R(p_r,x)\right]e_m$ 且 $M_r > R(p_r,x)e_r$ 时，

$$\frac{\partial p_t^{c*}}{\partial \varepsilon_1}=\frac{\rho_1\rho_2(1-\varphi)e_m+e_r}{2\rho_1}>0,\quad \frac{\partial p_r^{c*}}{\partial \varepsilon_1}=\frac{(\beta\tau-k^2)\left[\rho_1\rho_2(1-\varphi)e_m-e_r\right]}{2(2\beta\tau-k^2)}$$

$$\frac{\partial x^{c*}}{\partial \varepsilon_1}=\frac{k\beta\left[\rho_1\rho_2(1-\varphi)e_m-e_r\right]}{2(2\beta\tau-k^2)},\quad \frac{\partial R(p_r,x)^{c*}}{\partial \varepsilon_1}=\frac{\tau\beta^2\left[\rho_1\rho_2(1-\varphi)e_m-e_r\right]}{2(2\beta\tau-k^2)}$$

因此，$\frac{\partial p_r^{c*}}{\partial \varepsilon_1}$、$\frac{\partial x^{c*}}{\partial \varepsilon_1}$、$\frac{\partial R(p_r,x)^{c*}}{\partial \varepsilon_1}$ 的大小取决于 $\left[\rho_1\rho_2(1-\varphi)e_m-e_r\right]$ 的值，当 $0<\frac{e_r}{e_m}<\rho_1\rho_2(1-\varphi)$ 时，$\frac{\partial p_r^{c*}}{\partial \varepsilon_1}>0$、$\frac{\partial x^{c*}}{\partial \varepsilon_1}>0$、$\frac{\partial R(p_r,x)^{c*}}{\partial \varepsilon_1}>0$；当 $\frac{e_r}{e_m}>\rho_1\rho_2(1-\varphi)$ 时，$\frac{\partial p_r^{c*}}{\partial \varepsilon_1}<0$、$\frac{\partial x^{c*}}{\partial \varepsilon_1}<0$、$\frac{\partial R(p_r,x)^{c*}}{\partial \varepsilon_1}<0$。

当 $M_m \leq \left[D-\rho_1\rho_2(1-\varphi)R(p_r,x)\right]e_m$ 且 $M_r > R(p_r,x)e_r$ 时，

$$\frac{\partial p_t^{c*}}{\partial \varepsilon_1}=\frac{e_r}{2\rho_1}>0,\quad \frac{\partial p_r^{c*}}{\partial \varepsilon_1}=\frac{-(\beta\tau-k^2)e_r}{2(2\beta\tau-k^2)}<0,$$

$$\frac{\partial x^{c*}}{\partial \varepsilon_1}=\frac{-k\beta e_r}{2(2\beta\tau-k^2)}<0,\quad \frac{\partial R(p_r,x)^{c*}}{\partial \varepsilon_1}=\frac{-\tau\beta^2 e_r}{2(2\beta\tau-k^2)}<0 \text{。}$$

当 $M_m > \left[D-\rho_1\rho_2(1-\varphi)R(p_r,x)\right]e_m$ 且 $M_r \leq R(p_r,x)e_r$ 时，

$$\frac{\partial p_t^{c*}}{\partial \varepsilon_1}=\frac{\rho_1\rho_2(1-\varphi)e_m}{2\rho_1}>0,\quad \frac{\partial p_r^{c*}}{\partial \varepsilon_1}=\frac{(\beta\tau-k^2)\rho_1\rho_2(1-\varphi)e_m}{2(2\beta\tau-k^2)}>0,$$

$$\frac{\partial x^{c*}}{\partial \varepsilon_1} = \frac{k\beta\rho_1\rho_2(1-\varphi)e_m}{2(2\beta\tau-k^2)} > 0, \quad \frac{\partial R(p_r,x)^{c*}}{\partial \varepsilon_1} = \frac{\tau\beta^2\rho_1\rho_2(1-\varphi)e_m}{2(2\beta\tau-k^2)} > 0。$$

当 $M_m \geq [D-\rho_1\rho_2(1-\varphi)R(p_r,x)]e_m$ 且 $M_r < R(p_r,x)e_r$ 时，

$$\frac{\partial p_t^{c*}}{\partial \varepsilon_2} = \frac{e_r}{2\rho_1} > 0, \quad \frac{\partial p_r^{c*}}{\partial \varepsilon_2} = \frac{-(\beta\tau-k^2)e_r}{2(2\beta\tau-k^2)} < 0,$$

$$\frac{\partial x^{c*}}{\partial \varepsilon_2} = \frac{-k\beta e_r}{2(2\beta\tau-k^2)} < 0, \quad \frac{\partial R(p_r,x)^{c*}}{\partial \varepsilon_2} = \frac{-\tau\beta^2 e_r}{2(2\beta\tau-k^2)} < 0。$$

当 $M_m < [D-\rho_1\rho_2(1-\varphi)R(p_r,x)]e_m$ 且 $M_r < R(p_r,x)e_r$ 时，

$$\frac{\partial p_t^{c*}}{\partial \varepsilon_2} = \frac{\rho_1\rho_2(1-\varphi)e_m + e_r}{2\rho_1} > 0, \quad \frac{\partial p_r^{c*}}{\partial \varepsilon_2} = \frac{(\beta\tau-k^2)[\rho_1\rho_2(1-\varphi)e_m - e_r]}{2(2\beta\tau-k^2)},$$

$$\frac{\partial x^{c*}}{\partial \varepsilon_2} = \frac{k\beta[\rho_1\rho_2(1-\varphi)e_m - e_r]}{2(2\beta\tau-k^2)}, \quad \frac{\partial R(p_r,x)^{c*}}{\partial \varepsilon_2} = \frac{\tau\beta^2[\rho_1\rho_2(1-\varphi)e_m - e_r]}{2(2\beta\tau-k^2)}。$$

因此，$\frac{\partial p_r^{c*}}{\partial \varepsilon_2}$、$\frac{\partial x^{c*}}{\partial \varepsilon_2}$、$\frac{\partial R(p_r,x)^{c*}}{\partial \varepsilon_2}$ 的大小取决于 $[\rho_1\rho_2(1-\varphi)e_m - e_r]$ 的值，当 $0 < \frac{e_r}{e_m} < \rho_1\rho_2(1-\varphi)$ 时，$\frac{\partial p_r^{c*}}{\partial \varepsilon_2} > 0$、$\frac{\partial x^{c*}}{\partial \varepsilon_2} > 0$、$\frac{\partial R(p_r,x)^{c*}}{\partial \varepsilon_2} > 0$；当 $\frac{e_r}{e_m} > \rho_1\rho_2(1-\varphi)$ 时，$\frac{\partial p_r^{c*}}{\partial \varepsilon_2} < 0$、$\frac{\partial x^{c*}}{\partial \varepsilon_2} < 0$、$\frac{\partial R(p_r,x)^{c*}}{\partial \varepsilon_2} < 0$。

当 $M_m < [D-\rho_1\rho_2(1-\varphi)R(p_r,x)]e_m$ 且 $M_r \geq R(p_r,x)e_r$ 时，

$$\frac{\partial p_t^{c*}}{\partial \varepsilon_1} = \frac{\rho_1\rho_2(1-\varphi)e_m}{2\rho_1} > 0,$$

$$\frac{\partial p_r^{c*}}{\partial \varepsilon_1} = \frac{(\beta\tau-k^2)\rho_1\rho_2(1-\varphi)e_m}{2(2\beta\tau-k^2)} > 0,$$

$$\frac{\partial x^{c*}}{\partial \varepsilon_1} = \frac{k\beta\rho_1\rho_2(1-\varphi)e_m}{2(2\beta\tau-k^2)} > 0,$$

$$\frac{\partial R(p_r,x)^{c*}}{\partial \varepsilon_1} = \frac{\tau\beta^2\rho_1\rho_2(1-\varphi)e_m}{2(2\beta\tau-k^2)} > 0。$$

得证。

结论 6-5 表明，在碳限额与交易政策下，当政府为制造商和回收商设定较高的碳限额或较低的碳限额时，产品的销售价格和废旧产品的转让价格随碳排放权

单位卖出价格或单位买入价格的增加而增加。首先，当政府为制造商制定较高的碳限额时，制造商在完成新品和再制品生产活动后，可以将多余的碳排放权卖出，当碳排放权单位卖出价格较高时，企业会减少新品的生产数量，增加再制品的生产数量。同理，当政府为制造商制定较低的碳限额时，企业同样会减少新品的生产数量，增加再制品的生产数量，从而减少买入所需碳排放的支出。在这两种情况下，制造商都会提高从回收商处回购废旧产品的价格以获得更多的废旧产品满足再制造活动。对于回收商来说，当回收废旧产品产生的单位碳排放与单位新品碳排放的比值满足 $0<\frac{e_r}{e_m}<\rho_1\rho_2(1-\varphi)$ 条件，即单位回收废旧产品碳排放较小时，废旧产品的回收价格、回收数量及网络回收服务水平会随碳排放权单位卖出价格或单位买入价格的增加而增加。此时，回收废旧产品产生的碳排放较少，回收商一方面可以将多余的碳排放权卖出获得额外的收入或减少购买所需碳排放的支出，另一方面也可通过转让废旧产品获得收入，且碳排放权单位卖出价格或单位买入价格越高，废旧产品转让价格就越高。因此，为了获得更多的废旧产品转让收入，回收商会增加废旧产品的回收价格和网络回收服务水平来吸引消费者交投更多的废旧产品。当回收废旧产品产生的单位碳排放与单位新品碳排放的比值满足 $\frac{e_r}{e_m}>\rho_1\rho_2(1-\varphi)$ 条件，即单位回收废旧产品碳排放较大时，废旧产品的回收价格、回收数量及网络回收服务水平随碳排放权单位卖出价格或单位买入价格的增加而减少。此时，回收废旧产品产生较多的碳排放。因此，回收商会减少回收价格，降低网络回收服务水平，从而减少废旧产品回收数量以减少碳排放，增加出售多余碳排放权的收入或减少购买碳排放权的支出。

6.1.3 算例分析

本部分主要通过算例分析碳税政策、碳限额与交易政策下制造商和回收商的决策。以某电子产品为例，参考类似文献的基础上结合笔者及其课题组前期调研过程获取的数据，对模型中的参数进行赋值。令 $a=1200$，$b=10$，$\alpha=40$，$c_m=100$，$c_r=40$，$k=3.5$，$\tau=100$，$\rho_1=0.8$，$e_m=3$，$e_r=0.8$，$M_m=420$，$M_r=30$。

1. 再制品与新品碳排放比值变化对回收决策的影响

假设模型中其他参数保持不变，取 φ=0.2、0.4、0.6、0.8，得到两种碳排放政策下，再制品与新品碳排放比值对废旧产品再制造系统回收决策和利润的影响，如图6-2所示。

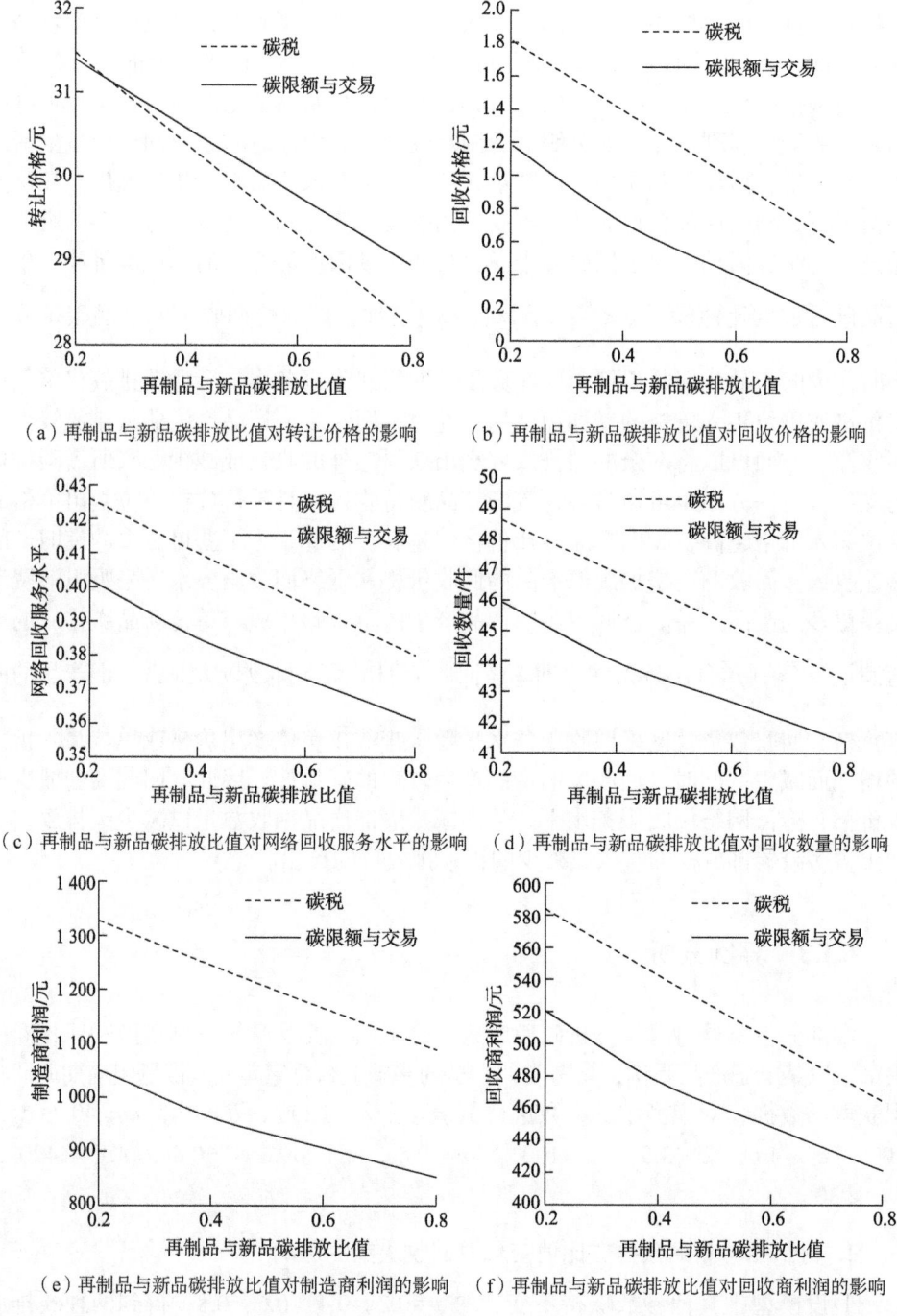

图 6-2 两种碳排放政策下,再制品与新品碳排放比值对废旧产品再制造系统回收决策和利润的影响

由图 6-2 可知,在其他条件不变的情况下,碳税政策下废旧产品的回收价格、网络回收服务水平、回收数量、制造商利润及回收商利润均高于碳限额与交易政策下的情况。随着再制品与新品碳排放比值的增加,两种碳排放政策下废旧产品的回收价格、转让价格、网络回收服务水平、回收数量、制造商利润和回收商利润都会减少。说明再制品与新品碳排放比值 φ 越大,再制品的碳减排优势越不明显,制造商会减少再制品的生产数量,从而降低从回收商处回购废旧产品的转让价格,造成回收商降低回收价格和网络回收服务水平以减少废旧产品的回收数量。再制品与新品碳排放比值 φ 的增加,造成制造商碳税支出和购入所需碳排放权成本的增加,故造成利润的减少。回收商的主要收入来源是转让废旧产品给制造商,再制品与新品碳排放比值 φ 越大,制造商回购废旧产品的数量越少,也会造成回收商利润的减少。从图 6-2(a)可知,当 $\varphi \in (0.2, 0.24)$ 时,碳税政策下废旧产品的转让价格大于碳限额与交易政策下的情况;当 $\varphi \in (0.24, 0.8)$ 时,碳限额与交易政策下废旧产品的转让价格大于碳税政策下的情况。这说明再制品与新品碳排放比值 φ 越大,制造商生产新品和再制品产生的碳排放越多,当制造商产生的碳排放小于政府规定的排放额度时,其仍然会支付较高的废旧产品转让价格给回收商以实现再制造规模优势。

2. 再制造率对闭环供应链的影响

假设模型中其他参数保持不变,取 ρ_2=0.3、0.5、0.7、0.9,得到两种碳排放政策下,再制造率对废旧产品再制造系统回收决策和利润的影响,如图 6-3 所示。

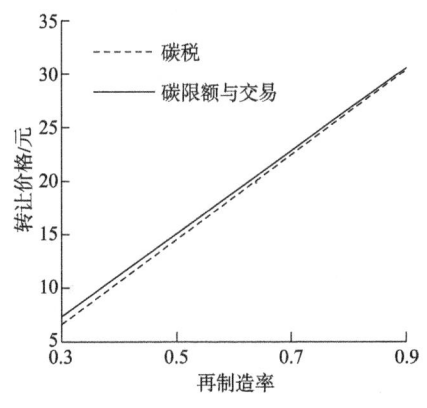

(a)再制造率对转让价格的影响

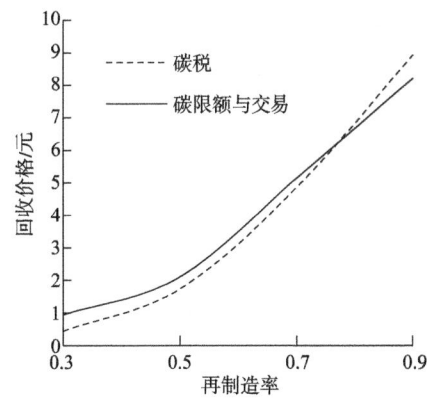

(b)再制造率对回收价格的影响

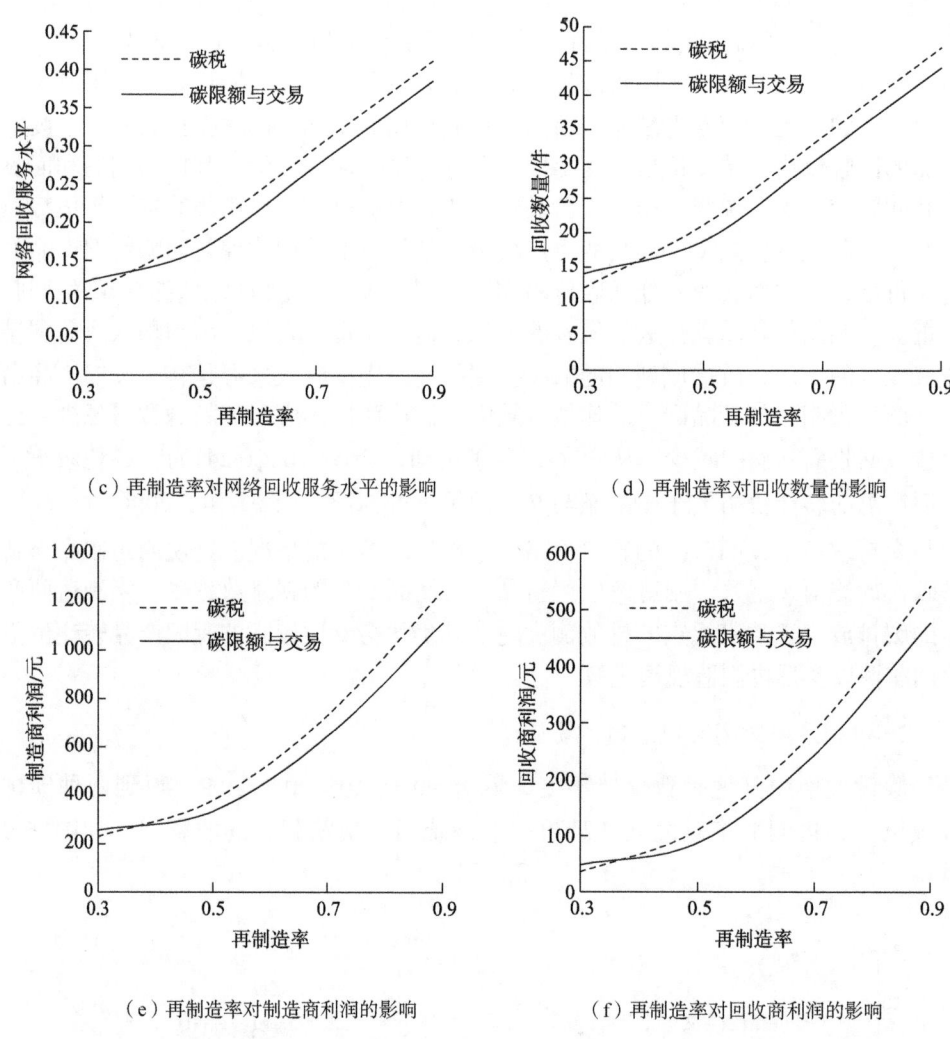

（c）再制造率对网络回收服务水平的影响　　　（d）再制造率对回收数量的影响

（e）再制造率对制造商利润的影响　　　（f）再制造率对回收商利润的影响

图 6-3　两种碳排放政策下，再制造率对废旧产品再制造系统回收决策和利润的影响

由图 6-3 可知，在其他条件不变的情况下，两种碳排放政策下废旧产品的回收价格、转让价格、网络回收服务水平、回收数量、制造商利润和回收商利润差别不大。随着再制造率的增加，废旧产品的回收价格、转让价格、网络回收服务水平、回收数量、制造商利润和回收商利润也随之增加。这说明当再制造率较高时，制造商通过再制造活动可以减少自身产生的碳排放，从而减少碳税成本的支出或者购买所需额外碳排放权的支出。因此，制造商会提高从回收商处回购废旧产品的转让价格，而回收商为了满足制造商的再制造需求，同时获取更多的废旧产品转让收入，会增加废旧产品的回收价格和网络回收服务水平

以吸引消费者交投废旧产品。最终，随着再制造率的增加，制造商利润和回收商利润也会增加。

3. 消费者环保意识敏感系数对闭环供应链的影响

假设模型中其他参数保持不变，取 β =2、4、6、8、10，得到两种碳排放政策下，消费者环保意识敏感系数对废旧产品再制造系统回收决策和利润的影响，如图 6-4 所示。

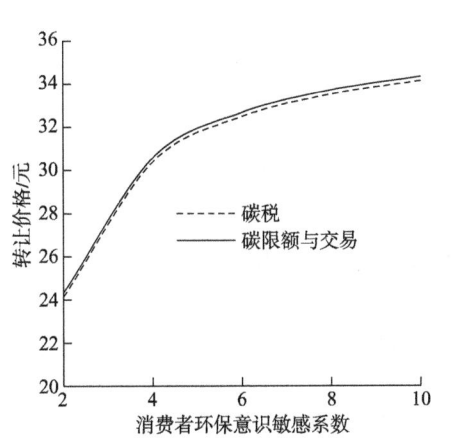

(a) 消费者环保意识敏感系数与转让价格的关系

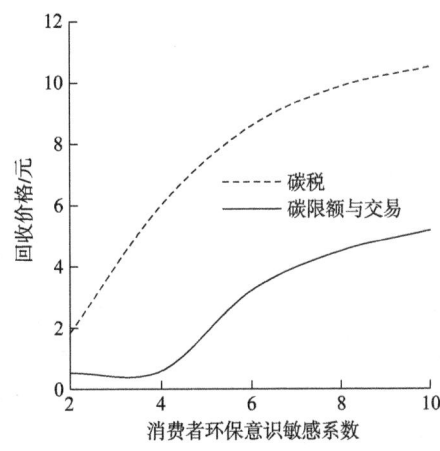

(b) 消费者环保意识敏感系数与回收价格的关系

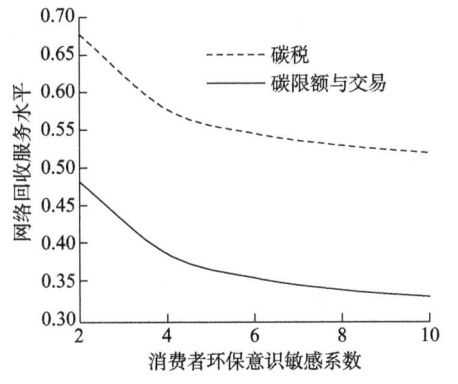

(c) 消费者环保意识敏感系数与网络回收服务水平的关系

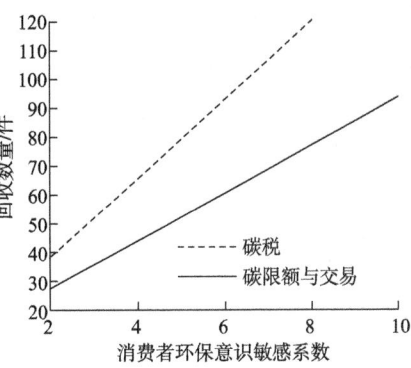

(d) 消费者环保意识敏感系数与回收数量的关系

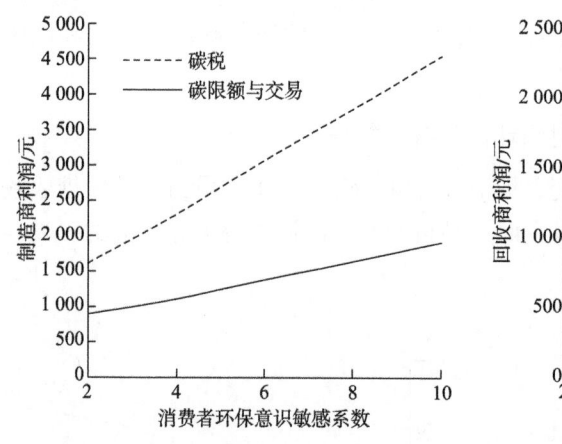
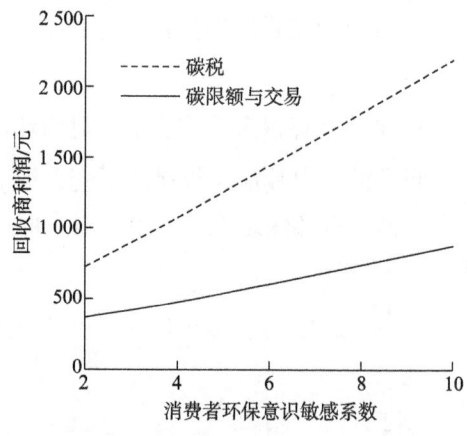

（e）消费者环保意识敏感系数与制造商利润的关系　　（f）消费者环保意识敏感系数与回收商利润的关系

图 6-4　两种碳排放政策下，消费者环保意识敏感系数对废旧产品再制造系统回收决策和利润的影响

从图 6-4 可以看出，在其他条件不变的情况下，碳税政策下废旧产品的转让价格与碳限额与交易政策下的转让价格基本相同，而废旧产品的回收价格、网络回收服务水平、回收数量、制造商利润和回收商利润均高于碳限额与交易政策的情况。此外，随着消费者环保意识的增加，废旧产品的转让价格、回收价格、回收数量、制造商利润和回收商利润均随之增加，而网络回收服务水平却随着消费者环保意识的增加而减少。这说明消费者环保意识越高，其对废旧产品的回收价格越敏感，回收商为获得更多的废旧产品，会提高废旧产品的回收价格，但会忽略对网络回收服务水平的投入，从而造成网络水平随消费者环保意识增加而减少的局面。同时，制造商为了实现再制造规模优势，也会提高废旧产品的转让价格从回收商处获得更多的废旧产品进行再制造，最终造成制造商利润和回收商利润随着消费者环保意识的增加而增加。

6.2　碳排放政策影响下废旧产品再制造系统再制造决策优化

6.2.1　问题描述

在过去几十年里，出于环境保护，全球气候变暖正受到越来越多的关注，虽然许多国家和组织在碳减排目标（即2050年前使得碳排放至少减少50%）上达成了共识（International Energy Agency, 2008），但在许多主要碳排放国家（如美国、中国、日本）对于采取哪一种碳排放政策仍然存在争议。有些国家尽管确定了碳排放政策，但对于政策的奖惩力度或约束的严厉程度也会随着时间发生波动，如欧盟碳排放权价格从2005年1月每单位7欧元涨至2006年4月每单位30欧元，而后在3天内又突然跌至10欧元以下，之后又涨至15欧元以上，在稳定了4个月之后，到2007年中，又跌至近0欧元（Benz and Trüick, 2009）。不同碳排放政策及政策严厉程度的波动性对再制造决策都会产生较大影响。相对于传统制造来说，再制造因为是基于对废旧产品的回收和恢复的一种生产方式而更为环保（Gungor and Gupta, 1999; Ilgin and Gupta, 2010）。然而，即便如此，再制造的主要生产过程为零部件拆卸和再制造，这些仍然是主要的碳排放环节，对环境产生影响。因而，同一般制造商一样，再制造商在制定生产决策时，也需要考虑生产成本和环境成本的平衡。

在此背景下，无论企业还是政策制定方，在制定决策时都必须均衡考虑经济利益和环境利益。本章的研究具有两方面目的：首先，对于再制造商来说，主要解决以下两方面问题：①确定不同碳排放政策下最优再制造数和对应的最大总期望利润；②回收产品质量的差异性，使得零部件具有不同的再制造率，这将导致不同程度的碳排放量。对于再制造率高的零部件，碳排放相对较少，但对于再制造率较低的零部件，则会产生大量碳排放，鉴于此，需要均衡生产成本和环境成本，确定再制造临界点，即确定哪些零部件进入再制造是经济的。其次，对于碳排放政策制定方来说，主要是根据不同碳排放政策对再制造商决策的影响，制定合理的碳排放政策及奖惩力度和约束的严厉程度。

目前已有较多学者对再制造生产决策展开了研究（Guide, 2000; DePuy et al., 2007; Ilgin and Gupta, 2010; Junior and Filho, 2012）。然而，这些研究大多针对OEM模式下产品的生产、回收和再制造整个闭环过程，也有文献（Majumder and Groenevelt, 2001; Debo et al., 2005; Ferguson and Toktay, 2006; Kapetanopoulou and Tagaras, 2009）研究了OEM和独立再制造商之间的竞争，但研究独立再制造商生产决策的文献较少。Guide和van Wassenhove（2001）描述了一个成功的手机再制造商ReCellular的案例；Li等（2009）提出了一个仿真模型，用以调查生产计划与控制策略对电子产品独立再制造生产线绩效的影响，但这些研究并未涉及碳排放。

一些学者研究了碳排放对供应链决策的影响，如Bonney和Jaber（2011）研究了包括车辆尾气排放成本的EOQ（economic order quantity，经济订货批量）模型；Hoen等（2014）研究了两种碳排放政策对运输方式选择决策的影响；Rosič和Jammernegg（2013）在报童模型的基础上，通过考虑运输对环境的影响，扩展了双重采购模型。这些文献考虑了由运输引起的碳排放而非生产过程。也有学者在对一般制造业运营管理决策问题的研究中考虑了碳排放，Penkuhn 等（1997）开创性地针对生产计划问题考虑了碳税，并提出了一个非线性规划模型；Letmathe 和 Balakrishnan（2005）研究了环境约束下企业最优产品组合问题；Liao 等（2009）探讨了碳排放权交易导致的产品成本差异，提出碳排放成本已成为生产成本的一部分，与企业的产品决策高度相关，对产品组合和配置有一定的影响；杜少甫等（2009）分别针对确定净化水平与可控净化水平的情形建立了考虑政府配额、市场交易和净化处理三种排放权获取渠道的企业生产优化模型，得到了确定性需求和有排放限额下的最优生产策略；Hua 等（2011）研究了碳限额与交易政策对 EOQ 模型中最优订购数量的影响并分析了碳交易、碳价格和碳限额对订购决策碳排放和总成本的影响；Jaber 等（2013）研究了不同碳交易政策下包括碳排放的联合经济批量决策问题；Song 和 Leng（2012）研究了单周期单产品在碳排放限额、碳税和碳限额与交易三种政策下一般制造业的生产决策问题；Absi 等（2013）研究了碳排放约束下单产品不同生产和运输模式下的产品组合生产批量问题；Zhang 和 Xu（2013）研究了碳排放限额与交易政策下多产品生产计划问题，建立了一个利润最大化模型，分析了生产和碳交易决策，并与碳税政策进行了比较；Chen 等（2018）研究了碳约束下的 EOQ 模型，并提供了分析结果，讨论了成本增加小于碳排放减少的条件；Benjaafar 等（2013）研究了四种碳排放政策下考虑由生产、运输和库存产生的碳排放的批量模型。如上述文献说明，碳排放权作为一种新的生产要素已经引起企业和学术界的重视，但以上文献均是针对一般制造业的，其模型未能体现再制造率并非 100%这一区别于传统制造业的再制造业的特征，因而并不能将其移植应用到再制造业。

废旧产品的再制造过程与新品制造过程一样，也会产生碳排放，碳排放政策也影响再制造商运营管理决策。在以上研究成果基础上，一些学者研究了碳排放政策对企业回收再制造活动产生的不同影响。常香云和朱慧赟（2012）假设市场需求为某一固定值，新品和再制品同质，研究了碳排放约束下新品和再制品生产决策；杨珺等（2012）基于系统动力学模型，研究了强制排放和碳税两种政策对两级供应链的影响，结果表明合理的排放额度和碳税才能更好地引导绿色供应链的发展；常香云等（2013）以中国汽车发动机为例，研究补贴和碳税政策下汽车零部件制造/再制造技术选择的系统动力模型，结果表明补贴激励和碳税约束的政策组合，能更好地引导企业选择低碳再制造技术，提供汽车零部件再制造的经济效益和碳减排效益；谢红莲（2013）研究了碳交易和碳税机制下 OEM 和非正规机构回收博弈模型，分析了碳交易价格、单位产品碳减排幅度及单位碳税对产品回收价格、回收率的影响；常香云等（2014）以利润最大化为目标，构建了不同碳排放情景下企业制造/再制造生产决策及技术选择问题，结果表明碳排放权交易价格、碳排放超额罚款、碳限额标准及碳税都会在不同程度上影响企业制造/再制造生产决策和技术选择；申成然和熊中楷（2014）建立了两周期决策模型，研究了受碳排放约束的制造商再制造决策问题，考虑了回收产品数量是否充足的因素，结果发现回收数量有可能成为企业再制造的瓶颈，并且发现碳排放权交易政策相对于强制减排政策来说，对制造商更有利；Bazan 等（2015）建立了一个模型分析在欧洲碳排放交易体系下，制造和再制造系统在制造、再制造及运输活动中能源的消耗情况，结果显示想要达到最好的经济效益与环境效益并不需要鼓励再制造，而是要将重点放在废弃物的回收与处理上；聂佳佳等（2015）构建由零售商负责回收的闭环供应链，比较分析有无碳排放约束时产品回收比例、供应链利润及碳排放情况，发现产品采用再制造时的减排程度对产品的价格决策、回收决策、供应链利润及碳排放都有较大的影响；Tornese 等（2016）描述了碳足迹在多装卸和服务等级的情况下，再制造过程中产品的转运和回收过程中的碳排放量，结果显示抢占式的再制造过程可以减少 40%的碳排放量；Liu 等（2015）、刘碧玉等（2016）针对需求分布信息有限的情况，分别基于 min-max 和 REVD 优化方法，讨论了碳限额、碳税和碳限额与交易三种政策下废旧产品再制造决策，比较了三种政策的优势和劣势，为政策制定方和制造/再制造商制定决策提供了理论参考，结果发现碳限额与交易政策下企业的利润最大，并且再制造商应该通过提高废旧产品的再制造率来进一步增加利润。以上文献假设新品和再制品同质，共同满足市场需求，其区别体现在碳排放量的差异上，而未体现不同级别回收产品再制造过程产生的差异碳排放量，因而其模型和方法同样不适用于再制造商。Yang 等（2016）考虑了废旧产品不同质量等级对再制造生产活动的影响，通过建立非线性规划模型研究碳税约束下多产品回收和再制造问题。王文宾等（2016）分析了碳排放约束下生产制造商参与竞争的逆向供应链奖惩机制，结果表明竞争有利于提高回收率，回收旧产品单位碳排放量越小，越有利于提高回收率。王晓军（2016）基于征收碳税的背景，研究废旧产品的回收方式及制造品和再制品的竞争决策，研究表明碳排放水平系数和回收率对产品定价、产品利润产生影响。刘林等（2017）分析了碳排放交易机制下，企业存在不同生产能力的多周期产品混合生产的优化模型，结果表明采用一种改进的离散化引力搜索模型使算法更有效。Y.Wang 等（2017）研究了在资金和碳排放受限的情况下制造商进行制造与再制造生产决策的问题，结果表明资金受限可以激励企业采用较高质量的回收产品进行再制造，并且可以降低碳排放量；而碳排放限制总是可以鼓励资金受限的企业进行再制造来实现利润的最大化。Xu 和 Wang（2018）针对单一制造商和单一零售商组成的闭环供应链，考虑与需求相关的碳减排，讨论了低碳和对再制品的偏好对产品需求、定价及回收率等的影响。Dou 等（2019）在碳税政策下构造两阶段制造/再制造决策模型，研究结果表明，第一阶段提高单位税率能够有效减少碳排放，而在第二阶段增加单位税率可能增加碳排放，且随着再制品碳减排强度的下降，供应链总排放量可能增加。王道平等（2019）研究了政府碳排放在奖惩下新品和再制品差别定价的协调机制，并且引入了改进的收益共享契约，结果表明，政府碳排放奖惩不但可以降低碳排放，而且当奖惩力度大于某一定值时还可以提高供应链利润。以上文献未体现不同级别回收产品再制造过程的碳排放量，因而其模型和方法同样不适用于独立再制造商。

对于独立再制造商来说，虽然其是顺应碳减排政策而产生的，但和其他一般制造企业一样，其经营目标仍然是为了营利。因而，作为出于环境考虑的碳排放政策制定方和从利润角度考虑的再制造商，需要寻求经济利益和环境影响的平衡点，即要考虑以下问题：碳排放政策对再制造决策的影响是什么？在不同碳排放政策下再制造商该如何决策？哪种碳排放政策更有利于促进再制造商的发展？应如何制定碳排放政策及严惩程度等？本章主要基于以上问题展开研究。

为保持全书统一，本章尽可能沿用第二篇用到的相关参数定义。此外，因本章所构建模型的特点，还需用到以下参数。

M——碳排放限额。

e——再制造 1 单位零部件的碳排放量。

ξ——政府对超出碳排放限额部分征收的单位惩罚性税款（单位惩罚性税款）。

δ——单位碳排放量所需缴纳的税款（单位碳税）。

ε_1——单位碳排放权的买入价格。

ε_2——单位碳排放权的卖出价格，假设 $\varepsilon_1 > \varepsilon_2$。

Π^{iw}——总利润，为优化目标，其中 $i=w$、x、s、j，分别表示不考虑碳排放政策、碳限额政策、碳税政策和碳限额与交易政策。

6.2.2 模型构建

再制造的初衷主要是为环境考虑，本章根据实际的再制造过程，考虑碳排放政策对再制造商决策的影响，在第二篇第 3 章的基础上，扩展建立碳限额、碳税和碳限额与交易三种政策下的再制造商生产决策优化模型。

1. 政策一：碳限额政策

碳限额政策是指政府根据企业的性质等碳排放情况分配一定的碳排放权，即表示企业的碳排放不能超过这一限额，否则，政府将对超过部分征收较高的惩罚性税款。本章设定限额为 M，单位惩罚性税款为 ξ，则优化模型为

$$\max_{q_r \geq 0} \Pi_f^{xw}(q_r)$$
$$= \max_{q_r \geq 0} \left\{ \begin{array}{l} pE_F \min(rq_r, D) \\ -\left[c_r q_r + (1-\alpha) q_r c_w + hE_F(\alpha q_r - D)^+ + cE_F(D - \alpha q_r)^+ + \xi(eq_r - M)^+ \right] \end{array} \right\}$$
$$\text{s.t.} \begin{cases} E(D) = \mu \\ E(D^2) = \mu^2 + \sigma^2 \end{cases}$$

(6-30)

其中，约束条件 $E(D) = \mu$，$E(D^2) = \mu^2 + \sigma^2$ 分别表示随机变量 D 的一阶矩和二阶矩，即随机变量 D 为具有相同一阶矩 (μ) 和二阶矩 $(\mu^2 + \sigma^2)$ 的分布集合。式（6-33）、式（6-34）和式（6-35）中的约束条件亦同。

2. 政策二：碳税政策

在碳税政策下，政府不为企业设定固定的限额，将针对碳排放企业产生的所有碳排放量按单位排放量 δ 征收税款，因而再制造 q_r 个零部件所产生的碳排放成本为 δeq_r。在这种情况下的优化模型为

$$\max_{q_r \geq 0} \Pi_f^{sw}(q_r)$$
$$= \max_{q_r \geq 0} \left\{ \begin{array}{l} pE_F \min(\alpha q_r, D) \\ -\left[c_r q_r + (1-\alpha) q_r c_w + hE_F(\alpha q_r - D)^+ + cE_F(D - \alpha q_r)^+ + \delta eq_r \right] \end{array} \right\} \quad (6\text{-}31)$$
$$\text{s.t.} \begin{cases} E(D) = \mu \\ E(D^2) = \mu^2 + \sigma^2 \end{cases}$$

3. 政策三：碳限额与交易政策

本章设定碳排放限额为 M，买入价格为 ε_2，卖出价格为 ε_1，因而优化模型为

$$\max_{q_r \geq 0} \Pi_f^{jw}(q_r)$$
$$= \max_{q_r \geq 0} \left\{ pE_F \min(\alpha q_r, D) - \left[\begin{array}{l} c_r q_r + (1-\alpha) q_r c_w + hE_F(\alpha q_r - D)^+ \\ +cE_F(D - \alpha q_r)^+ + \varepsilon_1(eq_r - M)^+ \end{array} \right] + \varepsilon_2(M - eq_r)^+ \right\}$$
$$\text{s.t.} \begin{cases} E(D) = \mu \\ E(D^2) = \mu^2 + \sigma^2 \end{cases}$$

(6-32)

其中，$\varepsilon_1(eq_r - M)^+$ 表示当碳排放量超过限额（即 $eq_r > M$）时，因买入碳排放权

而产生的成本；$\varepsilon_2(M-eq_r)^+$ 表示当碳排放量未超过限额（即 $eq_r<M$）时，卖出多余碳排放权而获得的收益。

6.2.3 模型求解

1. 基于 min-max 模型的求解方法

首先根据 Scarf 提出的在有限分布信息条件下求解报童模型的方法，针对本章的问题构建 min-max 模型进行求解。根据第二篇对基本模型的求解思路，分别对三种碳排放政策下的优化模型求解。

1）政策一：碳限额政策

对式（6-30）进行求解即

$$\max_{q_r \geq 0} \min_{f \sim H(\mu,(\mu^2+\sigma^2))} \prod_f^{xw}(q_r)$$

$$= \max_{q_r \geq 0} \min_{f \sim H(\mu,(\mu^2+\sigma^2))} \begin{cases} pE_F \min(\alpha q_r, D) \\ -\left[c_r q_r + (1-\alpha)q_r c_w + hE_F(\alpha q_r - D)^+ + cE_F(D-\alpha q_r)^+ + \xi(eq_r - M)^+\right] \end{cases} \quad (6\text{-}33)$$

同理，对基本模型的求解思路，寻求最优的 q_r^{x*} 使得 $\max \prod^{xw}(q_r)$，其中，

$$\prod^{xw}(q_r) = -(p+h+c)\frac{\sqrt{\sigma^2+(\alpha q_r-\mu)^2}-(\alpha q_r-\mu)}{2} \\ -\left[h\alpha+c_r+(1-\alpha)c_w\right]q_r+(p+h)\mu-\xi(eq_r-M)^+ \quad (6\text{-}34)$$

因而得

$$q_r^{x*} = \begin{cases} \dfrac{\mu}{\alpha}+\dfrac{\sigma}{2\alpha}\left(\sqrt{\dfrac{A_1}{B_1}}-\sqrt{\dfrac{B_1}{A_1}}\right) & \text{如果 } eq_r \geq M, A_1>0 \text{ 且 } A_1\mu-\sigma\sqrt{A_1B_1}\geq 0 \\ \dfrac{\mu}{\alpha}+\dfrac{\sigma}{2\alpha}\left(\sqrt{\dfrac{A}{B}}-\sqrt{\dfrac{B}{A}}\right) & \text{如果 } eq_r<M, A>0 \text{ 且 } A\mu-\sigma\sqrt{AB}\geq 0 \quad (6\text{-}35) \\ 0 & \text{其他} \end{cases}$$

其中，$A_1=(p+h+c)\alpha-\left[h\alpha+c_r+(1-\alpha)c_w+\xi e\right]$；$B_1=h\alpha+c_r+(1-\alpha)c_w+\xi e$。

由式（6-35）可以看出：

（1）当 $eq_r>M$ 时，当且仅当 $\alpha>2(c_r+c_w+\xi e)/(p-h+c+2c_w)$ 时，再制造数大于 μ/α，否则小于 μ/α。

（2）当 $eq_r \leqslant M$ 时，求解结果同第二篇第3章无碳排放约束下的基本模型。期望总利润的取值满足以下不等式：

$$\min\{\Pi_{L_{X_1}}, \Pi_{L_{X_2}}\} \leqslant \Pi^{xw}(q_r^{x*}) \leqslant \max\{\Pi_{U_{X_1}}, \Pi_{U_{X_2}}\} \quad (6\text{-}36)$$

其中，

$$\Pi_{X_{L_1}} = \left(p + h - \frac{B_1}{\alpha}\right)\mu\left[1 - \frac{\sigma}{\mu}\frac{\sqrt{A_1 B_1}}{\alpha\left(p + h - \frac{B_1}{\alpha}\right)}\right], \quad \Pi_{U_{X_1}} = \left(p + h - \frac{B_1}{\alpha}\right)\mu \quad (6\text{-}37)$$

$$\Pi_{X_{L_2}} = \left(p + h - \frac{B}{\alpha}\right)\mu\left[1 - \frac{\sigma}{\mu}\frac{\sqrt{AB}}{\alpha\left(p + h - \frac{B}{\alpha}\right)}\right], \quad \Pi_{U_{X_2}} = \left(p + h - \frac{B}{\alpha}\right)\mu$$

2）政策二：碳税政策

对式（6-31）进行求解即

$$\max_{q_r \geqslant 0} \min_{f \sim H(\mu,(\mu^2+\sigma^2))} \Pi_f^{sw}(q_r)$$

$$= \max_{q_r \geqslant 0} \min_{f \sim H(\mu,(\mu^2+\sigma^2))}$$

$$\{pE_F \min(\alpha q_r, D) - [c_r q_r + (1-\alpha)q_r c_w + hE_F(\alpha q_r - D)^+ + cE_F(D - \alpha q_r)^+ + \delta e q_r]\} \quad (6\text{-}38)$$

同理，对基本模型的求解思路，寻求最优的 q_r^{s*} 使得 $\max \Pi^{sw}(q_r)$，其中，

$$\Pi^{sw}(q_r^{s*}) = -(p + h + c)\frac{\sqrt{\sigma^2 + (\alpha q_r^{s*} - \mu)^2} - (\alpha q_r^{s*} - \mu)}{2} \\ - [h\alpha + c_r + (1-\alpha)c_w]q_r^{s*} + (p+h)\mu - \delta e q_r^{s*} \quad (6\text{-}39)$$

因而得

$$q_r^{s*} = \begin{cases} \dfrac{\mu}{\alpha} + \dfrac{\sigma}{2\alpha}\left(\sqrt{\dfrac{A_2}{B_2}} - \sqrt{\dfrac{B_2}{A_2}}\right) & \text{如果 } A_2 > 0 \text{ 且 } A_2\mu - \sigma\sqrt{A_2 B_2} \geqslant 0 \\ 0 & \text{其他} \end{cases} \quad (6\text{-}40)$$

其中，$A_2 = (p + h + c)\alpha - [h\alpha + c_r + (1-\alpha)c_w + \delta e]$；$B_2 = h\alpha + c_r + (1-\alpha)c_w + \delta e$。

根据式（6-40），当且仅当 $\alpha > 2(c_r + c_w + \delta e)/(p - h + c + 2c_w)$ 时，再制造数大于 μ/α，否则小于 μ/α，且期望总利润取值满足以下不等式：

$$\left(p+h-\frac{B_2}{\alpha}\right)\mu\left[1-\frac{\sigma}{\mu}\frac{\sqrt{A_2B_2}}{\alpha\left(p+h-\frac{B_2}{\alpha}\right)}\right] \leqslant \varPi^{sw}\left(q_r^{s*}\right) \leqslant \left(p+h-\frac{B_2}{\alpha}\right)\mu \quad (6\text{-}41)$$

3）政策三：碳限额与交易政策

对式（6-32）进行求解即

$$\max_{q_r \geqslant 0} \min_{f \sim H\left(\mu,\left(\mu^2+\sigma^2\right)\right)} \varPi_f^{jw}(q_r)$$

$$= \max_{q_r \geqslant 0} \min_{f \sim H\left(\mu,\left(\mu^2+\sigma^2\right)\right)} \quad (6\text{-}42)$$

$$\left\{ pE_F \min(\alpha q_r, D) - \begin{bmatrix} c_r q_r + (1-\alpha)q_r c_w + hE_F(\alpha q_r - D)^+ \\ + cE_F(D-\alpha q_r)^+ \varepsilon_1(eq_r - M)^+ + \varepsilon_2(M-eq_r)^+ \end{bmatrix} \right\}$$

同理，对基本模型求解的基本思路，寻求最优的 q_r^{j*} 使 $\max \varPi^{jw}(q_r)$，其中，

$$\varPi^{jw}\left(q_r^{j*}\right) \geqslant -(p+h+c)\frac{\sqrt{\sigma^2+\left(\alpha q_r^{j*}-\mu\right)^2}-\left(\alpha q_r^{j*}-\mu\right)}{2}$$

$$-\left[h\alpha+c_r+(1-\alpha)c_w\right]q_r^{j*}+(p+h)\mu-\varepsilon_1\left(eq_r^{j*}-M\right)^++\varepsilon_2\left(M-eq_r^{j*}\right)^+$$

$$(6\text{-}43)$$

因而得

$$q_r^{j*} = \begin{cases} \dfrac{\mu}{\alpha}+\dfrac{\sigma}{2\alpha}\left(\sqrt{\dfrac{A_3}{B_3}}-\sqrt{\dfrac{B_3}{A_3}}\right) & \text{如果 } eq_r \geqslant M,\ A_3 > 0 \text{ 且 } A_3\mu-\sigma\sqrt{A_3B_3} \geqslant 0 \\ \dfrac{\mu}{\alpha}+\dfrac{\sigma}{2\alpha}\left(\sqrt{\dfrac{A_4}{B_4}}-\sqrt{\dfrac{B_4}{A_4}}\right) & \text{如果 } eq_r < M,\ A_4 > 0 \text{ 且 } A_4\mu-\sigma\sqrt{A_4B_4} \geqslant 0 \\ 0 & \text{其他} \end{cases}$$

$$(6\text{-}44)$$

其中，$A_3 = (p+h+c)\alpha - \left[h\alpha+c_r+(1-\alpha)c_w+\varepsilon_1 e\right]$；$A_4 = (p+h+c)\alpha - \left[h\alpha+c_r+(1-\alpha)c_w+\varepsilon_2 e\right]$；$B_3 = h\alpha+c_r+(1-\alpha)c_w+\varepsilon_1 e$；$B_4 = h\alpha+c_r+(1-\alpha)c_w+\varepsilon_2 e$。

由式（6-44）可以看出：

（1）当 $eq_r \geqslant M$ 时，当且仅当 $\alpha > 2(c_r+c_w+\varepsilon_1 e)/(p-h+c+2c_w)$ 时，再制造数大于 μ/α，否则，μ/α。

（2）当 $eq_r < M$ 时，当且仅当 $\alpha > 2(c_r+c_w+\varepsilon_2 e)/(p-h+c+2c_w)$ 时，再制造数大于 μ/α，否则，μ/α。

并且，

$$\min\{\Pi_{L_{J_1}},\Pi_{L_{J_2}}\} \leq \Pi^{xw}(q_r^{x*}) \leq \max\{\Pi_{U_{J_1}},\Pi_{U_{J_2}}\} \qquad (6\text{-}45)$$

其中，

$$\Pi_{L_{J_1}} = \left(p+h-\frac{B_3}{\alpha}\right)\mu\left[1-\frac{\sigma}{\mu}\frac{\sqrt{A_3 B_3}}{\alpha\left(p+h-\frac{B_3}{\alpha}\right)}\right],\ \Pi_{U_{J_1}} = \left(p+h-\frac{B_3}{\alpha}\right)\mu$$

$$(6\text{-}46)$$

$$\Pi_{L_{J_2}} = \left(p+h-\frac{B_4}{\alpha}\right)\mu\left[1-\frac{\sigma}{\mu}\frac{\sqrt{A_4 B_4}}{\alpha\left(p+h-\frac{B_4}{\alpha}\right)}\right],\ \Pi_{U_{J_2}} = \left(p+h-\frac{B_4}{\alpha}\right)\mu$$

2. 基于 REVD 模型的求解方法

由于三种碳排放政策下最优再制造数的求解过程与无碳排放约束下的基本模型的求解过程类似，在此定义与 4.3.2 小节相似的参数，即 $\alpha_i, \beta_i, x_i, y_i, a_i, C_{R_i}$。其中，$i=1$、2、3，分别代表碳限额政策、碳税政策和碳限额与交易政策。

1）政策一：碳限额政策

（1）当 $q_r \geq M/e$ 时，总的期望利润函数为

$$\max_{q_r \geq 0} \Pi_f^{xw}(q_r)$$
$$= \max_{q \geq 0} G_f^{xw}(q)$$
$$= \max_{q \geq 0} E_F\left\{\left[p-\frac{c_r+(1-\alpha)c_w}{\alpha}-\frac{e\xi}{\alpha}\right]q-(p+h)(q-D)^+ -c(D-q)^+ +\xi M\right\}$$

$$(6\text{-}47)$$

同理，基本模型的求解思路，可得

$$q_r^{x*} = \begin{cases} 0 & \text{如果 } \gamma_0 \leq -C_{R_1} \\ \dfrac{\mu}{\alpha}+\dfrac{\theta^{x*}\sigma}{\alpha} & \text{如果 } \gamma_0 \geq -C_{R_1} \end{cases} \qquad (6\text{-}48)$$

$$\max_{q_r} \Pi_f^{xw}(q_r)$$
$$= G_{T(\gamma)}^{xw}(q_r^{x*})$$
$$= \begin{cases} C_{R_1}\alpha q_r^{x*}+c(\alpha q_r^{x*}-\mu)+\xi M & \text{如果 } 0 \leq \alpha q_r^{x*} \leq q_1(\gamma) \\ C_{R_1}\alpha q_r^{x*}+\sigma\sqrt{(c-\gamma)(p+h+\gamma)}+\gamma(\alpha q_r^{x*}-\mu)+\xi M & \text{如果 } q_1(\gamma) \leq \alpha q_r^{x*} \leq q_2(\gamma) \\ C_{R_1}\alpha q_r^{x*}-(p+h)(\alpha q_r^{x*}-\mu)+\xi M & \text{如果 } q_2(\gamma) \leq \alpha q_r^{x*} \end{cases}$$

$$(6\text{-}49)$$

其中，
$$C_{R_1} = C_R - e\xi/\alpha$$

$$\theta^{x*} = \frac{-\left[\beta_1 + (\beta_1-1)\lambda\sqrt{\dfrac{\beta_1+y_1^*}{\alpha_1-y_1^*}}\right]x_1^* + \left[\alpha_1 + (\alpha_1-1)\lambda\sqrt{\dfrac{\alpha_1+x_1^*}{\beta_1-x_1^*}}\right]y_1^*}{\sqrt{\dfrac{\alpha_1+x_1^*}{\beta_1-x_1^*}}\left[\beta_1+(\beta_1-1)\lambda\sqrt{\dfrac{\beta_1+y_1^*}{\alpha_1-y_1^*}}\right]x_1^* + \sqrt{\dfrac{\beta_1+y_1^*}{\alpha_1-y_1^*}}\left[\alpha_1+(\alpha_1-1)\lambda\sqrt{\dfrac{\alpha_1+x_1^*}{\beta_1-x_1^*}}\right]y_1^*}$$

（6-50）

（2）当 $q_r < M/e$ 时，式（6-30）与不考虑碳排放政策情形下的模型相同，表示当再制造商产生的碳排放量不超过碳排放限额时，该政策不会影响其生产决策。

2）政策二：碳税政策

同理，基本模型的求解思路，可得

$$q_r^{s*} = \begin{cases} 0 & \text{如果 } \gamma_0 \leqslant -C_{R_2} \\ \dfrac{\mu}{\alpha} + \dfrac{\theta^{s*}\sigma}{\alpha} & \text{如果 } \gamma_0 \geqslant -C_{R_2} \end{cases}$$

（6-51）

$$\max_{q_r \geqslant 0} \prod_f^{sw}(q_r)$$
$$= G_{T(\gamma)}^{sw}(q_r^{s*})$$
$$= \begin{cases} C_{R_2}\alpha q_r^{s*} + c(\alpha q_r^{s*} - \mu) & \text{如果 } 0 \leqslant \alpha q_r^{s*} \leqslant q_1(\gamma) \\ C_{R_2}\alpha q_r^{s*} + \sigma\sqrt{(c-\gamma)(p+h+\gamma)} + \gamma(\alpha q_r^{s*}-\mu) & \text{如果 } q_1(\gamma) \leqslant \alpha q_r^{s*} \leqslant q_2(\gamma) \\ C_{R_2}\alpha q_r^{s*} - (p+h)(\alpha q_r^{s*}-\mu) & \text{如果 } q_2(\gamma) \leqslant \alpha q_r^{s*} \end{cases}$$

（6-52）

其中，
$$C_{R_2} = C_R - \delta e/\alpha$$

$$\theta^{s*} = \frac{-\left[\beta_2 + (\beta_2-1)\lambda\sqrt{\dfrac{\beta_2+y_2^*}{\alpha_2-y_2^*}}\right]x_1^* + \left[\alpha_2 + (\alpha_2-1)\lambda\sqrt{\dfrac{\alpha_2+x_2^*}{\beta_2-x_2^*}}\right]y_2^*}{\sqrt{\dfrac{\alpha_2+x_2^*}{\beta_2-x_2^*}}\left[\beta_2+(\beta_2-1)\lambda\sqrt{\dfrac{\beta_2+y_2^*}{\alpha_2-y_2^*}}\right]x_2^* + \sqrt{\dfrac{\beta_2+y_2^*}{\alpha_2-y_2^*}}\left[\alpha_2+(\alpha_2-1)\lambda\sqrt{\dfrac{\alpha_2+x_2^*}{\beta_2-x_2^*}}\right]y_2^*}$$

（6-53）

3）政策三：碳限额与交易政策

（1）当 $q_r \geqslant M/e$ 时，总的期望利润函数为

$$\max_{q_r \geq 0} \prod_f^{xw}(q_r)$$
$$= \max_{q \geq 0} G_f^{xw}(q)$$
$$= \max_{q \geq 0} E_F \left\{ \left[p - \frac{c_r + (1-\alpha)c_w}{\alpha} - \frac{e\varepsilon_1}{\alpha} \right] q - (p+h)(q-D)^+ - c(D-q)^+ + \varepsilon_1 M \right\}$$
（6-54）

同理，基本模型的求解思路，可得

$$q_r^{j*} = \begin{cases} 0 & \text{如果 } \gamma_0 \leq -C_{R_3} \\ \dfrac{\mu}{\alpha} + \dfrac{\theta^{j*}\sigma}{\alpha} & \text{如果 } \gamma_0 \geq -C_{R_3} \end{cases} \quad (6\text{-}55)$$

$$\max_{q_r \geq 0} \prod_f^{jw}(q_r)$$
$$= G_{T(\gamma)}^{jw}\left(q_r^{j*}\right)$$
$$= \begin{cases} C_{R_3}\alpha q_r^{j*} + c(\alpha q_r^{j*} - \mu) + \varepsilon_1 M & \text{如果 } 0 \leq \alpha q_r^{j*} \leq q_1(\gamma) \\ C_{R_3}\alpha q_r^{j*} + \sigma\sqrt{(c-\gamma)(p+h+\gamma)} + \gamma(\alpha q_r^{j*} - \mu) + \varepsilon_1 M & \text{如果 } q_1(\gamma) \leq \alpha q_r^{j*} \leq q_2(\gamma) \\ C_{R_3}\alpha q_r^{j*} - (p+h)(\alpha q_r^{j*} - \mu) + \varepsilon_1 M & \text{如果 } q_2(\gamma) \leq \alpha q_r^{j*} \end{cases}$$
（6-56）

其中，

$$C_{R_3} = C_R - e\varepsilon_1/\alpha$$

$$\theta^{j*} = \frac{-\left[\beta_3 + (\beta_3-1)\lambda\sqrt{\dfrac{\beta_3+y_3^*}{\alpha_3-y_3^*}}\right]x_3^* + \left[\alpha_3 + (\alpha_3-1)\lambda\sqrt{\dfrac{\alpha_3+x_3^*}{\beta_3-x_3^*}}\right]y_3^*}{\sqrt{\dfrac{\alpha_3+x_3^*}{\beta_3-x_3^*}}\left[\beta_3 + (\beta_3-1)\lambda\sqrt{\dfrac{\beta_3+y_3^*}{\alpha_3-y_3^*}}\right]x_3^* + \sqrt{\dfrac{\beta_3+y_3^*}{\alpha_3-y_3^*}}\left[\alpha_3 + (\alpha_3-1)\lambda\sqrt{\dfrac{\alpha_3+x_3^*}{\beta_3-x_3^*}}\right]y_3^*}$$
（6-57）

（2）当 $q_r < M/e$ 时，与（1）具有相似结构的结果，即将（1）中的 ε_1 用 ε_2 替代即可。

6.2.4 算例分析

为说明模型的合理性和求解结果的准确性，下面通过算例进行验证并分别分析再制造率、不同碳排放政策对再制造商生产决策的影响。以某汽车零部件再制造商为背景，结合笔者及其课题组前期调研过程中获取的数据，整理得到

$p=20$,$c_r=3$,$c_w=2$,$h=1.5$,$c=5$,$\mu=500$,$\sigma=10$;为验证不同碳排放政策对再制造决策的影响,设定初始数据$M=1\,400$,$e=2$,$\xi=3$,$\varepsilon_1=1.5$,$\varepsilon_2=1.2$,$\delta=0.8$。

1. 计算结果比较

为说明两种方法的差异,根据6.2.3小节的求解结果,结合算例数据,比较两者求解结果,如表6-1所示。需要说明的是,三种碳排放政策下的模型结构及求解结果与不考虑碳排放政策情形下的基本模型结构和求解结果类似,在此只比较基本模型的求解结果差异。

表6-1 min-max模型和REVD模型两种方法求解结果比较

α	Case 1		Case 2		Case 3		Case 4	
	REVD	min-max	REVD	min-max	REVD	min-max	REVD	min-max
0.30	2 637.8	2 537.4	−2 500	−2 500	−99.9	−103.7	−254.7	−820
0.35	3 861.5	3 724.8	−2 500	−1 378	1 613.3	1 449.2	1 579.1	1 267.4
0.40	4 741.0	4 618.1	−2 500	583.3	2 821.0	2 620.4	3 074.8	2 762.0
0.45	5 427.5	5 314.6	2 904.3	1 894.0	3 760.3	3 534.5	4 266.1	3 903.5
0.50	5 978.0	5 872.9	4 100.1	338.5	4 511.0	4 267.6	5 177.2	4 812.1
0.55	6 429.2	6 330.3	5 174.8	4 262.0	5 124.3	4 868.7	5 922.4	5 554.3
0.60	6 805.8	6 712.4	6 081.5	5 118.9	5 634.7	5 370.4	6 542.8	6 171.5
0.65	7 126.2	7 036.0	6 804.2	5 840.7	6 065.8	5 795.6	7 067.2	6 695.7
0.70	7 400.7	7 313.7	7 423.6	6 458.0	6 434.7	6 160.5	7 516.0	7 144.3
0.75	7 638.7	7 554.7	7 638.7	6 992.5	6 753.9	6 477.1	8 311.9	7 537.3
0.80	7 847.2	7 765.8	7 847.2	7 460.0	7 032.8	6 754.5	8 625.5	7 851.1
0.85	8 034.4	7 952.2	8 034.4	7 885.3	7 282.1	6 999.4	8 901.7	8 128.3
0.90	8 198.1	8 118.1	8 198.1	8 053.8	7 502.3	7 217.4	9 146.9	8 375.0
0.95	8 344.6	8 266.7	8 344.6	8 204.6	7 693.1	7 412.6	9 208.5	8 595.8

注:表中α为再制造率;Case 1为未考虑碳排放政策,Case 2为碳限额政策,Case 3为碳税政策,Case 4为碳限额与交易政策,下同

由表6-1可以看出,通过构建min-max模型求解得到的结果比较保守,而通过构建REVD模型求解得到的总利润更优,鲁棒性更强。因而以下将通过REVD模型求解得到的结果来分析碳排放政策对再制造决策的影响。

2. 影响分析

根据6.2.3小节部分求解过程,以下通过Matlab进行算例求解,其思路如下。

(1)求出对应不同再制造率α的各转换参数值,如θ、α_0、β、γ等。

(2)基于上述参数求出对应的$g(x,y)$的最优值x^*、y^*,当$\alpha=0.5$时,$g(x,y)$随x、y的变化趋势如图6-5所示。可以看出,$g(x,y)$为凸函数,存在唯一

最优值，与 6.2.3 小节部分结论相吻合。

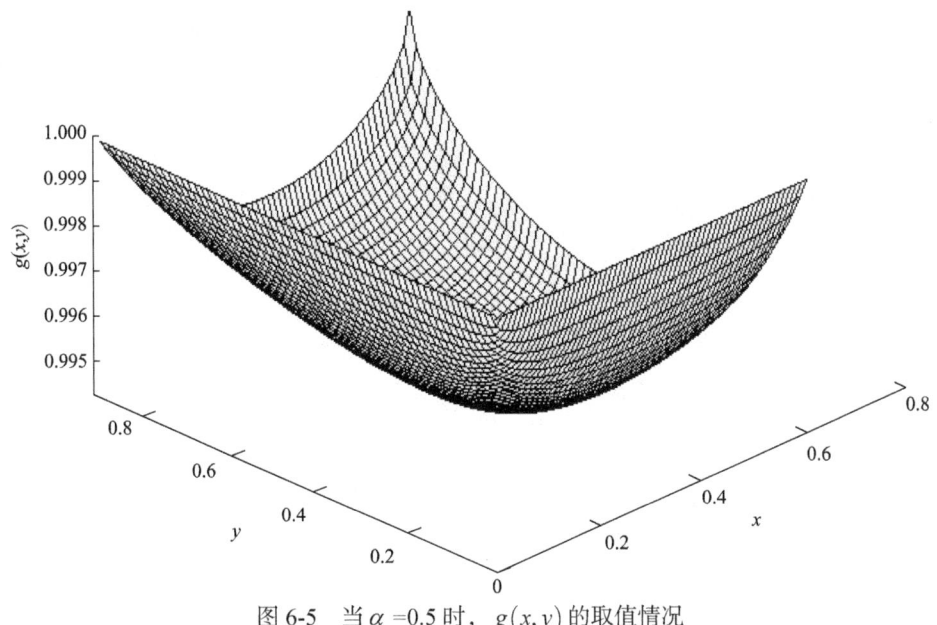

图 6-5 当 $\alpha=0.5$ 时，$g(x,y)$ 的取值情况

（3）最后求出最优再制造数 q_r 和总利润 $\varPi$。

根据 6.2.3 小节部分求解过程，四种情形下的零部件再制造的临界值（即各种情形下适宜进行再制造的零部件再制造率的下限）如表 6-2 所示。

表 6-2 四种情形下的零部件再制造的临界值

情形	Case 1	Case 2	Case 3	Case 4
$q_r=0$	$\alpha\leqslant 0.1853$	$\alpha\leqslant 0.4076$	$\alpha\leqslant 0.2445$	$\alpha\leqslant 0.2964$

从表 6-2 可以看出，在 Case 2 下，对于选择进行再制造的零部件的质量等级要求较高，Case 4、Case 3 次之，最后是 Case 1，说明若政策制定方旨在加大再制造力度，碳限额政策并不是最佳之选，可以考虑碳税政策或碳限额与交易政策。对于超过临界值的情形，再制造数和相应的总利润及各政策参数对生产决策的影响程度将通过一系列图进行讨论。

1）有无碳排放约束对零部件再制造商生产决策的影响

比较不考虑碳排放和三种碳排放政策约束下，随着再制造率 α 的变化，再制造数 q_r、总利润 $\varPi$ 的变化趋势，以及总利润 $\varPi$ 随再制造数 q_r 的关系，如图 6-6 和图 6-7 所示。

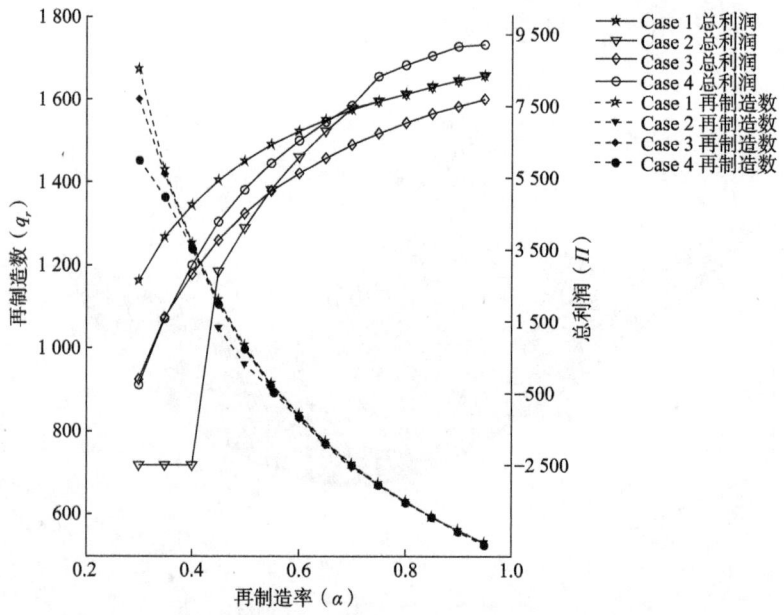

图 6-6 总利润和再制造数随再制造率变化的趋势

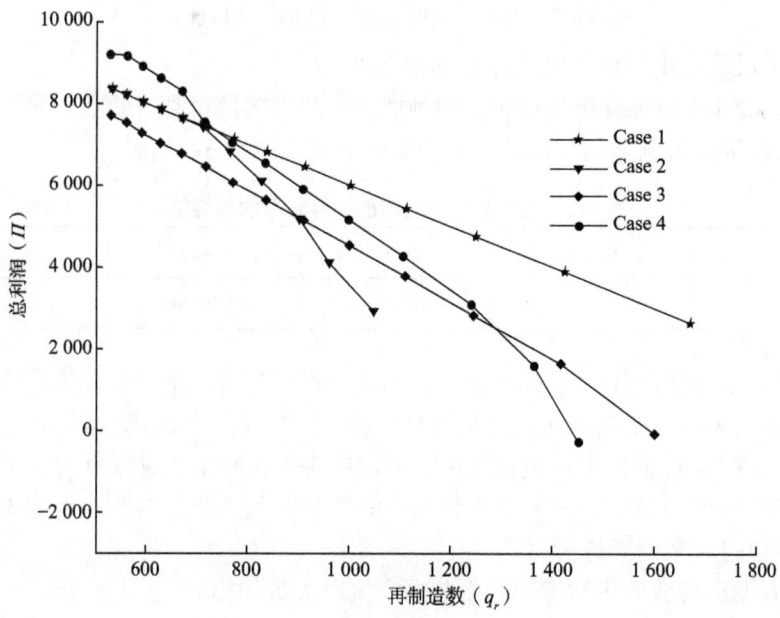

图 6-7 总利润和再制造数的关系

由图 6-6 可以得到：

（1）再制造率的临界值有较大差异，与 6.2.3 小节的结果相吻合；但当再制造率超过临界值后最优再制造数与再制造率呈负相关关系，且均保持在同一水平，说明碳排放政策会影响再制造率临界值，但在临界值之后几乎不影响再制造数。

（2）当再制造率 $\alpha<0.6$ 时，总利润的大小顺序依次为 Case 1> Case 4 > Case 3 > Case 2。因而，为鼓励再制造商制造更多的废旧产品，政策制定方应制定较为灵活的碳排放政策，如碳限额与交易政策，而不宜选用碳限额政策；当再制造率 $0.6 \leqslant \alpha < 0.7$ 时，产生的碳排放量与配额的差异不大，因而碳限额政策优于碳税政策；当再制造率 $\alpha \geqslant 0.7$ 时，再制造数较少，企业剩余碳排放权，若采用碳限额与交易政策则可以因节约碳排放权而获得收益，因而总利润的大小顺序变为 Case 4 > Case 1 = Case 2 > Case 3，这与实际是相吻合的。

（3）从图 6-7 可以看出：总利润和再制造数始终呈负相关关系。

2）三种碳排放政策下约束的严厉或惩罚程度对生产决策的影响

不同碳排放政策的惩罚程度或约束的严厉程度对再制造商生产决策同样会产生影响，以下分别分析碳限额政策下惩罚性税款、碳税政策下单位税率以及碳限额与交易政策下单位碳权买入价格和卖出价格对再制造商总利润的影响，通过观察总利润的变化趋势来说明其对再制造决策的影响，以及政策制定方如何根据这些结果制定有利于再制造业发展的措施。

（1）单位惩罚性税款对再制造决策的影响。

碳限额政策的主要参数是单位惩罚性税款，图 6-8 显示了总利润随其变化而变化的趋势。

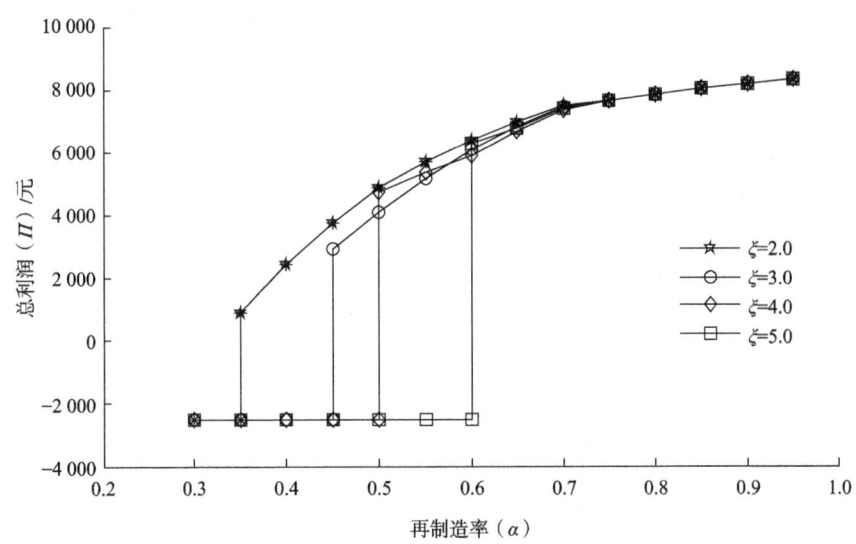

图 6-8　当 ξ 在[2.0,5.0]变化时对总利润的影响

图 6-8 表明，当再制造率 $\alpha<0.70$ 时，企业再制造率的临界点随着单位惩罚性税款的增加而提高。原因是再制造率越低，需要再制造更多数量的零部件才能均衡再制造成本和碳排放成本，但因增加的再制造数产生的销售收入不足以抵消由此产生的碳排放量导致的成本，而惩罚力度越大，碳排放成本越高，可以获得的最终利润越少。因而，企业会选择制造再制造率更高的零部件。当再制造率 $\alpha \geqslant 0.70$ 时，惩罚性税款对再制造商最大总利润的影响几乎可以消除。原因是当再制造率越高时，再制造数减少，总的碳排放量减少，超过碳排放限额的数量也随之减少，因而较高的惩罚性税款对再制造商的影响并不大。由此可以看出，对于再制造商来说，应尽可能提高废旧产品的再制造率；对于碳排放政策制定方来说，为鼓励再制造商尽可能多地再制造废旧产品，不宜设定更高的惩罚性税款或提高再制造商的碳排放限额。

（2）单位碳税对再制造决策的影响。

碳税政策的关键参数是单位碳税 δ，图 6-9 显示了总利润随着单位碳税变化而变化的趋势。

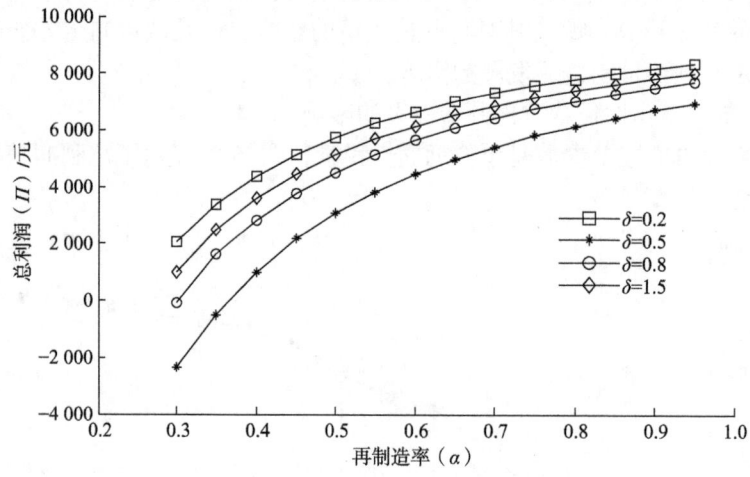

图 6-9 当 δ 在[0.2,1.5]变化时对总利润的影响

从图 6-9 可以看出，随着单位碳税的增加，再制造商的总利润会随之减少，碳税的变化对总利润的影响随着再制造率的提高而减少，但减少的幅度较之碳限额政策下单位惩罚性税款对总利润影响的幅度小。原因是在碳限额政策下，由于碳排放产生的成本仅仅是超出碳排放权限额部分的碳排放量，而碳税政策下则需要支付因生产所有再制品而产生的碳排放成本。

（3）ε_2（单位碳权买入价格）和 ε_1（单位碳权卖出价格）变化时对再制造

决策的影响。

碳限额与交易政策区别于其他碳排放政策的主要参数是碳排放权买入价格(ε_1)和卖出价格(ε_2)。图 6-10 和图 6-11 显示了总利润随着这两个参数变化而变化的趋势。

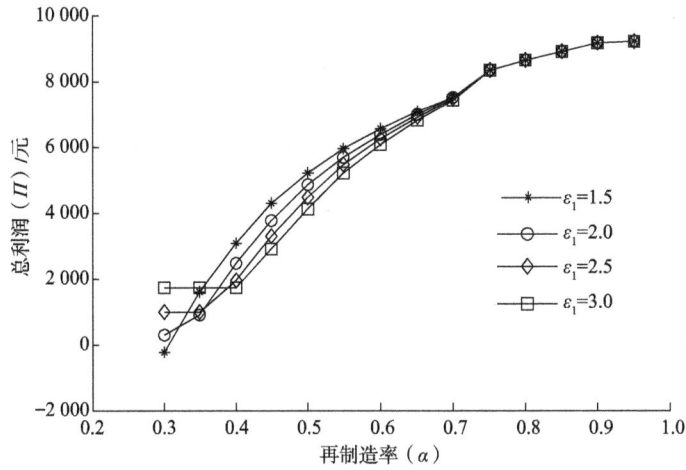

图 6-10　当碳排放权卖出价格 ε_2=1.2 时，买入价格 ε_1 在[1.5,3.0]变化时对总利润的影响

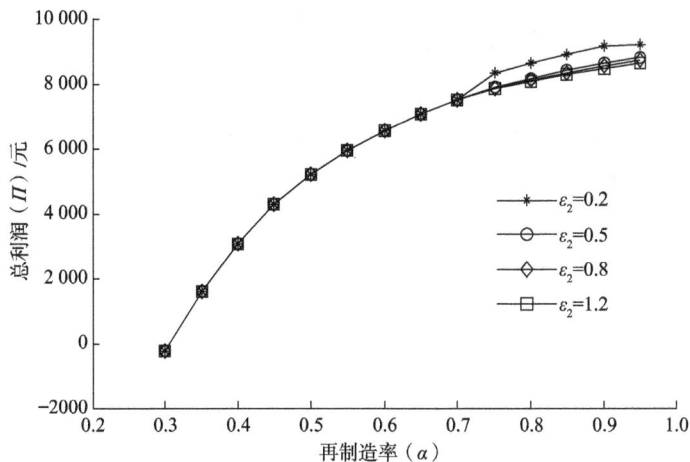

图 6-11　当碳排放权买入价格 ε_1=1.5 时，卖出价格 ε_2 在[0.2,1.2]变化时对总利润的影响

从图 6-10 可以看出，随着碳排放权买入价格的提高，再制造率的临界值越大，即再制造商选择进行再制造的零部件质量等级越高。当再制造率 α<0.70 时，随着买入价格的提高，再制造商的总利润会减少，但减少的幅度随着再制造率的提高而逐渐减弱，说明回收产品的质量状况越好，碳排放量越少，碳排放权买入

价格对其影响越小；当再制造率 $\alpha \geq 0.70$ 时，买入价格对总利润的影响基本可以消除，原因是此时再制造数较少；总的碳排放量未超过政府配额。图 6-11 恰恰反映了这一事实，此时再制造商可以出售多余的碳排放权，因而再制造的最大总利润随着碳排放权卖出价格的提高而增加。

  通过以上研究发现：①再制品与新品碳排放的比值、再制造率及消费者对废旧产品回收的环保意识敏感系数的变化对两种政策下的最优决策产生不同的影响；政府征收碳税增加了制造商和回收商的成本，随着碳税税率的增加，制造商生产再制品更具碳减排效益，而回收商的回收价格、回收数量和网络回收服务水平随碳税税率的变化取决于再制品与回收产品碳排放的比值；碳限额与交易政策对制造商和回收商决策的影响更为复杂，当制造商和回收商产生的碳排放量大于、等于或小于政府规定的碳限额时，再制品与新品碳排放的比值、再制造率、消费者对废旧产品回收的环保意识对其决策会产生不同的影响。因此，制造商和回收商需要根据实际政策环境及时调整自身决策，从而实现利润最大化。②基于 REVD 模型求解得到的结果更优，鲁棒性更强；在四种情形下，碳限额政策的临界点最大，若从鼓励企业再制造更多废旧产品的角度出发，不宜选用碳限额政策，而在临界点之后，最优再制造数保持在同一水平，碳排放政策几乎不影响再制造数，但对总利润的影响较大；无论是对于较高还是较低再制造率的废旧产品，在三种碳排放政策中，碳限额与交易政策下的总利润总是大于其他两种政策，因而从某种程度来说，政策制定方可优先考虑碳限额与交易政策；对于再制造商来说，无论采取哪一种碳排放政策，为获得更高的利润，应尽可能提高废旧产品的再制造率；对于碳排放政策制定方来说，从环保角度出发，为促进再制造业的发展，不宜设定较高的惩罚性税款或者提高再制造商的碳排放限额。

第7章　碳排放政策和基金补贴政策下废旧产品再制造系统运营管理决策

2012年，财政部、环境保护部和国家发改委联合下发《废弃电器电子产品处理基金征收使用管理办法》，该办法明确规定对五大类家用电器（洗衣机、电冰箱、空调、电视机、微型计算机）的生产者或进口该类产品的收货人或代理人征收基金，并充分考虑企业资金状况和行业利润标准确定基金的征收标准。该办法对促进废弃电器电子产品回收处理再利用的规范发展具有重要意义，能够调动电器电子产品的生产者、回收者和处理机构等各方积极参与到废弃电器电子产品回收处理中，从而实现电器电子产品生产、销售回收、处理、再制造的良性循环发展。在碳排放政策管制和基金补贴激励下，政策制定方决策与企业生产决策相互影响，相互制约。基于这一现实，本章在第 2 章的基础上同时考虑碳排放政策和基金补贴政策下对废旧产品再制造系统运营管理决策的影响。

7.1　问题描述

在基金补贴激励方面，自政府提出基金补贴政策，不少学者也研究了基金补贴对废旧产品回收再制造的影响。慕艳芬（2015）通过构建政府和两个生产企业、一个垄断处理企业组成的 Stackelberg 博弈模型，分析发现政府征收的基金受生产企业之间竞争程度的影响；政府征收基金会增加产品的价格，给予处理企业的补贴会促进废旧电器电子产品的回收。马祖军等（2016）针对混合销售渠道及回收的电器电子产品闭环供应链，用博弈分析方法求得政府规制的最优参数和闭环供应链各成员的最优决策，结果表明，政府向电器电子产品制造商征收的废旧电器电子产品基金越高，产品价格越高；政府给予废旧电器电子产品处理商的补贴越高，越能促进废旧电器电子产品的回收。牟新娣（2016）运用系统动力学模型分析了废旧电器电子产品回收处理基金制度的相关变量的因果关系，预测了2016年基金补贴调整后的实施效果，发现通过环保宣传、打击整合非正规回收商、引导正规处理企业能够在降低基金补贴标准的基础上有效提高正规处理企业的回收处理率。刘志等（2018a）探讨了废旧电器电子产品基金政策对闭环供应链运行决策及效率的影响，同时运用博弈理论分析政府奖惩机制和环境税对新品和再制品生产成本、销售价格及供应链利润的影响。Liu等（2017）利用程式化的方程研究具有回收废旧电器电子产品资质的制造商的最优决策，并且考虑基金政策对回收决策的影响，同时基于LCA（life cycle assessment，生命周期评价）方法分析回收产品和基金政策对环境的影响。结果表明，制造商利润随着补贴的增加而增加，随着处置费用的增加而减少，并且低再制造成本和高再制造率对环境并不总是有利的。张汉江等（2014）采用委托-代理理论，分析了生产商对回收处理商的最优激励契约，考虑有无政府财政补贴两种情景下的废旧电器电子产品回收再制造活动，并且讨论了政府政策绩效及制造商的风险态度对闭环供应链的影响。刘慧慧和刘涛（2017）研究了政府补贴和市场合作对正规渠道的扶持作用，发现政府补贴能够有效促进正规企业参与废旧电器电子产品回收，当政府补贴较低时，市场合作机制可以帮助正规企业提高回收市场竞争力。Wang等（2014）基于系统动力学模型分析了政府制定的四种补贴制度对回收再制造活动的影响，结果表明，不同的补贴政策对回收再制造活动会产生不同的影响。Chang等（2016）分析了环境污染、社会福利、制造商的创新环境及消费者环保意识影响下，中国政府补贴制度对回收再制造产业的影响，研究结果能够为补贴政策的完善及回收再制造产业的持续发展提供见解。J.Wang等（2018）通过实证分析了基金补贴政策对废旧电器电子产品回收拆解企业的影响，结果表明基金补贴政策可以提高废旧电器电子产品拆解行业规模，提高废旧电器电子产品处理的标准化水平。Zhang等（2020）分析了我国废旧电器电子市场的特点，发现废旧电器电子产品具有非常大的回收价值，并研究了基金补贴对废旧电器电子产品拆解处理企业的影响。研究表明企业获得的补贴额度与废旧电器电子产品的回收价格和二次销售价格密切相关。

本章考虑环境规制和基金补贴下废旧产品再制造系统运营管理决策问题。首先考虑有基金补贴但无碳税约束的情况，根据不同的再制造主体进行补贴两种情形展开研究；其次扩展研究既有碳税约束又有基金补贴的情况，分析两种情形下废旧产品的回收价格、回收数量、网络回收服务水平及制造商回购废旧产品价格的变化情况。模型中所涉及的符号定义如下。

f——政府对制造商生产的单位新品征收的基金。

s——政府给予制造商生产的单位再制品或回收商回收的单位废旧产品的补贴。

δ——政府对制造商和回收商碳排放量征收的单位碳税。

π_i^j——供应链节点企业 i 在 j 情况下的收益函数。其中，$i \in \{m, r\}$，m 表示制造商，r 表示回收商；$j \in \{n, t, f, y\}$，n 表示无政府干预，t 表示碳税政策，f 表示基金补贴政策，y 表示碳税政策和基金补贴共同作用。

其他参数和假设同第 6 章。

7.2 基金补贴政策下废旧产品再制造系统运营管理决策优化

本节主要考虑基金补贴政策下废旧产品再制造系统运营管理决策优化，主要分析两种情形：①政府对制造商生产的新品征收基金，同时对其生产的再制品进行补贴；②政府对制造商生产的新品征收基金，同时对回收商回收的废旧产品进行补贴。

7.2.1 模型构建与求解

1. 情形 1：政府补贴制造商

在该情形下，制造商的利润函数为

$$\pi_m^{1f} = (p - c_m - f)D(p) + \left[(\Delta + f + s)\rho_1\rho_2 - \rho_1 p_t - \rho_1(1-\rho_2)c_s\right]R(p_r, x) \quad (7\text{-}1)$$

回收商的利润函数为

$$\pi_r^{1f} = \left[\rho_1 p_t - p_r - c_0 - (1-\rho_1)c_d\right]R(p_r, x) - \frac{\tau x^2}{2} \quad (7\text{-}2)$$

根据参与双方的博弈顺序，现采用逆向归纳法进行求解。由式（7-2）分别求关于 p_r^{1f} 和 x^{1f} 的一阶偏导条件为 0，可得

$$\begin{cases} p_r^{1f*} = \dfrac{\beta\tau - k^2\left[\rho_1 p_t^{1f*} - c_0 - (1-\rho_1)c_d\right] - \alpha\tau}{2\beta\tau - k^2} \\ x^{1f*} = \dfrac{k\left\{\beta\left[\rho_1 p_t^{1f*} - c_0 - (1-\rho_1)c_d\right] + \alpha\right\}}{2\beta\tau - k^2} \\ R(p_r, x)^{1f*} = \dfrac{\beta\tau\left\{\alpha + \beta\left[\rho_1 p_t^{1f*} - c_0 - (1-\rho_1)c_d\right]\right\}}{2\beta\tau - k^2} \end{cases} \quad (7\text{-}3)$$

命题 7-1：当 $2\beta\tau - k^2 > 0$ 时，π_r^{1f} 是关于 p_r^{1f} 和 x^{1f} 的严格凹函数，有最优决策集 $\left(p_r^{1f*}, x^{1f*}\right)$。

证明：由式（7-2）得，$\dfrac{\partial^2 \pi_r^{1f}}{\partial p_r^2} = -2\beta < 0$，$\dfrac{\partial^2 \pi_r^{1f}}{\partial x^2} = -\tau < 0$。

故式（7-2）的海塞矩阵为 $\boldsymbol{H} = \begin{bmatrix} \dfrac{\partial^2 \pi_r^{1f}}{\partial p_r^2} & \dfrac{\partial^2 \pi_r^{1f}}{\partial p_r \partial x} \\ \dfrac{\partial^2 \pi_r^{1f}}{\partial x \partial p_r} & \dfrac{\partial^2 \pi_r^{1f}}{\partial x^2} \end{bmatrix} = \begin{bmatrix} -2\beta & -k \\ -k & -\tau \end{bmatrix}$。

因为 $\dfrac{\partial^2 \pi_r^{1f}}{\partial p_r^2} = -2\beta < 0$，所以当 $|\boldsymbol{H}| = 2\beta\tau - k^2 > 0$ 时，π_r^{1f} 是关于 p_r^{1f} 和 x^{1f} 的严格凹函数，$\left(p_r^{1f*}, x^{1f*}\right)$ 为式（7-2）的极大值点。得证。

根据 Stackelberg 博弈模型，制造商作为市场的领导者，通过回收商的最优决策集来得到自己的最优策略。由式（7-1）分别求关于 p^{1f} 和 p_t^{1f} 的一阶偏导条件为 0，可得

$$\begin{cases} p^{1f*} = \dfrac{a + b(c_m + f)}{2b} \\ p_t^{1f*} = \dfrac{(\Delta + f + s)\rho_1\rho_2 - \rho_1(1-\rho_2)c_s + c_0 + (1-\rho_1)c_d}{2\rho_1} - \dfrac{\alpha}{2\beta\rho_1} \end{cases} \quad (7\text{-}4)$$

命题 7-2：当 $2\beta\tau - k^2 > 0$ 时，π_m^{1f} 是关于 p^{1f} 和 p_t^{1f} 的严格凹函数，存在最优策略集为 $\left(p^{1f*}, p_t^{1f*}\right)$。

证明：将式（7-3）中 p_r^{1f*}、x^{1f*}、$R(p_r, x)^{1f*}$ 代入式（7-1），整理可得式（7-1）的海塞矩阵为

$$\boldsymbol{H} = \begin{bmatrix} \dfrac{\partial^2 \pi_m^{1f}}{\partial p^2} & \dfrac{\partial^2 \pi_m^{1f}}{\partial p \partial p_t} \\ \dfrac{\partial^2 \pi_m^{1f}}{\partial p_t \partial p} & \dfrac{\partial^2 \pi_m^{1f}}{\partial p_t^2} \end{bmatrix} = \begin{bmatrix} -2b & 0 \\ 0 & -\dfrac{2\rho_1^2 \beta^2 \tau}{2\beta\tau - k^2} \end{bmatrix}$$

因为 $\dfrac{\partial^2 \pi_m^{1f}}{\partial p^2} = -2b < 0$，所以当 $|\boldsymbol{H}| = \dfrac{4b\rho_1^2\beta^2\tau}{2\beta\tau - k^2} > 0$，即 $2\beta\tau - k^2 > 0$ 时，$\left(p^{1f*}, p_t^{1f*}\right)$ 为式（7-1）的极大值点。得证。

将式（7-4）中 p^{1f*}、p_t^{1f*} 代入 p_r^{1f*}、x^{1f*}、$R(p_r, x)^{1f*}$ 可得

$$\begin{cases} p_r^{1f*} = \dfrac{(\beta\tau - k^2)\left[(\Delta + f + s)\rho_1\rho_2 - \rho_1(1-\rho_2)c_s - c_0 - (1-\rho_1)c_d\right]}{2(2\beta\tau - k^2)} - \dfrac{\alpha(3\beta\tau - k^2)}{2\beta(2\beta\tau - k^2)} \\ x^{1f*} = \dfrac{k\left\{\beta\left[(\Delta + s + f)\rho_1\rho_2 - \rho_1(1-\rho_2)c_s - c_0 - (1-\rho_1)c_d\right] + \alpha\right\}}{2(2\beta\tau - k^2)} \\ R(p_r, x)^{1f*} = \dfrac{\beta\tau\left\{\alpha + \beta\left[(\Delta + s + f)\rho_1\rho_2 - \rho_1(1-\rho_2)c_s - c_0 - (1-\rho_1)c_d\right]\right\}}{2(2\beta\tau - k^2)} \end{cases}$$

(7-5)

将式（7-4）和式（7-5）代入制造商的利润函数和回收商的利润函数，得到各自的最优利润分别为

$$\pi_m^{1f*} = \dfrac{\left[a - b(c_m + f)\right]^2}{4b} \\ + \dfrac{\tau\left\{\beta\left[(\Delta + s + f)\rho_1\rho_2 - \rho_1(1-\rho_2)c_s - c_0 - (1-\rho_1)c_d\right] + \alpha\right\}^2}{4(2\beta\tau - k^2)}$$

$$\pi_r^{1f*} = \dfrac{\tau\left\{\alpha + \beta\left[(\Delta + s + f)\rho_1\rho_2 - \rho_1(1-\rho_2)c_s - c_0 - (1-\rho_1)c_d\right]\right\}^2}{8(2\beta\tau - k^2)}$$

2. 情形 2：政府补贴回收商

在该情形下，制造商的利润函数为

$$\pi_m^{2f} = (p - c_m - f)D(p) + \left[(\Delta + f)\rho_1\rho_2 - \rho_1 p_t - \rho_1(1-\rho_2)c_s\right]R(p_r, x) \quad (7-6)$$

回收商的利润函数为

$$\pi_r^{2f} = \left[s + \rho_1 p_t - p_r - c_0 - (1-\rho_1)c_d\right]R(p_r, x) - \dfrac{\tau x^2}{2} \quad (7-7)$$

由式（7-7）求关于 p_r^{2f} 和 x^{2f} 的一阶导为 0，可得

$$\begin{cases} p_r^{2f*} = \dfrac{(\beta\tau - k^2)\left[s + \rho_1 p_t^{t*} - c_0 - (1-\rho_1)c_d\right] - \alpha\tau}{2\beta\tau - k^2} \\ x^{2f*} = \dfrac{k\left\{\beta\left[s + \rho_1 p_t^{t*} - c_0 - (1-\rho_1)c_d\right] + \alpha\right\}}{2\beta\tau - k^2} \\ R(p_r, x)^{2f*} = \dfrac{\beta\tau\left\{\alpha + \beta\left[s + \rho_1 p_t^{t*} - c_0 - (1-\rho_1)c_d\right]\right\}}{2\beta\tau - k^2} \end{cases}$$

(7-8)

命题 7-3：在政府对回收商进行补贴的情况下，回收商的策略集为 $\left(p_r^{2f*}, x^{2f*}\right)$。证明过程同命题 7-1。

根据 Stackelberg 博弈模型，制造商作为市场的领导者，通过回收商的最优决策集来得到自己的最优策略。将式（7-8）代入式（7-6）分别求关于 p^{2f} 和 p_t^{2f} 的一阶偏导条件为 0，可得

$$\begin{cases} p^{2f*} = \dfrac{a+b(c_m+f)}{2b} \\ p_t^{2f*} = \dfrac{(\Delta+f)\rho_1\rho_2 - s - \rho_1(1-\rho_2)c_s + c_0 + (1-\rho_1)c_d}{2\rho_1} - \dfrac{\alpha}{2\beta\rho_1} \end{cases} \quad (7\text{-}9)$$

命题 7-4：在政府对回收商进行补贴的情况下，制造商的最优策略集为 $\left(p^{2f*}, p_t^{2f*}\right)$。

证明过程同命题 7-2。

将式（7-9）中 p^{2f*}、p_t^{2f*} 代入 p_r^{2f}、x^{2f}、$R(p_r,x)^{2f}$ 可得

$$\begin{cases} p_r^{2f*} = \dfrac{(\beta\tau-k^2)\{s+(\Delta+f)\rho_1\rho_2 - \rho_1(1-\rho_2)c_s - c_0 - (1-\rho_1)c_d\}}{2(2\beta\tau-k^2)} - \dfrac{\alpha(3\beta\tau-k^2)}{2\beta(2\beta\tau-k^2)} \\ x^{2f*} = \dfrac{k\{\beta[s+(\Delta+f)\rho_1\rho_2 - \rho_1(1-\rho_2)c_s - c_0 - (1-\rho_1)c_d]+\alpha\}}{2(2\beta\tau-k^2)} \\ R(p_r,x)^{2f*} = \dfrac{\beta\tau\{\alpha+\beta[s+(\Delta+f)\rho_1\rho_2 - \rho_1(1-\rho_2)c_s - c_0 - (1-\rho_1)c_d]\}}{2(2\beta\tau-k^2)} \end{cases}$$

$$(7\text{-}10)$$

将式（7-9）和式（7-10）代入制造商的利润函数和回收商的利润函数，得到最优利润分别为

$$\pi_m^{2f*} = \dfrac{[a-b(c_m+f)]^2}{4b}$$

$$+ \dfrac{\tau\{\alpha+\beta[s+(\Delta+f)\rho_1\rho_2 - \rho_1(1-\rho_2)c_s - c_0 - (1-\rho_1)c_d]\}^2}{4(2\beta\tau-k^2)}$$

$$\pi_r^{2f*} = \dfrac{\tau\{\alpha+\beta[s+(\Delta+f)\rho_1\rho_2 - \rho_1(1-\rho_2)c_s - c_0 - (1-\rho_1)c_d]\}^2}{8(2\beta\tau-k^2)}$$

7.2.2 两种不同补贴情形对比分析

本小节将对政府补贴制造商和回收商下的最优决策及闭环供应链的利润进行比较分析，谈论政府采取哪种补贴形式可以使闭环供应链达到最优效益，并分析

政府基金补贴对闭环供应链最优策略的影响。

1. 回收决策的比较

推论 7-1：在政府基金补贴政策下，$p_t^{1f*} > p_t^{2f*}$。

证明：由命题 7-4 和命题 7-2 可得
$$p_t^{1f*} - p_t^{2f*} = \frac{s(1+\rho_1\rho_2)}{2\rho_1} > 0 \, 。 得证。$$

推论 7-1 表明，在基金补贴政策下，当政府对制造商生产新品征收基金的同时对其生产的再制品进行补贴时的废旧产品回购价格要高于政府对回收商进行补贴的情形。这说明政府对再制品进行补贴降低了制造商的再制造成本，制造商可以通过再制造活动获得更多的利润，故愿意支付更高的成本从回收商处回购废旧产品进行再制造。

推论 7-2：在政府基金补贴政策下，$p_r^{1f*} < p_r^{2f*}$，$x^{1f*} < x^{2f*}$，$R(p_r,x)^{1f*} < R(p_r,x)^{2f*}$。

证明：由命题 7-1 和命题 7-3 可得
$$p_r^{1f*} - p_r^{2f*} = \frac{s(\beta\tau - k^2)(\rho_1\rho_2 - 1)}{2(2\beta\tau - k^2)} < 0 \, ,$$

$$x^{1f*} - x^{2f*} = \frac{sk\beta(\rho_1\rho_2 - 1)}{2(2\beta\tau - k^2)} < 0 \, ,$$

$$R(p_r,x)^{1f*} - R(p_r,x)^{2f*} = \frac{s\beta^2\tau(\rho_1\rho_2 - 1)}{2(2\beta\tau - k^2)} < 0 \, 。 得证。$$

推论 7-2 表明，在基金补贴政策下，情形 1 下废旧产品的回收价格、网络回收服务水平和回收数量高于情形 2。这说明政府对回收商进行补贴减轻了回收商的回收成本压力，能够有效促进回收商对废旧产品进行回收。一方面，回收商会加大对回收过程的监控技术的投入、定期更新维护网络回收平台吸引消费者交投废旧产品；另一方面，回收商还会直接提高回收价格来激励消费者出售废旧产品。因此，该政策可以间接推动企业参与回收再制造活动。

2. 参数对回收决策的影响

7.2.1 小节主要分析两种补贴情形下的回收决策，本小节将分析基金补贴对回收决策的影响。

推论 7-3：在基金补贴政策下，政府对制造商征收的单位基金额度的增加将使产品销售价格、制造商从回收商处回购废旧产品的回收价格、回收商对废旧产品的回收价格、网络回收服务水平及回收数量增加。

证明： 将 p^{1f*}、p_t^{1f*}、p_r^{1f*}、x^{1f*}、$R(p_r,x)^{1f*}$、p^{2f*}、p_t^{2f*}、p_r^{2f*}、x^{2f*}、$R(p_r,x)^{2f*}$，分别对 f 求导，可得

$$\frac{\partial p^{1f*}}{\partial f} = \frac{\partial p^{2f*}}{\partial f} = \frac{1}{2} > 0,$$

$$\frac{\partial p_t^{1f*}}{\partial f} = \frac{\partial p_t^{2f*}}{\partial f} = \frac{\rho_2}{2} > 0,$$

$$\frac{\partial p_r^{1f*}}{\partial f} = \frac{\partial p_r^{2f*}}{\partial f} = \frac{(\beta\tau - k^2)\rho_1\rho_2}{2(2\beta\tau - k^2)} > 0,$$

$$\frac{\partial x^{1f*}}{\partial f} = \frac{\partial x^{2f*}}{\partial f} = \frac{k\beta\rho_1\rho_2}{2(2\beta\tau - k^2)} > 0,$$

$$\frac{\partial R(p_r,x)^{1f*}}{\partial f} = \frac{\partial R(p_r,x)^{2f*}}{\partial f} = \frac{\beta^2\tau\rho_1\rho_2}{2(2\beta\tau - k^2)} > 0。\text{得证。}$$

推论 7-3 表明，在基金补贴政策下，产品销售价格、制造商从回收商处回购回收商对废旧产品的回收价格、废旧产品回收价格、网络回收服务水平及回收数量随政府向制造商征收的单位基金额度的增加而增加。首先，政府向制造商新品征收基金增加了制造商的生产成本，为了获得更多的利润，一方面，制造商会增加产品的销售价格；另一方面，制造商会减少新品的生产数量，增加再制品的生产数量，因此会提高从回收商处回购废旧产品的回购价格。对于回收商来说，在较高的回购利润驱动下，为了满足制造商的再制造活动，一方面会直接提高废旧产品的回收价格激励消费者出售废旧产品；另一方面会加大对网络回收平台和回收信息技术的投入来提高网络回收服务水平，从而吸引更多的消费者交投废旧产品。

推论 7-4： 在基金补贴政策下，政府对制造商再制品补贴额度的增加将使制造商的回购价格、回收商的回收价格、网络回收服务水平及回收数量增加；政府对回收商补贴额度的增加将使制造商的回购价格降低，使回收商的回收价格、网络回收服务水平和回收数量增加。

证明： 将 p_t^{1f*}、p_r^{1f*}、x^{1f*}、$R(p_r,x)^{1f*}$、p_t^{2f*}、p_r^{2f*}、x^{2f*}、$R(p_r,x)^{2f*}$，分别对 s 求导，可得

$$\frac{\partial p_t^{1f*}}{\partial s} = \frac{\rho_2}{2} > 0, \quad \frac{\partial p_r^{1f*}}{\partial s} = \frac{(\beta\tau - k^2)\rho_1\rho_2}{2(2\beta\tau - k^2)} > 0,$$

$$\frac{\partial x^{1f*}}{\partial s} = \frac{k\beta\rho_1\rho_2}{2(2\beta\tau - k^2)} > 0, \quad \frac{\partial R(p_r,x)^{1f*}}{\partial s} = \frac{\beta^2\tau\rho_1\rho_2}{2(2\beta\tau - k^2)} > 0,$$

$$\frac{\partial p_t^{2f*}}{\partial s} = -\frac{1}{2\rho_1} < 0 , \quad \frac{\partial p_r^{2f*}}{\partial s} = \frac{(\beta\tau - k^2)}{2(2\beta\tau - k^2)} > 0 ,$$

$$\frac{\partial x^{2f*}}{\partial s} = \frac{k\beta}{2(2\beta\tau - k^2)} > 0 , \quad \frac{\partial R(p_r, x)^{2f*}}{\partial s} = \frac{\beta^2 \tau}{2(2\beta\tau - k^2)} > 0 。得证。$$

推论 7-4 表明，当政府对制造商生产的再制品进行补贴时，减轻了制造商的再制造成本，为了更好地利用再制造的成本优势，制造商会提高回购价格，从而获得更多的废旧产品进行再制造。同时，回收商为了获得更多的废旧产品满足再制造，也会提高废旧产品的回收价格和网络回收服务水平来吸引消费者。当政府对回收商进行补贴时，减轻了回收商的回收压力，回收商同样会提高废旧产品的回收价格和网络回收服务水平来吸引消费者交投更多的废旧产品。但是，在回收商获得更多废旧产品的情况下，制造商占据主导地位，会不断压低废旧产品的回购成本来降低自身的再制造成本。

7.2.3 算例分析

本部分主要通过算例分析两种补贴形式下制造商和回收商的决策。以某电子产品为例，假设 $f=7$、$s=25$，其他参数设置同 6.1 节。

1. 再制造率对运营管理决策和利润的影响

假设模型中其他参数保持不变，对再制造率 ρ_2 的变化区间取[0.3，0.9]，根据前面的求解结果，得到两种补贴机制下，再制造率对废旧产品再制造系统运营管理决策和利润的影响，如图 7-1 所示。

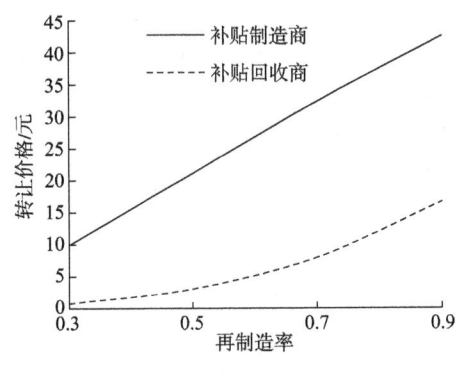

（a）再制造率对转让价格的影响

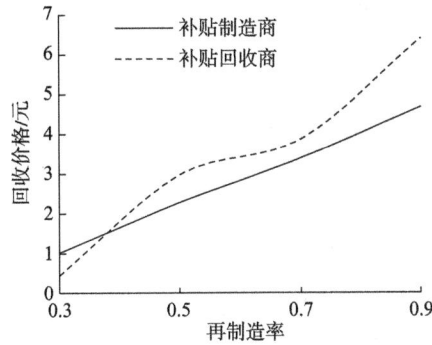

（b）再制造率对回收价格的影响

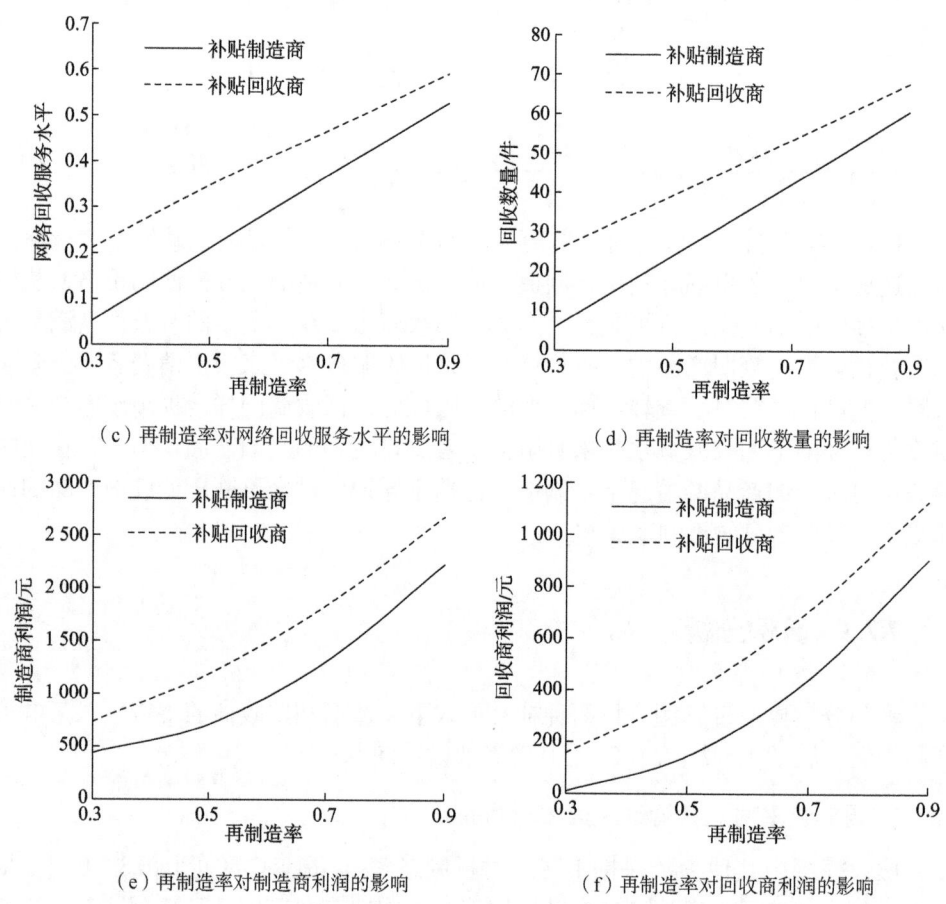

(c) 再制造率对网络回收服务水平的影响　　(d) 再制造率对回收数量的影响

(e) 再制造率对制造商利润的影响　　(f) 再制造率对回收商利润的影响

图 7-1　两种补贴机制下，再制造率对废旧产品再制造系统运营管理决策和利润的影响

由图 7-1 可知，在其他条件不变的情况下，两种补贴机制下废旧产品的转让价格、回收价格、网络回收服务水平、回收数量、制造商利润和回收商利润随再制造率的增加而增加。并且，在其他条件不变的情况下，政府对制造商生产的新品征收基金的同时对回收商进行补贴时废旧产品的网络回收服务水平、回收数量、制造商利润和回收商利润。此外，随着再制造率的增加，两种补贴机制下废旧产品的转让价格、回收价格、网络回收服务水平、回收数量、制造商利润和回收商利润的差距缩小。这说明再制造率的增加使制造商能够更好地发挥再制造的成本优势。因此，制造商会加大从回收商处回购废旧产品的数量，较大的废旧产品需求数量会激励回收商提高网络回收服务水平，利用如加大对网络回收平台的维护、定时更新回收技术、加大广告宣传等手段吸引消费者交投更多的废旧产品，此时，回收规模效应增加了回收商的利润。

2. 消费者环保意识敏感系数对运营管理决策和利润的影响

假设模型中其他参数保持不变，对消费者环保意识敏感系数 β 的变化区间取 [2,10]，得到两种补贴机制下，消费者环保意识敏感系数对废旧产品再制造系统运营管理决策和利润的影响，如图 7-2 所示。

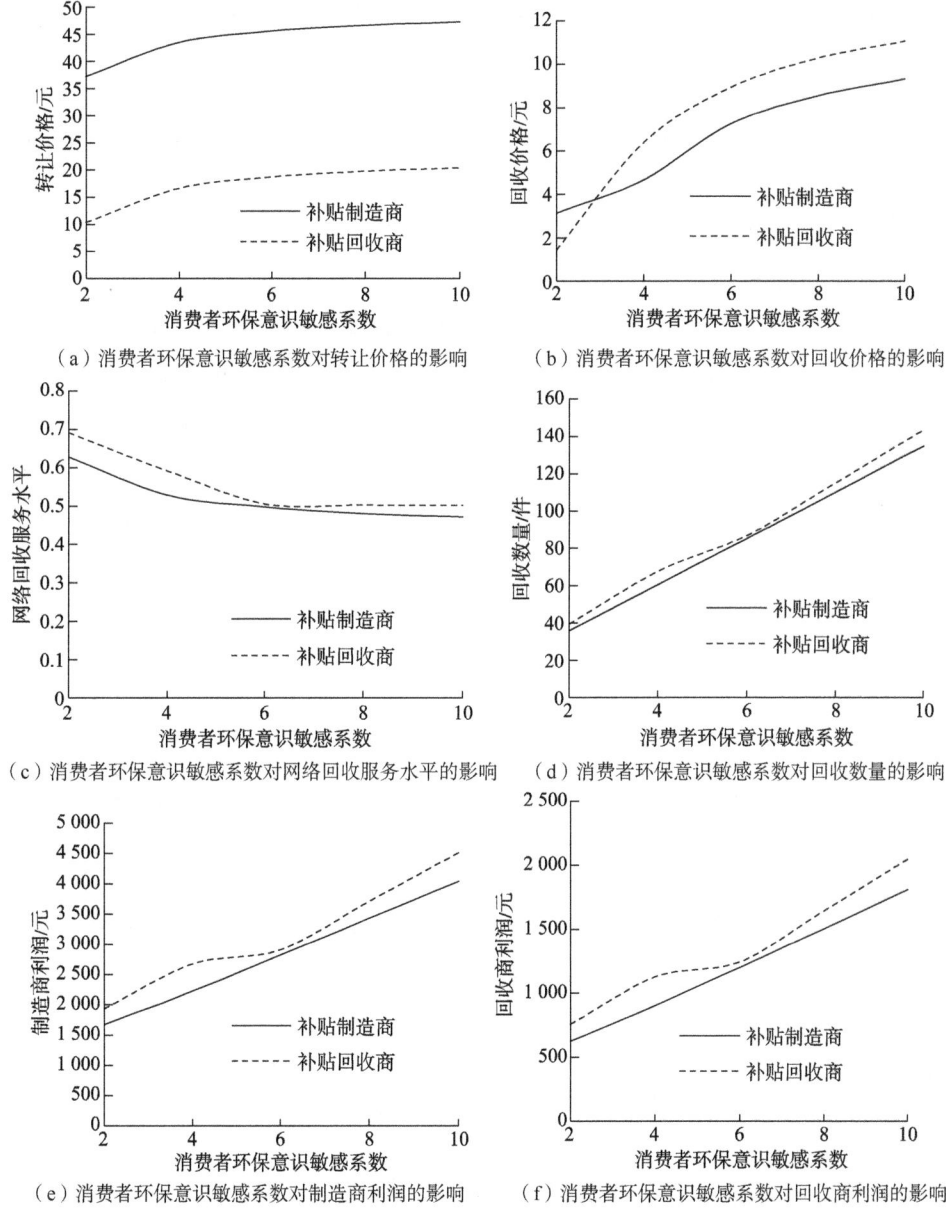

图 7-2 两种补贴机制下，消费者环保意识敏感系数对废旧产品再制造系统运营管理决策和利润的影响

从图 7-2 可知，两种补贴机制下，在其他条件不变时，随着消费者环保意识敏感系数的增强，废旧产品的转让价格、回收价格、回收数量、制造商利润和回收商利润均不断增加，而网络回收服务水平却不断减少。这说明消费者环保意识敏感系数的增强有利于促进废旧产品回收再制造产业的发展，提高闭环供应链的效益，但会促使回收商提高对废旧产品的回收价格，从而忽视网络回收服务水平的提升。此外，情形 2（政府补贴回收商）下废旧产品的回收价格、网络回收服务水平、回收数量、制造商利润和回收商利润大于情形 1（政府补贴制造商），说明情形 2 下的补贴效果大于情形 1。政府补贴回收商不但很好地促进制造商进行再制造，而且减轻回收商的成本压力，其愿意支付较高的回收价格吸引消费者交投废旧产品。此时，消费者间接享受了政府的补助。

3. 单位再制品生产成本对运营管理决策和利润的影响

假设模型中其他参数保持不变，对单位再制品生产成本 c_r 的变化区间取 [20,60]，得到两种情形下，单位再制品生产成本对废旧产品再制造系统运营管理决策和利润的影响，如图 7-3 所示。

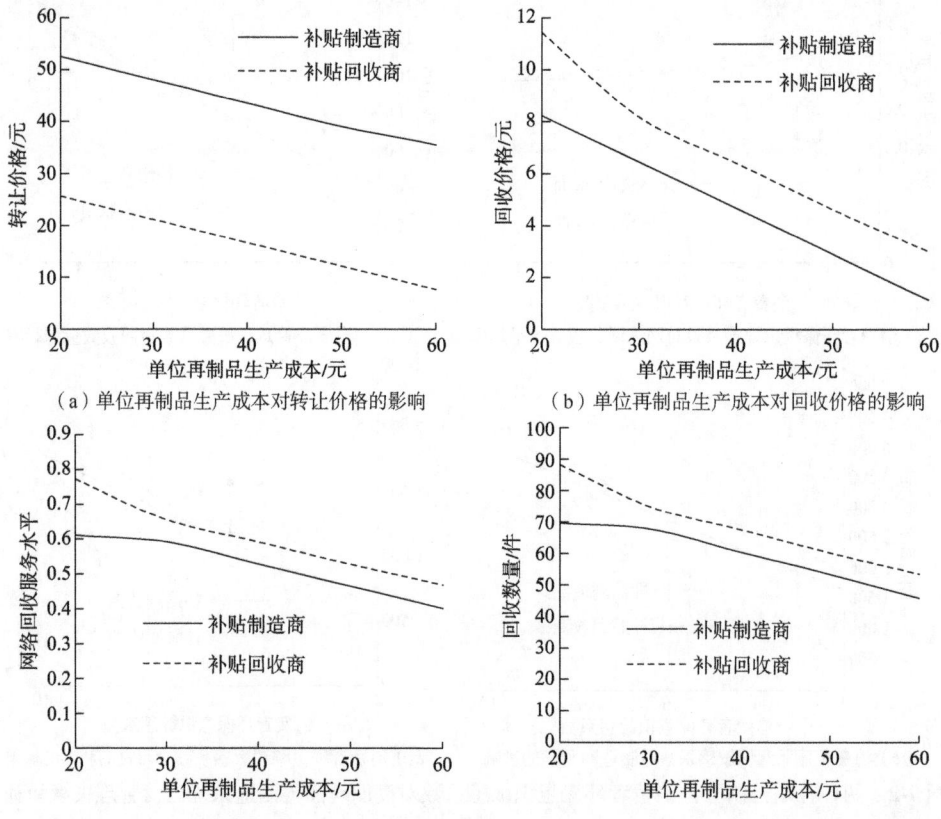

（a）单位再制品生产成本对转让价格的影响　　（b）单位再制品生产成本对回收价格的影响

（c）单位再制品生产成本对网络回收服务水平的影响　　（d）单位再制品生产成本对回收数量的影响

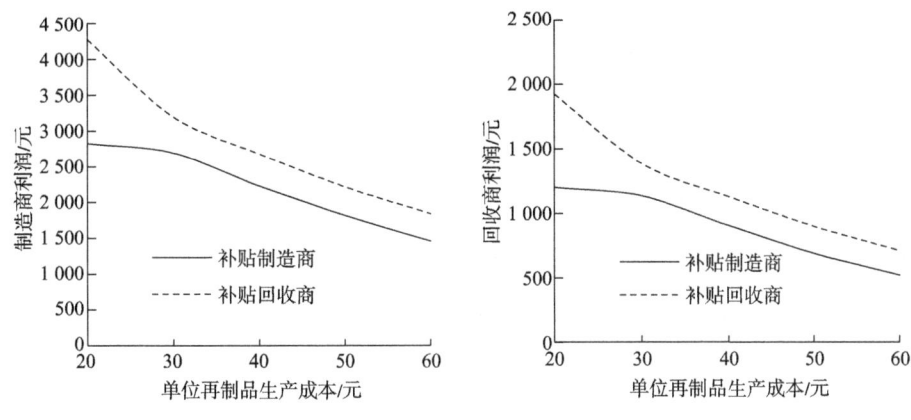

(e) 单位再制品生产成本对制造商利润的影响　　(f) 单位再制品生产成本对回收商利润的影响

图 7-3　两种情形下，单位再制品生产成本对废旧产品再制造系统运营管理决策和利润的影响

从图 7-3 可以看出，废旧产品回收价格、回收数量、网络回收服务水平、转让价格、制造商利润和回收商利润均随单位再制品生产成本的增加而减少，且情形 2 下废旧产品的回收价格、网络回收服务水平、回收数量、制造商利润和回收商利润大于情形 1。这说明政府补贴回收商对促进废旧产品回收再制造的效果更好，且再制造成本直接影响制造商和回收商的决策。当再制品生产成本较高时，制造商会降低支付给回收商的转让价格，从而减少再制品的生产数量，同时增加新品的生产数量以实现自身利益的最大化。另外，回收商也会降低废旧产品的回收价格和网络回收服务水平，从而减少废旧产品的回收数量。

7.3　碳税政策与基金补贴政策下废旧产品再制造系统运营管理决策优化

本节考虑碳税政策与基金补贴政策下废旧产品再制造系统运营管理决策优化问题，主要分为两种情形：政府对制造商和回收商碳排放征收碳税的同时对制造商生产的新品征收基金及对其生产的再制品进行补贴；政府对制造商和回收商碳排放征收碳税的同时对制造商生产的新品征收基金及对回收商回收的废旧产品进行补贴。

7.3.1 模型构建与求解

1. 情形 1：征收碳税同时补贴制造商

在该情形下，制造商的利润函数为

$$\pi_m^{1y} = (p - c_m - \delta e_m - f)D(p) + \begin{Bmatrix} \rho_1\rho_2\left[\Delta + \delta e_m(1-\varphi) + f + s\right] \\ -\rho_1 p_t - \rho_1(1-\rho_2)c_s \end{Bmatrix} R(p_r, x) \quad (7\text{-}11)$$

回收商的利润函数为

$$\pi_r^{1y} = \left[\rho_1 p_t - p_r - c_0 - (1-\rho_1)c_d - \delta e_r\right]R(p_r, x) - \frac{\tau x^2}{2} \quad (7\text{-}12)$$

由式（7-12）求关于 p_r^{1y} 和 x^{1y} 的一阶导为 0，可得

$$\begin{cases} p_r^{1y*} = \dfrac{(\beta\tau - k^2)\left[\rho_1 p_t^{1y*} - c_0 - (1-\rho_1)c_d - \delta e_r\right] - \alpha\tau}{2\beta\tau - k^2} \\ x^{1y*} = \dfrac{k\left\{\beta\left[\rho_1 p_t^{1y*} - c_0 - (1-\rho_1)c_d - \delta e_r\right] + \alpha\right\}}{2\beta\tau - k^2} \\ R(p_r, x)^{1y*} = \dfrac{\beta\tau\left\{\alpha + \beta\left[\rho_1 p_t^{1y*} - c_0 - (1-\rho_1)c_d - \delta e_r\right]\right\}}{2\beta\tau - k^2} \end{cases} \quad (7\text{-}13)$$

命题 7-5： 当政府对企业征收碳税的同时对制造商进行补贴情况下，回收商的最优策略集为 $\left(p_r^{1y*}, x^{1y*}\right)$。

证明： 由式（7-12）得 $\dfrac{\partial^2 \pi_r^{1y}}{\partial p_r^2} = -2\beta < 0$，$\dfrac{\partial^2 \pi_r^{1y}}{\partial x^2} = -\tau < 0$。

故式（7-12）的海塞矩阵为 $\boldsymbol{H} = \begin{bmatrix} \dfrac{\partial^2 \pi_r^{1y}}{\partial p_r^2} & \dfrac{\partial^2 \pi_r^{1y}}{\partial p_r \partial x} \\ \dfrac{\partial^2 \pi_r^{1y}}{\partial x \partial p_r} & \dfrac{\partial^2 \pi_r^{1y}}{\partial x^2} \end{bmatrix} = \begin{bmatrix} -2\beta & -k \\ -k & -\tau \end{bmatrix}$。

因为 $\dfrac{\partial^2 \pi_r^{1y}}{\partial p_r^2} = -2\beta < 0$，所以当 $|\boldsymbol{H}| = 2\beta\tau - k^2 > 0$ 时，π_r^{1y} 是关于 p_r^{1y} 和 x^{1y} 的严格凹函数，$\left(p_r^{1y*}, x^{1y*}\right)$ 为式（7-12）的极大值点。得证。

根据 Stackelberg 博弈模型，制造商作为市场的领导者，通过回收商的最优决策集来得到自己的最优策略。将式（7-13）代入式（7-11）分别求关于 p 和 p_t 的一阶偏导条件为 0，可得

$$\begin{cases} p^{1y*} = \dfrac{a+b(c_m+f+\delta e_m)}{2b} \\ p_t^{1y*} = \dfrac{\rho_1\rho_2\left[\Delta+\delta e_m(1-\varphi)+f+s\right]-\rho_1(1-\rho_2)c_s+c_0+(1-\rho_1)c_d+\delta e_r}{2\rho_1} - \dfrac{\alpha}{2\beta\rho_1} \end{cases}$$

(7-14)

命题 7-6：当政府对企业征收碳税的同时对制造商进行补贴情况下，制造商的最优策略集为 (p^{1y*}, p_t^{1y*})。

证明：将式（7-13）中 p_r^{1y*}、x^{1y*}、$R(p_r,x)^{1y*}$ 代入式（7-11），整理可得式（7-11）的海塞矩阵为

$$\boldsymbol{H} = \begin{bmatrix} \dfrac{\partial^2 \pi_m^{1y}}{\partial p^2} & \dfrac{\partial^2 \pi_m^{1y}}{\partial p \partial p_t} \\ \dfrac{\partial^2 \pi_m^{1y}}{\partial p_t \partial p} & \dfrac{\partial^2 \pi_m^{1y}}{\partial p_t^2} \end{bmatrix}$$

$$= \begin{bmatrix} -2b & 0 \\ 0 & -\dfrac{2\rho_1^2\beta^2\tau}{2\beta\tau-k^2} \end{bmatrix}。$$

因为 $\dfrac{\partial^2 \pi_m^{1y}}{\partial p^2} = -2b < 0$，所以当 $|\boldsymbol{H}| = \dfrac{4b\rho_1^2\beta^2\tau}{2\beta\tau-k^2} > 0$，即 $2\beta\tau-k^2>0$ 时，(p_r^{1y*}, x^{1y*}) 为式（7-11）的极大值点。得证。

将式（7-14）中 p^{1y*}、p_t^{1y*} 代入 p_r^{1y}、x^{1y}、$R(p_r,x)^{1y}$，可得

$$\begin{cases} p_r^{1y*} = \dfrac{(\beta\tau-k^2)\{\rho_1\rho_2[\Delta+\delta e_m(1-\varphi)+f+s]-\rho_1(1-\rho_2)c_s-c_0-(1-\rho_1)c_d-\delta e_r\}}{2(2\beta\tau-k^2)} \\ \qquad -\dfrac{\alpha(3\beta\tau-k^2)}{2\beta(2\beta\tau-k^2)} \\ x^{1y*} = \dfrac{k(\beta\{\rho_1\rho_2[\Delta+\delta e_m(1-\varphi)+f+s]-\rho_1(1-\rho_2)c_s-c_0-(1-\rho_1)c_d-\delta e_r\}+\alpha)}{2(2\beta\tau-k^2)} \\ R(p_r,x)^{1y*} = \dfrac{\beta\tau(\alpha+\beta\{\rho_1\rho_2[\Delta+\delta e_m(1-\varphi)+f+s]-\rho_1(1-\rho_2)c_s-c_0-(1-\rho_1)c_d-\delta e_r\})}{2(2\beta\tau-k^2)} \end{cases}$$

(7-15)

将式（7-14）和式（7-15）代入制造商的利润函数和回收商的利润函数，得到最优利润分别为

$$\pi_m^{1y*} = \frac{\left[a - b(c_m + \delta e_m + f)\right]^2}{4b}$$

$$+ \frac{\tau\left(\alpha + \beta\left\{\rho_1\rho_2\left[\Delta + \delta e_m(1-\varphi) + f + s\right] - \rho_1(1-\rho_2)c_s - c_0 - (1-\rho_1)c_d - \delta e_r\right\}\right)^2}{4(2\beta\tau - k^2)}$$

$$\pi_r^{1y*} = \frac{\tau\left(\alpha + \beta\left\{\rho_1\rho_2\left[\Delta + \delta e_m(1-\varphi) + f + s\right] - \rho_1(1-\rho_2)c_s - c_0 - (1-\rho_1)c_d - \delta e_r\right\}\right)^2}{8(2\beta\tau - k^2)}$$

2. 情形 2：征收碳税同时补贴回收商

在该情形下，制造商的利润函数为

$$\pi_m^{2y} = (p - c_m - \delta e_m - f)D(p) \\ + \left\{\begin{matrix}\rho_1\rho_2\left[\Delta + \delta e_m(1-\varphi) + f\right] \\ -\rho_1 p_t - \rho_1(1-\rho_2)c_s\end{matrix}\right\}R(p_r, x) \quad (7\text{-}16)$$

回收商的利润函数为

$$\pi_r^{2y} = \left[s + \rho_1 p_t - p_r - c_0 - (1-\rho_1)c_d - \delta e_r\right]R(p_r, x) - \frac{\tau x^2}{2} \quad (7\text{-}17)$$

由式（7-17）求关于 p_r^{2y} 和 x^{2y} 的一阶导为 0，可得

$$\begin{cases} p_r^{2y*} = \dfrac{(\beta\tau - k^2)\left[s + \rho_1 p_t^{t*} - c_0 - (1-\rho_1)c_d - \delta e_r\right] - \alpha\tau}{2\beta\tau - k^2} \\ x^{2y*} = \dfrac{k\left\{\beta\left[s + \rho_1 p_t^{t*} - c_0 - (1-\rho_1)c_d - \delta e_r\right] + \alpha\right\}}{2\beta\tau - k^2} \\ R(p_r, x)^{2y*} = \dfrac{\beta\tau\left\{\alpha + \beta\left[s + \rho_1 p_t^{t*} - c_0 - (1-\rho_1)c_d - \delta e_r\right]\right\}}{2\beta\tau - k^2} \end{cases} \quad (7\text{-}18)$$

命题 7-7：在政府征收碳税的同时对回收商进行补贴情况下，回收商的最优策略集为 $\left(p_r^{2y*}, x^{2y*}\right)$。

证明过程同命题 7-1。

根据 Stackelberg 博弈模型，制造商作为市场的领导者，通过回收商的最优决策集来得到自己的最优策略。将式（7-18）代入式（7-16）分别求关于 p^{2y} 和 p_t^{2y} 的一阶偏导条件为 0，可得

$$\begin{cases} p^{2y*} = \dfrac{a+b(c_m+f+\delta e_m)}{2b} \\ p_t^{2y*} = \dfrac{[\Delta+f+\delta e_m(1-\varphi)]\rho_1\rho_2 - s - \rho_1(1-\rho_2)c_s + c_0 + (1-\rho_1)c_d + \delta e_r}{2\rho_1} - \dfrac{\alpha}{2\beta\rho_1} \end{cases}$$

（7-19）

命题 7-8：在政府征收碳税的同时对回收商进行补贴情况下，制造商的最优策略集为 (p^{2y*}, p_t^{2y*})。

证明过程同命题 7-6。

将式（7-19）中 p^{2y*}、p_t^{2y*} 代入 p_r^{2y}、x^{2y}、$R(p_r,x)^{2y}$，可得

$$\begin{cases} p_r^{2y*} = \dfrac{(\beta\tau-k^2)\{s+[\Delta+f+\delta e_m(1-\varphi)]\rho_1\rho_2 - \rho_1(1-\rho_2)c_s - c_0 - (1-\rho_1)c_d - \delta e_r\}}{2(2\beta\tau-k^2)} \\ \qquad - \dfrac{\alpha(3\beta\tau-k^2)}{2\beta(2\beta\tau-k^2)} \\ x^{2y*} = \dfrac{k(\beta\{s+[\Delta+f+\delta e_m(1-\varphi)]\rho_1\rho_2 - \rho_1(1-\rho_2)c_s - c_0 - (1-\rho_1)c_d - \delta e_r\}+\alpha)}{2(2\beta\tau-k^2)} \\ R(p_r,x)^{2y*} = \dfrac{\beta\tau(\alpha+\beta\{s+[\Delta+f+\delta e_m(1-\varphi)]\rho_1\rho_2 - \rho_1(1-\rho_2)c_s - c_0 - (1-\rho_1)c_d - \delta e_r\})}{2(2\beta\tau-k^2)} \end{cases}$$

（7-20）

将式（7-19）和式（7-20）代入制造商的利润函数和回收商的利润函数，得到最优利润分别为

$$\pi_m^{2y*} = \dfrac{[a-b(c_m+f+\delta e_m)]^2}{4b}$$
$$+ \dfrac{\tau(\alpha+\beta\{s+[\Delta+f+\delta e_m(1-\varphi)]\rho_1\rho_2 - \rho_1(1-\rho_2)c_s - c_0 - (1-\rho_1)c_d - \delta e_r\})^2}{4(2\beta\tau-k^2)}$$

$$\pi_r^{2y*} = \dfrac{\tau(\alpha+\beta\{s+[\Delta+f+\delta e_m(1-\varphi)]\rho_1\rho_2 - \rho_1(1-\rho_2)c_s - c_0 - (1-\rho_1)c_d - \delta e_r\})^2}{8(2\beta\tau-k^2)}$$

7.3.2 两种情形对比分析

本小节将对两种环境规制和基金补贴政策下的最优决策进行比较分析，讨论政府采取哪种政策可使闭环供应链达到最优效益。

1. 最优决策的比较

根据 7.3.1 小节的求解结果，比较两种情形下的最优决策，得到推论 7-5。

推论 7-5：在碳税政策和基金补贴政策共同作用下，$p_t^{1y*} > p_t^{2y*}$，$p_r^{1y*} < p_r^{2y*}$，$x^{1y*} < x^{2y*}$，$R(p_r,x)^{1y*} < R(p_r,x)^{2y*}$。

证明：由命题 7-5~命题 7-8 可得

$$p_t^{1y*} - p_t^{2y*} = \frac{s(1+\rho_1\rho_2)}{2\rho_1} > 0，\quad p_r^{1y*} - p_r^{2y*} = \frac{s(\beta\tau - k^2)(\rho_1\rho_2 - 1)}{2(2\beta\tau - k^2)} < 0，$$

$$x^{1y*} - x^{2y*} = \frac{sk\beta(\rho_1\rho_2 - 1)}{2(2\beta\tau - k^2)} < 0，$$

$$R(p_r,x)^{1y*} - R(p_r,x)^{2y*} = \frac{s\beta^2\tau(\rho_1\rho_2 - 1)}{2(2\beta\tau - k^2)} < 0。\text{ 得证。}$$

推论 7-5 表明，在情形 1 下，制造商的废旧产品的回购价格大于情形 2，而回收商的废旧产品的回收价格、网络回收服务水平和回收数量小于情形 2。这说明政府征收碳税会增加制造商和回收商的成本，而当政府对制造商生产的再制品进行补贴时，降低了制造商的再制造成本，为了生产更多的再制品来获取政府补助，制造商愿意支付更高的成本给回收商以回购更多的可再制品。当政府对回收商进行补贴时，减轻了回收商的回收成本压力，回收商会提高回收价格和网络回收服务水平以吸引消费者交投废旧产品。

2. 参数对运营管理决策的影响

本小节将分析相关参数变化对废旧产品再制造系统最优运营管理决策的影响。

推论 7-6：在碳税政策和基金补贴政策共同作用下，政府对制造商和第三方网络征收的单位碳税税率的增加将提高产品的销售价格及制造商的废旧产品的回购价格，回收商的废旧产品的回收价格、回收数量和网络回收服务水平的变化取决于新品和回收品碳排放的比值。

证明：将 p^{1y*}、p_t^{1y*}、p_r^{1y*}、x^{1y*}、$R(p_r,x)^{1y*}$、p^{2y*}、p_t^{2y*}、p_r^{2y*}、x^{2y*}、$R(p_r,x)^{2y*}$ 分别对 δ 求导，可得

$$\frac{\partial p^{1y*}}{\partial \delta} = \frac{\partial p^{2y*}}{\partial \delta} = \frac{e_m}{2} > 0，\quad \frac{\partial p_t^{1y*}}{\partial \delta} = \frac{\partial p_t^{2y*}}{\partial \delta} = \frac{\rho_1\rho_2(1-\varphi)e_m + e_r}{2\rho_1} > 0，$$

$$\frac{\partial p_r^{1y*}}{\partial \delta} = \frac{\partial p_r^{2y*}}{\partial \delta} = \frac{(\beta\tau - k^2)[\rho_1\rho_2(1-\varphi)e_m - e_r]}{2(2\beta\tau - k^2)}，$$

$$\frac{\partial x^{1y*}}{\partial \delta} = \frac{\partial x^{2y*}}{\partial \delta} = \frac{k\beta\left[\rho_1\rho_2(1-\varphi)e_m - e_r\right]}{2(2\beta\tau - k^2)},$$

$$\frac{\partial R(p_r,x)^{1y*}}{\partial \delta} = \frac{\partial R(p_r,x)^{2y*}}{\partial \delta} = \frac{\tau\beta^2\left[\rho_1\rho_2(1-\varphi)e_m - e_r\right]}{2(2\beta\tau - k^2)}。得证。$$

因此，$\dfrac{\partial p_r^{1y*}}{\partial \delta}$、$\dfrac{\partial p_r^{2y*}}{\partial \delta}$、$\dfrac{\partial x^{1y*}}{\partial \delta}$、$\dfrac{\partial x^{2y*}}{\partial \delta}$、$\dfrac{\partial R(p_r,x)^{1y*}}{\partial \delta}$、$\dfrac{\partial R(p_r,x)^{2y*}}{\partial \delta}$ 的大小取决于 $\left[\rho_1\rho_2(1-\varphi)e_m - e_r\right]$ 的值，当 $0 < \dfrac{e_r}{e_m} < \rho_1\rho_2(1-\varphi)$ 时，$\dfrac{\partial p_r^{1y*}}{\partial \delta} = \dfrac{\partial p_r^{2y*}}{\partial \delta} > 0$、$\dfrac{\partial x^{1y*}}{\partial \delta} = \dfrac{\partial x^{2y*}}{\partial \delta} > 0$、$\dfrac{\partial R(p_r,x)^{1y*}}{\partial \delta} = \dfrac{\partial R(p_r,x)^{2y*}}{\partial \delta} > 0$；当 $\dfrac{e_r}{e_m} > \rho_1\rho_2(1-\varphi)$ 时，$\dfrac{\partial p_r^{1y*}}{\partial \delta} = \dfrac{\partial p_r^{2y*}}{\partial \delta} < 0$、$\dfrac{\partial x^{1y*}}{\partial \delta} = \dfrac{\partial x^{2y*}}{\partial \delta} < 0$、$\dfrac{\partial R(p_r,x)^{1y*}}{\partial \delta} = \dfrac{\partial R(p_r,x)^{2y*}}{\partial \delta} < 0$。

推论 7-6 表明，政府对制造商征收碳税增加了其生产成本，制造商为获得更多利润，会增加产品的销售价格，从而造成产品销售数量的减少。另外，由于单位再制品碳排放小于单位新品碳排放，此时的制造商也会提高废旧产品的回购价格以增加再制品的生产数量，从而减少由于生产新品而产生的碳税成本。对回收商来说，当单位回收碳排放较小时，回收商会增加废旧产品的回收价格、网络回收服务水平以吸引消费者交投废旧产品。这说明当回收碳排放较小时，回收商需支付的碳税成本较低，为了弥补碳税成本的支出，回收商会增加废旧产品回收数量和网络回收服务水平吸引消费者以实现规模回收。

推论 7-7：在碳税政策和基金补贴政策共同作用下，政府提高对制造商征收单位基金额度将使产品销售价格、废旧产品的回购价格、回收价格、网络回收服务水平及回收数量增加。

证明：将 p^{1y*}、p_t^{1y*}、p_r^{1y*}、x^{1y*}、$R(p_r,x)^{1y*}$、p^{2y*}、p_t^{2y*}、p_r^{2y*}、x^{2y*}、$R(p_r,x)^{2y*}$ 分别对 f 求导，得

$$\frac{\partial p^{1y*}}{\partial f} = \frac{\partial p^{2y*}}{\partial f} = \frac{1}{2} > 0,$$

$$\frac{\partial p_t^{1y*}}{\partial f} = \frac{\partial p_t^{2y*}}{\partial f} = \frac{\rho_2}{2} > 0,$$

$$\frac{\partial p_r^{1y*}}{\partial f} = \frac{\partial p_r^{2y*}}{\partial f} = \frac{(\beta\tau - k^2)\rho_1\rho_2}{2(2\beta\tau - k^2)} > 0,$$

$$\frac{\partial x^{1y*}}{\partial f} = \frac{\partial x^{2y*}}{\partial f} = \frac{k\beta\rho_1\rho_2}{2(2\beta\tau - k^2)} > 0,$$

$$\frac{\partial R(p_r,x)^{1y*}}{\partial f} = \frac{\partial R(p_r,x)^{2y*}}{\partial f} = \frac{\beta^2\tau\rho_1\rho_2}{2(2\beta\tau - k^2)} > 0 \text{。 得证。}$$

推论 7-7 表明，政府对制造商生产新品征收基金额度的增加导致制造商生产成本的增加。因此，制造商会增加产品的销售价格，同时增加废旧产品的回购价格对可再制造废旧产品进行再制造，从而减少新品的生产数量。对回收商来说，基金的征收不会直接影响其运营管理决策，但是，回收商在制造商较高的回购价格驱使下，也会适当提高废旧产品的回收价格和网络回收服务水平以吸引消费者交投更多废旧产品，从而满足制造商的再制造活动。

推论 7-8：在碳税政策和基金补贴政策共同作用下，政府征收碳税的同时对制造商补贴额度的增加将使废旧产品的回购价格、回收价格、网络回收服务水平及回收数量增加；政府征收碳税的同时对回收商补贴额度的增加将使废旧产品的回购价格降低，使废旧产品回收价格、网络回收服务水平和回收数量增加。

证明：将 p_t^{1y*}、p_r^{1y*}、x^{1y*}、$R(p_r,x)^{1y*}$、p_t^{2y*}、p_r^{2y*}、x^{2y*}、$R(p_r,x)^{2y*}$ 分别对 s 求导，可得

$$\frac{\partial p_t^{1y*}}{\partial s} = \frac{\rho_2}{2} > 0, \quad \frac{\partial p_r^{1y*}}{\partial s} = \frac{(\beta\tau - k^2)\rho_1\rho_2}{2(2\beta\tau - k^2)} > 0,$$

$$\frac{\partial x^{1y*}}{\partial s} = \frac{k\beta\rho_1\rho_2}{2(2\beta\tau - k^2)} > 0, \quad \frac{\partial R(p_r,x)^{1y*}}{\partial s} = \frac{\beta^2\tau\rho_1\rho_2}{2(2\beta\tau - k^2)} > 0;$$

$$\frac{\partial p_t^{2y*}}{\partial s} = -\frac{1}{2\rho_1} < 0, \quad \frac{\partial p_r^{2y*}}{\partial s} = \frac{(\beta\tau - k^2)}{2(2\beta\tau - k^2)} > 0,$$

$$\frac{\partial x^{2y*}}{\partial s} = \frac{k\beta}{2(2\beta\tau - k^2)} > 0, \quad \frac{\partial R(p_r,x)^{2y*}}{\partial s} = \frac{\beta^2\tau}{2(2\beta\tau - k^2)} > 0 \text{。 得证。}$$

推论 7-8 表明，当政府对制造商生产的再制品进行补贴时，减轻了制造商的成本压力。因此，制造商会提高废旧产品的回购价格，从而获得更多的废旧产品进行再制造生产。此时，回收商间接享受了政府补贴，也会增加废旧产品的回收价格和网络回收服务水平吸引消费者交投废旧产品以满足制造商的再制造生产。政府对回收商进行补贴时减轻了其回收成本压力，回收商也会提高废旧产品的回收价格和回收数量来吸引消费者。此时，消费者间接获得了政府的补贴，但会出现回收的废旧产品数量过多，而制造商作为供应链主导方会压低废旧产品的回购价格以降低自身的生产成本。

7.3.3 算例分析

本部分主要通过算例分析两种情形下制造商和回收商的决策。以某电子产品为例，参考申成然和李林芝（2019）、王文宾和邓雯雯（2016），结合笔者及其课题组前期调研过程获取的数据，对模型中的参数进行赋值。令 $a=1200$，$b=10$，$\alpha=40$，$c_m=300$，$c_r=150$，$\tau=100$，$\rho_1=0.8$，$e_m=2$，$e_r=1$，$\delta=4$，$f=7$，$s=25$。

1. 再制品与新品碳排放比值对运营管理决策的影响

假设模型中其他参数保持不变，对再制品与新品碳排放比值 φ 的变化区间取 [0.2,0.8]，得到两种情形下，再制造品与新品碳排放比值对废旧产品再制造系统运营管理决策和利润的影响，如图 7-4 所示。

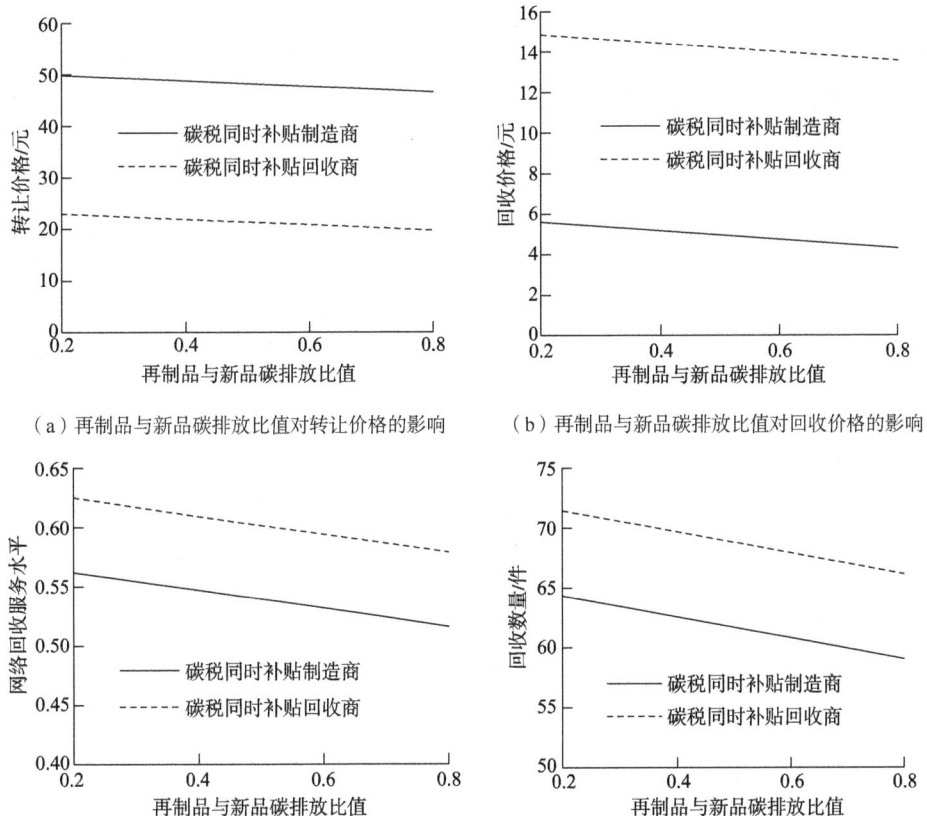

（a）再制品与新品碳排放比值对转让价格的影响　（b）再制品与新品碳排放比值对回收价格的影响

（c）再制品与新品碳排放比值对网络回收服务水平的影响　（d）再制品与新品碳排放比值对回收数量的影响

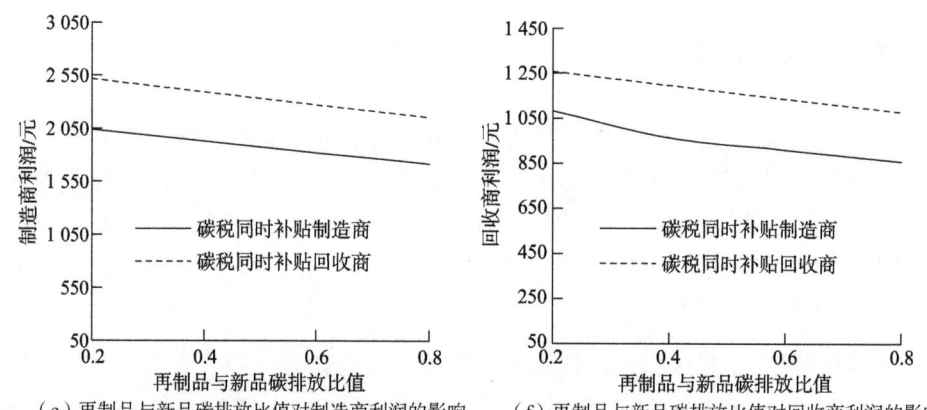

(e) 再制品与新品碳排放比值对制造商利润的影响　　(f) 再制品与新品碳排放比值对回收商利润的影响

图 7-4　两种情形下，再制品与新品碳排放比值对废旧产品再制造系统运营管理决策和利润的影响

由图 7-4 可知，在其他条件不变的情况下，碳税同时补贴制造商情形下废旧产品的转让价格大于碳税同时补贴回收商情形下，而废旧产品的回收价格、网络回收服务水平、回收数量、制造商利润和回收商利润小于碳税同时补贴回收商情形下。此外，随着再制品与新品碳排放比值的增加，废旧产品的转让价格、回收价格、回收数量、网络回收服务水平、制造商利润和回收商利润逐渐减少。这说明当政府对制造商生产的再制品进行补贴时，减轻了制造商的生产成本。因此，制造商会提高从回收商处回购废旧产品的价格以增加再制品的生产数量。另外，再制品与新品碳排放比值越大，再制品的碳减排优势越不明显，制造商会降低废旧产品的回购价格，从而使回收商降低废旧产品回收价格和网络回收服务水平以减少废旧产品的回收数量，最终造成制造商利润和回收商利润的减少。

2. 再制造率对运营管理决策和利润的影响

假设模型中其他参数保持不变，对再制造率 ρ_2 的变化区间取 [0.3,0.9]，得到两种情形下，再制造率对废旧产品再制造系统运营管理决策和利润的影响，如图 7-5 所示。

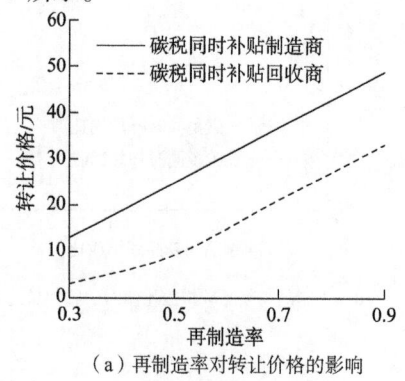
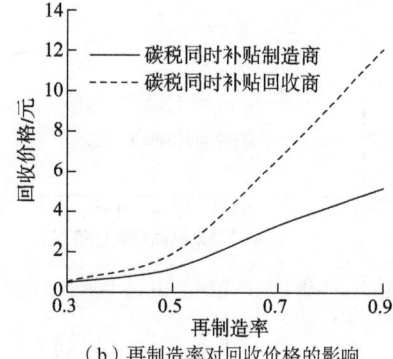

(a) 再制造率对转让价格的影响　　(b) 再制造率对回收价格的影响

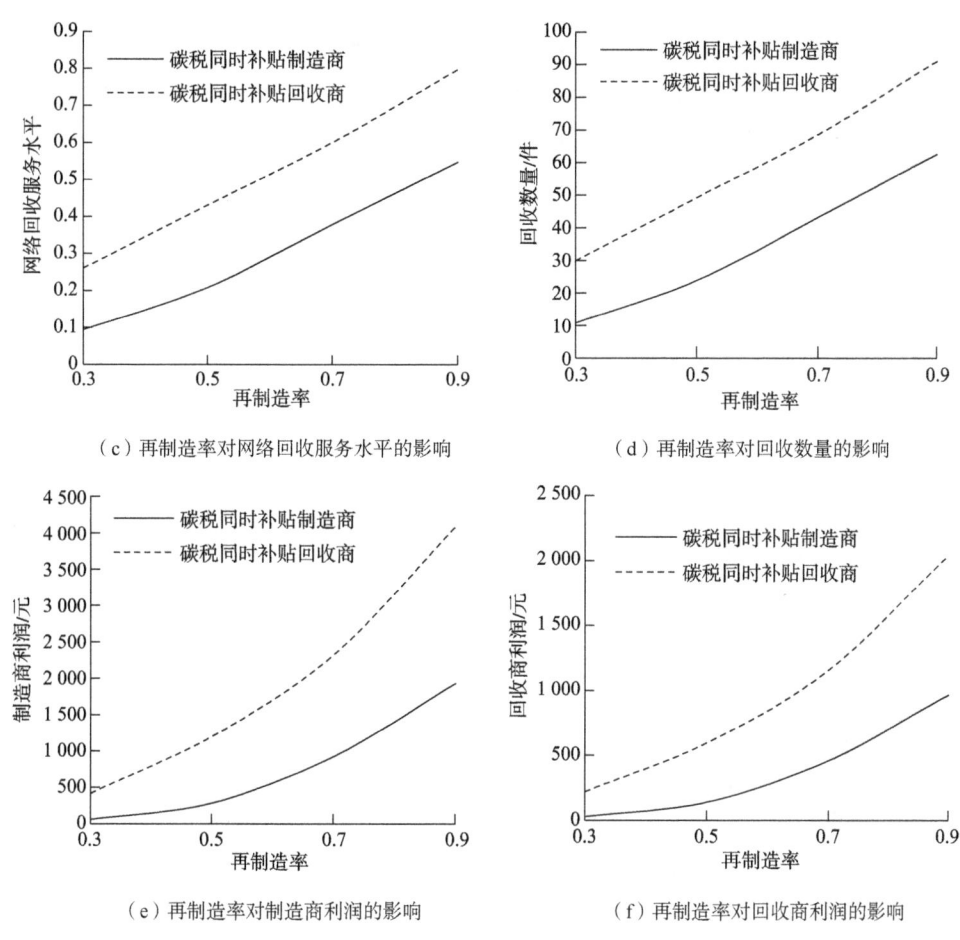

(c)再制造率对网络回收服务水平的影响　　(d)再制造率对回收数量的影响

(e)再制造率对制造商利润的影响　　(f)再制造率对回收商利润的影响

图 7-5　两种情形下，再制造率对废旧产品再制造系统运营管理决策和利润的影响

从图 7-5 可以看出，在实施碳税情况下，对制造商进行补贴时，废旧产品的转让价格比对回收商进行补贴时高，而废旧产品的回收价格、网络回收服务水平、回收数量、制造商利润及回收商利润则相反。此外，随着再制造率的提高，废旧产品的转让价格、回收价格、网络回收服务水平、回收数量、制造商利润和回收商利润也逐渐增加，且从图 7-5（b）~图 7-5（d）可知，再制造率越大，两种政策情形下废旧产品的回收价格、网络回收服务水平和回收数量差距越大。这说明再制造率越高，政府征收碳税的同时对回收商进行补贴对促进废旧产品回收再制造的作用越明显。另外，再制造率的增加激励回收商提高回收价格和网络回收服务水平，积极回收废旧产品，将可再制造废旧产品转让给制造商获取利润，从而使得制造商和回收商利润增加。

3. 消费者环保意识敏感系数对运营管理决策的影响

假设模型中其他参数保持不变，对消费者环保意识敏感系数 β 的变化区间取 [2,10]，得到两种情形下，消费者环保意识敏感系数对废旧产品再制造系统运营管理决策和利润的影响，如图 7-6 所示。

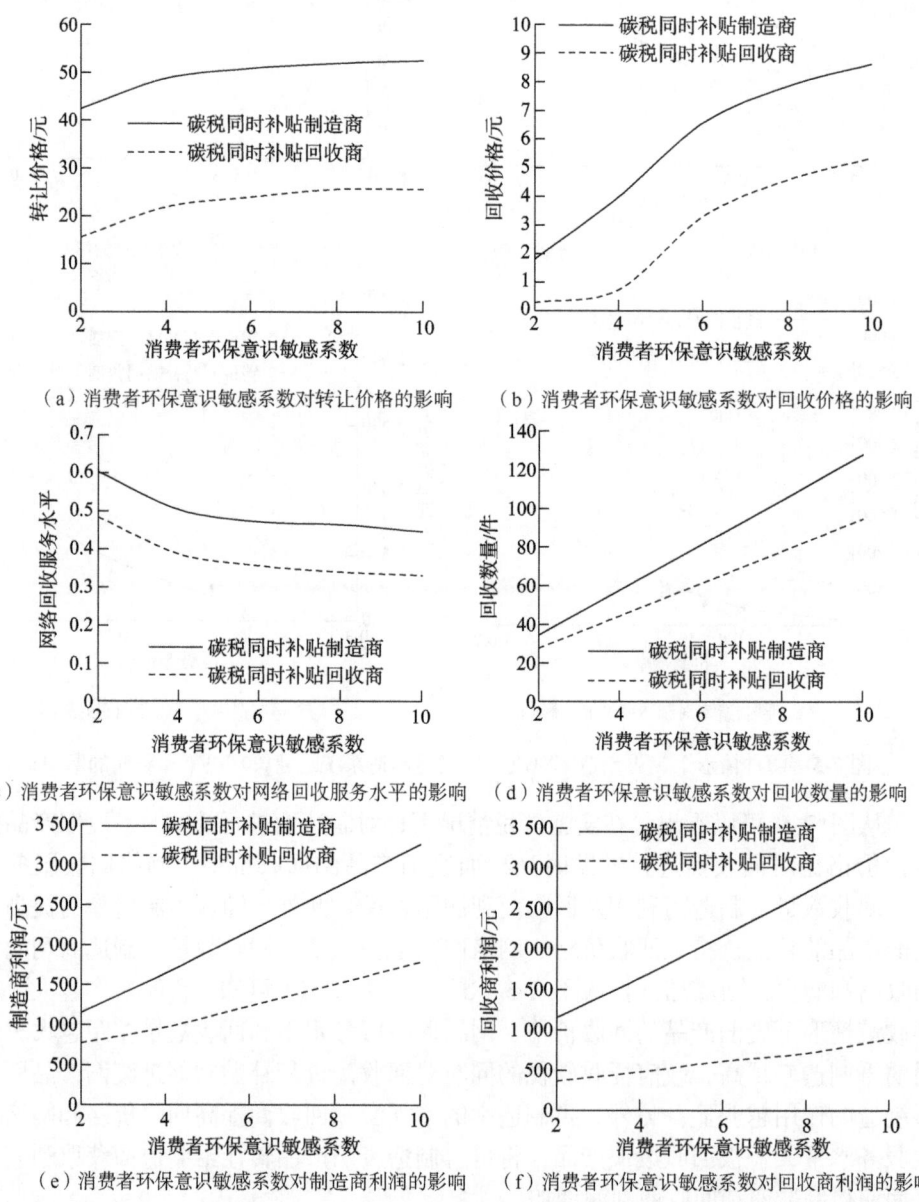

(a) 消费者环保意识敏感系数对转让价格的影响
(b) 消费者环保意识敏感系数对回收价格的影响
(c) 消费者环保意识敏感系数对网络回收服务水平的影响
(d) 消费者环保意识敏感系数对回收数量的影响
(e) 消费者环保意识敏感系数对制造商利润的影响
(f) 消费者环保意识敏感系数对回收商利润的影响

图 7-6 两种情形下，消费者环保意识敏感系数对废旧产品再制造系统运营管理决策和利润的影响

从图 7-6 可以看出，在其他条件不变的情况下，碳税同时补贴制造商情形下废旧产品的转让价格、网络回收服务水平、回收数量、制造商利润和回收商利润均大于碳税同时补贴回收商的情形。另外，从图 7-6 可以看出，随着消费者环保意识敏感系数的提高，废旧产品的转让价格、回收价格、回收数量、制造商利润和回收商利润逐渐增加，而网络回收服务水平却随之降低。这说明消费者环保意识敏感系数越高，越有利于回收商对废旧产品进行回收，回收商为了吸引更多的消费者交投废旧产品，会提高废旧产品的回收价格，但由于回收成本压力，其会减少在网络回收服务水平上的投入，如减少废旧产品回收广告宣传投入等。另外，消费者环保意识敏感系数的提高也会激励制造商积极参与再制造活动，提高从回收商处回购废旧产品的价格以获得更多的废旧产品进行再制造，从而使制造商和回收商的利润增加。

通过以上研究发现结果如下。

（1）在无碳排放政策约束下，基金补贴政策能够有效增加废旧产品的回收数量、回收价格和网络回收服务水平；产品的销售价格只与新品生产成本和基金额度相关，与补贴额度无关；废旧产品的再制造率、消费者环保意识及再制品生产成本都会在一定程度上影响回收商的回收决策。

（2）当考虑碳税政策时：①回收商的回收价格、回收数量和网络回收服务水平随碳税税率的变化趋势取决于回收单位废旧产品产生的碳排放。当回收单位废旧产品产生的碳排放较低时，废旧产品的回收价格、回收数量、网络回收服务水平随碳税税率的增加而增加，反之则减少，说明当回收商回收废旧产品产生较低的碳排放时，碳税的征收能有效促进废旧产品回收产业的发展。②基金补贴政策能够很好地促进废旧产品回收再制造产业的发展。从模拟仿真结果来看，政府补贴回收商时可以有效促进废旧产品的回收，并增加回收商利润；政府补贴制造商时有利于提高废旧产品的转让价格，政府补贴回收商时有利于提高废旧产品回收价格、网络回收服务水平和回收数量，能够有效减少回收商碳排放和制造商碳排放，从而实现供应链碳排放的最小化。③产品销售价格与单位基金和单位碳税相关，与单位补贴无关，且单位基金和单位碳税越高，产品的销售价格越高。与碳税政策相比，基金补贴政策对回收的影响较大。从模拟仿真结果来看，碳税政策的实施能够有效减少闭环供应链的碳排放，却增加了闭环供应链成员的成本，打击了制造商和回收商参与回收再制造的积极性。④碳税政策和基金补贴政策共同作用同样可以促进回收产业的发展，但对制造商和回收商的激励作用略小于基金补贴政策。从经济效益来看，政府征收碳税同时对回收商进行补贴的效果要大于征收碳税同时对制造商进行补贴的情况。再制造率和消费者环保意识敏感系数的增加能够有效促进废旧产品回收再制造。

第8章　低碳环境下废旧产品再制造系统减排策略

本章在第 5 章、第 6 章和第 7 章的基础上,分析不同碳排放政策和基金补贴政策下废旧产品再制造系统成本与碳排放量,并由此从回收商、再制造商及政府等不同主体提出宏观和微观策略,以期实现废旧产品再制造系统的有效减排。

8.1　不同碳排放政策下废旧产品再制造系统成本与碳排放

以下将根据第 5 章构建的系统动力学模型及仿真结果,分别分析无碳排放政策约束、碳限额政策约束、碳税政策约束及碳限额与交易政策约束四种情形下废旧产品再制造系统碳排放量及成本情况。

8.1.1　无碳排放政策约束

在仿真过程中用字母 r 和 k 分别表示再制造率和再制造能力比例,经过反复调试,将 r 设置为 0.3、0.5、0.7、0.9,将 k 设置为 0.4、0.6、0.8,通过仿真,得到不同组合条件下回收商成本和碳排放,再制造商成本和碳排放及供应链总成本和碳排放总量的情况,如表 8-1 所示。

表 8-1 不同再制造率及再制造能力比例下回收商、再制造商及供应链成本和碳排放量

(r, k)	回收商成本/元	回收商碳排放量/千克	再制造商成本/元	再制造商碳排放量/千克	总成本/元	碳排放总量/千克
(0.3, 0.4)	132 023.00	6 106.08	96 347.30	5 191.51	228 370.00	11 297.60
(0.3, 0.6)	105 206.00	4 765.25	79 591.20	4 114.03	184 797.00	8 879.29
(0.3, 0.8)	105 444.00	4 777.16	68 682.40	3 459.74	174 127.00	8 236.90
(0.5, 0.4)	125 871.00	5 798.50	96 633.00	5 195.90	222 504.00	10 994.40
(0.5, 0.6)	85 770.80	3 793.48	81 962.10	4 208.71	167 733.00	8 002.20
(0.5, 0.8)	86 363.60	3 823.13	74 384.30	3 755.03	160 748.00	7 578.76
(0.7, 0.4)	123 352.00	5 672.55	97 105.50	5 217.53	220 458.00	10 890.10
(0.7, 0.6)	77 004.00	3 355.14	84 468.20	4 337.34	161 472.00	7 692.48
(0.7, 0.8)	87 495.10	3 879.70	85 371.40	4 406.71	172 866.00	8 286.41
(0.9, 0.4)	124 142.00	5 712.03	97 491.90	5 242.37	221 634.00	10 954.40
(0.9, 0.6)	81 539.60	3 581.92	92 324.50	4 818.76	173 864.00	8 400.68
(0.9, 0.8)	86 866.40	3 848.26	86 449.50	4 467.36	173 316.00	8 315.63

分析表 8-1 可知，不同的再制造率及再制造能力比例会使企业产生不同的成本和碳排放。当再制造率 $r=0.3$、$r=0.5$ 及 $r=0.9$ 时，最优的再制造能力比例 $k=0.8$；而当再制造率 $r=0.7$ 时，最优的再制造能力比例 $k=0.6$。由此得出 $r=0.3$、$k=0.8$，$r=0.5$、$k=0.8$，$r=0.7$、$k=0.6$ 和 $r=0.9$、$k=0.8$ 四种组合下供应链总成本和碳排放总量可实现最小化。

8.1.2 碳限额政策约束

为分析碳限额政策对最优组合条件下再制造决策的影响，在参考 Yang 等（2016）的基础上，结合企业在生产经营过程中实际产生的碳排放情况，分别为回收商和再制造商设置 3 600 千克、4 000 千克、4 400 千克的排放额度。然后将回收商和再制造商的不同碳排放额度进行组合，通过模型仿真得出不同情况下企业的制造/再制造决策，仿真结果如表 8-2 所示。在表 8-2 中 (a, b) 分别表示回收商和再制造商的碳排放额度，如（3 600，4 000）表示在仿真期结束后，回收商最多只能排放碳 3 600 千克，再制造商最多只能排放 4 000 千克；用 1 表示仿真期结束时超额排放，用 0 表示未超额，如（0，1）表示回收商碳排放未超额而再制造商碳排放超额。

表 8-2 不同排放限额下的总成本和碳排放总量

碳排放额度	碳排放超额情况				决策结果	优化目标	
	$r=0.3$	$r=0.5$	$r=0.7$	$r=0.9$	再制造能力比例	碳排放总量/千克	总成本/元
（3 600，3 600）	(1, 0)	(1, 1)	(0, 1)	(1, 1)	—	—	—
（3 600，4 000）	(1, 0)	(1, 0)	(0, 1)	(1, 1)	—	—	—
（3 600，4 400）	(1, 0)	(1, 0)	(0, 0)	(1, 0)	$k=0.6$	7 692.48	161 472
（4 000，3 600）	(1, 0)	(0, 1)	(0, 1)	(0, 1)	—	—	—
（4 000，4 000）	(1, 0)	(0, 0)	(0, 1)	(0, 1)	$k=0.8$	7 578.76	160 748
（4 000，4 400）	(1, 0)	(0, 0)	(0, 0)	(0, 1)	$k=0.8$	7 578.76	160 748
（4 400，3 600）	(1, 0)	(0, 1)	(0, 1)	(0, 1)	—	—	—
（4 400，4 000）	(1, 0)	(0, 0)	(0, 0)	(0, 1)	$k=0.8$	7 578.76	160 748
（4 400，4 400）	(1, 0)	(0, 0)	(0, 0)	(0, 1)	$k=0.8$	7 578.76	160 748

由表 8-2 可知，当碳排放额度为（4 000，4 000）、（4 000，4 400）、（4 400，4 000）、（4 400，4 400）时，再制造决策为 $r=0.5$、$k=0.8$；当排放额度为（3 600，4 400）时，再制造决策为 $r=0.7$、$k=0.6$，但此时闭环供应链的总成本和碳排放总量有所上升。由此可知，当政府设定了不合理的碳排放额度时，不仅达不到低碳节能减排的目的，还会增加企业的成本和碳排放。

8.1.3 碳税政策约束

碳税政策是指政府按照一定的税率对企业产生的碳排放量进行征税，企业产生的碳排放量越多，征收的碳税就会越多，政府设定的税率不同，也会引起税额的变化。因此，企业的总成本必须加上碳税成本。假设用字母 δ 表示政府对企业单位碳排放量所征收的碳税，在模型中分别将碳税税率设置为 0.2、0.4、0.6、0.8、1.0、1.2、1.4、1.6进行模拟仿真，得到最优组合下回收再制造总成本和碳排放总量的变化情况，如表 8-3 所示。

表 8-3 碳税政策下回收再制造总成本和碳排放总量

税率	（成本，碳排放量）				决策结果
	$r=0.3$、$k=0.8$	$r=0.5$、$k=0.8$	$r=0.7$、$k=0.6$	$r=0.9$、$k=0.8$	
0.2	（175 774，8 236.9）	（162 264，7 578.76）	（163 011，7 692.48）	（174 979，8 315.63）	$r=0.5$、$k=0.8$
0.4	（177 422，8 236.9）	（163 779，7 578.76）	（164 549，7 692.48）	（176 642，8 315.63）	$r=0.5$、$k=0.8$
0.6	（179 069，8 236.9）	（165 295，7 578.76）	（166 088，7 692.48）	（178 305，8 315.63）	$r=0.5$、$k=0.8$
0.8	（180 716，8 236.9）	（166 810，7 578.76）	（167 626，7 692.48）	（179 968，8 315.63）	$r=0.5$、$k=0.8$
1.0	（182 364，8 236.9）	（168 326，7 578.76）	（169 165，7 692.48）	（181 632，8 315.63）	$r=0.5$、$k=0.8$

续表

税率	（成本，碳排放量）				决策结果
	$r=0.3$、$k=0.8$	$r=0.5$、$k=0.8$	$r=0.7$、$k=0.6$	$r=0.9$、$k=0.8$	
1.2	（184 011，8 236.9）	（170 832，7 578.76）	（170 704，7 692.48）	（183 295，8 315.63）	$r=0.7$、$k=0.6$
1.4	（185 658，8 236.9）	（172 347，7 578.76）	（172 242，7 692.48）	（184 958，8 315.63）	$r=0.7$、$k=0.6$
1.6	（187 306，8 236.9）	（173 863，7 578.76）	（173 780，7 692.48）	（186 621，8 315.63）	$r=0.7$、$k=0.6$

由表 8-3 可知，政府制定不同的税率，回收再制造决策也会发生变化，当税率等于 0.2、0.4、0.6、0.8、1.0 时得到的决策结果为组合 $r=0.5$、$k=0.8$；当税率等于 1.2、1.4、1.6 时得到的决策结果为组合 $r=0.7$、$k=0.6$，但此时闭环供应链的总成本和碳排放总量有所上升。另外，碳税政策只是对企业产生的碳排放征收一定的税率，并不影响企业的实际碳排放量。因此，在碳税政策下回收再制造的碳排放量与无碳税政策的碳排放量一致。一般情况下，政府制定的碳税税率越高，企业的碳税成本就越高，企业会从低成本的角度出发重新做出决策来降低生产经营过程中产生的碳排放量，但通过模拟仿真发现，当碳税税率从 1.0 上升为 1.6 时，回收再制造决策发生了变化，导致闭环供应链成本和碳排放的增加。由此可以得出，碳税税率增加，固然会增加政府的收益，但如果设置了不合理的碳税税率，同样也会带来供应链成本和碳排放的增加。因此，政府应根据企业实际情况制定合理的碳税标准来引导回收再制造活动，从而达到低碳节能减排。

8.1.4 碳限额与交易政策约束

由碳限额政策下企业的回收再制造决策可知，当政府为回收商和再制造商设置 4 000~4 400 的碳排放额度时，可实现供应链成本和碳排放的最小化。本小节在此基础上引入碳限额与交易政策，分析碳限额与交易政策是否会改变企业的回收再制造决策。不同于碳限额政策，在碳限额与交易政策下，当企业在经营中产生的碳排放量超过政府规定的碳排放额度时，企业不会被勒令停产，而是必须要在碳限额与交易市场上购买额外的碳排放权来完成生产经营活动；反之，当企业在经营过程中产生的碳排放量小于政府规定的碳排放额度时，也可以将多余的碳排放权在碳限额与交易市场上卖出获得收益。用字母 ε_1、ε_2 分别表示碳排放权的单位卖出价格和单位买入价格，通过调研获得初始数据 $\varepsilon_1=4$、$\varepsilon_2=5$。另外，假设用组合 1 表示 $r=0.3$、$k=0.8$，组合 2 表示 $r=0.5$、$k=0.8$，组合 3 表示 $r=0.7$、$k=0.6$，组合 4 表示 $r=0.9$、$k=0.8$。因此，碳限额与交易政策下最优组合的回收再制造成本和碳排放情况如表 8-4 所示。

表 8-4 碳限额与交易政策下最优组合的回收商、再制造商及供应链总成本和碳排放情况

(r, k)	回收商		再制造商		供应链总成本/元	供应链碳排放总量/千克
	成本/元	碳排放/千克	成本/元	碳排放/千克		
(0.3, 0.8)	107 329.8	4 777.16	66 521.36	3 459.74	173 851.16	8 236.90
(0.5, 0.8)	85 656.12	3 823.13	73 404.42	3 755.03	159 060.54	7 578.16
(0.7, 0.6)	74 424.56	3 355.14	84 217.56	4 337.34	158 892.76	7 692.48
(0.9, 0.8)	86 259.44	3 848.26	86 786.30	4 467.36	173 045.74	8 315.62

由于在碳限额与交易政策下政府规定的碳排放额度只是企业生产经营所参考的排放标准，当企业的实际碳排放权超出政府规定的碳排放额度时，回收商和再制造商可以在碳限额与交易市场上通过买入碳排放权来获得生产经营所必需的碳排放量，这在一定程度上增加了企业的成本；反之，当企业的实际碳排放权低于政府规定的碳排放额度时，回收商和再制造商可以将多余的碳排放权卖出，从而获得额外的收入。因此，在碳限额与交易政策约束下，回收商和再制造商的碳排放量与无碳排放政策约束时的碳排放量一致。碳限额与交易政策主要通过影响闭环供应链的成本来影响回收再制造决策。从表 8-4 可以看出，碳限额与交易政策下，回收商的成本和碳排放在组合 r=0.7、k=0.6 时可实现最小化，因为在该组合模式下，回收商所产生的碳排放量最小，低于政府规定的碳排放额度范围，所以回收商可以将多余的碳排放权在碳限额与交易市场上出售来获得额外的收入。再制造商的成本和碳排放受制造/再制造活动及再制造商库存的影响，在组合 r=0.3、k=0.8 时可实现成本和碳排放的最小化，但综合整个回收再制造活动来看，组合 r=0.7、k=0.6 可实现闭环供应链总成本的最小化。

8.2 碳排放政策和基金补贴政策下废旧产品再制造系统成本与碳排放

本节以电器电子产品为例，主要从系统动力学的角度研究碳排放政策和基金补贴政策对废旧产品再制造系统运营管理决策的影响。首先，根据实际情况构建废旧产品再制造系统总因果关系图；其次，根据因果关系图绘制系统流图；最后，通过构建动力学方程模拟碳排放政策和基金补贴政策对废旧产品再制造系统运营管理决策的影响。

8.2.1 系统边界的确定及基本假设

本节考虑碳排放政策和基金补贴政策建立废旧产品回收系统动力学模型，主要基于以下几个基本假设。

（1）假设只考虑一种废旧产品的回收再制造问题。

（2）假设回收商回收的废旧产品全部来自消费者，不考虑退货物流和废弃物流。

（3）假设回收商对回收的废旧产品进行初步筛选，直接对不可再利用的废旧产品进行环保处理。同理，制造商由于再制造技术水平限制，对从第三方回收商处回购的不可再制造废旧产品进行专业处理。

废旧产品回收过程是一个动态、复杂的系统，并且牵扯到各式各样的影响因素，为了明确废旧产品回收再制造的系统边界，需要分析参与的各主体，从而分析涵盖整个系统的内容。本书主要分析碳排放政策和基金补贴政策对废旧产品回收再制造系统运营管理决策的影响。因此，涉及的参与主体主要包括政府、制造商、回收商和消费者。

系统边界说明如下。

（1）政府。政府在经济发展过程中扮演十分重要的角色，当市场失灵或经济发展偏离正常轨道时，其会采取一系列的约束或激励措施来调控市场。废旧产品回收是实现经济可持续发展的重要举措，但受利益驱使或者成本限制，企业往往不能积极主动地参与到废旧产品的回收再制造当中。此时，作为经济发展调节的主体——政府便可以充分发挥作用，如颁布碳排放政策，在环境规制作用下约束企业的不当行为，或者通过实施基金补贴政策促进相关企业积极参与到废旧产品的回收再制造活动当中。

（2）制造商。制造商作为电器电子产品的生产主体，需要履行生产者责任延伸制，不仅要从源头控制电器电子产品的质量，还要积极主动地参与到废旧产品的再制造过程当中，在自身利益最大化时如何采取最优措施实现环境效益最优是值得讨论的问题。

（3）回收商。回收商承担废旧产品的回收工作，随着"互联网+"的兴起，第三方回收商充分利用互联网、大数据、云计算等搭载废旧产品网络回收服务平台，通过广告宣传、技术创新等提高网络回收服务水平，来吸引消费者交投废旧产品。在政府政策调控下，回收商如何做出最优决策提高废旧产品回收数量也是值得探讨的问题。

（4）消费者。消费者不仅是废旧产品的主要来源，也决定着废旧产品网络回收的最终情况，主要是因为电器电子产品的生产和电器电子的报废量都与消费者息息相关。因此，消费者是影响废旧产品回收的重要因素。随着经济发展及人们生活水平的提高，电器电子产品需求数量日益增多，产品更新换代速度越来越快，故电器电子产品报废的速度也越来越快。由于大部分消费者环保意识较弱，往往会选择将废旧产品出售给非正规回收渠道的回收商贩，非正规回收渠道的回收商贩对回收的废旧产品进行简单处理后通过二次销售或出售零部件来获取利润，这样不但造成资源的极大浪费，而且对丢弃的废旧产品的掩埋、焚烧也会污染环境，不符合可持续发展的经济理念。因此，如何激励消费者将手中的废旧产品交投给正规的网络回收商是至关重要的问题。

8.2.2　因果关系图

1. 电器电子产品生产、报废与回收子系统

将电器电子制造行业看作一个整体，电器电子制造商既生产新品，也对回购的废旧产品进行再制造，由于单位再制品成本小于单位新品成本，制造商优先选择对废旧产品进行再制造，当再制品不能满足市场需求时再生产新品。随着市场需求数量的增加，电器电子产品销售数量增加，从而使得电器电子产品生产数量和消费者手中电器电子产品保有量的增加。消费者手中电器电子数量越多，电器电子报废数量就越多。随着电器电子报废数量的增加，废旧产品回收数量增加，从而导致再制品数量的增加。在市场需求总量不变的情况下，新品数量就会减少。电器电子产品生产、报废和回收的因果关系图如图 8-1 所示。

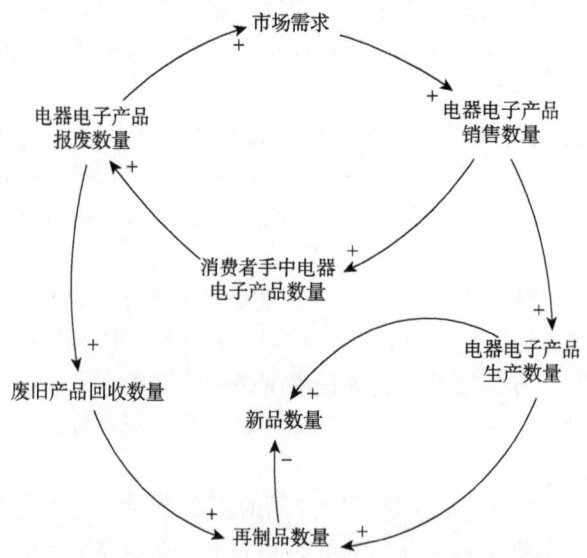

图 8-1　电器电子产品生产、报废和回收的因果关系图

2. 废旧产品回收再制造环境效益子系统

以企业在经营过程中产生的碳排放量作为衡量电器电子产品回收再制造的环境效益。第三方回收商通过构建网络回收平台提高回收服务水平和回收率,从而吸引消费者交投更多的废旧产品,随着废旧产品回收数量的增加,回收过程产生的碳排放也会增加,在再制造率不变的情况下,再制品数量也会增加。因此,再制造过程产生的碳排放量也会增加;另外,新品数量的增加也会造成新品碳排放量的增加,从而造成制造/再制造碳排放量的增加。废旧产品回收再制造环境效益因果关系图如图 8-2 所示。

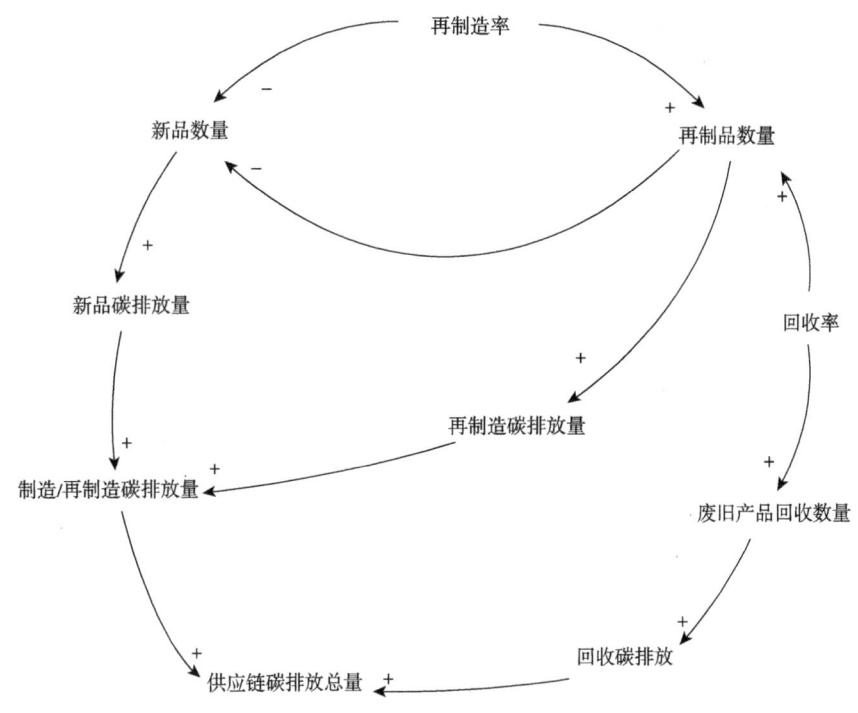

图 8-2 废旧产品回收再制造环境效益因果关系图

3. 废旧产品回收再制造经济效益子系统

废旧产品回收再制造经济效益子系统主要分析制造商和回收商的成本与收益情况。回收商回收的废旧产品数量越多,其回收成本和网络回收投入成本就越高,付出的碳排放成本也会越高,同时转让给制造商的可再制造废旧产品数量就越多,回收商获得的转让收入也就越多;制造商从回收商处回购的废旧产品数量越多,再制品数量就越多,新品数量就越少,进一步影响到制造商的碳成本。另外，再制品和新品的制造/再制造成本和价格也会影响制造商的收益。政府对制造商和回收商产生的碳排放量征收的单位碳税和基金补贴的额度同样会影响其收益。废旧产品回收再制造经济效益因果关系图如图 8-3 所示。

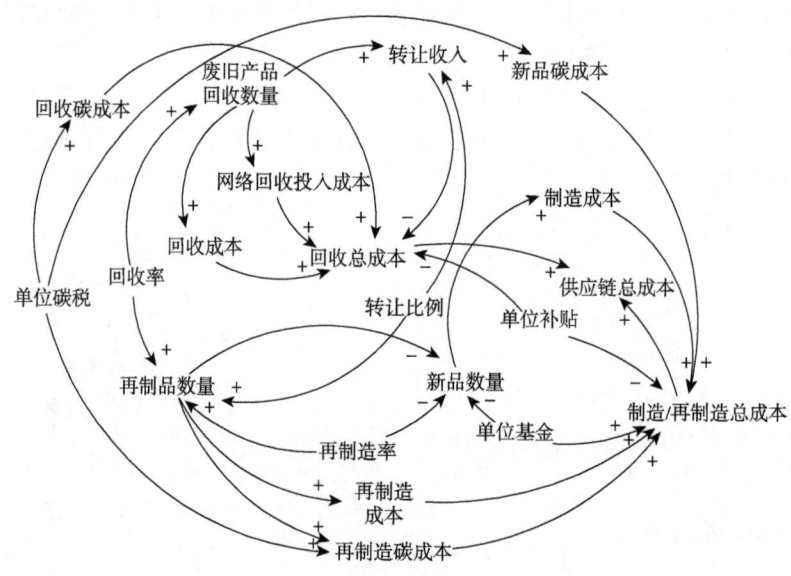

图 8-3　废旧产品回收再制造经济效益因果关系图

4. 废旧产品回收再制造资源效益子系统

废旧产品回收再制造资源效益以再制造率作为衡量指标。废旧产品回收质量越高，再制造率就会越高，再制品数量就越多。反之，废旧产品回收质量越低，不可再制造率就越低，从而造成废旧产品废弃数量的减少。同时，废旧产品回收数量越多，再制品数量就越多，需要丢弃的不可再制品数量就越多。废旧产品回收再制造资源效益因果关系图如图 8-4 所示。

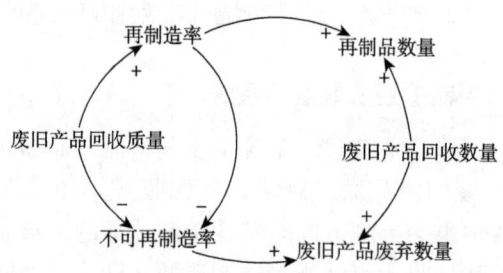

图 8-4　废旧产品回收再制造资源效益因果关系图

5. 回收再制造系统总因果关系图

结合图 8-1~图 8-4，得到废旧产品回收再制造系统总因果关系图，如图 8-5 所示。

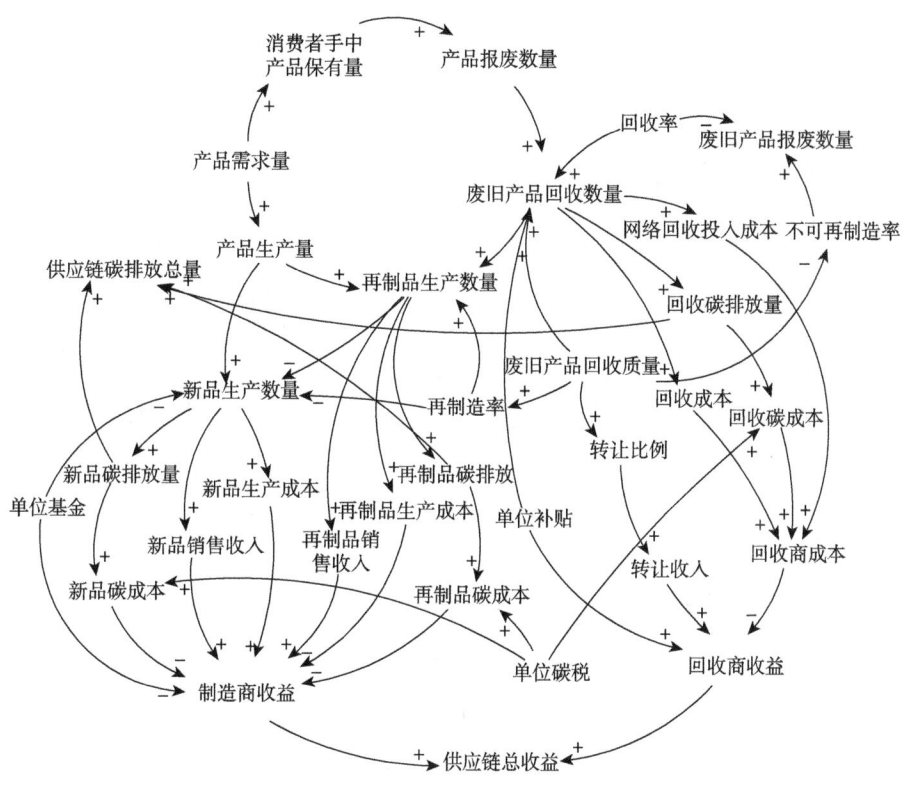

图 8-5 废旧产品回收再制造系统总因果关系图

8.2.3 系统流图

根据 8.2.2 小节废旧产品回收再制造总因果关系图，本小节将总因果关系图中的变量区分开来，主要分为存量、流量、辅助变量和常量，用系统动力学方程表示各个变量之间的关系，分析回收过程的动态系统。废旧产品回收再制造系统流图如图 8-6 所示。

1. 相关变量描述

模型中涉及的相关变量定义如表 8-5 所示。

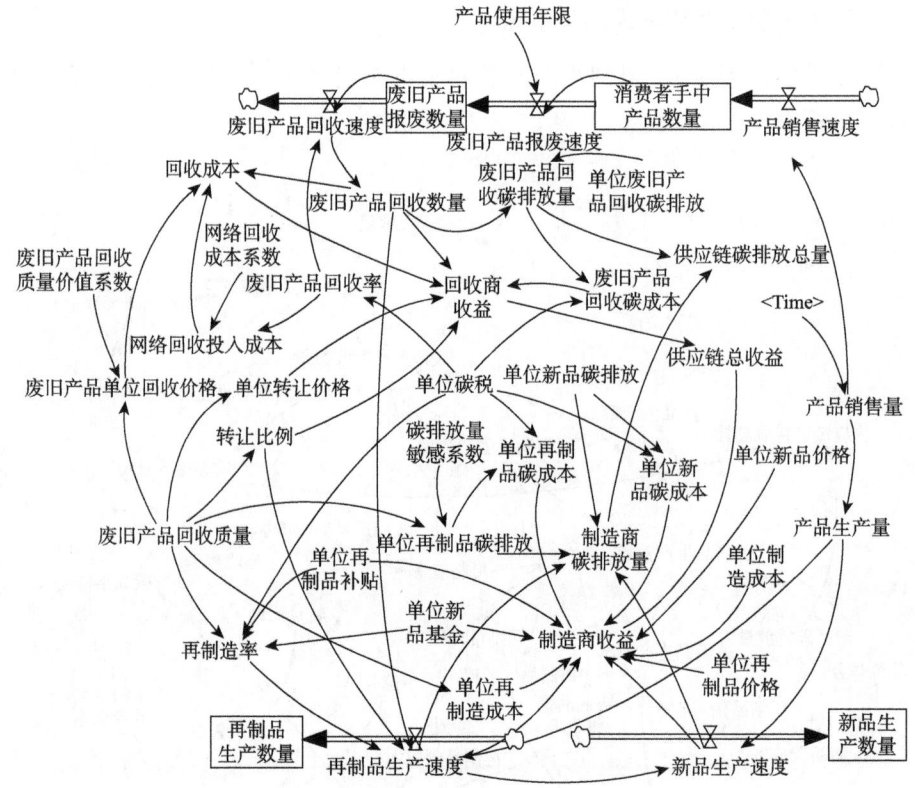

图 8-6 废旧产品回收再制造系统流图

表 8-5 相关变量定义

变量类型	变量名称	单位
存量	消费者手中产品数量	个
存量	废旧产品报废数量	个
存量	新品生产数量	个
存量	再制品生产数量	个
流量	产品销售速度	个
流量	废旧产品报废速度	个
流量	废旧产品回收速度	个
流量	新品生产速度	个
流量	再制品生产速度	个
辅助变量	回收成本	元
辅助变量	网络回收投入成本	元
辅助变量	废旧产品单位回收价格	元/个
辅助变量	单位转让价格	元/个
辅助变量	废旧产品回收碳排放量	千克
辅助变量	废旧产品回收碳成本	元

续表

变量类型	变量名称	单位
辅助变量	回收商收益	元
辅助变量	单位再制造成本	元/个
辅助变量	单位制造成本	元/个
辅助变量	单位再制品碳成本	元/个
辅助变量	单位新品碳成本	元/个
辅助变量	单位再制品碳排放	千克/个
辅助变量	单位新品碳排放	千克/个
辅助变量	制造商收益	元
辅助变量	产品生产量	个
辅助变量	产品销售量	个
辅助变量	供应链总收益	元
辅助变量	供应链碳排放总量	千克
辅助变量	废旧产品回收率	无
辅助变量	转让比例	无
辅助变量	再制造率	无
辅助变量	产品使用年限	年
辅助变量	废旧产品回收数量	个
辅助变量	废旧产品回收质量	百分比
辅助变量	单位再制品补贴	元/个
辅助变量	单位新品基金	元/个
辅助变量	单位再制品价格	元/个
辅助变量	制造商碳排放量	千克
辅助变量	单位碳税	元/个
常量	碳排放量敏感系数	无
常量	废旧产品基本回收价格	元/个
常量	废旧产品回收质量价值系数	无
常量	网络回收成本系数	无
常量	单位废旧产品回收碳排放	千克/个

2. 系统动力方程

（1）废旧产品回收速度=废旧产品回收率×废旧产品报废数量。

（2）废旧产品回收碳成本=废旧产品回收碳排放×单位碳税。

（3）废旧产品回收碳排放=废旧产品回收速度×单位废旧产品回收碳排放。

（4）废旧产品单位回收价格=基本回收价格+废旧产品回收质量×废旧产品回收质量价值系数。

（5）废旧产品报废数量=废旧产品报废速度−废旧产品回收速度。

（6）废旧产品报废速度=消费者手中产品数量/产品使用年限。

（7）再制品生产数量=INTEG（再制品生产速度，0）。

（8）再制品生产速度=IF THEN ELSE（产品生产量>废旧产品回收速度×转让比例×再制造率，废旧产品回收速度×转让比例×再制造率，产品生产量）。

（9）制造商收益=再制品生产速度×（单位再制品价格+单位再制品补贴−单位再制品碳成本−单位再制造成本）+新品生产速度×（单位新品价格−单位制造成本−单位新品基金−单位新品碳成本）。

（10）制造商碳排放=再制品生产速度×单位再制品碳排放+新品生产速度×单位新品碳排放。

（11）单位再制品碳成本=单位再制品碳排放×单位碳税。

（12）单位新品碳成本=单位新品碳排放×单位碳税。

（13）回收商收益=废旧产品回收速度×转让比例×单位转让价格+废旧产品回收速度×单位再制品补贴−废旧产品回收碳成本−回收成本。

（14）回收成本=废旧产品回收速度×废旧产品单位回收价格+网络回收投入成本。

（15）新品生产数量=INTEG（新品生产速度，0）。

（16）新品生产速度=产品生产量−再制品生产速度。

（17）消费者手中产品数量=INTEG（产品销售速度−废旧产品报废速度，200）。

（18）产品销售速度=产品销售量。

（19）产品销售量=WITH LOOKUP（Time）。

（20）网络回收投入成本=网络回收成本系数×废旧产品回收率^2。

（21）供应链总收益=制造商收益+回收商收益。

（22）供应链碳排放总量=制造商碳排放+废旧产品回收碳排放量。

8.2.4 模型仿真分析

为更好地模拟分析回收再制造变量之间的相互作用及政府相关政策对废旧产品回收再制造系统运营管理决策的影响，本小节对8.2.3小节构建的系统动力学模型进行仿真分析。

1. 相关参数初始赋值

本书以某电子产品为例，参考杨珺等（2012）、钟永光等（2010）的研究，对相关参数进行初始赋值如表8-6所示，模拟分析2009~2029年政府碳排放政策和基金补贴政策对该电子产品回收再制造主体收益和碳排放的影响，部分参数需根据实际参数值的大小在模型中测试获得。

表 8-6 模型相关参数

名称	数值	单位
终止时间	2029	年
起始时间	2009	年
时间步长	1	年
单位制造成本	100	元
单位再制造成本	40	元
单位回收成本	10	元
单位转让价格	30	元
单位产品价格	300	元
单位制造碳排放	2.5	千克
单位再制造碳排放	0.9	千克
单位回收碳排放	0.5	千克

2. 模拟情景设置

为比较分析不同情景下"互联网＋"废旧产品回收决策问题，本书回收决策模拟情景假设分为以下几种情景，通过设置不同的政策变量，模拟分析环境规制政策和基金补贴政策对"互联网＋"回收决策的影响，主要分为以下几种情景。

情景一：无政策约束。该情景模式下，制造商和回收商不受任何外部因素的约束或激励，均以自身利益最大化对废旧产品进行回收再制造。

情景二：环境规制政策。该政策下，政府对制造商和回收商生产经营活动产生的碳排放按照一定的碳税税率征收碳排放税。企业产生的碳排放越多，付出的碳排放成本就越多。因此，企业会改变自身的决策来降低经营成本。

情景三：基金补贴政策。基金补贴政策又分为两种情形，同 7.2 节。

情景四：环境规制政策和基金补贴政策共同作用。主要分为两种情形，同 7.3 节。对不同的对象实施不同的政策可能会对制造商和回收商产生不同的影响，本章主要分析以上几种情形下废旧产品再制造系统运营管理决策问题。

3. 政策设置

本章将几种情景分别表示为无政策约束、碳税政策、补贴制造商、补贴回收商、征收碳税同时补贴制造商和征收碳税同时补贴回收商，通过仿真模拟分析碳税政策和基金补贴政策对不同主体回收再制造决策产生的影响。因此，将单位碳税、单位新品基金和单位再制品/废旧产品补贴作为控制变量，将废旧产品回收数量、废旧产品回收碳排放、回收商收益、再制品数量、制造商碳排放/收益及供应链碳排放/收益作为观察变量，分析不同政策对废旧产品再制造系统运营管理决策的影响。不同情景下的政策设置如表 8-7 所示。

表 8-7　相关政策设置

情景	说明	参数设置
无政策约束	政府不采取任何政策调控	单位碳税=0 元/千克 单位基金=0 元/个 单位补贴=0 元/个
碳税政策	政府对制造商和回收商产生的碳排放按 4 元/千克征收碳税	单位碳税=4 元/千克 单位基金=0 元/个 单位补贴=0 元/个
补贴制造商	政府制造商新品按 7 元/个征收基金的同时对再制品按 25 元/个进行补贴	单位碳税=0 元/千克 单位基金=7 元/个 单位补贴=25 元/个
补贴回收商	政府对制造商新品按 7 元/个征收基金,对回收商回收的废旧产品按 25 元/个进行补贴	单位碳税=0 元/千克 单位基金=7 元/个 单位补贴=25 元/个
征收碳税同时补贴制造商	政府对制造商和回收商产生的碳排放按 4 元/千克征收碳税,同时对制造商生产的新品按 7 元/个征收基金,对其生产再制品按 25 元/个进行补贴	单位碳税=4 元/千克 单位基金=7 元/个 单位补贴=25 元/个
征收碳税同时补贴回收商	政府对制造商和回收商产生的碳排放按 4 元/千克征收碳税,同时对制造商生产的新品按 7 元/个征收基金,对回收商回收的废旧产品按 25 元/个进行补贴	单位碳税=4 元/千克 单位基金=7 元/个 单位补贴=25 元/个

4. 仿真结果分析

为分析不同情景下制造商和回收商回收再制造决策变化情况,设置不同的政策参数模拟分析回收商收益和碳排放、制造商收益和碳排放及供应链总收益和碳排放总量。

1) 回收商收益和碳排放

图 8-7 和图 8-8 分别描述了不同情景下回收商的废旧产品回收数量、回收碳排放及回收商收益。

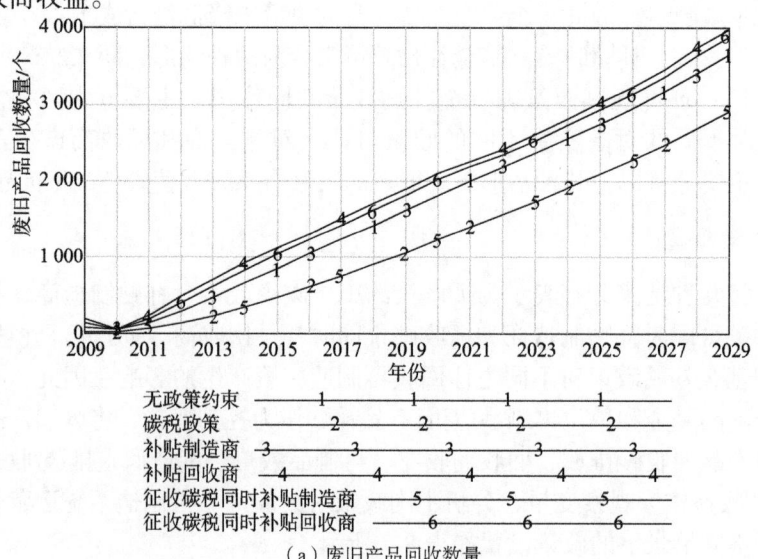

(a) 废旧产品回收数量

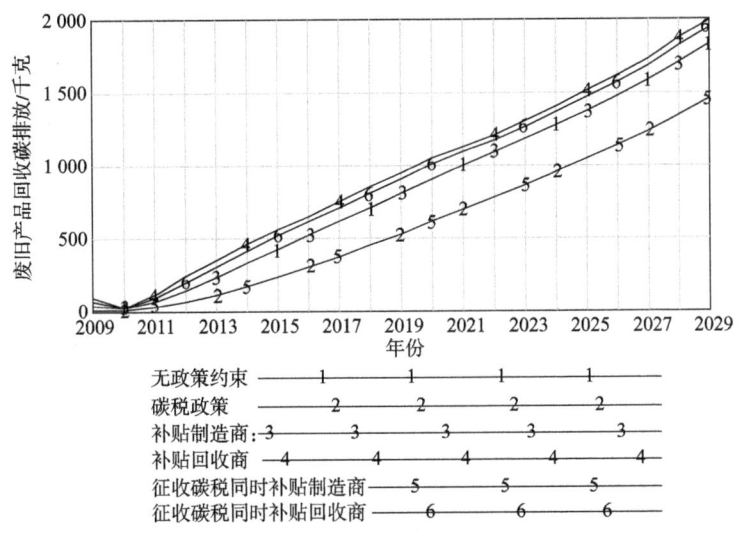

（b）废旧产品回收碳排放

图 8-7　不同情景下废旧产品回收数量和回收碳排放

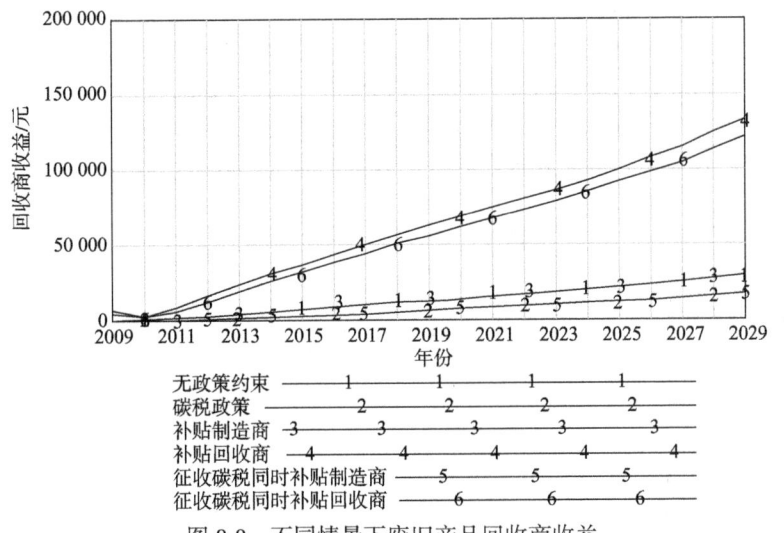

图 8-8　不同情景下废旧产品回收商收益

由图 8-7 和图 8-8 可知，废旧产品回收数量、回收碳排放和回收商收益随仿真时间的增加呈逐渐上升的趋势，主要是因为在回收比率不变的情况下，随着电器电子产品销售数量的逐年增加，可回收再制造的废旧产品数量也会逐年增加。因此，废旧产品回收数量逐年增加，从而造成回收碳排放的增加，回收商转让可再制造废旧产品的收入也会逐年增加。然而，当政府对回收商补贴或征收碳税同时补贴回收商情况下，废旧产品回收数量、回收碳排放及回收商收益高于无政策约束、碳税政策、补贴制造商及征收碳税同时补贴制造商的情况，且在无政策约束和补贴制造商情况下回收商决策相同，碳税政策和征收碳税同时补贴制造商情况下回收商决策相同，主要原因是政府补贴回收商减轻了回收商的成本压力。一方面，回收商可以通过增加回收数量来获得更多的补助；另一方面，回收数量的增加导致可再制造废旧产品数量的增加，通过将其转让给制造商获得更多的收入。当政府实施碳税政策或征收碳税同时补贴制造商时，废旧产品回收数量、回收碳排放及回收商收益最低，主要是因为碳税的征收产生了碳排放成本，打击了回收商的回收积极性。因此，回收商减少对废旧产品的回收，导致废旧产品回收数量和回收碳排放减少，最终导致回收商收益的减少。当政府对制造商补贴时，回收商的决策行为并未受到影响。因此，该情景下，废旧产品回收数量、回收碳排放和回收商收益的变化趋势与无政策约束的变化趋势一致。

2）制造商收益和碳排放

图 8-9 和图 8-10 分别描述了不同情景下制造商再制品生产数量、制造商碳排放和制造商收益。

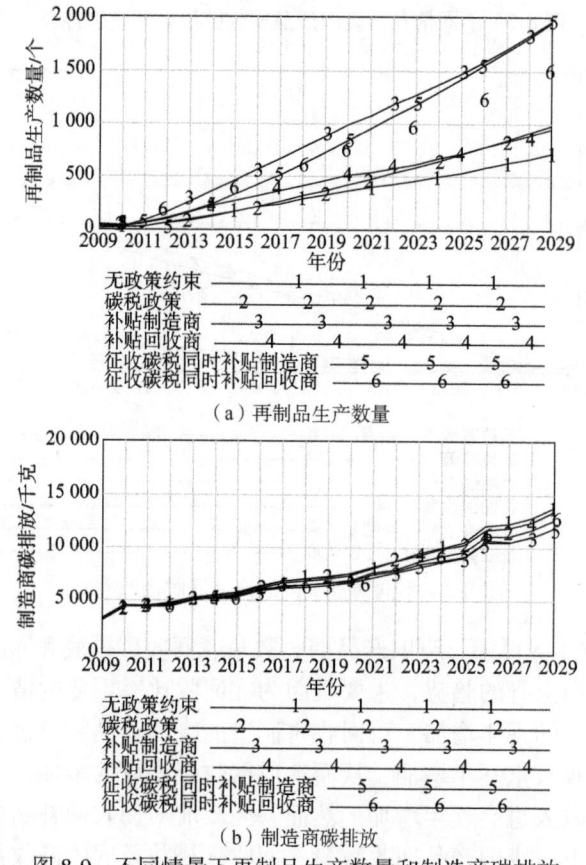

(a) 再制品生产数量

(b) 制造商碳排放

图 8-9 不同情景下再制品生产数量和制造商碳排放

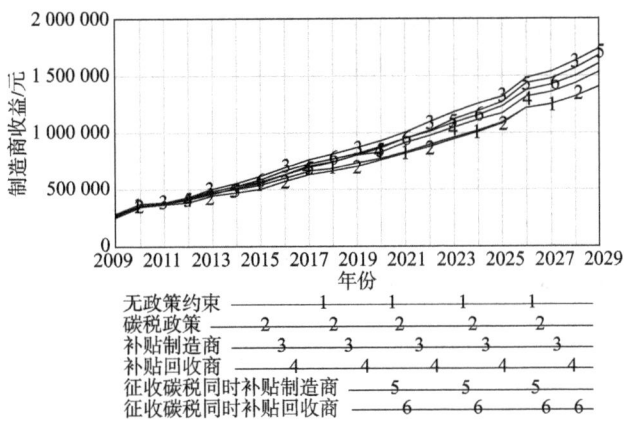

图 8-10 不同情景下制造商收益

从图 8-9 和图 8-10 可以看出，再制品生产数量、制造商碳排放和制造商收益随仿真时间的增加呈现逐年增加的趋势。一方面受逐年增长的市场需求的影响，另一方面受增长的废旧产品回收数量的影响，导致电器电子产品生产数量逐年增加。因此，再制品生产数量、制造商碳排放和制造商收益也随之增加。此外，再制品生产数量和制造商收益满足：补贴制造商>征收碳税同时补贴制造商>征收碳税同时补贴回收商>补贴回收商>碳税政策>无政策约束，主要原因是生产新品需缴纳基金，生产再制品会获得政府补贴。当政府对制造商生产的再制品进行补贴时，制造商会大量减少新品的生产数量，从而增加再制品的生产数量。一方面，可以减少新品基金的支出；另一方面，可以通过增加再制造产品节省大量成本并获得额外的政府补贴。因此，在政府补贴制造商情况下，再制品生产数量较大且制造商收益也较高。当政府补贴回收商时，回收商会加大对废旧产品的回收数量，制造商可以从回收商处回购更多的可再制造废旧产品进行再制品的生产，并且此时的回购价格可能会降低。因此，制造商通过"搭便车"的形式间接减少经营成本，从而获得较多的收益。当政府实施碳税政策时，回收商回收废旧产品的数量虽然减少，但制造商为了减少生产新品产生的较高碳成本，仍然会增加再制品生产数量，减少新品生产数量，故在碳税政策下再制品生产数量和制造商收益大于无政策约束下的情况。从图 8-9（b）可以看出，制造商碳排放满足：无政策约束>碳税政策>补贴回收商>征收碳税同时补贴回收商>征收碳税同时补贴制造商>补贴制造商。其变化趋势与再制品变化趋势完全相反，主要原因是新品数量等于电器电子产品需求数量减去再制品生产数量，再制品生产数量的增加导致新品数量的减少；反之，再制品生产数量的减少导致新品数量的增加，又因为单位新品碳排放大于单位再制品碳排放，因此，制造商碳排放与再制品生产数量的变化相反。

3）供应链总收益和碳排放总量

图 8-11 表示不同情景下供应链总收益和供应链碳排放总量。

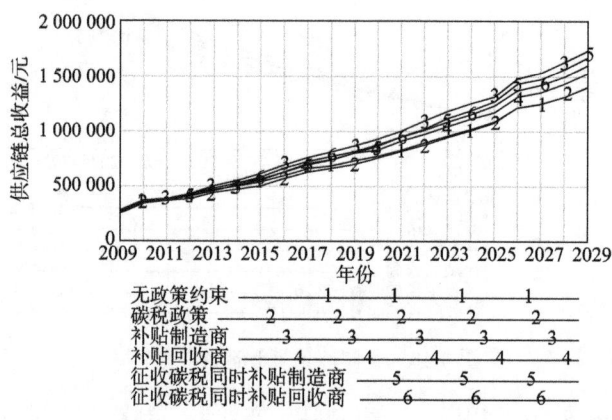

（a）供应链总收益

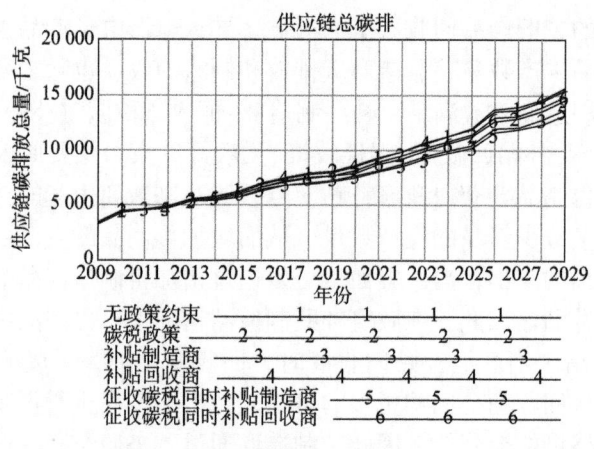

（b）供应链碳排放总量

图 8-11　不同情景下供应链总收益和供应链碳排放总量

从图 8-11（a）可以看出，不同情景下供应链总收益满足：补贴制造商>征收碳税同时补贴制造商>征收碳税同时补贴回收商>补贴回收商>碳税政策>无政策约束，主要原因是供应链总收益等于回收商收益与制造商收益之和，且制造商出售新品和再制品获得的收益远大于回收商回收废旧产品获得的收益。当政府补贴制造商时，制造商通过增加再制品生产节约的成本较多，获得的政府补贴也较多，此时的收益大于其他情景下的收益；当政府补贴回收商时，回收商的回收积极性增强，其收益也会增加。因此，无论政府补贴制造商还是回收商，供应链总收益都会大于碳税政策和无政策约束的情况。从图 8-11（b）可以看出，不同情景下供应链碳排放总量满足：无政策约束>补贴回收商>碳税政策>征收碳税同时补贴回收商>补贴制造商>征收碳税同时补贴制造商。当政府补贴回收商时，其会提高废旧产品回收价格、增加废旧产品回收数量，从而造成回收碳排放的增多；当政府补贴制造商时，制造商会增加再制品生产数量、减少新品生产数量，因此，制造商碳排放减少，最终造成供应链碳排放总量的下降。

通过分析模拟结果可知，基金补贴政策及环境规制政策和基金补贴政策共同作用可以很好地促进废旧产品的回收。从经济效益来看，政府补贴回收商或征收碳税同时补贴回收商可以有效促进废旧产品的回收，并增加回收商的利润。从环境效益来看，政府补贴制造商或征收碳税同时补贴制造商能够减少废旧产品回收碳排放和制造商碳排放，从而实现供应链碳排放的最小化。碳税政策虽然在一定程度上能够减少供应链碳排放，但增加了制造商和回收商的成本。

那么，回收商和制造商应该采取怎样的策略才能实现理想的模拟结果？政府应采取什么样的政策促使企业积极回收再制造以实现节能减排的效果？以下将根据模拟结果和第2章及第3章得到的结论，分别从回收商、制造商和政府角度提出相应策略以降低碳排放和供应链成本。

8.3 废旧产品再制造系统减排策略

8.3.1 回收商策略

从图 8-7 和图 8-8 可以看出，回收商的成本和碳排放主要由回收成本和碳排放及回收商库存成本和碳排放构成。在模型仿真过程中发现，当回收商的回收率低于 0.7 时，回收商库存不能满足批量再制造的条件，此时会造成回收商库存成本和碳排放的增加，最终导致回收成本和碳排放的增加。因此，回收商可通过以下策略提高回收率，从而降低回收成本和碳排放。

1. 合理设置回收站点

在废旧产品的回收过程中，合理设置回收站点是至关重要的，如果回收站点设置偏少，废旧产品从消费者手中到达站点的距离就会增加，从而增加废旧产品的运输成本和运输碳排放；如果回收站点设置较多，又会造成资金浪费，难以形成规模效应。因此，需要以消费者返还废旧产品的便利性及运营成本最低为依据合理设置回收站点，根据回收商需要服务的实际区域在消费者密集区设置回收站点对废旧产品进行回收,这样既可以提高回收的便利性,同时增加废旧产品数量,充分发挥回收网络的效率。

2. 优化回收路径

优化回收路径可以有效减少回收运营成本,回收商可以采用"互联网+"回收新模式,充分利用大数据、云计算、互联网等先进信息技术,展开信息采集、数据流向监控,并且根据回收网络平台交易数据的点位分布和消费者预约信息,对逆向物流的回收路径进行合理规划,在减少交易环节的同时降低回收物流成本和在回收过程中产生的碳排放量。

3. 回收库存管理

回收商库存主要受回收率的影响,模拟结果显示:当回收率小于 0.7 时,回收商库存水平较低而不能满足批量再制造的条件,随着仿真时间的增加,回收商库存积累得越来越多,会产生较高的库存成本和碳排放。因此,回收商需要提高回收率到一定水平来实现对废旧产品库存的合理控制。另外,当废旧产品库存满足再制造条件时,回收商需要对库存进行有效的管理,使回收产品的库存量保持在合理水平,适时适量地做出回收计划,避免回收产品库存超储或者缺货,同时减少回收商库存占用空间。回收商可以采用定量库存控制系统,当回收件库存水平低于再制造需求时,库存控制系统就会发出警告,回收商根据缺货情况安排回收计划,尽可能降低不能批量再制造造成的库存挤压,从而减少回收库存成本和碳排放。

4. 回收商实施回购价格折扣

根据仿真结果,可知政府补贴回收商和征收碳税同时补贴回收商有效增加了废旧产品回收数量和回收商收益。从废旧产品的再制造结果来看,政策实施的效果不如补贴制造商的情况。此时,回收商可以利用政府补贴政策,给予制造商一定的优惠。例如,降低制造商回购废旧产品的单位回购价格或设置订购标准,当制造商回购废旧产品数量达到一定数量标准时,回收商给出一定的折扣,从而推动废旧产品的再制造活动。

8.3.2 制造商策略

1. 提高废旧产品再制造率

再制造率的变化会影响再制造商制造、再制造成本和碳排放量,最终影响供应链总成本和碳排放总量。对于再制造商来说,提高废旧产品再制造率可以充分发挥再制造低碳节能的优势。当企业总产能保持不变时，再制造商可以引进先进的再制造技术提高再制造率，如激光修复技术、喷涂修复技术和电刷镀修复技术；当再制造商从回收商处回购废旧产品时，可以将废旧产品根据其质量分为不同等级，对不同等级的废旧产品进行专业处理后进入再制造活动。

2. 改进再制造技术

通过分析仿真结果可知，当政府实施基金补贴政策时，无论是补贴给制造商还是回收商都能很好地促进废旧产品的回收再制造，但是碳税政策的实施对废旧产品回收再制造的促进作用较小。因此，产品在制造和再制造过程中产生的碳排放量成为企业决策的重要影响因素。另外，制造商可以引进先进的再制造技术，加大对产品环保设计的投入，同时采用环保生产工艺，从源头上减少产品生产过程中产生的碳排放，从而减少企业的碳成本支出。

3. 合理设置再制造能力比例

再制造能力比例作为调节企业制造和再制造活动的关键变量，其变化也会对再制造商的成本和碳排放产生重要的影响，从表 8-1 可知，当再制造率 $r=0.3$、0.5、0.9 时，再制造能力比例 $k=0.8$ 使得再制造商取得较低的成本和碳排放；当再制造率 $r=0.7$ 时，再制造能力比例 $k=0.6$ 使得再制造商取得较低的成本和碳排放。因此，对于制造商来说，再制造能力比例并不是越高越好，而应根据再制造率的变化合理设置再制造能力比例。首先，再制造商可以根据废旧产品回收数量预估可能进行再制造的产品数量，之后对企业总产能进行合理分配，充分发挥再制造成本和碳排放优势；其次，由于单位制造成本和碳排放大于单位再制造成本和碳排放，再制造商应优先生产再制品，当再制品不能满足市场需求时再生产新品，同时合理设置再制造能力比例可以实现制造、再制造成本和碳排放的最小化。

4. 成品库存管理

制造商的成品库存由新品和再制品共同组成，并且制造速率、再制造速率及产品销售速度都会造成再制造商库存的变化。因此，再制造商需要对成品库存进行有效的管理，从而降低库存成本和碳排放，再制造商可以根据市场销售和现有库存数据，制订有效的生产和出库计划。利用先进信息技术对成品库存实行全方位的管理，防止出现产品结构性的机会成本（即滞销品库存过多，而畅销品出现断货的情况）。另外，再制造商可以制定一个安全库存水平，当成品库存低于安全库存水平时，及时安排生产，从而降低缺货成本，实现制造、再制造库存成本和碳排放的最小化。

8.3.3 政府政策引导策略

由于废旧产品的回收和再制造存在诸多不确定因素，如回收质量参差不齐、回收时间不确定、再制造技术投入大、成本高等造成回收再制造存在较大风险，需要政府对企业进行引导来更好地促进回收再制造产业的发展。从仿真结果可以看出，对不同的主体实施不同的政策会对供应链决策产生不同的影响。例如，政府实施碳税政策并不能有效促进回收商回收废旧产品。作为正规的回收处理企业，在经营初期需要投入较多的资金，企业可能存在资金短缺、运营困难等问题。此时，政府可以给予企业相应的政策优惠或补贴政策，待企业进入正常运营状态时再适时采取碳税政策来激励回收商改进相关技术以减少回收碳排放。

1. 实施奖惩机制提高回收率

根据模型仿真结果，可知当废旧产品回收率低于 0.7 时，回收产品数量不能满足批量再制造的条件，从而造成回收库存累计而产生较高的成本和碳排放。因此，需要回收商提高废旧产品回收率以降低成本和碳排放。此时，政府可以实施奖惩机制促使回收商提高回收率，根据再制造需求设定回收率水平，当回收商达到政府规定的回收率水平时，政府对超过的部分按照一定标准对回收商进行奖励；反之，当回收商对废旧产品的回收率低于政府规定的回收率水平时，政府就差额部分对回收商进行惩罚，以此激励回收商积极主动地对废旧产品进行回收以满足再制造活动。另外，政府奖励和惩罚的力度应视企业的实际经营情况而定，既不能过度损害回收商利益，又要起到一定的促进作用。

2. 采取基金补贴政策鼓励再制造

由表 8-1 分析可知，再制造商需要合理设置再制造能力比例来降低制造/再制造过程中产生的成本和碳排放。当需要增加再制造能力比例时，再制造商势必要投入更多先进的再制造技术和信息系统，这会额外增加再制造商的成本，将会削弱再制造商的生产积极性。为激励再制造商积极主动地进行再制造，政府应采取基金补贴政策，该政策明确规定对特定产品的生产者和进口该产品的收货人或其代理人征收基金。之后根据处理企业实际完成拆解处理再制造的数量给予定额补贴，并根据补偿产品回收处理成本且使处理企业合理盈利的原则，分类确定补贴标准。该政策对促进建立废旧产品回收处理再制造长效机制具有重要意义，能够充分调动产品生产者、回收者、拆解再制造者等各方积极参与到废旧产品的回收处理再制造中，形成产品从生产、销售、回收到再制造的良性循环发展。

3. 制定合理碳排放政策减少碳排放

政府制定碳排放政策能有效控制企业生产经营过程产生的碳排放。在模型进行仿真过程中，当回收商的回收率和再制造商的再制造能力比例较低时，回收再制造过程会产生较高的碳排放。此时，政府也可以制定相应的碳排放政策来引导企业的决策，以实现减排，主要措施包括碳税政策和碳限额与交易政策：①碳税政策主要是通过影响碳排放成本达到有效控制碳排放的目的。对回收商来说，为了降低回收过程产生的碳排放，就会主动提高回收率，从而减少回收碳排放成本；当再制造商的再制造能力比例较低，即制造能力比例较高时，会造成制造/再制造碳排放总量的增加。在政府碳税政策下，再制造商基于成本最小化原则，也会合理设置再制造能力比例。因而，短期内可采取碳税政策减少碳排放。②碳限额与交易政策具有较高的运营成本且实施复杂，如初始碳排放额度的确定方法、限额分配的标准、交易机制的建立与监督等都需要投入较大的成本。然而，碳排放权能够作为企业收入的一种来源，因此，相对于碳税政策来说，碳限额与交易政策对企业具有较强的激励性。当碳交易价格稳定且企业碳减排成本较低时宜采用碳限额与交易政策。在该政策实施情况下，回收商和再制造商会根据政府规定的碳排放总量调整自身的决策，从而增加卖出多余碳排放权的收入或减少买入所需碳排放权的支出。

第四篇

专利授权下废旧产品再制造系统低碳运营管理决策优化

第 9 章　不考虑碳排放约束的再制造系统运营管理决策优化

本章研究无碳排放政策约束下废旧产品再制造系统运营管理决策优化问题，针对需求确定和需求不确定两种情形，分别构建分散决策和集中决策两种模式下 OEM 和 TPR 运营决策优化模型，并运用 Stackelberg 博弈模型和鲁棒优化方法进行求解，得到最优决策，以期为后续章节研究碳排放政策约束下再制造系统运营管理决策优化问题提供比较基准，从而说明碳排放政策对运营管理决策的影响。

9.1　问题描述及参数定义

9.1.1　问题描述

目前国内外基于专利授权下的制造商与再制造商回收决策问题研究成果比较有限。熊中楷等（2011）比较了 OEM 再制造和许可经销商进行再制造的两种模式，发现再制造带来的成本节约是影响决策的关键因素。Oraiopoulos 等（2012）分析了专利授权下，制造商的最优生产决策和专利许可费。申成然等（2013，2015）考虑了专利保护机制下政府补贴的两种模式，研究发现：无论哪一种模式，OEM 与 TPR 之间可以通过专利许可费和合理的收益-费用分享契约来共享政府补贴所带来的收益。陈伟达和刘碧玉（2015）考虑回收的废旧产品的不同质量水平引起的再制造成本，研究了拆卸、再加工和重新装配三个子系统的协调问题。Zhang 和 Ren（2016）以专利授权下包括 OEM、TPR 和零售商的供应链系统为研究对象，构建了分散和集中决策模型，讨论了在有限合作模式下，供应链各成员之间的收益共享模式。Zou 等（2016）比较了制造商分别采用外包和授权两种模式进行再制造时，两者的生产决策、定价决策和总利润的差异，结果发现，在消费者对再制品认可度较低的情况下，再制造商倾向授权的模式，并且对于制造商来说外包模式总是能比授权模式获得更多的利润。许民利等（2016）考虑了消费者对再制品的偏好程度及专利保护的因素，并建立了不同消费者支付意愿的需求模型来研究 OEM 与 TPR 的定价策略，结果发现，低碳消费者的比例和普通消费者对再制品的支付意愿是影响定价决策的主要原因。孙浩等（2017）基于专利保护机制建立了两种竞争模式和合作模式下的两阶段闭环供应链决策模型，通过比较发现，若无专利保护，在竞争模式下废旧产品的回收率最高，在合作模式下供应链的总利润最高，并提出合作模式需要合理的合作契约来支持。朱庆华等（2017）通过构建制造商和再制造商博弈模型，分析了专利费用对再制品销售市场的影响，结果表明，制造商对再制造商征收的专利费用与再制品节约成本及政府补贴额度成正比。Hong 等（2017）研究了专利授权下 OEM 与 TPR 的相关决策问题，发现 OEM 的技术许可策略由技术门槛的费用决定。刘志等（2018b）考虑到不同档次产品的差异化竞争，分析了专利许可对闭环供应链运营决策、利润和环境效益的影响，发现专利许可策略有利于提高高端制造商的利润，但可能对环境效益有着不利的影响，Zhang 等（2018）、Huang 和 Wang（2019）也研究了同样的问题，但前者考虑政府政策的影响，后者分析了策略型消费者行为对不同再制造模式的影响。Huang 和 Wang（2018）证明了需求中断下专利费用和生产决策的鲁棒区域。Zhao 等（2019）针对不同的再制造主体，即 OEM 再制造和零售商再制造两种情形下的 OEM 和零售商的最优运营决策。通过以上分析可以看出，虽然这些文献从不同角度研究了再制造决策，但大多数学者将研究重点放在闭环供应链不同运营模式下 OEM 与 TPR 之间的博弈决策上，优化目标一般仅从成本角度出发，基于企业利润最大化或成本最小化探讨企业再制造生产决策问题，缺乏考虑低碳排放和资源利用率等社会环境目标，更未考虑碳排放政策对企业尤其是再制造商运营管理决策的影响。

为研究专利授权下碳排放政策对废旧产品再制造系统运营管理决策的影响，本章首先研究专利授权下无碳排放政策约束时 OEM 与 TPR 之间的博弈问题。该问题分为两个阶段：第一阶段，TPR 未进入市场，市场需求全部由 OEM 生产的新品满足；第二阶段，TPR 进入市场，OEM 只生产新品，而通过授权给 TPR 进行废旧产品的回收和再制造，此时，OEM 向 TPR 收取一定的专利费用，市场需求由 OEM 生产的新品与 TPR 生产的再制品共同满足。在第二阶段本章考虑分散和集中两种决策模式，当采用分散决策时，OEM 和 TPR 的运营决策目的都是使自身的利润最大化；当采用集中决策时，OEM 和 TPR 共同决策，以闭环供应链的总利润最大化为目标。整个再制造系统的供应流程如图 9-1 所示。

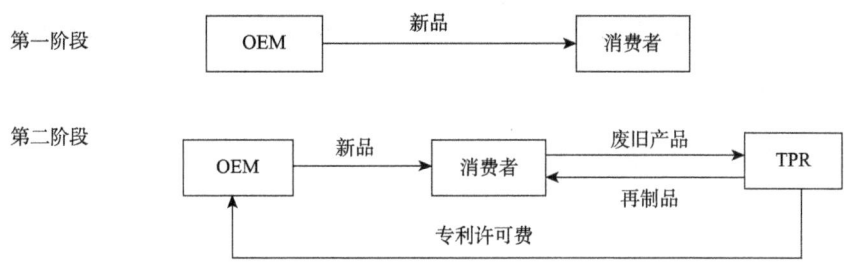

图 9-1　TPR 进入市场前后废旧产品再制造系统供应流程

本章还考虑需求确定和需求不确定两种情形：情形 1 是在需求确定的条件下，即已知两阶段市场需求和销售价格之间的函数关系；情形 2 是在需求不确定的条件下，即只已知市场需求的期望和方差。在每种情形中，本章分别构建了集中决策和分散决策两种模式下的闭环供应链决策模型。

9.1.2　参数定义

将本章模型中所涉及的参数定义如下。

q_{im}——第 i 阶段新品的市场需求，$i=1$、2 分别表示第一阶段和第二阶段。

q_{2r}——第二阶段再制品的市场需求。

c_m——新品的单位生产成本。

A——市场容量，本书假设两个阶段市场容量不变，即不考虑市场扩张和市场收缩的情况。

θ——市场上消费者对于再制品的购买意愿。当 $\theta=0$ 时，消费者只愿意购买新品；当 $\theta=1$ 时，消费者视再制品如同新品。考虑到大多数消费者处于这两个极端之间，故本书假设 $0<\theta<1$。

c_r——再制品的单位生产成本，$c_r<c_m$。

γ——再制品的再制造率，$\gamma\in(0,1]$。

G——废旧产品的回收数量，根据 Bakal 和 Akcali（2006）研究中的假设，废旧产品的市场供给量可以用函数 $G(u)=\alpha+\beta u$ 来表示。其中，α 表示当回收价格为 0 时，消费者自愿返还的废旧产品数量，α 越大，说明市场中消费者的社会环保意识越高；β 表示消费者对回收价格的敏感程度，β 越大，表示当回收价格变化时，消费者受到的影响越大。

g——单位回收品的政府补贴。

p_{im}——第 i 阶段新品的销售价格，是 OEM 的决策变量。

p_{2r}——第二阶段再制品的销售价格,是 TPR 的决策变量。本书采用新品和再制品实行差别定价,为不失一般性,假设 $p_{2m} > p_{2r} > 0$。

f——在第二阶段,OEM 向 TPR 收取的单位专利许可费,即 TPR 每生产一个再制品,需要向 OEM 缴纳的专利许可费,是 OEM 的决策变量。

u——TPR 对废旧产品的回收价格,是 TPR 的决策变量。

D_j——市场需求。

μ_j——市场需求 D_j 的期望。

σ_j^2——市场需求 D_j 的方差。

v_j——当 $q_{2j} > D_r$ 时,单位库存的残值,不失一般性,假设 $p_j > c_j > v_j$。

s_j——当 $q_{2j} < D_r$ 时,单位产品缺货成本。

其中,$j=r、m$,r 表示再制品,m 表示新品。

在本章研究中,假设 OEM 与 TPR 均是追求利润最大化的理性决策者。TPR 回收的废旧产品以再制造率 γ 实现再制造,即 $\gamma G(u) = \gamma(\alpha + \beta u) = q_{2r}$。为不失一般性,假设 OEM 生产的新品与 TPR 生产的再制品质量相同并且再制品的价格低于新品,但仍存在一部分经济能力较好的消费者对再制品的购买意愿很低,倾向只购买新品。

9.2 需求确定情形下无碳排放约束的再制造系统运营管理决策优化

9.2.1 模型构建

在市场需求确定的条件下,新品和再制品的生产数量刚好满足市场需求,从数量上来看,OEM 与 TPR 的生产数量分别等于市场需求 q_{im} 和 q_{2r},根据文献 Ferguson 和 Toktay(2006),新品和再制品的市场需求与销售价格存在以下关系。

第一阶段

$$p_{1m} = A - q_{1m} \tag{9-1}$$

第二阶段

$$\begin{cases} p_{2m} = A - q_{2m} - \theta p_{2r} \\ p_{2r} = \theta(A - q_{2m} - q_{2r}) \end{cases} \tag{9-2}$$

第一阶段 OEM 的利润函数为

$$\pi_{1m}^{U} = q_{1m}(p_{1m} - c_m) \quad (9\text{-}3)$$

第二阶段，当闭环供应链采用集中决策时，闭环供应链的总利润函数为

$$\pi_{S}^{U} = q_{2m}(p_{2m} - c_m) + q_{2r}(p_{2r} - c_r) + G(u)(g - u) \quad (9\text{-}4)$$

第二阶段，当闭环供应链采用分散决策时，OEM 的利润函数为

$$\pi_{2m}^{U} = q_{2m}(p_{2m} - c_m) + q_{2r}f \quad (9\text{-}5)$$

TPR 的利润函数为

$$\pi_{2r}^{U} = q_{2r}(p_{2r} - c_r - f) + G(u)(g - u) \quad (9\text{-}6)$$

9.2.2 模型求解

1. 第一阶段决策

OEM 在第一阶段的最优运营管理决策如命题 9-1 所示。

命题 9-1：在无碳排放约束的基础模型中，OEM 在第一阶段的最优定价策略为 $p_{1m}^{U^*}$。

证明：由式（9-1）和式（9-2），对式（9-3）求关于 q_{1m} 的二阶条件，得

$$\frac{\partial^2 \pi_{1m}^{U}}{\partial q_{1m}^{2}} = -2 < 0$$

故式（9-3）关于 q_{1m} 的一阶条件为 0 的点为极大值点，即当 $q_{1m}^{U^*} = \frac{A - c_m}{2}$ 时，$p_{1m}^{U^*} = \frac{A + c_m}{2}$，式（9-3）取得最大值。得证。

此时，OEM 的利润为 $\pi_{1m}^{U} = q_{1m}^{U^*}(p_{1m}^{U^*} - c_m)$。由此，可得到结论 9-1。

结论 9-1：当无碳排放约束时，在第一阶段，新品的销售价格是关于成本 c_m 的增函数，总利润是关于成本 c_m 的减函数。

结论 9-1 表明，第一阶段新品的生产成本是影响运营决策的主要因素，生产成本越高，新品的销售价格就越高，OEM 的总利润就越低。

2. 第二阶段决策

1）集中决策

在第二阶段，当采取集中决策模式时，最优决策如命题 9-2 所示。

命题 9-2：当闭环供应链采用集中决策模式时，有最优决策集 $(q_{2r}^{U^*}, q_{2m}^{U^*}, p_{2m}^{U^*}, p_{2r}^{U^*}, u^{U^*})$。此时总利润为 $\pi_{S}^{U^*} = q_{2m}^{U^*}(p_{2m}^{U^*} - c_m) + q_{2r}^{U^*}(p_{2r}^{U^*} - c_r) +$

$G(u^{U^*})(g-u^{U^*})$。其中,

$$\begin{cases} p_{2m}^{U^*} = A - q_{2m}^{U^*} - \theta q_{2r}^{U^*} = \dfrac{A+c_m}{2} \\ p_{2r}^{U^*} = \theta\left(A - q_{2m}^{U^*} - q_{2r}^{U^*}\right) \\ u^{U^*} = \dfrac{q_{2r}^{U^*} - \alpha\gamma}{\beta\gamma} \end{cases} \quad (9\text{-}7)$$

证明: 将式(9-1)和式(9-2)代入式(9-4),可得

$$\pi_S^U = q_{2m}\left(A - q_{2m}^U - \theta q_{2r}^U - c_m\right)$$
$$+ q_{2r}\left[\theta\left(A - q_{2m}^U - q_{2r}^U\right) - c_m\right]$$
$$+ \left(\alpha + \beta\dfrac{q_{2r}^U - \alpha\gamma}{\beta\gamma}\right)\left(g - \dfrac{q_{2r}^U - \alpha\gamma}{\beta\gamma}\right)$$

分别求 π_S^U 关于 q_{2m} 和 q_{2r} 的一阶导数可得

$$\dfrac{\partial \pi_S^U}{\partial q_{2m}} = A - 2\theta q_{2r}^U - 2q_{2m}^U - c_m$$

$$\dfrac{\partial \pi_S^U}{\partial q_{2r}} = -\theta q_{2m}^U + \theta\left(A - q_{2r}^U - q_{2m}^U\right) - c_r - \theta q_{2r} + \dfrac{1}{\gamma}\left(g - \dfrac{q_{2r}^U - \alpha\gamma}{\beta\gamma}\right) - \dfrac{1}{\beta\gamma}\left(\alpha + \dfrac{q_{2r}^U - \alpha\gamma}{\gamma}\right)$$

$$= -2\theta q_{2m}^U + \theta A - c_r - 2\theta q_{2r}^U + \dfrac{g}{\gamma} - 2\times\dfrac{q_{2r}^U - \alpha\gamma}{\beta\gamma^2} - \dfrac{\alpha}{\beta\gamma}$$

$$= \theta\left(2\theta q_{2r}^U + c_m\right) - c_r - 2\theta q_{2r}^U + \dfrac{g}{\gamma} - \dfrac{2q_{2r}^U}{\beta\gamma^2} + \dfrac{\alpha}{\beta\gamma}$$

由 $\dfrac{\partial^2 \pi_S^U}{\partial q_{2r}^{U\,2}} = -2\theta - \dfrac{2}{\beta\gamma^2} < 0$,$\dfrac{\partial^2 \pi_S^U}{\partial q_{2m}^{U\,2}} = -2 < 0$,得式(9-4)的海塞矩阵为

$$H = \begin{bmatrix} -2\theta - \dfrac{2}{\beta\gamma^2} & 0 \\ 0 & -2 \end{bmatrix}$$

很显然,$|H| > 0$。

因此,海塞矩阵为负定,收益函数为凹函数,可通过式(9-4)分别求关于 q_{2m} 和 q_{2r} 的一阶最优条件可得到式(9-4)极大值点,即

$$q_{2r}^{U^*} = \dfrac{\beta\gamma^2\left[\theta c_m - c_r\right] + \gamma(\beta g + \alpha)}{2\left(\theta\beta\gamma^2 - \theta^2\beta\gamma^2 + 1\right)}$$

$$q_{2m}^{U^*} = \frac{A - 2\theta q_{2r}^{U^*} - c_m}{2}$$

将上述结果代入式（9-1）和式（9-2）中，可得

$$\begin{cases} p_{2m}^{U^*} = A - q_{2m}^{U^*} - \theta q_{2r}^{U^*} = \dfrac{A + c_m}{2} \\ p_{2r}^{U^*} = \theta\left(A - q_{2m}^{U^*} - q_{2r}^{U^*}\right) \\ u^{U^*} = \dfrac{q_{2r}^{U^*} - \alpha\gamma}{\beta\gamma} \end{cases} \quad (9\text{-}8)$$

2）分散决策

根据式（9-1）、式（9-2）和 Stackelberg 博弈模型的求解方法，可得 TPR 的最优策略如命题 9-3 所示。

命题 9-3：在无碳排放约束的基础模型中，当第二阶段采用分散决策时 TPR 的最优策略为 $\left(p_{2r}^{U^{**}}, u^{U^{**}}\right)$。

$$\begin{cases} q_{2r}^{U^{**}} = \dfrac{\beta\gamma^2\left[\theta\left(A - q_{2m}^{U^{**}}\right) - c_r - f^{U^{**}}\right] + \beta\gamma g + \alpha\gamma}{2\theta\beta\gamma^2 + 2} \\ p_{2r}^{U^{**}} = \theta\left\{\dfrac{\left[\beta\gamma^2\left(c_r + f^{U^{**}}\right) - \beta\gamma g - \alpha\gamma\right] + \left(\theta\beta\gamma^2 + 2\right)\left(A - q_{2m}^{U^{**}}\right)}{2\theta\beta\gamma^2 + 2}\right\} \\ u^{U^{**}} = \dfrac{\beta\gamma\left[\theta\left(A - q_{2m}^{U^{**}} - 2\alpha\gamma\right) - c_r - f^{U^{**}}\right] + \beta g - \alpha}{2\theta\beta^2\gamma^2 + 2\beta} \end{cases}$$

$$(9\text{-}9)$$

证明：由式（9-6）得 $\dfrac{\partial^2 \pi_{2r}^U}{\partial q_{2r}^2} = -2\theta - \dfrac{2}{\beta\gamma^2} < 0$。

因此，式（9-6）关于 q_{2r} 的一阶条件为 0 的点为极大值点，当 $q_{2r}^{U^{**}} = \dfrac{\beta\gamma^2\left[\theta\left(A - q_{2m}^{U^{**}}\right) - c_r - f^{U^{**}}\right] + \beta\gamma g + \alpha\gamma}{2\theta\beta\gamma^2 + 2}$ 时，

$$\begin{cases} p_{2r}^{U^{**}} = \theta\left[\dfrac{\left[\beta\gamma^2\left(c_r + f^{U^{**}}\right) - \beta\gamma g - \alpha\gamma\right] + \left(\theta\beta\gamma^2 + 2\right)\left(A - q_{2m}^{U^{**}}\right)}{2\theta\beta\gamma^2 + 2}\right] \\ u^{U^{**}} = \dfrac{\beta\gamma\left[\theta\left(A - q_{2m}^{U^{**}} - 2\alpha\gamma\right) - c_r - f^{U^{**}}\right] + \beta g - \alpha}{2\theta\beta^2\gamma^2 + 2\beta} \end{cases}$$，式（9-6）取得最大

值。得证。

此时，TPR 的利润为 $\pi_{2r}^{U*} = q_{2r}^{U*}\left(p_{2r}^{U*} - c_r - f^{U*}\right) + G\left(u^{U*}\right)\left(g - u^{U*}\right)$。

从式（9-9）可以看出，再制品销售价格 p_{2r}^{U*} 是关于新品需求 q_{2m}^{U*} 和专利许可费 f^{U*} 的一次函数，且新品需求 q_{2m}^{U*} 和专利许可费 f^{U*} 的系数分别为 $-\dfrac{\theta^2\beta\gamma^2 + 2\theta}{2\theta\beta\gamma^2 + 2}$ 和 $\dfrac{\theta\beta\gamma^2}{2\theta\beta\gamma^2 + 2}$，其中各项参数都是正的，显然 $-\dfrac{\theta^2\beta\gamma^2 + 2\theta}{2\theta\beta\gamma^2 + 2} < 0$，$\dfrac{\theta\beta\gamma^2}{2\theta\beta\gamma^2 + 2} > 0$。同理，在 u^{U*} 的结果中，新品需求 q_{2m}^{U*} 和专利许可费 f^{U*} 的系数分别为 $-\dfrac{\theta\beta\gamma}{2\theta\beta^2\gamma^2 + 2\beta} < 0$ 和 $-\dfrac{\beta\gamma}{2\theta\beta^2\gamma^2 + 2\beta} < 0$。由此，可得到结论 9-2。

结论 9-2：在第二阶段，再制品的销售价格 p_{2r}^{U*} 是关于新品需求 q_{2m}^{U*} 的减函数，是关于 OEM 的专利许可费 f^{U*} 的增函数；废旧产品的回收价格是关于新品需求和专利许可费的减函数。

结论 9-2 表明，新品和再制品在同一个市场中是竞争的关系，TPR 作为追随者，需要根据 OEM 的决策情况对自己的各项决策做出调整。在市场需求总量不变的情况下，若 OEM 降低新品销售价格，增加市场上的新品需求，那么，TPR 应该降低再制品的生产数量，来减少生产再制品与支付专利许可费部分的成本。并且，新品需求增加使再制品的市场需求降低，因此 TPR 被迫降低再制品的销售价格来维持销量。若 OEM 提高专利许可费，则 TPR 应该通过提高再制品的销售价格，使再制品的市场需求减少，来达到降低需要支付的专利许可费。

在第二阶段，根据 Stackelberg 博弈模型，OEM 作为市场的领导者，通过考虑 TPR 的最优策略来得到自己的最优策略，如命题 9-4 所示。

命题 9-4：在无碳排放约束的基础模型中，OEM 在第二阶段当采用分散决策时的最优策略集为 $\left(p_{2m}^{U*}, f^{U*}\right)$。

$$\begin{cases} q_{2m}^{U*} = \dfrac{2(A - c_m) + \theta\gamma\left\{\beta\gamma\left[2(A - c_m) + c_r - \theta A\right] - \beta g - \alpha\right\}}{4\theta\beta\gamma^2 - 2\theta^2\beta\gamma^2 + 4} \\ p_{2m}^{U*} = A - q_{2m}^{U*} - \theta q_{2r}^{U*} \\ f^{U*} = \dfrac{1}{2}(\theta A - c_r) + \dfrac{\beta g + \alpha}{2\beta\gamma} \end{cases} \quad (9\text{-}10)$$

证明：由式（9-5）得 $\dfrac{\partial^2 \pi_{2m}^U}{\partial q_{2m}^{U*2}} = -2 + \dfrac{2\theta^2\beta\gamma^2}{2\theta\beta\gamma^2 + 2} = -2 + \dfrac{\theta^2\beta\gamma^2}{\theta\beta\gamma^2 + 1} < 0$，$\dfrac{\partial^2 \pi_{2m}^U}{\partial f^{U*}} =$

$-\dfrac{\beta\gamma^2}{\theta\beta\gamma^2+1}<0$。

故式（9-5）的海塞矩阵为 $\boldsymbol{H}=\begin{bmatrix}-2+\dfrac{\theta^2\beta\gamma^2}{\theta\beta\gamma^2+1} & 0 \\ 0 & -\dfrac{\beta\gamma^2}{\theta\beta\gamma^2+1}\end{bmatrix}$，有 $|\boldsymbol{H}|>0$。

因此，海塞矩阵为负定，收益函数为凹函数，由式（9-3）分别求关于 q_{2m} 和 f 的一阶偏导条件为 0，即式（9-3）的极大值点。得证。

此时，OEM 的总利润为 $\pi_{2m}^{U**}=q_{2m}^{U**}\left(p_{2m}^{U**}-c_m\right)+q_{2r}^{U**}f^{U**}$。

在式（9-10）中，再制品生产成本 c_r 在新品销售价格 p_{2m}^{U**} 和 f^{U**} 的结果中的系数分别为 $-\dfrac{\theta\beta\gamma^2}{4\theta\beta\gamma^2-2\theta^2\beta\gamma^2+4}-\dfrac{\theta\beta\gamma^2}{2\theta\beta\gamma^2+2}$ 和 $-\dfrac{1}{2}$，由于 $0<\theta<1$，故 $-\dfrac{\theta\beta\gamma^2}{4\theta\beta\gamma^2-2\theta^2\beta\gamma^2+4}-\dfrac{\theta\beta\gamma^2}{2\theta\beta\gamma^2+2}=-\dfrac{\theta\beta\gamma^2}{2\theta\beta\gamma^2(2-\theta)+4}-\dfrac{\theta\beta\gamma^2}{2\theta\beta\gamma^2+2}<0$。由此，可得到结论 9-3。

结论 9-3：当无碳排放约束时，第二阶段新品的销售价格和专利许可费都是关于再制品生产成本的减函数。

从结论 9-3 可以看出，在闭环供应链中，OEM 在第二阶段的生产决策不仅要考虑新品的生产成本，还要考虑再制品的生产成本。显然，若再制品的生产成本较高，那么，TPR 就会通过提高再制品的销售价格来降低再制品的市场需求，从而减少生产，降低成本。此时，OEM 一方面需要降低新品的销售价格来满足总的市场需求，另一方面也需要适当降低专利许可费，减少 TPR 的生产压力。

9.3 需求不确定情形下无碳排放约束的再制造系统运营管理决策优化

9.3.1 模型构建

在无碳排放约束时，第一阶段市场需求不确定的条件下，OEM 的利润目标函数为

$$\max \pi_{1m}^U\left(p_{1m}^U, q_{1m}^U\right) = p_{1m}^U E\min\left(D_m, q_{1m}^U\right) + v_m E\left(q_{1m}^U - D_m\right)^+$$
$$- s_m E\left(D_m - q_{1m}^U\right)^+ - c_m q_{1m}^U \quad (9\text{-}11)$$
$$\text{s.t.} \; p_{1m}^U = A - q_{1m}^U$$

其中，$x^+ = \max(x, 0)$。

在需求不确定情形下，在第二阶段，当采取集中决策模式时，总利润函数如下：

$$\max \pi_S^U\left(p_{2m}^U, q_{2m}^U, p_{2r}^U, q_{2r}^U, u^U\right) = p_{2m}^U E\min\left(D_m, q_{2m}^U\right) + v_m E\left(q_{2m}^U - D_m\right)^+$$
$$- s_m E\left(D_m - q_{2m}^U\right)^+ - c_m q_{2m}^U$$
$$+ p_{2r}^U E\min\left(D_r, q_{2r}^U\right)$$
$$- c_r q_{2r}^U + G\left(u^U\right)\left(g - u^U\right)$$
$$+ v_r E\left(q_{2r}^U - D_r\right)^+ - s_r E\left(D_r - q_{2r}^U\right)^+$$
$$\text{s.t.} \begin{cases} p_{2m}^U = A - q_{2m}^U - \theta q_{2r}^U \\ p_{2r}^U = \theta\left(A - q_{2m}^U - q_{2r}^U\right) \\ \gamma\left(\alpha + \beta u^U\right) = q_{2r}^U \end{cases}$$

$$(9\text{-}12)$$

在第二阶段，当闭环供应链采用分散决策模式时，TPR 的利润函数为

$$\max \pi_{2r}^U\left(p_{2r}^U, q_{2r}^U, u^U\right) = p_{2r}^U E\min\left(D_r, q_{2r}^U\right) - \left(c_r + f^U\right)q_{2r}^U$$
$$+ G\left(u^U\right)\left(g - u^U\right) + v_r E\left(q_{2r}^U - D_r\right)^+$$
$$- s_r E\left(D_r - q_{2r}^U\right)^+$$
$$\text{s.t.} \begin{cases} p_{2r}^U = \theta\left(A - q_{2m}^U - q_{2r}^U\right) \\ \gamma\left(\alpha + \beta u^U\right) = q_{2r}^U \end{cases}$$

$$(9\text{-}13)$$

在第二阶段，OEM 的利润函数为

$$\max \pi_{2m}^U\left(p_{2m}^U, q_{2m}^U, f^U\right) = p_{2m}^U E\min\left(D_m, q_{2m}^U\right) + v_m E\left(q_{2m}^U - D_m\right)^+$$
$$- s_m E\left(D_m - q_{2m}^U\right)^+ - c_m q_{2m}^U + q_{2r}^U f^U \quad (9\text{-}14)$$
$$\text{s.t.} \; p_{2m}^U = A - q_{2m}^U - \theta q_{2r}^U$$

9.3.2 模型求解

1. 第一阶段决策

利用 $\min(D,Q) = D - (D-Q)^+$ 与 $(Q-D)^+ = Q - D + (D-Q)^+$，以及 $E(D_m) = \mu_m$，将式（9-7）化简为

$$\pi_{1m}^U(p_{1m}^U, q_{1m}^U) = (p_{1m}^U - v_m)\mu_m \\ - (p_{1m}^U - v_m + s_m)E(D_m - q_{1m}^U)^+ \\ + (v_m - c_m)q_{1m}^U \quad (9\text{-}15)$$

显然，上述问题为约束优化问题，由于 OEM 仅已知新品市场需求 D_r 的均值 μ 与方差 σ^2，但不知道具体的分布函数，无法直接计算 OEM 的期望利润值。针对这种情况，本书采用 Scarf 提出的分布式鲁棒优化方法，先建立 OEM 在最坏需求分布情形下的利润函数，然后极大化该函数得到其鲁棒解。令 Ψ 为随机变量分布函数满足均值为 μ、方差为 σ^2 的集合，F 为市场需求 D 对应的分布函数，则上述约束优化问题对应的分布式鲁棒优化模型的目标函数为

$$\max_{p_{1m}^U, q_{1m}^U} \min_{F \in \Psi} \pi_{1m}^U(p_{1m}^U, q_{1m}^U) \quad (9\text{-}16)$$

引理 9-1：对于给定的期望均值 μ 与方差 σ^2，$E(D-q)^+ \leq \dfrac{[\sigma^2 + (q-\mu)^2]^{\frac{1}{2}} - (q-\mu)}{2}$ 成立，并且存在一个服从两点分布的随机变量 $F^* \in \Psi$ 使得等号成立（Gallego and Moon，1993）。

结合引理 9-1 和式（9-15），可知存在一个服从两点分布的随机变量 $F^* \in \Psi$ 使得 $\pi_{1m}^U(p_{1m}^U, q_{1m}^U)$ 取得最小值，即

$$\min_{F \in \Psi} \pi_{1m}^U(p_{1m}^U, q_{1m}^U) = (p_{1m}^U - v_m)\mu_m \\ - (p_{1m}^U - v_m + s_m)\dfrac{[\sigma_m^2 + (q_{1m}^U - \mu_m)^2]^{\frac{1}{2}} - (q_{1m}^U - \mu_m)}{2} \quad (9\text{-}17) \\ + (v_m - c_m)q_{1m}^U$$

命题 9-5：在需求不确定条件和无碳排放约束情形下，在第一阶段，OEM 存在最优决策集 $(p_{1m}^{U*}, q_{1m}^{U*})$ 使得利润达到最大。这里，

$$q_{1m}^{U^*} = \mu_m + \frac{\sigma_m}{2}\left(\sqrt{\frac{p_{1m}^{U^*} + s_m - \lambda_1 - c_m}{c_m + \lambda_1 - v_m}} - \sqrt{\frac{c_m + \lambda_1 - v_m}{p_{1m}^{U^*} + s_m - \lambda_1 - c_m}}\right), \quad p_{1m}^{U^*} = A - q_{1m}^{U^*}。$$

其中，$\lambda_1 = \mu_m - \dfrac{\left[\sigma_m^2 + \left(q_{1m}^{U^*} - \mu_m\right)^2\right]^{\frac{1}{2}} - \left(q_{1m}^{U^*} - \mu_m\right)}{2}$。

证明： 利用式（9-11）和式（9-17），构造拉格朗日函数：

$$L_{1m}^U\left(p_{1m}^U, q_{1m}^U, \lambda_1\right) = \left(p_{1m}^U - v_m\right)\mu_m$$

$$-\left(p_{1m}^U - v_m + s_m\right)\frac{\left[\sigma_m^2 + \left(q_{1m}^U - \mu_m\right)^2\right]^{\frac{1}{2}} - \left(q_{1m}^U - \mu_m\right)}{2} \quad (9\text{-}18)$$

$$+\left(v_m - c_m\right)q_{1m}^U + \lambda_1\left(A - q_{1m}^U - p_{1m}^U\right)$$

分别对 p_{1m}^U、q_{1m}^U、λ_1 求一阶偏导，可得该函数的 KKT（Karush-Kuhn-Tucker）条件为

$$\begin{cases} \mu_m - \dfrac{\left[\sigma_m^2 + \left(q_{1m}^U - \mu_m\right)^2\right]^{\frac{1}{2}} - \left(q_{1m}^U - \mu_m\right)}{2} - \lambda_1 = 0 \\ -\dfrac{1}{2}\left(p_{1m}^U - v_m + s_m\right)\left\{\left[\sigma_m^2 + \left(q_{1m}^U - \mu_m\right)^2\right]^{-\frac{1}{2}}\left(q_{1m}^U - \mu_m\right) - 1\right\} + v_m - c_m - \lambda_1 = 0 \\ A - q_{1m}^U - p_{1m}^U = 0 \end{cases}$$

$$(9\text{-}19)$$

通过整理可得

$$\begin{cases} \lambda_1 = \mu_m - \dfrac{\left[\sigma_m^2 + \left(q_{1m}^{U^*} - \mu_m\right)^2\right]^{\frac{1}{2}} - \left(q_{1m}^{U^*} - \mu_m\right)}{2} \\ p_{1m}^{U^*} = A - q_{1m}^{U^*} \\ q_{1m}^{U^*} = \mu_m + \dfrac{\sigma_m}{2}\left(\sqrt{\dfrac{p_{1m}^{U^*} + s_m - \lambda_1 - c_m}{c_m + \lambda_1 - v_m}} - \sqrt{\dfrac{c_m + \lambda_1 - v_m}{p_{1m}^{U^*} + s_m - \lambda_1 - c_m}}\right) \end{cases} \quad (9\text{-}20)$$

2. 第二阶段决策

1）集中决策

通过求解式（9-12），可得命题 9-6。

命题 9-6：在需求不确定条件下，当无碳排放约束第二阶段采用集中决策时，闭环供应链存在最优决策集（$p_{2m}^{U^*}$、$q_{2m}^{U^*}$、$p_{2r}^{U^*}$、$q_{2r}^{U^*}$、u^{U^*}），使供应链总利润达到最大。这里，

$$q_{2r}^{U^*} = \mu_r + \frac{\sigma_r}{2}\left(\sqrt{\frac{A_r^U}{B_r^U}} - \sqrt{\frac{B_r^U}{A_r^U}}\right), \quad q_{2m}^{U^*} = \mu_m + \frac{\sigma_m}{2}\left(\sqrt{\frac{A_m^U}{B_m^U}} - \sqrt{\frac{B_m^U}{A_m^U}}\right),$$

$$p_{2m}^{U^*} = A - q_{2m}^{U^*} - \theta q_{2r}^{U^*}, \quad p_{2r}^{U^*} = \theta\left(A - q_{2m}^{U^*} - q_{2r}^{U^*}\right), \quad u^{U^*} = \frac{q_{2r}^{U^*} - \alpha\gamma}{\beta\gamma}。$$

其中，$A_r^U = s_r + p_{2r}^{U^*} - c_r - \theta\lambda_1 - \theta\lambda_2 + \lambda_3$，$B_r^U = c_r - v_r + \theta\lambda_1 + \theta\lambda_2 - \lambda_3$，

$A_m^U = s_m + p_{2m}^{U^*} - c_m - \lambda_1 - \theta\lambda_2$，$B_m^U = c_m - v_m + \lambda_1 + \theta\lambda_2$，

$$\begin{cases} \lambda_1 = \mu_m - \dfrac{\left[\sigma_m^2 + \left(q_{2m}^{U^*} - \mu_m\right)^2\right]^{\frac{1}{2}} - \left(q_{2m}^{U^*} - \mu_m\right)}{2} \\[2mm] \lambda_2 = \mu_r - \dfrac{\left[\sigma_r^2 + \left(q_{2r}^{U^*} - \mu_r\right)^2\right]^{\frac{1}{2}} - \left(q_{2r}^{U^*} - \mu_r\right)}{2} \\[2mm] \lambda_3 = \dfrac{\beta\left(g - u^{U^*}\right) - \left(\alpha + \beta u^{U^*}\right)}{\beta\gamma} \end{cases} \quad (9\text{-}21)$$

证明：对第二阶段闭环供应链的利润目标函数式（9-12）构造拉格朗日函数：

$$L_S^U\left(p_{2m}^U, q_{2m}^U, p_{2r}^U, q_{2r}^U, u^U, \lambda_1, \lambda_2, \lambda_3\right)$$

$$= \left(p_{2m}^U - v_m\right)\mu_m - \left(p_{2m}^U - v_m + s_m\right)\frac{\left[\sigma_m^2 + \left(q_{2m}^U - \mu_m\right)^2\right]^{\frac{1}{2}} - \left(q_{2m}^U - \mu_m\right)}{2}$$

$$+ \left(v_m - c_m\right)q_{2m}^U + \left(p_{2r}^U - v_r\right)\mu_r - \left(p_{2r}^U - v_r + s_r\right)\frac{\left[\sigma_r^2 + \left(q_{2r}^U - \mu_r\right)^2\right]^{\frac{1}{2}} - \left(q_{2r}^U - \mu_r\right)}{2}$$

$$+ \left(v_r - c_r\right)q_{2r}^U + \lambda_1\left(A - q_{2m}^U - \theta q_{2r}^U - p_{2m}^U\right)$$

$$+ \lambda_2\left[\theta\left(A - q_{2m}^U - q_{2r}^U\right) - p_{2r}^U\right]$$

$$+ \lambda_3\left[q_{2r}^U - \gamma(\alpha + \beta u^U)\right] + \left(\alpha + \beta u^U\right)\left(g - u^U\right)$$

$$(9\text{-}22)$$

上述问题的 KKT 条件为

$$\begin{cases}
\mu_m - \dfrac{\left[\sigma_m^2 + \left(q_{2m}^U - \mu_m\right)^2\right]^{\frac{1}{2}} - \left(q_{2m}^U - \mu_m\right)}{2} - \lambda_1 = 0 \\
\mu_r - \dfrac{\left[\sigma_r^2 + \left(q_{2r}^U - \mu_r\right)^2\right]^{\frac{1}{2}} - \left(q_{2r}^U - \mu_r\right)}{2} - \lambda_2 = 0 \\
\beta\left(g - u^U\right) - \left(\alpha + \beta u^U\right) - \lambda_3 \beta\gamma = 0 \\
-\dfrac{1}{2}\left(p_{2m}^U - v_m + s_m\right)\left\{\left[\sigma_m^2 + \left(q_{2m}^U - \mu_m\right)^2\right]^{-\frac{1}{2}}\left(q_{2m}^U - \mu_m\right) - 1\right\} + v_m - c_m - \lambda_1 - \theta\lambda_2 = 0 \\
-\dfrac{1}{2}\left(p_{2r}^U - v_r + s_r\right)\left\{\left[\sigma_r^2 + \left(q_{2r}^U - \mu_r\right)^2\right]^{-\frac{1}{2}}\left(q_{2r}^U - \mu_r\right) - 1\right\} + v_r - c_r - \theta\lambda_1 - \theta\lambda_2 + \lambda_3 = 0 \\
A - q_{2m}^U - \theta q_{2r}^U - p_{2m}^U = 0 \\
\theta\left(A - q_{2m}^U - q_{2r}^U\right) - p_{2r}^U = 0 \\
q_{2r}^U - \gamma\left(\alpha + \beta u^U\right) = 0
\end{cases} \quad (9\text{-}23)$$

整理可得

$$\begin{cases}
\lambda_1 = \mu_m - \dfrac{\left[\sigma_m^2 + \left(q_{2m}^{U^*} - \mu_m\right)^2\right]^{\frac{1}{2}} - \left(q_{2m}^{U^*} - \mu_m\right)}{2} \\
\lambda_2 = \mu_r - \dfrac{\left[\sigma_r^2 + \left(q_{2r}^{U^*} - \mu_r\right)^2\right]^{\frac{1}{2}} - \left(q_{2r}^{U^*} - \mu_r\right)}{2} \\
\lambda_3 = \dfrac{\beta\left(g - u^{U^*}\right) - \left(\alpha + \beta u^{U^*}\right)}{\beta\gamma} \\
q_{2r}^{U^*} = \mu_r + \dfrac{\sigma_r}{2}\left(\sqrt{\dfrac{s_r + p_{2r}^{U^*} - c_r - \theta\lambda_1 - \theta\lambda_2 + \lambda_3}{c_r - v_r + \theta\lambda_1 + \theta\lambda_2 - \lambda_3}} - \sqrt{\dfrac{c_r - v_r + \theta\lambda_1 + \theta\lambda_2 - \lambda_3}{s_r + p_{2r}^{U^*} - c_r - \theta\lambda_1 - \theta\lambda_2 + \lambda_3}}\right) \\
q_{2m}^{U^*} = \mu_m + \dfrac{\sigma_m}{2}\left(\sqrt{\dfrac{s_m + p_{2m}^{U^*} - c_m - \lambda_1 - \theta\lambda_2}{c_m - v_m + \lambda_1 + \theta\lambda_2}} - \sqrt{\dfrac{c_m - v_m + \lambda_1 + \theta\lambda_2}{s_m + p_{2m}^{U^*} - c_m - \lambda_1 - \theta\lambda_2}}\right) \\
p_{2m}^{U^*} = A - q_{2m}^{U^*} - \theta q_{2r}^{U^*} \\
p_{2r}^{U^*} = \theta\left(A - q_{2m}^{U^*} - q_{2r}^{U^*}\right) \\
u^{U^*} = \dfrac{q_{2r}^{U^*} - \alpha\gamma}{\beta\gamma}
\end{cases} \quad (9\text{-}24)$$

2）分散决策

通过求解式（9-13）可得命题 9-7。

命题 9-7：在需求不确定条件下，当无碳排放约束在第二阶段采用分散决策时，TPR 存在最优决策集 $\left(p_{2r}^{U^*}, q_{2r}^{U^*}, u^{U^*}\right)$，使利润达到最大。这里，

$$q_{2r}^{U^*} = \mu_r + \frac{\sigma_r}{2}\left(\sqrt{\frac{A_{2r}^U}{B_{2r}^U}} - \sqrt{\frac{B_{2r}^U}{A_{2r}^U}}\right), \quad p_{2r}^{U^*} = \theta\left(A - q_{2m}^{U^*} - q_{2r}^{U^*}\right), \quad u^{U^*} = \frac{q_{2r}^{U^*} - \alpha\gamma}{\beta\gamma}。$$

其中，$A_{2r}^U = s_r + p_{2r}^{U^*} - f^{U^*} - c_r + \lambda_2 - \theta\lambda_3$，$B_{2r}^U = c_r + f^{U^*} - v_r - \lambda_2 + \theta\lambda_3$，

$$\lambda_2 = \frac{\beta\left(g - u^{U^*}\right) - \left(\alpha + \beta u^{U^*}\right)}{\beta\gamma}, \quad \lambda_3 = \mu_r - \frac{\left[\sigma_r^2 + \left(q_{2r}^{U^*} - \mu_r\right)^2\right]^{\frac{1}{2}} - \left(q_{2r}^{U^*} - \mu_r\right)}{2}。$$

证明：根据 TPR 的目标函数式（9-13），构造如下拉格朗日函数：

$$\begin{aligned}
&L_{2r}^U\left(p_{2r}^U, q_{2r}^U, u^U, \lambda_2, \lambda_3\right) \\
&= \left(p_{2r}^U - v_r\right)\mu_r - \left(p_{2r}^U - v_r + s_r\right)\frac{\left[\sigma_r^2 + \left(q_{2r}^U - \mu_r\right)^2\right]^{\frac{1}{2}} - \left(q_{2r}^U - \mu_r\right)}{2} \\
&\quad + \left(v_r - c_r - f^U\right)q_{2r}^U + \left(\alpha + \beta u^U\right)\left(g - u^U\right) \\
&\quad + \lambda_2\left[q_{2r}^U - \gamma\left(\alpha + \beta u^U\right)\right] + \lambda_3\left[\theta\left(A - q_{2m}^U - q_{2r}^U\right) - p_{2r}^U\right]
\end{aligned} \quad (9\text{-}25)$$

该函数的 KKT 条件为

$$\begin{cases}
\mu_r - \dfrac{\left[\sigma_r^2 + \left(q_{2r}^U - \mu_r\right)^2\right]^{\frac{1}{2}} - \left(q_{2r}^U - \mu_r\right)}{2} - \lambda_3 = 0 \\[2mm]
-\dfrac{1}{2}\left(p_{2r}^U - v_r + s_r\right)\left\{\left[\sigma_r^2 + \left(q_{2r}^U - \mu_r\right)^2\right]^{-\frac{1}{2}}\left(q_{2r}^U - \mu_r\right) - 1\right\} + v_r - c_r + \lambda_2 - \theta\lambda_3 = 0 \\[2mm]
\beta\left(g - u^U\right) - \left(\alpha + \beta u^U\right) - \lambda_2\beta\gamma = 0 \\[2mm]
\theta\left(A - q_{2m}^U - q_{2r}^U\right) - p_{2r}^U = 0 \\[2mm]
q_{2r}^U - \gamma\left(\alpha + \beta u^U\right) = 0
\end{cases}$$

$$(9\text{-}26)$$

化简并整理可得

$$\begin{cases} \lambda_2 = \dfrac{\beta(g-u^{U^*})-(\alpha+\beta u^{U^*})}{\beta\gamma} \\ \lambda_3 = \mu_r - \dfrac{\left[\sigma_r^{\,2}+\left(q_{2r}^{U^*}-\mu_r\right)^2\right]^{\frac{1}{2}}-\left(q_{2r}^{U^*}-\mu_r\right)}{2} \\ u^{U^*} = \dfrac{q_{2r}^{U^*}-\alpha\gamma}{\beta\gamma} \\ p_{2r}^{U^*} = \theta\left(A-q_{2m}^{U^*}-q_{2r}^{U}\right) \\ q_{2r}^{U^*} = \mu_r \\ \qquad +\dfrac{\sigma_r}{2}\left(\sqrt{\dfrac{s_r+p_{2r}^{U^*}-f^{U^*}-c_r+\lambda_2-\theta\lambda_3}{c_r+f^{U^*}-v_r-\lambda_2+\theta\lambda_3}}-\sqrt{\dfrac{c_r+f^{U^*}-v_r-\lambda_2+\theta\lambda_3}{s_r+p_{2r}^{U^*}-f^{U^*}-c_r+\lambda_2-\theta\lambda_3}}\right) \end{cases}$$

(9-27)

命题 9-8：在需求不确定条件下，当无碳排放约束在第二阶段采用分散决策时，OEM 存在最优决策集 $\left(p_{2m}^{U^*}, q_{2m}^{U^*}, f^{U^*}\right)$，使得利润达到最大。这里，

$$q_{2m}^{U^*} = \mu_m + \dfrac{\sigma_m}{2}\left(\sqrt{\dfrac{A_{2m}^U}{B_{2m}^U}}-\sqrt{\dfrac{B_{2m}^U}{A_{2m}^U}}\right), \quad p_{2m}^{U^*} = A - q_{2m}^{U^*} - \theta q_{2r}^{U^*},$$

$$f^{U^*} = \dfrac{-q_{2r}^{U^*}\dfrac{\sigma_r}{2}\left(\sqrt{\dfrac{1}{A_{2r}^U B_{2r}^U}}+\sqrt{\dfrac{B_{2r}^U}{A_{2r}^{U\,3}}}\right)-q_{2r}^{U^*}}{\dfrac{\sigma_r}{2}\left(\sqrt{\dfrac{B_{2r}^U}{A_{2r}^U}}\times\dfrac{-A_{2r}^U-B_{2r}^U}{B_{2r}^{U\,2}}-\sqrt{\dfrac{A_{2r}^U}{B_{2r}^U}}\times\dfrac{A_{2r}^U+B_{2r}^U}{A_{2r}^{U\,2}}\right)} + \theta\lambda_4 \,。$$

其中，$A_{2m}^U = s_m + p_{2m}^{U^*} - c_m - \lambda_4$，$B_{2m}^U = c_m - v_m + \lambda_4$，

$$\lambda_4 = \mu_m - \dfrac{\left[\sigma_m^{\,2}+\left(q_{2m}^{U^*}-\mu_m\right)^2\right]^{\frac{1}{2}}-\left(q_{2m}^{U^*}-\mu_m\right)}{2}\,。$$

证明：对第二阶段 OEM 的利润目标函数式（9-14）构造拉格朗日函数：

$$\begin{aligned} L_{2m}^U\left(p_{2m}^U, q_{2m}^U, f^U, \lambda_4\right) = & \left(p_{2m}^U - v_m\right)\mu_m + \lambda_4\left(A - q_{2m}^U - \theta q_{2r}^U - p_{2m}^U\right) \\ & + q_{2r}^U f^U + (v_m - c_m) q_{2m}^U \\ & -\left(p_{2m}^U - v_m + s_m\right)\dfrac{\left[\sigma_m^{\,2}+\left(q_{2m}^U - \mu_m\right)^2\right]^{\frac{1}{2}}-\left(q_{2m}^U - \mu_m\right)}{2} \end{aligned}$$

(9-28)

该函数的 KKT 条件为

$$\begin{cases} \mu_m - \dfrac{\left[\sigma_m^2 + \left(q_{2m}^U - \mu_m\right)^2\right]^{\frac{1}{2}} - \left(q_{2m}^U - \mu_m\right)}{2} - \lambda_4 = 0 \\ -\dfrac{1}{2}\left(p_{2m}^U - v_m + s_m\right)\left\{\left[\sigma_m^2 + \left(q_{2m}^U - \mu_m\right)^2\right]^{-\frac{1}{2}}\left(q_{2m}^U - \mu_m\right) - 1\right\} + v_m - c_m - \lambda_4 = 0 \\ q_{2r}^U + \left(f^U - \theta\lambda_4\right)\dfrac{\partial q_{2r}^U}{\partial f^U} = 0 \\ A - q_{2m}^U - \theta q_{2r}^U - p_{2m}^U = 0 \end{cases}$$

(9-29)

由命题 9-7 的计算结果，对式（9-29）中的第三个等式进行计算：

$$q_{2r}^U + \left(f^U - \theta\lambda_4\right)\dfrac{\partial q_{2r}^U}{\partial f^U} = q_{2r}^U$$

$$+ \left(f^U - \theta\lambda_4\right)\dfrac{\sigma_r}{2}\left(\sqrt{\dfrac{B_{2r}^U}{A_{2r}^U}} \times \dfrac{-A_{2r}^U - B_{2r}^U - \theta\dfrac{\partial q_{2r}^U}{\partial f^U} \times B_{2r}^U}{B_{2r}^{U^2}} - \sqrt{\dfrac{A_{2r}^U}{B_{2r}^U}} \times \dfrac{A_{2r}^U + B_{2r}^U + \theta\dfrac{\partial q_{2r}^U}{\partial f^U} \times B_{2r}^U}{A_{2r}^{U^2}}\right) = 0$$

整理可得

$$\dfrac{\partial q_{2r}^U}{\partial f^U} = \dfrac{q_{2r}^U + \left(f^U - \theta\lambda_4\right)\dfrac{\sigma_r}{2}\left(\sqrt{\dfrac{B_{2r}^U}{A_{2r}^U}} \times \dfrac{-A_{2r}^U - B_{2r}^U}{B_{2r}^{U^2}} - \sqrt{\dfrac{A_{2r}^U}{B_{2r}^U}} \times \dfrac{A_{2r}^U + B_{2r}^U}{A_{2r}^{U^2}}\right)}{\left(f^U - \theta\lambda_4\right)\dfrac{\theta\sigma_r}{2}\left(\sqrt{\dfrac{1}{A_{2r}^U B_{2r}^U}} + \sqrt{\dfrac{B_{2r}^U}{A_{2r}^{U^3}}}\right)} \quad (9\text{-}30)$$

将式（9-30）代入式（9-29）得

$$\begin{cases} \lambda_4 = \mu_m - \dfrac{\left[\sigma_m^2 + \left(q_{2m}^{U^{**}} - \mu_m\right)^2\right]^{\frac{1}{2}} - \left(q_{2m}^{U^{**}} - \mu_m\right)}{2} \\ p_{2m}^{U^{**}} = A - q_{2m}^{U^{**}} - \theta q_{2r}^{U^{**}} \\ f^{U^{**}} = \dfrac{-q_{2r}^{U^{**}}\dfrac{\sigma_r}{2}\left(\sqrt{\dfrac{1}{A_{2r}^U B_{2r}^U}} + \sqrt{\dfrac{B_{2r}^U}{A_{2r}^{U^3}}}\right) - q_{2r}^{U^{**}}}{\dfrac{\sigma_r}{2}\left(\sqrt{\dfrac{B_{2r}^U}{A_{2r}^U}} \times \dfrac{-A_{2r}^U - B_{2r}^U}{B_{2r}^{U^2}} - \sqrt{\dfrac{A_{2r}^U}{B_{2r}^U}} \times \dfrac{A_{2r}^U + B_{2r}^U}{A_{2r}^{U^2}}\right)} + \theta\lambda_4 \\ q_{2m}^{U^{**}} = \mu_m + \dfrac{\sigma_m}{2}\left(\sqrt{\dfrac{s_m + p_{2m}^{U^{**}} - c_m - \lambda_4}{c_m - v_m + \lambda_4}} - \sqrt{\dfrac{c_m - v_m + \lambda_4}{s_m + p_{2m}^{U^{**}} - c_m - \lambda_4}}\right) \end{cases}$$

(9-31)

第 10 章 需求确定条件下考虑碳排放政策影响的低碳运营管理决策优化

当政府采用碳排放政策时,专利授权下废旧产品再制造系统中各主体的运营管理决策将会受到影响。考虑需求确定和需求不确定两种情形,本章将在第 9 章的基础上,先研究需求确定的情形,分别建立碳税和碳限额与交易两种政策下的运营管理决策优化模型,并求解得出 OEM 和 TPR 最优决策。

10.1 问题描述与参数定义

在碳排放政策方面,不少学者研究了其对闭环供应链的影响。例如,刘超和慕静(2017)采用历史法和标杆法来确定碳限额政策中的企业配额,比较了这两种方法对供应链订货量、减排量及批发价格的影响;Bazan 等(2015)基于欧洲碳排放交易体系构建了一个能分析制造、再制造及运输活动中能源的消耗模型,研究显示,想要达到最佳的经济效益与环境效益,并不需要鼓励再制造,而应将重点放在废弃物的处理和回收上;Shu 等(2017)扩展传统的 EOQ 模型,考虑在碳限额的情况下制造、再制造活动和产品运输时的碳排放情况,研究发现,在碳限额情况下 OEM 与 TPR 的总成本和碳排放量比没有限额时要少;Liu 等(2015)基于需求分布信息有限的条件,构建了 min-max 再制造决策模型,比较了碳限额、碳税和碳限额与交易三种政策对决策的影响,提出 TPR 应致力于提高再制造率来增加总利润,而碳税政策应成为政府决策者的首选;Yenipazarli(2016)针对生产新品和再制品的制造商,分析了碳税政策对其最优生产和定价决策的影响,结果表明,当税率高于某一水平时,从盈利的角度来看,再制造对于制造商来说并不是一个好的选择;刘碧玉等(2016)以利润最大化为目标,构建了基于

REVD 的再制造决策模型，分析了不同碳排放政策下 TPR 的生产决策，研究结果发现，碳限额与交易政策下企业的利润最大，TPR 可以通过提高废旧产品的再制造率进一步增加利润；Miao 等（2018）研究了有折扣的再制品在碳限额与交易政策下的最优定价和生产决策，结果显示，碳排放政策的实施会使得再制品的销量增加，而新品的需求减少；X.F.Wang 等（2018）分析了碳税政策下 OEM 可以通过再制造或者技术创新来达到减排的目的，而 TPR 应根据再制品相对于新品生产所节省的成本和碳排放量来制定相应的生产策略。进一步地，Zhang 等（2019）将绿色创新引入制造/再制造混合系统，研究了联合定价策略和绿色创新政策；Dou（2019）分析了碳税价格对新品和再制品生产计划的影响；Cao 等（2019）考虑碳税和政府补贴政策，研究了双渠道供应链的最优生产和定价决策。在此基础上，Cao 等（2020）进一步研究了在"以旧换新"补贴政策下，新品和再制品的最优保修期和"以旧换新"策略。由此可见，尽管学者围绕碳排放政策对闭环供应链决策的影响展开了不同程度的研究，但并未考虑专利授权的情形。

基于以上背景，本章以第 9 章为基础，针对需求确定的情形，分别研究在碳税政策和碳限额与交易政策约束下的废旧产品再制造系统中 OEM 和 TPR 两者的最优运营管理决策。

本章模型中所涉及的参数定义如下。

e_m——新品的单位碳排放量。

e_r——再制品的单位碳排放量，显然 $e_m > e_r > 0$。

δ——政府对企业单位碳排放量所征收的碳税（碳税价格）。

ε_1——单位碳排放权卖出价格。

ε_2——单位碳排放权买入价格。

M_m——政府分配给 OEM 的碳排放限额。

M_r——政府分配给 TPR 的碳排放限额。

为使本书统一，本章模型涉及的其他参数定义同第 9 章。

10.2 碳税政策下再制造系统运营管理决策优化

10.2.1 模型构建

若政府采用碳税政策，当 OEM 和 TPR 生产时需要根据产生的碳排放量按照政府制定的单位碳排放量的价格征收碳税。因此，第一阶段，OEM 的利润函数为

$$\prod_{1m}^{T} = q_{1m}^{T}\left(p_{1m}^{T} - c_m - e_m\delta\right) \tag{10-1}$$

第二阶段，OEM 的利润函数为

$$\prod_{2m}^{T} = q_{2m}^{T}\left(p_{2m}^{T} - c_m - e_m\delta\right) + q_{2r}f \tag{10-2}$$

TPR 的利润函数为

$$\prod_{2r}^{T} = q_{2r}^{T}\left(p_{2r}^{T} - c_r - f - e_r\delta\right) + G(u)(g-u) \tag{10-3}$$

10.2.2 模型求解

对式（10-1）求解，得到第一阶段 OEM 的最优决策如命题 10-1 所示。

命题 10-1：在考虑碳税政策的模型中，第一阶段 OEM 的最优策略为 $q_{1m}^{T^*}$。

$$q_{1m}^{T^*} = (A - c_m - \delta e_m)/2 \tag{10-4}$$

证明：由式（10-1）得 $\dfrac{\partial^2 \prod_{1m}^{T}}{\partial^2 q_{1m}^{T}} = -2 < 0$。

故式（10-1）关于 q_{1m}^{T} 的一阶最优条件为极大值点，而 $\dfrac{\partial \prod_{1m}^{T}}{\partial q_{1m}^{T}} = -2p_{1m}^{T} + A - c_m - e_m\delta$，因而当 $q_{1m}^{T^*} = (A - c_m - \delta e_m)/2$ 时，式（10-1）取得最大值。得证。

由此可得

$$p_{1m}^{T^*} = (A + c_m + \delta e_m)/2 \tag{10-5}$$

此时，OEM 的利润为 $\prod_{1m}^{T} = q_{1m}^{T^*}\left(p_{1m}^{T^*} - c_m - e_m\delta\right)$。

由式（10-5）可以看出，第一阶段新品的销售价格是关于生产成本 c_m、新品的单位碳排放量 e_m 和碳税价格 δ 的增函数。结果表明，在第一阶段，碳税政策导致 OEM 的单位生产成本增加，OEM 则通过提高新品销售价格，降低市场需求，减少产量，进而降低总成本，使得利润达到最大。显然，碳税政策能直接影响企业生产，减少企业的碳排放量。

命题 10-2：在考虑碳税政策的模型中，TPR 在第二阶段的最优运营策略为 $q_{2r}^{T^*}$。

$$q_{2r}^{T^*} = \dfrac{\beta\gamma^2\left[\theta\left(A - q_{2m}^{T^*}\right) - c_r - \delta e_r - f^{T^*}\right] + \beta\gamma g + \alpha\gamma}{2\theta\beta\gamma^2 + 2} \tag{10-6}$$

证明：由式（10-3）可得 $\dfrac{\partial^2 \prod_{2r}^{T}}{\partial^2 q_{2r}^{T}} = -2\theta - \dfrac{2}{\beta\gamma^2} < 0$，因此，式（10-3）关于 q_{2r}^{T} 的一阶最优条件可得极大值点。因而，

第 10 章 需求确定条件下考虑碳排放政策影响的低碳运营管理决策优化

当 $q_{2r}^{T^*} = \dfrac{\beta\gamma^2\left[\theta\left(A - q_{2m}^{T^*}\right) - c_r - \delta e_r - f^{T^*}\right] + \beta\gamma g + \alpha\gamma}{2\theta\beta\gamma^2 + 2}$ 时，式（10-3）取得最大值。

根据前面函数关系，可得

$$\begin{cases} u^{T^*} = \dfrac{\beta\gamma\left[\theta\left(A - q_{2m}^{T^*} - 2\alpha\gamma\right) - c_r - \delta e_r - f^{T^*}\right] + \beta g - \alpha}{2\beta\left(\theta\beta\gamma^2 + 1\right)} \\ p_{2r}^{T^*} = \dfrac{\theta\left\{\left[\beta\gamma^2\left(c_r + \delta e_r + f^{T^*}\right) - \beta\gamma g - \alpha\gamma\right] + \left(\theta\beta\gamma^2 + 2\right)\left(A - q_{2m}^{T^*}\right)\right\}}{2\theta\beta\gamma^2 + 2} \end{cases} \quad (10\text{-}7)$$

此时，TPR 的总利润为 $\Pi_{2r}^{T^*} = q_{2r}^{T^*}\left(p_{2r}^{T^*} - c_r - f^{T^*} - e_r\delta\right) + G\left(u^{T^*}\right)\left(g - u^{T^*}\right)$。

在式（10-7）中，碳税价格 δ 在再制品销售价格 $p_{2r}^{T^*}$ 的结果中的系数为 $\theta\beta\gamma^2 e_r / \left(2\theta\beta\gamma^2 + 2\right) > 0$。显然，当 θ、γ 和 β 增大时，该系数也随之增大。由此，结果表明，消费者购买意愿 θ、再制造率 γ 和消费者对回收价格的敏感程度 β 是影响碳税价格 δ 对 TPR 决策的影响程度的主要因素。并且，当消费者购买意愿 θ、再制造率 γ 或消费者对回收价格的敏感程度 β 越大时，碳税价格 δ 对 TPR 生产决策的影响越大。因而，政府在制定碳税价格 δ 时，不仅要考虑再制品的单位碳排放量 e_r，也要考虑消费者购买意愿 θ、再制造率 γ 和消费者对回收价格的敏感程度 β。

命题 10-3：在考虑碳税政策的模型中，OEM 在第二阶段的最优运营策略集为 $\left(q_{2m}^{T^*}, f^{T^*}\right)$。

$$\begin{cases} q_{2m}^{T^*} = \dfrac{2(A - \delta e_m - c_m) + \theta\gamma\left\{\beta\gamma\left[2(A - \delta e_m - c_m) + \delta e_r + c_r - \theta A\right] - \beta g - \alpha\right\}}{4\theta\beta\gamma^2 - 2\theta^2\beta\gamma^2 + 4} \\ f^{T^*} = \left[\beta\gamma\left(\theta A - \delta e_r - c_r\right) + \beta g + \alpha\right] / 2\beta\gamma \end{cases}$$

$(10\text{-}8)$

证明：由式（10-2）得 $\dfrac{\partial^2 \Pi_{2m}^T}{\partial^2 q_{2m}^T} = -2 + \dfrac{\theta^2\beta\gamma^2}{\theta\beta\gamma^2 + 1} < -2 + \dfrac{\theta^2\beta\gamma^2}{\theta^2\beta\gamma^2 + 1} < 0$，$\dfrac{\partial^2 \Pi_{2m}^T}{\partial^2 f^T} = -\dfrac{2\beta\gamma^2}{2\theta\beta\gamma^2 + 2} < 0$。

故式（10-2）的海塞矩阵为 $\boldsymbol{H} = \begin{bmatrix} -2 + \dfrac{2\theta^2\beta\gamma^2}{2\theta\beta\gamma^2 + 2} & 0 \\ 0 & -\dfrac{2\beta\gamma^2}{2\theta\beta\gamma^2 + 2} \end{bmatrix}$，有 $|\boldsymbol{H}| > 0$。

因此，海塞矩阵为负定，收益函数为凹函数，$\left(q_{2m}^{T^*}, f^{T^*}\right)$ 为式（10-2）的极大值点。由式（10-2）分别求关于 q_{2m}^T 和 f^T 的一阶偏导条件为 0，可得证。

由此可得

$$p_{2m}^{T^*} = A - q_{2m}^{T^*} - \theta q_{2r}^{T^*} \tag{10-9}$$

此时 OEM 的利润为 $\Pi_{2m}^{T^*} = q_{2m}^{T^*}\left(p_{2m}^{T^*} - c_m - e_m\delta\right) + q_{2r}^{T^*} f^{T^*}$。

在式（10-8）和式（10-9）中，碳税价格 δ 在新品销售价格 $p_{2m}^{T^*}$ 和 f^{T^*} 中的系数分别为 $\left(2e_m + 2\theta\beta\gamma^2 e_m - \theta\beta\gamma^2 e_r\right)/\left(4\theta\beta\gamma^2 - 2\theta^2\beta\gamma^2 + 4\right) + \theta\beta\gamma^2 e_r/\left(2\theta\beta\gamma^2 + 2\right)$ 和 $-e_r/2 < 0$，因为 $e_m > e_r$，所以 $\left(2e_m + 2\theta\beta\gamma^2 e_m - \theta\beta\gamma^2 e_r\right)/\left(4\theta\beta\gamma^2 - 2\theta^2\beta\gamma^2 + 4\right) + \theta\beta\gamma^2 e_r/\left(2\theta\beta\gamma^2 + 2\right) > 0$。由此可得，当采用碳税政策时，第二阶段新品的销售价格是关于碳税价格 δ 的增函数，专利许可费是关于 δ 的减函数。结果表明，当政府采用碳税政策时，OEM 在第二阶段也主要通过提高新品销售价格，减少新品数量，以降低生产总成本，同时降低专利许可费，鼓励 TPR 扩大生产，从而满足市场需求。因而可以看出，碳税政策对 TPR 是较有利的，充分发挥了再制造生产低成本、低排放的优势。

10.3 碳限额与交易政策下再制造系统运营管理决策优化

在实施碳限额与交易政策情形下，OEM 和 TPR 的利润函数如式（10-10）～式（10-12）所示。

第一阶段，OEM 的利润函数为

$$\Pi_{1m}^P = q_{1m}(p_{1m} - c_m) + \varepsilon_1(M_m - q_{1m}e_m)^+ - \varepsilon_2(q_{1m}e_m - M_m)^+ \tag{10-10}$$

第二阶段，OEM 的利润函数为

$$\Pi_{2m}^P = q_{2m}(p_{2m} - c_m) + q_{2r}f + \varepsilon_1(M_m - q_{2m}e_m)^+ - \varepsilon_2(q_{2m}e_m - M_m)^+ \tag{10-11}$$

TPR 的利润函数为

$$\Pi_{2r}^P = q_{2r}(p_{2r} - c_r - f) + G(u)(g - u) + \varepsilon_1(M_r - q_{2r}e_r)^+ - \varepsilon_2(q_{2r}e_r - M_r)^+ \tag{10-12}$$

其中，x^+ 表示当 $x>0$ 时，取 x；否则，取 0。

在第一阶段，OEM 的最优决策如命题 10-4 所示。

命题 10-4：在碳限额与交易政策情形下，OEM 在第一阶段的最优策略 q_{1m}^{P*} 如表 10-1 所示。

表 10-1 不同情况下 q_{1m}^{P*} 的值

ε_1 和 ε_2 的关系	q_{1m}^1 和 q_{1m}^2 的取值	M_m/e_m 与 q_{1m}^1 和 q_{1m}^2 的关系	q_{1m}^{P*}
$\varepsilon_1 > \varepsilon_2$	$q_{1m}^2 \leqslant 0$	$q_{1m}^2 \leqslant 0$	0
	$q_{1m}^1 \leqslant 0$，$q_{1m}^2 > 0$	$q_{1m}^2 \geqslant M_m/e_m$	q_{1m}^2
		$q_{1m}^2 < M_m/e_m$	0
	$q_{1m}^1 > 0$	$M_m/e_m \leqslant q_{1m}^1$	q_{1m}^2
		$q_{1m}^1 < M_m/e_m < q_{1m}^2$	q_{1m}^2
		$M_m/e_m \geqslant q_{1m}^2$	q_{1m}^1
$\varepsilon_1 < \varepsilon_2$	$q_{1m}^1 \leqslant 0$	$q_{1m}^1 \leqslant 0$	0
	$q_{1m}^1 > 0$，$q_{1m}^2 \leqslant 0$	$q_{1m}^1 \geqslant M_m/e_m$	M_m/e_m
		$q_{1m}^1 < M_m/e_m$	q_{1m}^1
	$q_{1m}^2 > 0$	$M_m/e_m \leqslant q_{1m}^2$	q_{1m}^2
		$q_{1m}^2 < M_m/e_m < q_{1m}^1$	M_m/e_m
		$M_m/e_m \geqslant q_{1m}^1$	q_{1m}^1
$\varepsilon_1 = \varepsilon_2$	$q_{1m}^1 = q_{1m}^2$	$q_{1m}^1 > 0$	q_{1m}^1
		$q_{1m}^1 \leqslant 0$	0

其中，$q_{1m}^1 = (A - c_m - \varepsilon_1 e_m)/2$；$q_{1m}^2 = (A - c_m - \varepsilon_2 e_m)/2$。

证明：由式（10-10）可得

$$\Pi_{1m}^P = \begin{cases} q_{1m}(p_{1m} - c_m) + \varepsilon_1(M_m - q_{1m}e_m) & q_{1m} \leqslant M_m/e_m \\ q_{1m}(p_{1m} - c_m) - \varepsilon_2(q_{1m}e_m - M_m) & q_{1m} > M_m/e_m \end{cases} \quad (10\text{-}13)$$

将 $p_{1m} = A - q_{1m}$ 代入式（10-13），求得 $\dfrac{\partial^2 \Pi_{1m}^P}{\partial^2 q_{1m}^P} = -2 < 0$，而

$$\frac{\partial \Pi_{1m}^P}{\partial q_{1m}^P} = \begin{cases} A - c_m - \varepsilon_1 e_m - 2q_{1m} & q_{1m} \leqslant M_m/e_m \\ A - c_m - \varepsilon_2 e_m - 2q_{1m} & q_{1m} > M_m/e_m \end{cases} \quad (10\text{-}14)$$

令 q_{1m}^1 和 q_{1m}^2 分别为式（10-13）两段函数一阶条件为 0 时的 q_{1m} 的值，则：

$$q_{1m}^1 = (A - c_m - \varepsilon_1 e_m)/2，\quad q_{1m}^2 = (A - c_m - \varepsilon_2 e_m)/2 \quad (10\text{-}15)$$

由以上分析可知，利润函数由两段交点为 $\left[\dfrac{M_m}{e_m}, \dfrac{M_m}{e_m}\left(A-c_m-\dfrac{M_m}{e_m}\right)\right]$ 抛物线组成，令交点为 C_1，当 $q_{1m} \leqslant \dfrac{M_m}{e_m}$ 时的抛物线为 P_{11}，其顶点为 $\left[\dfrac{(A-c_m-\varepsilon_1 e_m)}{2}, \dfrac{(A-c_m-\varepsilon_1 e_m)^2}{4}+\varepsilon_1 M_m\right]$，令为点 A_1，当 $q_{1m} > \dfrac{M_m}{e_m}$ 时的抛物线为 P_{12}，其顶点为 $\left[\dfrac{(A-c_m-\varepsilon_2 e_m)}{2}, \dfrac{(A-c_m-\varepsilon_2 e_m)^2}{4}+\varepsilon_2 M_m\right]$，令为点 B_1。

以下将根据 ε_1 和 ε_2 的大小关系分三种情况讨论。

第一种情况：若 $\varepsilon_1 > \varepsilon_2$，则 $q_{1m}^1 < q_{1m}^2$，即点 A_1 在点 B_1 的左边。因 q_{1m}^1 和 q_{1m}^2 的取值会影响最优值，故以下对其分情况讨论。

（1）若 $q_{1m}^2 \leqslant 0$，则 $q_{1m}^{P^*} = \begin{cases} 0 & q_{1m} \leqslant M_m/e_m \\ M_m/e_m & q_{1m} > M_m/e_m \end{cases}$，因为 $\prod_{1m|q_{1m}=M_m/e_m}^{P} < \prod_{1m|q_{1m}=0}^{P}$，故 $q_{1m}^{P^*} = 0$。

（2）若 $q_{1m}^1 \leqslant 0$，$q_{1m}^2 > 0$，则：

a. 当 $q_{1m}^2 \geqslant M_m/e_m$ 时，$q_{1m}^{P^*} = \begin{cases} 0 & q_{1m} \leqslant M_m/e_m \\ q_{1m}^2 & q_{1m} > M_m/e_m \end{cases}$，因为 $\prod_{1m|q_{1m}=0}^{P} < \prod_{1m|q_{1m}=q_{1m}^2}^{P}$，故 $q_{1m}^{P^*} = q_{1m}^2$。

b. 当 $q_{1m}^2 < M_m/e_m$ 时，$q_{1m}^{P^*} = \begin{cases} 0 & q_{1m} \leqslant M_m/e_m \\ M_m/e_m & q_{1m} > M_m/e_m \end{cases}$，因为 $\prod_{1m|q_{1m}=M_m/e_m}^{P} < \prod_{1m|q_{1m}=0}^{P}$，故 $q_{1m}^{P^*} = 0$。

（3）若 $q_{1m}^1 > 0$，则根据 M_m/e_m 取值与 q_{1m}^1 和 q_{1m}^2 之间的关系，可分为以下三种情况：

a. 当 $M_m/e_m \leqslant q_{1m}^1$ 时，则 $q_{1m}^{P^*} = \begin{cases} M_m/e_m & q_{1m} \leqslant M_m/e_m \\ q_{1m}^2 & q_{1m} > M_m/e_m \end{cases}$，因为 $\prod_{1m|q_{1m}=M_m/e_m}^{P} < \prod_{1m|q_{1m}=q_{1m}^2}^{P}$，故 $q_{1m}^{P^*} = q_{1m}^2$。

b. 当 $q_{1m}^1 < M_m/e_m < q_{1m}^2$ 时，则 $q_{1m}^{P^*} = \begin{cases} q_{1m}^1 & q_{1m} \leqslant M_m/e_m \\ q_{1m}^2 & q_{1m} > M_m/e_m \end{cases}$，因为 $\prod_{1m|q_{1m}=q_{1m}^1}^{P} > \prod_{1m|q_{1m}=q_{1m}^1}^{P}$，故 $q_{1m}^{P^*} = q_{1m}^2$。

c. 当 $M_m/e_m \geqslant q_{1m}^2$ 时，则 $q_{1m}^{P^*} = \begin{cases} q_{1m}^1 & q_{1m} \leqslant M_m/e_m \\ M_m/e_m & q_{1m} > M_m/e_m \end{cases}$，因为 $\Pi_{1m|q_{1m}=q_{1m}^1}^P > \Pi_{1m|q_{1m}=M_m/e_m}^P$，故 $q_{1m}^{P^*} = q_{1m}^1$。

第二种情况：若 $\varepsilon_1 < \varepsilon_2$，则 $q_{1m}^1 > q_{1m}^2$，即 A_1 在点 B_1 的右边。同理第一种情况，讨论 q_{1m}^1 和 q_{1m}^2 不同取值情况下 OEM 的最优决策值。

（1）若 $q_{1m}^1 \leqslant 0$，则 $q_{1m}^{P^*} = \begin{cases} 0 & q_{1m} \leqslant M_m/e_m \\ M_m/e_m & q_{1m} > M_m/e_m \end{cases}$，因为 $\Pi_{1m|q_{1m}=M_m/e_m}^P < \Pi_{1m|q_{1m}=0}^P$，故 $q_{1m}^{P^*} = 0$。

（2）若 $q_{1m}^1 > 0$，$q_{1m}^2 \leqslant 0$，则：

a. 当 $q_{1m}^1 \geqslant M_m/e_m$ 时，$q_{1m}^{P^*} = M_m/e_m$。

b. 当 $q_{1m}^1 < M_m/e_m$ 时，$q_{1m}^{P^*} = \begin{cases} q_{1m}^1 & q_{1m} \leqslant M_m/e_m \\ M_m/e_m & q_{1m} > M_m/e_m \end{cases}$，因为 $\Pi_{1m|q_{1m}=M_m/e_m}^P < \Pi_{1m|q_{1m}=q_{1m}^1}^P$，故 $q_{1m}^{P^*} = q_{1m}^1$。

（3）若 $q_{1m}^2 > 0$，则根据 M_m/e_m 取值与 q_{1m}^1 和 q_{1m}^2 之间的关系，可分为以下三种情况：

a. 当 $M_m/e_m \leqslant q_{1m}^2$ 时，则 $q_{1m}^{P^*} = \begin{cases} M_m/e_m & q_{1m} \leqslant M_m/e_m \\ q_{1m}^2 & q_{1m} > M_m/e_m \end{cases}$，因为 $\Pi_{1m|q_{1m}=M_m/e_m}^P < \Pi_{1m|q_{1m}=q_{1m}^2}^P$，故 $q_{1m}^{P^*} = q_{1m}^2$。

b. 当 $q_{1m}^2 < M_m/e_m < q_{1m}^1$ 时，则 $q_{1m}^{P^*} = M_m/e_m$。

c. 当 $M_m/e_m \geqslant q_{1m}^1$ 时，则 $q_{1m}^{P^*} = \begin{cases} q_{1m}^1 & q_{1m} \leqslant M_m/e_m \\ M_m/e_m & q_{1m} > M_m/e_m \end{cases}$，因为 $\Pi_{1m|q_{1m}=M_m/e_m}^P < \Pi_{1m|q_{1m}=q_{1m}^1}^P$，故 $q_{1m}^{P^*} = q_{1m}^1$。

第三种情况：若 $\varepsilon_1 = \varepsilon_2$，则 $q_{1m}^1 = q_{1m}^2$，两条抛物线重合，则当 $q_{1m}^1 > 0$ 时，可通过其一阶最优条件得到最优解，即 $q_{1m}^{P^*} = q_{1m}^1$，当 $q_{1m}^1 \leqslant 0$ 时，则 $q_{1m}^{P^*} = 0$。

综上，可得到表 10-1。

此时，OEM 总利润为

$$\Pi_{1m}^P = q_{1m}^{P^*}\left(p_{1m}^{P^*} - c_m\right) + \varepsilon_1\left(M_m - q_{1m}^{P^*}e_m\right)^+ - \varepsilon_2\left(q_{1m}^{P^*}e_m - M_m\right)^+。$$

到了第二阶段，先计算 TPR 的决策情况，如命题 10-5 所示。

命题 10-5：在碳限额与交易政策模型中，第二阶段 TPR 最优运营决策 $q_{2r}^{P^*}$ 如表 10-2 所示。

表 10-2　不同情况下 q_{2r}^{P*} 的值

ε_1 和 ε_2 的关系	q_{2r}^1 和 q_{2r}^2 的取值	M_r/e_r 与 q_{2r}^1 和 q_{2r}^2 的关系	q_{2r}^{P*}
$\varepsilon_1 > \varepsilon_2$	$q_{2r}^2 \leqslant 0$	$q_{2r}^2 \leqslant 0$	0
	$q_{2r}^1 \leqslant 0$，$q_{2r}^2 > 0$	$q_{2r}^2 \geqslant M_r/e_r$	q_{2r}^2
		$q_{2r}^2 < M_r/e_r$	0
	$q_{2r}^1 > 0$	$M_r/e_r \leqslant q_{2r}^1$	q_{2r}^1
		$q_{2r}^1 < M_r/e_r < q_{2r}^2$	q_{2r}^2
		$M_r/e_r \geqslant q_{2r}^2$	q_{2r}^2
$\varepsilon_1 < \varepsilon_2$	$q_{2r}^1 \leqslant 0$	$q_{2r}^1 \leqslant 0$	0
	$q_{2r}^1 > 0$，$q_{2r}^2 \leqslant 0$	$q_{2r}^1 \geqslant M_r/e_r$	M_r/e_r
		$q_{2r}^1 < M_r/e_r$	q_{2r}^1
	$q_{2r}^2 > 0$	$M_r/e_r \leqslant q_{2r}^2$	q_{2r}^2
		$q_{2r}^2 < M_r/e_r < q_{2r}^1$	0
		$M_r/e_r \geqslant q_{2r}^1$	q_{2r}^1
$\varepsilon_1 = \varepsilon_2$	$q_{2r}^1 = q_{2r}^2$	$q_{2r}^2 > 0$	q_{2r}^1
		$q_{2r}^1 \leqslant 0$	0

其中，

$$\begin{cases} q_{2r}^1 = \beta\gamma^2 \left[\theta(A - q_{2m}) - c_r - f - \varepsilon_1 e_r + \dfrac{g\beta\gamma + \alpha\gamma}{\beta\gamma^2} \right] \Big/ (2\theta\beta\gamma^2 + 2) \\ q_{2r}^2 = \beta\gamma^2 \left[\theta(A - q_{2m}) - c_r - f - \varepsilon_2 e_r + \dfrac{g\beta\gamma + \alpha\gamma}{\beta\gamma^2} \right] \Big/ (2\theta\beta\gamma^2 + 2) \end{cases} \quad (10\text{-}16)$$

证明： 由式（10-12）可得

$$\Pi_{2r}^P = \begin{cases} q_{2r}(p_{2r} - c_r - f) + G(u)(g - u) + \varepsilon_1(M_r - q_{2r}e_r) & q_{2r} \leqslant M_r/e_r \\ q_{2r}(p_{2r} - c_r - f) + G(u)(g - u) - \varepsilon_2(q_{2r}e_r - M_r) & q_{2r} > M_r/e_r \end{cases} \quad (10\text{-}17)$$

将 $p_{2r} = \theta(A - q_{2m} - q_{2r})$ 代入式（10-17），求得 $\dfrac{\partial^2 \Pi_{2r}^P}{\partial^2 q_{2r}^P} = -2\theta - \dfrac{2}{\beta\gamma^2} < 0$，而

$$\dfrac{\partial \Pi_{2r}^P}{\partial q_{2r}^P} = \begin{cases} -2\left(\theta + \dfrac{1}{\beta\gamma^2}\right)q_{2r} + \theta(A - q_{2m}^*) - c_r - f^* + \dfrac{g\beta\gamma + \alpha\gamma}{\beta\gamma^2} - \varepsilon_1 e_r? & q_{2r} \leqslant M_r/e_r \\ -2\left(\theta + \dfrac{1}{\beta\gamma^2}\right)q_{2r} + \theta(A - q_{2m}^*) - c_r - f^* + \dfrac{g\beta\gamma + \alpha\gamma}{\beta\gamma^2} - \varepsilon_2 e_r? & q_{2r} > M_r/e_r \end{cases}$$

$$(10\text{-}18)$$

令 q_{2r}^1 和 q_{2r}^2 分别为式（10-18）两段函数一阶条件为 0 时的 q_{2r} 的值，则：

第 10 章　需求确定条件下考虑碳排放政策影响的低碳运营管理决策优化

$$\begin{cases} q_{2r}^1 = \beta\gamma^2 \left[\theta(A - q_{2m}) - c_r - f - \varepsilon_1 e_r + \dfrac{g\beta\gamma + \alpha\gamma}{\beta\gamma^2} \right] / (2\theta\beta\gamma^2 + 2) \\ q_{2r}^2 = \beta\gamma^2 \left[\theta(A - q_{2m}) - c_r - f - \varepsilon_2 e_r + \dfrac{g\beta\gamma + \alpha\gamma}{\beta\gamma^2} \right] / (2\theta\beta\gamma^2 + 2) \end{cases} \quad (10\text{-}19)$$

同理命题 10-4，第二阶段 TPR 利润函数由两段交点为 $\left(\dfrac{M_r}{e_r},\ M_r/e_r \left\{ \left[\theta(A - q_{2m}^*) - c_r - f^* + (g\beta\gamma + \alpha\gamma)/\beta\gamma^2 \right] - (\theta\beta\gamma^2 + 1)/\beta\gamma^2 (M_m/e_m) \right\} \right)$ 的抛物线组成，令交点为 C_2，当 $q_{2r} \leq \dfrac{M_r}{e_r}$ 时的抛物线为 P_{21}，其顶点为 A_2（q_{2r}^1，$\Pi_{2r|q_{2r}=q_{2r}^1}$），当 $q_{2r} > \dfrac{M_r}{e_r}$ 时的抛物线为 P_{22}，其顶点为 B_2（q_{2r}^2，$\Pi_{2r|q_{2r}=q_{2r}^2}$）。

以下将根据 ε_1 和 ε_2 的大小关系分三种情况讨论。

第一种情况：若 $\varepsilon_1 > \varepsilon_2$，则 $q_{2r}^1 < q_{2r}^2$，即点 A_2 在点 B_2 的左边。因 q_{2r}^1 和 q_{2r}^2 的取值会影响最优值，故以下对其分情况讨论。

（1）若 $q_{2r}^2 \leq 0$，则 $q_{2r}^{P^*} = \begin{cases} 0 & q_{2r} \leq M_r/e_r \\ M_r/e_r & q_{2r} > M_r/e_r \end{cases}$，因为 $\Pi_{2r|q_{2r}=M_r/e_r}^P < \Pi_{2r|q_{2r}=0}^P$，故 $q_{2r}^{P^*} = 0$。

（2）若 $q_{2r}^1 \leq 0$，$q_{2r}^2 > 0$，则：

a. 当 $q_{2r}^2 \geq M_r/e_r$ 时，$q_{2r}^{P^*} = \begin{cases} 0 & q_{2r} \leq M_r/e_r \\ q_{2r}^2 & q_{2r} > M_r/e_r \end{cases}$，因为 $\Pi_{2r|q_{2r}=0}^P < \Pi_{2r|q_{2r}=q_{2r}^2}^P$，故 $q_{2r}^{P^*} = q_{2r}^2$。

b. 当 $q_{2r}^2 < M_r/e_r$ 时，$q_{2r}^{P^*} = \begin{cases} 0 & q_{2r} \leq M_r/e_r \\ M_r/e_r & q_{2r} > M_r/e_r \end{cases}$，因为 $\Pi_{2r|q_{2r}=M_r/e_r}^P < \Pi_{2r|q_{2r}=0}^P$，故 $q_{2r}^{P^*} = 0$。

（3）若 $q_{2r}^1 > 0$，则根据 M_r/e_r 取值与 q_{2r}^1 和 q_{2r}^2 之间的关系，可分为以下三种情况：

a. 当 $M_r/e_r \leq q_{2r}^1$ 时，则 $q_{2r}^{P^*} = \begin{cases} M_r/e_r & q_{2r} \leq M_r/e_r \\ q_{2r}^2 & q_{2r} > M_r/e_r \end{cases}$，因为 $\Pi_{2r|q_{2r}=M_r/e_r}^P < \Pi_{2r|q_{2r}=q_{2r}^2}^P$，故 $q_{2r}^{P^*} = q_{2r}^2$。

b. 当 $q_{2r}^1 < M_r/e_r < q_{2r}^2$ 时，则 $q_{2r}^{P^*} = \begin{cases} q_{2r}^1 & q_{2r} \leq M_r/e_r \\ q_{2r}^2 & q_{2r} > M_r/e_r \end{cases}$，因为 $\Pi_{2r|q_{2r}=q_{2r}^2}^P >$

$\varPi^P_{2r|q_{2r}=q^1_{2r}}$，故 $q_{2r}^{P^*} = q^2_{2r}$。

c. 当 $M_r/e_r \geqslant q^2_{2r}$ 时，则 $q_{2r}^{P^*} = \begin{cases} q^1_{2r} & q_{2r} \leqslant M_r/e_r \\ M_m/e_m & q_{2r} > M_r/e_r \end{cases}$，因为 $\varPi^P_{2r|q_{2r}=q^1_{2r}} >$ $\varPi^P_{2r|q_{2r}=M_r/e_r}$，故 $q_{2r}^{P^*} = q^1_{2r}$。

第二种情况：若 $\varepsilon_1 < \varepsilon_2$，则 $q^1_{2r} > q^2_{2r}$，即点 A_2 在点 B_2 的右边。同理第一种情况，讨论 q^1_{2r} 和 q^2_{2r} 不同取值情况下 TPR 的最优决策值。

（1）若 $q^1_{2r} \leqslant 0$，则 $q_{2r}^{P^*} = \begin{cases} 0 & q_{2r} \leqslant M_r/e_r \\ M_r/e_r & q_{2r} > M_r/e_r \end{cases}$，因为 $\varPi^P_{2r|q_{2r}=M_r/e_r} <$ $\varPi^P_{2r|q_{2r}=0}$，故 $q_{2r}^{P^*} = 0$。

（2）若 $q^1_{2r} > 0$，$q^2_{2r} \leqslant 0$，则：

a. 当 $q^1_{2r} \geqslant M_r/e_r$ 时，$q_{2r}^{P^*} = M_r/e_r$。

b. 当 $q^1_{2r} < M_r/e_r$ 时，$q_{2r}^{P^*} = \begin{cases} q^1_{2r} & q_{2r} \leqslant M_r/e_r \\ M_r/e_r & q_{2r} > M_r/e_r \end{cases}$，因为 $\varPi^P_{2r|q_{2r}=M_r/e_r} <$ $\varPi^P_{2r|q_{2r}=q^1_{2r}}$，故 $q_{2r}^{P^*} = q^1_{2r}$。

（3）若 $q^2_{2r} > 0$，则根据 M_r/e_r 取值与 q^1_{2r} 和 q^2_{2r} 之间的关系，可分为以下三种情况：

a. 当 $M_r/e_r \leqslant q^2_{2r}$ 时，则 $q_{2r}^{P^*} = \begin{cases} M_r/e_r & q_{2r} \leqslant M_r/e_r \\ q^2_{2r} & q_{2r} > M_r/e_r \end{cases}$，因为 $\varPi^P_{2r|q_{2r}=M_r/e_r} <$ $\varPi^P_{2r|q_{2r}=q^2_{2r}}$，故 $q_{2r}^{P^*} = q^2_{2r}$。

b. 当 $q^2_{2r} < M_r/e_r < q^1_{2r}$ 时，则 $q_{2r}^{P^*} = M_r/e_r$，但是此时 OEM 的利润是关于专利费率 f 严格单调递增的。从 OEM 的角度来说，f 将趋于正无穷，因而，TPR 的最优决策为拒绝接受专利授权，即 $q_{2r}^{P^*} = 0$。

c. 当 $M_r/e_r \geqslant q^1_{2r}$ 时，则 $q_{2r}^{P^*} = \begin{cases} q^1_{2r} & q_{2r} \leqslant M_r/e_r \\ M_r/e_r & q_{2r} > M_r/e_r \end{cases}$，因为 $\varPi^P_{2r|q_{2r}=M_r/e_r} <$ $\varPi^P_{2r|q_{2r}=q^1_{2r}}$，故 $q_{2r}^{P^*} = q^1_{2r}$。

第三种情况：若 $\varepsilon_1 = \varepsilon_2$，则 $q^1_{2r} = q^2_{2r}$，两条抛物线重合，则当 $q^1_{2r} > 0$ 时，可通过其一阶最优条件得到最优解，即 $q_{2r}^{P^*} = q^1_{2r}$，当 $q^1_{2r} \leqslant 0$ 时，则 $q_{2r}^{P^*} = 0$。

综上，可得到表 10-2。

此时，OEM 的总利润为

$$\Pi_{2r}^{P^*} = q_{2r}^{P^*}\left(p_{2r}^{P^*} - c_r - f^{P^*}\right) + G\left(u^{P^*}\right)\left(g - u^{P^*}\right)$$
$$+ \varepsilon_1\left(M_r - q_{2r}^{P^*}e_r\right)^+ - \varepsilon_2\left(q_{2r}^{P^*}e_r - M_r\right)^+ \quad (10\text{-}20)$$

在第二阶段，OEM 的最优运营决策如命题 10-6 所示。考虑到复杂性，此处只计算 $\varepsilon_1 < \varepsilon_2$ 的情形。

命题 10-6：在实施碳限额与交易政策情形下，OEM 在第二阶段的最优运营策略集为 $\left(q_{2m}^{P^*}, f^{P^*}\right)$，即

当 $q_{2r}^2 \leqslant M_r / e_r \leqslant q_{2r}^1$ 时，

$$q_{2m}^{P^*} = \begin{cases} q_{2m}^{12} & M_m / e_m < q_{2m}^{12} \\ M_m / e_m & q_{2m}^{12} \leqslant M_m / e_m \leqslant q_{2m}^{11} \\ q_{2m}^{11} & M_m / e_m > q_{2m}^{11} \end{cases} \quad (10\text{-}21)$$

$$f^{P^*} = \left[\theta\left(A - q_{2m}^{P^*}\right) - c_r - \varepsilon_1 e_r + \frac{g\beta + \alpha}{\beta\gamma}\right] - \frac{M_r\left(2\theta\beta\gamma^2 + 2\right)}{e_r\beta\gamma^2} \quad (10\text{-}22)$$

当 $M_r / e_r < q_{2r}^2$ 或者 $M_r / e_r > q_{2r}^1$ 时，

$$q_{2m}^{P^*} = \begin{cases} q_{2m}^{22} & M_m / e_m < q_{2m}^{22} \\ M_m / e_m & q_{2m}^{22} \leqslant M_m / e_m \leqslant q_{2m}^{21} \\ q_{2m}^{21} & M_m / e_m > q_{2m}^{21} \end{cases} \quad (10\text{-}23)$$

$$f^{P^*} = f^1 \quad (10\text{-}24)$$

证明：由式（10-11）可知：

$$\Pi_{2m}^P = \begin{cases} q_{2m}(p_{2m} - c_m) + q_{2r}f + \varepsilon_1(M_m - q_{2m}e_m) & q_{2m} \leqslant M_m / e_m \\ q_{2m}(p_{2m} - c_m) + q_{2r}f - \varepsilon_2(q_{2m}e_m - M_m) & q_{2m} > M_m / e_m \end{cases} \quad (10\text{-}25)$$

将表 10-2 中的结果代入式（10-11），得

（1）当 $q_{2r}^2 \leqslant M_r / e_r \leqslant q_{2r}^1$ 时，

$$\left[\theta(A - q_{2m}) - c_r - \varepsilon_2 e_r + \frac{g\beta + \alpha}{\beta\gamma}\right] - \frac{M_r(2\theta\beta\gamma^2 + 2)}{e_r\beta\gamma^2}$$
$$\leqslant f \leqslant \left[\theta(A - q_{2m}) - c_r - \varepsilon_1 e_r + \frac{g\beta + \alpha}{\beta\gamma}\right] - \frac{M_r(2\theta\beta\gamma^2 + 2)}{e_r\beta\gamma^2} \quad (10\text{-}26)$$

$$\Pi_{2m}^P = -q_{2m}^2 + \left(A - c_m - \frac{\theta M_r}{e_r}\right)q_{2m} + \frac{M_r f}{e_r} + \varepsilon_1(M_m - q_{2m}e_m)^+$$
$$- \varepsilon_2(q_{2m}e_m - M_m)^+$$

通过式（10-26）可以看到，OEM 的利润是关于专利费率 f 严格单调递增的。因而，

$$f^{P^*} = \left[\theta(A-q_{2m}) - c_r - \varepsilon_1 e_r + \frac{g\beta+\alpha}{\beta\gamma}\right] - \frac{M_r(2\theta\beta\gamma^2+2)}{e_r\beta\gamma^2}$$

故式（10-26）变为

$$\Pi_{2m}^P = -q_{2m}^2 + \left(A - c_m - \frac{\theta M_r}{e_r}\right)q_{2m} + \frac{M_r f^{P^*}}{e_r}$$

$$+ \varepsilon_1(M_m - q_{2m}e_m)^+ - \varepsilon_2(q_{2m}e_m - M_m)^+ \quad (10\text{-}27)$$

由式（10-27）可得，$\dfrac{\partial^2 \Pi_{2m}}{\partial^2 q_{2m}} = -2 < 0$，故求式（10-27）关于 q_{2m}^P 的一阶最优条件可得极大值点。

而

$$\frac{\partial \Pi_{2m}^P}{\partial q_{2m}^P} = \begin{cases} A - c_m - \dfrac{\theta M_r}{e_r} - \theta - \varepsilon_1 e_m - 2q_{2m} & q_{2m} \leqslant M_m/e_m \\ A - c_m - \dfrac{\theta M_r}{e_r} - \theta - \varepsilon_2 e_m - 2q_{2m} & q_{2m} > M_m/e_m \end{cases} \quad (10\text{-}28)$$

令 q_{2m}^{11} 和 q_{2m}^{12} 分别为式（10-28）两段函数一阶条件为 0 时的 q_{2m} 的值，则：

$$q_{2m}^{11} = \left(A - c_m - \frac{\theta M_r}{e_r} - \theta - \varepsilon_1 e_m\right)\bigg/2,\quad q_{2m}^{12} = \left(A - c_m - \frac{\theta M_r}{e_r} - \theta - \varepsilon_2 e_m\right)\bigg/2 \quad (10\text{-}29)$$

同理命题 10-4，在第二阶段 OEM 利润函数由两段交点为 $\left[\dfrac{M_m}{e_m}, \dfrac{M_m}{e_m}\left(A - c_m - \dfrac{\theta M_r}{e_r} - \dfrac{M_m}{e_m}\right) + \dfrac{M_r f^{P^*}}{e_r}\right]$ 的抛物线组成，令交点为 C_3，当 $q_{2m} \leqslant \dfrac{M_m}{e_m}$ 时的抛物线为 P_{31}，其顶点为 $\left[\dfrac{\left(A - c_m - \dfrac{\theta M_r}{e_r} - \theta - \varepsilon_1 e_m\right)}{2}, \dfrac{\left(A - c_m - \dfrac{\theta M_r}{e_r} - \theta - \varepsilon_1 e_m\right)^2}{4} + \varepsilon_1 M_m\right]$，令为点 A_3，当 $q_{2m} > \dfrac{M_m}{e_m}$ 时的抛物线为 P_{32}，

其顶点为 $\left[\dfrac{A-c_m-\dfrac{\theta M_r}{e_r}-\theta-\varepsilon_1 e_m}{2}, \dfrac{\left(A-c_m-\dfrac{\theta M_r}{e_r}-\theta-\varepsilon_2 e_m\right)^2}{4}+\varepsilon_2 M_m\right]$,令为

点 B_3。

因假设 $\varepsilon_1<\varepsilon_2$,则 $q_{1m}^1>q_{1m}^2$,即点 A_3 在点 B_3 的右边。根据 M_m/e_m 取值与 q_{2m}^{11} 和 q_{2m}^{12} 之间的关系,可分为以下三种情况。

a. 当 $M_m/e_m<q_{2m}^{12}$ 时,则 $q_{2m}^{P^*}=\begin{cases} M_m/e_m & q_{2m}\leq M_m/e_m \\ q_{2m}^{12} & q_{2m}>M_m/e_m \end{cases}$,因为 $\varPi_{2m|q_{2m}=M_m/e_m}^P<\varPi_{2m|q_{2m}=q_{2m}^{12}}^P$,故 $q_{2m}^{P^*}=q_{2m}^{12}$。

b. 当 $q_{2m}^{12}\leq M_m/e_m\leq q_{2m}^{11}$ 时,则 $q_{2m}^{P^*}=M_m/e_m$。

c. 当 $M_m/e_m>q_{2m}^{11}$ 时,则 $q_{2m}^{P^*}=\begin{cases} q_{2m}^{11} & q_{2m}\leq M_m/e_m \\ M_m/e_m & q_{2m}>M_m/e_m \end{cases}$,因为 $\varPi_{2m|q_{2m}=M_m/e_m}^P<\varPi_{2m|q_{2m}=q_{2m}^{11}}^P$,故 $q_{2m}^{P^*}=q_{2m}^{11}$。

(2)当 $M_r/e_r<q_{2r}^2$ 或 $M_r/e_r>q_{2r}^1$ 时,

$\dfrac{\partial^2 \varPi_{2m}}{\partial^2 q_{2m}}=-2+\dfrac{\theta^2\beta\gamma^2}{\theta\beta\gamma^2+1}<-2+\dfrac{\theta^2\beta\gamma^2}{\theta^2\beta\gamma^2+1}<0$,$\dfrac{\partial^2 \varPi_{2m}}{\partial^2 f}=-\dfrac{\beta\gamma^2}{\theta\beta\gamma^2+1}<0$,由此得

到式(10-11)的海塞矩阵为

$$H=\begin{bmatrix} -2+\dfrac{\theta^2\beta\gamma^2}{\theta\beta\gamma^2+1} & 0 \\ 0 & -\dfrac{\beta\gamma^2}{\theta\beta\gamma^2+1} \end{bmatrix}$$

很显然,$|H|>0$。因而,海塞矩阵为负定,利润函数为凹函数。

当 $M_m\geq q_{2m}e_m$ 时,令 q_{2m}^{21} 和 f^1 为式(10-11)关于 q_{2m} 和 f 一阶导等于 0 时对应的 q_{2m} 和 f 的值,则:

$$q_{2m}^{21}=\dfrac{2(A-c_m)(\theta\beta\gamma^2+1)+\theta\gamma\left[\beta\gamma(c_r-\theta A)-\beta g-\alpha+C\right]-2(\theta\beta\gamma^2+1)\varepsilon_1 e_m}{4\theta\beta\gamma^2-2\theta^2\beta\gamma^2+4}$$

(10-30)

$$f^1=\left[\beta\gamma(\theta A-c_r-C)+\beta g+\alpha\right]/2\beta\gamma \qquad (10\text{-}31)$$

类似地,当 $M_m<q_{2m}e_m$ 时,令 q_{2m}^{22} 和 f^2 为式(10-11)关于 q_{2m} 和 f 一阶导等

于 0 时对应的 q_{2m} 和 f 的值。因而可得

$$q_{2m}^{22} = \frac{2(A-c_m)(\theta\beta\gamma^2+1)+\theta\gamma[\beta\gamma(c_r-\theta A)-\beta g-\alpha+C]-2(\theta\beta\gamma^2+1)\varepsilon_2 e_m}{4\theta\beta\gamma^2-2\theta^2\beta\gamma^2+4}$$

（10-32）

$$f^2 = f^1 = [\beta\gamma(\theta A-c_r-C)+\beta g+\alpha]/2\beta\gamma \quad （10-33）$$

由式（10-11）可知，在第二阶段 OEM 的利润函数 Π_{2m} 由两段相交于线 $q_{2m}=M_m/e_m$ 的曲面组成。

当 $q_{2m}=M_m/e_m$ 时，OEM 利润函数可表示为

$$\Pi_{2m} = \frac{M_m}{e_m}\left(A-c_m-\frac{M_m}{e_m}-\theta q_{2r}\right)+q_{2r}f \quad （10-34）$$

将 $q_{2r} = \dfrac{\gamma\{\beta\gamma[\theta(A-q_{2m})-c_r-f-C]+\beta g+\alpha\}}{2\theta\beta\gamma^2+2}$ 代入式（10-34），可得

$$\Pi_{2m|q_{2m}=\frac{M_m}{e_m}} = \frac{M_m}{e_m}\left(A-c_m-\frac{M_m}{e_m}-\frac{\theta\gamma\left\{\beta\gamma\left[\theta\left(A-\frac{M_m}{e_m}\right)-c_r-f-C\right]+\beta g+\alpha\right\}}{2\theta\beta\gamma^2+2}\right)$$

$$+\frac{\gamma\left\{\beta\gamma\left[\theta\left(A-\frac{M_m}{e_m}\right)-c_r-f-C\right]+\beta g+\alpha\right\}}{2\theta\beta\gamma^2+2}f$$

（10-35）

由式（10-35）得 $\dfrac{\partial^2 \Pi_{2m}}{\partial^2 f} = -\dfrac{\beta\gamma^2}{\theta\beta\gamma^2+1} < 0$，因而通过一阶最优条件可以得到最优值，即 $f^{P^*} = f^1$。

当 $q_{2m} \leqslant M_m/e_m$ 时，第二阶段 OEM 的利润函数是顶点为 $A_4\left(q_{2m}^{21}, f^1, \Pi_{2m|(q_{2m}=q_{2m}^{21},f=f^1)}\right)$ 的一个曲面；当 $q_{2m} > M_m/e_m$ 时，第二阶段 OEM 的利润函数是顶点为 $B_4\left(q_{2m}^{22}, f^1, \Pi_{2m|(q_{2m}=q_{2m}^{22},f=f^2)}\right)$ 的一个曲面。因为本章假设 $\varepsilon_1 < \varepsilon_2$，所以 $q_{2m}^{21} > q_{2m}^{22}$，也就是说顶点 A_4 位于 B_4 的右边。

以下根据 M_m/e_m、q_{2m}^{21} 和 q_{2m}^{22} 三者之间的关系进行讨论。

（1）当 $M_m/e_m < q_{2m}^{22}$ 时，

第10章 需求确定条件下考虑碳排放政策影响的低碳运营管理决策优化

$$\max \Pi_{2m} = \begin{cases} \Pi_{2m}|_{(q_{2m}=M_m/e_m, f=f^1)} & q_{2m} \leqslant M_m/e_m \\ \Pi_{2m}|_{(q_{2m}=q_{2m}^{22}, f=f^2)} & q_{2m} > M_m/e_m \end{cases}。$$

因为 $\Pi_{2m}|_{(q_{2m}=M_m/e_m, f=f^1)} < \Pi_{2m}|_{(q_{2m}=q_{2m}^{22}, f=f^2)}$，所以最优新品数量 $q_{2m}^{p^*} = q_{2m}^{22}$，最优专利费率 $f^{p^*} = f^1$；

（2）当 $q_{2m}^{22} \leqslant M_m/e_m \leqslant q_{2m}^{21}$ 时，最优新品数量 $q_{2m}^{p^*} = M_m/e_m$，最优专利费率 $f^{p^*} = f^1$。

（3）当 $M_m/e_m > q_{2m}^{21}$ 时，

$$\max \Pi_{2m} = \begin{cases} \Pi_{2m}|_{(q_{2m}=q_{2m}^{21}, f=f^1)} & q_{2m} \leqslant M_m/e_m \\ \Pi_{2m}|_{(q_{2m}=M_m/e_m, f=f^1)} & q_{2m} > M_m/e_m \end{cases}。$$

因为 $\Pi_{2m}|_{(q_{2m}=M_m/e_m, f=f^1)} < \Pi_{2m}|_{(q_{2m}=q_{2m}^{21}, f=f^1)}$，所以最优新品数量 $q_{2m}^{p^*} = q_{2m}^{21}$，最优专利费率 $f^{p^*} = f^1$。

综上，OEM 在第二阶段的最优决策如命题 10-6，得证。

由式（10-2），可得

$$p_{2m}^{p^*} = A - q_{2m}^{p^*} - \theta q_{2r}^{p^*} \tag{10-36}$$

此时，OEM 的总利润为

$$\Pi_{2m}^{p^*} = q_{2m}^{p^*}\left(p_{2m}^{p^*} - c_m\right) + q_{2r}^{p^*} f^{p^*} + \varepsilon_1 \left(M_m - q_{2m}^{p^*} e_m\right)^+ - \varepsilon_2 \left(q_{2m}^{p^*} e_m - M_m\right)^+ \tag{10-37}$$

由式（10-21）~式（10-24）和式（10-36）可得，单位碳排放权交易价格 ε_1（或 ε_2）在新品销售价格 $p_{2m}^{p^*}$ 和专利许可费 f^{p^*} 结果中的系数分别为 $\dfrac{2e_m + 2\theta\beta\gamma^2 e_m - \theta\beta\gamma^2 e_r}{4\theta\beta\gamma^2 - 2\theta^2\beta\gamma^2 + 4} + \dfrac{\theta\beta\gamma^2 e_r}{2\theta\beta\gamma^2 + 2}$ 和 $-\dfrac{e_r}{2} < 0$，由于 $e_m > e_r$，故 $\dfrac{2e_m + 2\theta\beta\gamma^2 e_m - \theta\beta\gamma^2 e_r}{4\theta\beta\gamma^2 - 2\theta^2\beta\gamma^2 + 4} + \dfrac{\theta\beta\gamma^2 e_r}{2\theta\beta\gamma^2 + 2} > 0$。由此可得，在实施碳限额与交易政策情形下，专利许可费 f^{p^*} 是关于单位碳排放权交易价格 ε_1（或 ε_2）的减函数；当 OEM 和 TPR 的碳排放量不等时，新品的销售价格是关于单位碳排放权交易价格 ε_1（或 ε_2）的增函数。

从模型的计算结果可以看出，当政府采用碳限额与交易政策时，在第二阶段，对于 OEM 来说，应提高新品销售价格，减少新品生产数量，降低生产总成本，从而减少在碳排放权交易市场上因购买额外的碳排放权所产生的成本或增加卖出多余碳排放权所产生的收益。对于 TPR 来说，由于新品需求减少，再制品需求增加，此时应该充分发挥再制品生产低成本、低排放的优势，增加废旧产品回收力度，扩大生产，通过增加再制品销量提高企业总利润。

10.4 数值算例分析

为说明模型的合理性和准确性及更直观地展示研究结果，下面通过算例加以分析。以某电子产品为例，结合笔者及其课题组前期调研过程中获取的数据，整理得 $A=1200$，$G(u)=20+4u$，$c_m=300$，$e_m=1.5$，$c_r=150$，$e_r=1$，$g=1$，$\gamma=0.9$，$\theta=0.7$；为验证不同碳排放政策对 OEM 与 TPR 运营决策的影响，设定初始数据为 $\delta=20$，$\varepsilon_1=40$，$\varepsilon_2=50$，$M_m=700$。

1. 计算结果

根据 10.2 小节和 10.3 小节的求解结果，通过 Matlab 进行算例求解，得到不同碳排放政策影响下 OEM 与 TPR 最优运营策略，具体如表 10-3 所示。

表 10-3 不同碳排放政策影响下 OEM 与 TPR 最优运营策略

参数	第一阶段	第二阶段	参数	第一阶段	第二阶段	参数	第二阶段	参数	第二阶段
p_{im}^{U*}	750	750	f^U	—	348.33	p_{2r}^{U*}	520.42	u^{U*}	1.06
p_{im}^{T*}	765	765	f^T		338.33	p_{2r}^{T*}	530.85	u^{T*}	1.15
$p_{im|M_r=10}^{P*}$	780	782	f^P		323.33	$p_{2r|M_r=10}^{P*}$	543.01	$u^{P*}|_{M_r=10}$	0.56
$p_{im|M_r=30}^{P*}$	780	780			328.33	$p_{im|M_r=30}^{P*}$	541.28	$u^{P*}|_{M_r=30}$	1.24
q_{im}^{U*}	450	435	Π_{im}^{U*}	202500	203228	q_{2r}^{U*}	21.83	Π_{2r}^{U*}	480.46
q_{im}^{T*}	435	420	Π_{im}^{T*}	189225	189975	q_{2r}^{T*}	22.15	Π_{2r}^{T*}	494.98
$q_{im|M_r=10}^{P*}$	420	404	Π_{im}^{P}	204400	204960	$q_{2r|M_r=10}^{P*}$	20.00	$\Pi_{2r|M_r=10}^{P*}$	903.51
$p_{im|M_r=30}^{P*}$	420	404		204400	205172	$p_{im|M_r=30}^{P*}$	22.48	$\Pi_{2r|M_r=30}^{P*}$	1709.70

注：f、Π、P、U 的单位为元；q 的单位为件

由表 10-3 可以看出：

（1）再制品进入市场后，OEM 的利润有所提高，说明通过收取专利许可费的方式能够有效抵御 TPR 进入市场所带来的威胁。并且 TPR 也有一定的利润空间，整个供应链系统的利润提升较多。原因在于，相对于新品来说，再制品生产成本大大降低，TPR 节约下来的生产成本又通过 OEM 收取专利许可费而在二者

之间进行分配。

（2）在第二阶段，OEM 作为市场的领导者，虽然通过减少新品的生产让出了一部分市场份额给 TPR，但是为了自身利益最大化，其设定了较高的专利许可费。此时，TPR 迫于专利费用的压力，只能通过低成本回收废旧产品来维持利润空间，且无法大量生产再制品，从而使得 TPR 与 OEM 的利润相差巨大。

（3）在实施碳限额与交易政策下，新品和再制品的销售价格较高，新品需求较低，专利许可费较低。当 M_r=10 时，TPR 需要额外购买碳排放权，相比其他两种政策，此时再制品的市场需求较小，废旧产品回收价格较低；但是，当 M_r=30 时，政府分配的碳限额高于碳排放权需求量，TPR 有多余碳排放权售出，此时，相比其他两种政策，再制品市场需求较大，废旧产品回收价格较高。

此外，相对于其他两种情形，在碳限额与交易政策下，TPR 的总利润高出较多，其原因在于：一方面，在该政策下，TPR 需要支付的总专利许可费明显低于其他两种情况；另一方面，当 TPR 的碳排放量小于碳限额时，出售多余碳排放权所获得的利润也很可观。

2. 影响分析

比较不考虑碳排放政策和碳税政策及碳限额与交易政策约束三种情形下，再制造率对新品需求、再制品需求、回收价格、再制品价格、OEM 总利润、TPR 总利润及专利许可费的影响，如图 10-1~图 10-4 所示。

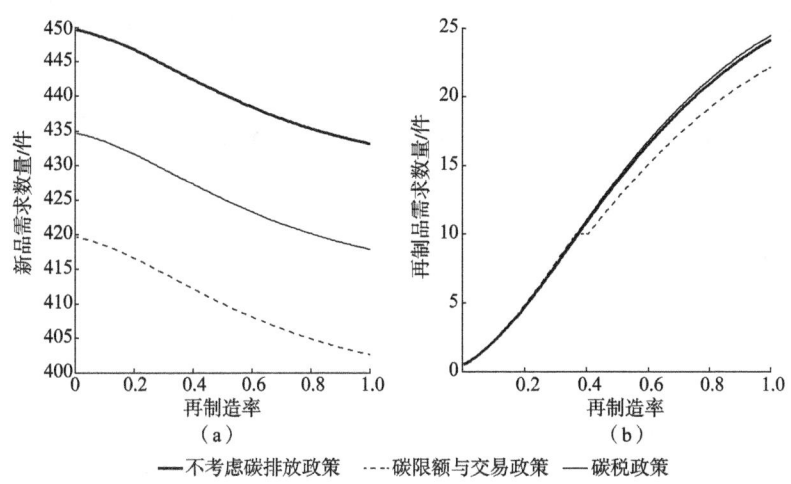

图 10-1 不同碳排放政策下再制造率对新品需求和再制品需求的影响

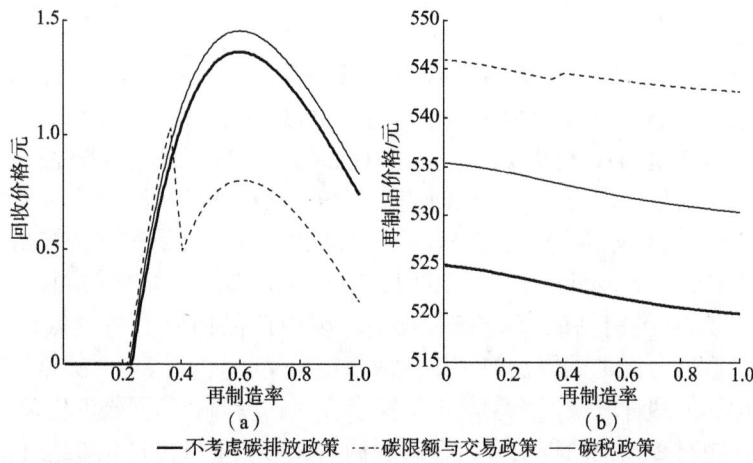

图 10-2 不同碳排放政策下再制造率对回收价格和再制品价格的影响

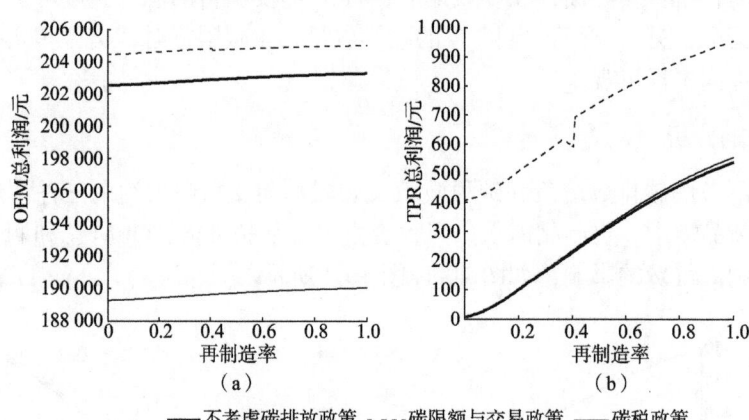

图 10-3 不同碳排放政策下再制造率对 OEM 总利润和 TPR 总利润的影响

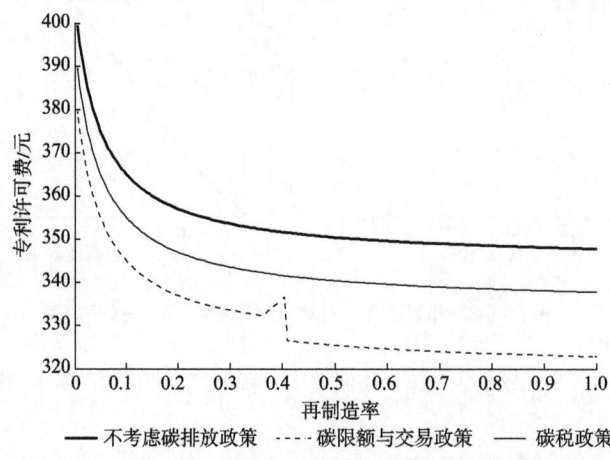

图 10-4 不同碳排放政策下再制造率对专利许可费的影响

图 10-2（b）和图 10-1（b）表明，当不考虑碳排放政策及采用碳税政策时，随着再制造率的增加，废旧产品回收价格先上升后下降，再制品需求的增加速度也在下降。这是因为市场上的消费者受到购买意愿的限制，若在高再制造率的情况下，再制造商盲目回收废旧产品，会使得再制品的生产数量高于需求导致库存等其他成本的增加。因此，当再制造率很高时，TPR 只需要回收少量的废旧产品，就足以生产出满足市场需求的再制品。但是，当政府采用碳限额与交易政策时，回收价格在再制造率 $\gamma=0.42$ 和 $\gamma=0.47$ 处出现两次拐点，这是由于当 $\gamma<0.42$ 时，TPR 的碳排放量小于碳排放限额，再制品的生产压力较小，随着再制造率的增加，再制品的市场需求增加，故回收价格随之增加；当 $0.42 \leqslant \gamma < 0.47$ 时，TPR 的碳排放量等于碳排放限额，此时再制品需求 $q_{2r} = M_r / e_r$ 不变，那么随着再制造率的提高，TPR 所需要的废旧产品也随之减少，所需的回收价格也逐渐下降；当 $\gamma > 0.47$ 时，TPR 的碳排放量大于碳排放限额，回收价格随再制造率的变化趋势与其他两种情况类似。

从图 10-3 和图 10-4 中可以看到，OEM 的专利许可费总体趋势随着再制造率的增加而下降，这是由于降低专利许可费能够鼓励 TPR 在较高再制造率的情况下扩大生产。但是，从图 10-4 中发现，在碳限额与交易政策下，专利许可费在区间 [0.42,0.47) 处突然增加。这是由于该区间内 TPR 的碳排放量等于碳排放限额，再制品需求不会随着 OEM 的决策而改变，故 OEM 在此区间内可以通过收取较高的专利许可费来增加自身的利润，因此，从图 10-3（b）中也可以看到该情况下 TPR 总利润在此区间内随再制造率的增加而减少。

在图 10-3 中，当政府采用碳限额与交易政策时，OEM 与 TPR 的利润包括产品销售利润及碳排放权交易市场上的收支情况，此时，OEM 和 TPR 的利润在很大程度上受到碳排放额度的影响，与其他两种情况具有较大差异，具体如图 10-5 所示。

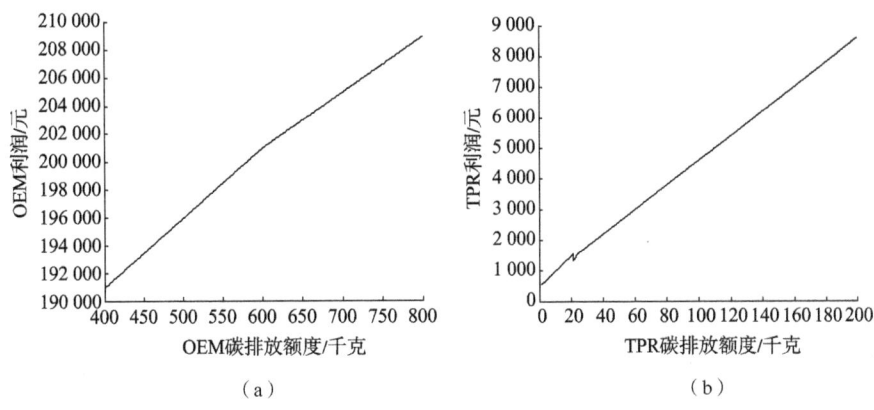

图 10-5 碳限额与交易政策下碳排放额度对 OEM 利润和 TPR 利润的影响

从图 10-1~图 10-4 可以得出，不同的碳排放政策对新品需求、再制品价格、回收价格、专利许可费的影响较大，对再制品需求的影响较小。其中，图 10-1 和图 10-2 表明随着再制造率的增加，再制品的销售价格下降，市场需求上升。

从图 10-5 可以看到：

（1）随着碳排放额度的增加，OEM 和 TPR 的利润都呈现总体上升的趋势。当 $M_m \geq e_m q'_{2m} = 606.39$ 千克时，OEM 生产新品的碳排放量小于碳排放限额，剩余的碳排放权可以以 ε_1 的单价卖出；当 $M_m < e_m q''_{2m} = 595$ 千克时，新品产生的碳排放量大于碳排放限额，故需要以 ε_2 的单价购入碳排放权；当 $M_m \in [e_m q''_{2m}, e_m q'_{2m}) = [595, 606.39)$ 时，新品的碳排放量刚好等于碳排放限额，在这个区间内 $q_{2m} = M_m / e_m$，故此时 OEM 不需要买入或卖出碳排放权，总利润随着碳排放限额的增加而增加，但是由于该区间较小，从图 10-5 中看并不明显。并且，从图 10-5 中还能看出当 $M_m \geq e_m q'_{2m}$ 时，总利润曲线的斜率要稍小于 $M_m \in [400, e_m q''_{2m})$ 区间内的曲线，也就是说，当 M_m 取值较大的时候，政府继续增加 M_m 所给 OEM 带来的收益要小于 M_m 取值较小的时候。

（2）与 OEM 不同的是，当 $M_r \in [e_r q''_{2r}, e_r q'_{2r}) = [21.4, 24)$ 时，再制品的需求为 $q_{2r} = M_r / e_r$。那么此时对于 OEM 而言，在这个区间内可以通过增加专利许可费来提高自身的利润，故从图 10-5（b）看到，此时 TPR 需要支付更高的专利许可费，导致其利润突然下降了一段，但之后总利润仍随着碳排放额度的增加而增加。

（3）对于政府来说，若采用碳限额与交易政策，那么为 OEM 和 TPR 分别制定合理的碳限额是一个关键。OEM 和 TPR 则需要根据政府制定的碳排放额度及碳交易价格 ε_1、ε_2 及时调整自己的策略，以获取最大利润。

第11章 需求不确定条件下考虑碳排放政策约束的再制造系统运营管理决策优化

在企业实际运营过程中,市场需求往往是不确定的。因而,针对这一现实,本章在第10章的基础上,针对需求不确定的情形,分别研究专利授权下受碳税政策和碳限额与交易政策约束的废旧产品再制造系统低碳运营管理决策优化问题。

11.1 碳税政策下再制造系统运营管理决策优化

11.1.1 模型构建

在碳税政策和市场需求不确定情形下,OEM在第一阶段的利润函数为

$$\max \Pi_{1m}^T\left(p_{1m}^T, q_{1m}^T\right) = p_{1m}^T E \min\left(D_m, q_{1m}^T\right) \\ + v_m E\left(q_{1m}^T - D_m\right)^+ \\ - s_m E\left(D_m - q_{1m}^T\right)^+ \\ - (c_m + e_m \delta) q_{1m}^T \\ \text{s.t. } p_{1m}^T = A - q_{1m}^T \quad (11\text{-}1)$$

在市场需求不确定条件下,在第二阶段,当闭环供应链采用集中决策模式时,总利润的目标函数如下:

$$\max \varPi_S^T \left(p_{2m}^T, q_{2m}^T, p_{2r}^T, q_{2r}^T, u^T\right) = p_{2m}^T E \min\left(D_m, q_{2m}^T\right)$$
$$+ v_m E\left(q_{2m}^T - D_m\right)^+ - s_m E\left(D_m - q_{2m}^T\right)^+$$
$$- \left(c_m + e_m \delta\right) q_{2m}^T$$
$$+ p_{2r}^T E \min\left(D_r, q_{2r}^T\right) - \left(c_r + e_r \delta\right) q_{2r}^T$$
$$+ G\left(u^T\right)\left(g - u^T\right) \quad (11\text{-}2)$$
$$+ v_r E\left(q_{2r}^T - D_r\right)^+ - s_r E\left(D_r - q_{2r}^T\right)^+$$
$$\text{s.t.} \begin{cases} p_{2m}^T = A - q_{2m}^T - \theta q_{2r}^T \\ p_{2r}^T = \theta\left(A - q_{2m}^T - q_{2r}^T\right) \\ \gamma\left(\alpha + \beta u^T\right) = q_{2r}^T \end{cases}$$

在第二阶段，当闭环供应链采用分散决策模式时，TPR 的利润目标函数为

$$\max \varPi_{2r}^T \left(p_{2r}^T, q_{2r}^T, u^T\right) = p_{2r}^T E \min\left(D_r, q_{2r}^T\right) - \left(c_r + e_r \delta + f^T\right) q_{2r}^T$$
$$+ G\left(u^T\right)\left(g - u^T\right) + v_r E\left(q_{2r}^T - D_r\right)^+$$
$$- s_r E\left(D_r - q_{2r}^T\right)^+ \quad (11\text{-}3)$$
$$\text{s.t.} \begin{cases} p_{2r}^T = \theta\left(A - q_{2m}^T - q_{2r}^T\right) \\ \gamma\left(\alpha + \beta u^T\right) = q_{2r}^T \end{cases}$$

在第二阶段，OEM 的利润目标函数为

$$\max \varPi_{2m}^T \left(p_{2m}^T, q_{2m}^T, f^T\right) = p_{2m}^T E \min\left(D_m, q_{2m}^T\right) + v_m E\left(q_{2m}^T - D_m\right)^+$$
$$- s_m E\left(D_m - q_{2m}^T\right)^+ \quad (11\text{-}4)$$
$$- \left(c_m + e_m \delta\right) q_{2m}^T + q_{2r}^T f^T$$
$$\text{s.t.} \ p_{2m}^T = A - q_{2m}^T - \theta q_{2r}^T$$

11.1.2 模型求解

1. 第一阶段决策

通过对式（11-1）进行求解可得命题 11-1。

命题 11-1：在需求不确定条件下，当考虑碳税政策的第一阶段时，OEM 存在最优决策集 $\left(p_{1m}^{T^*}, q_{1m}^{T^*}\right)$ 使得利润达到最大。这里，

$$q_{1m}^{T^*} = \mu_m + \frac{\sigma_m}{2}\left(\sqrt{\frac{A_{1m}^T}{B_{1m}^T}} - \sqrt{\frac{B_{1m}^T}{A_{1m}^T}}\right), \quad p_{1m}^{T^*} = A - q_{1m}^{T^*} \text{。}$$

其中，$A_{1m}^T = p_{1m}^{T^*} + s_m - \lambda_1 - c_m - e_m\delta$，$B_{1m}^T = c_m + e_m\delta + \lambda_1 - v_m$，$\lambda_1 = \mu_m - \dfrac{\left[\sigma_m^2 + \left(q_{1m}^{T^*} - \mu_m\right)^2\right]^{\frac{1}{2}} - \left(q_{1m}^{T^*} - \mu_m\right)}{2}$。

证明：对第一阶段 OEM 的利润目标函数式（11-1）构造拉格朗日函数：

$$L_{1m}^T\left(p_{1m}^T, q_{1m}^T, \lambda_1\right) = \left(p_{1m}^T - v_m\right)\mu_m$$

$$-\left(p_{1m}^T - v_m + s_m\right)\frac{\left[\sigma_m^2 + \left(q_{1m}^T - \mu_m\right)^2\right]^{\frac{1}{2}} - \left(q_{1m}^T - \mu_m\right)}{2} \quad (11\text{-}5)$$

$$+\left(v_m - c_m - e_m\delta\right)q_{1m}^T + \lambda_1\left(A - q_{1m}^T - p_{1m}^T\right)$$

该函数的 KKT 条件为

$$\begin{cases} \mu_m - \dfrac{\left[\sigma_m^2 + \left(q_{1m}^T - \mu_m\right)^2\right]^{\frac{1}{2}} - \left(q_{1m}^T - \mu_m\right)}{2} - \lambda_1 = 0 \\[2mm] -\dfrac{1}{2}\left(p_{1m}^T - v_m + s_m\right)\left\{\dfrac{q_{1m}^T - \mu_m}{\left[\sigma_m^2 + \left(q_{1m}^T - \mu_m\right)^2\right]^{\frac{1}{2}}} - 1\right\} + v_m - c_m - e_m\delta - \lambda_1 = 0 \\[2mm] A - q_{1m}^T - p_{1m}^T = 0 \end{cases} \quad (11\text{-}6)$$

通过整理可得

$$\begin{cases} \lambda_1 = \mu_m - \dfrac{\left[\sigma_m^2 + \left(q_{1m}^{T^*} - \mu_m\right)^2\right]^{\frac{1}{2}} - \left(q_{1m}^{T^*} - \mu_m\right)}{2} \\[2mm] p_{1m}^{T^*} = A - q_{1m}^{T^*} \\[2mm] q_{1m}^{T^*} = \mu_m + \dfrac{\sigma_m}{2}\left(\sqrt{\dfrac{p_{1m}^{T^*} + s_m - \lambda_1 - c_m - e_m\delta}{c_m + e_m\delta + \lambda_1 - v_m}} - \sqrt{\dfrac{c_m + e_m\delta + \lambda_1 - v_m}{p_{1m}^{T^*} + s_m - \lambda_1 - c_m - e_m\delta}}\right) \end{cases} \quad (11\text{-}7)$$

2. 第二阶段决策

在第二阶段，可采取集中决策和分散决策两种模式，以下分别进行求解。

1）集中决策

通过对式（11-2）进行求解可得命题 11-2。

命题 11-2：在需求不确定条件下，当考虑碳税政策的第二阶段集中决策时，闭环供应链存在最优决策集（$q_{2r}^{T^*}, q_{2m}^{T^*}, p_{2m}^{T^*}, p_{2r}^{T^*}, u^{T^*}$）使得闭环供应链总利润达到最大。这里，

$$q_{2r}^{T^*} = \mu_r + \frac{\sigma_r}{2}\left(\sqrt{\frac{A_r^T}{B_r^T}} - \sqrt{\frac{B_r^T}{A_r^T}}\right), \quad q_{2m}^{T^*} = \mu_m + \frac{\sigma_m}{2}\left(\sqrt{\frac{A_m^T}{B_m^T}} - \sqrt{\frac{B_m^T}{A_m^T}}\right),$$

$$p_{2m}^{T^*} = A - q_{2m}^{T^*} - \theta q_{2r}^{T^*}, \quad p_{2r}^{T^*} = \theta\left(A - q_{2m}^{T^*} - q_{2r}^{T^*}\right), \quad u^{T^*} = \frac{q_{2r}^{T^*} - \alpha\gamma}{\beta\gamma}。$$

其中，$A_r^T = s_r + p_{2r}^{T^*} - c_r - e_r\delta - \theta\lambda_1 - \theta\lambda_2 + \lambda_3$，$B_r^T = c_r + e_r\delta - v_r + \theta\lambda_1 + \theta\lambda_2 - \lambda_3$，$A_m^T = s_m + p_{2m}^{T^*} - c_m - e_m\delta - \lambda_1 - \theta\lambda_2$，$B_m^T = c_m + e_m\delta - v_m + \lambda_1 + \theta\lambda_2$。

$$\begin{cases} \lambda_1 = \mu_m - \dfrac{\left[\sigma_m^2 + \left(q_{2m}^{T^*} - \mu_m\right)^2\right]^{\frac{1}{2}} - \left(q_{2m}^{T^*} - \mu_m\right)}{2} \\[2ex] \lambda_2 = \mu_r - \dfrac{\left[\sigma_r^2 + \left(q_{2r}^{T^*} - \mu_r\right)^2\right]^{\frac{1}{2}} - \left(q_{2r}^{T^*} - \mu_r\right)}{2} \\[2ex] \lambda_3 = \dfrac{\beta\left(g - u^{T^*}\right) - \left(\alpha + \beta u^{T^*}\right)}{\beta\gamma} \end{cases} \quad (11\text{-}8)$$

证明：对第二阶段闭环供应链总利润目标函数式（11-2）构造拉格朗日函数：

$$L_S^T\left(p_{2m}^T, q_{2m}^T, p_{2r}^T, q_{2r}^T, u^T, \lambda_1, \lambda_2, \lambda_3\right)$$

$$\begin{aligned}
= &\left(p_{2m}^T - v_m\right)\mu_m - \left(p_{2m}^T - v_m + s_m\right)\dfrac{\left[\sigma_r^2 + \left(q_{2r}^T - \mu_r\right)^2\right]^{\frac{1}{2}} - \left(q_{2r}^T - \mu_r\right)}{2} \\
&+ \left(v_m - c_m - e_m\delta\right)q_{2m}^T + \left(p_{2r}^T - v_r\right)\mu_r \\
&- \left(p_{2r}^T - v_r + s_r\right)\dfrac{\left[\sigma_r^2 + \left(q_{2r}^T - \mu_r\right)^2\right]^{\frac{1}{2}} - \left(q_{2r}^T - \mu_r\right)}{2} \\
&+ \left(v_r - c_r - e_r\delta\right)q_{2r}^T + \left(\alpha + \beta u^T\right)\left(g - u^T\right) \\
&+ \lambda_1\left(A - q_{2m}^T - \theta q_{2r}^T - p_{2m}^T\right) + \lambda_2\left[\theta\left(A - q_{2m}^T - q_{2r}^T\right) - p_{2r}^T\right] \\
&+ \lambda_3\left[q_{2r}^T - \gamma\left(\alpha + \beta u^T\right)\right]
\end{aligned} \quad (11\text{-}9)$$

上述问题的 KKT 条件为

$$\begin{cases}
-\frac{1}{2}\left(p_{2m}^T - v_m + s_m\right)\left\{\dfrac{\left(q_{2m}^T - \mu_m\right)}{\left[\sigma_m^2 + \left(q_{2m}^T - \mu_m\right)^2\right]^{\frac{1}{2}}} - 1\right\} + v_m - c_m - e_m\delta - \lambda_1 - \theta\lambda_2 = 0 \\
-\frac{1}{2}\left(p_{2r}^T - v_r + s_r\right)\left\{\dfrac{\left(q_{2r}^T - \mu_r\right)}{\left[\sigma_r^2 + \left(q_{2r}^T - \mu_r\right)^2\right]^{\frac{1}{2}}} - 1\right\} + v_r - c_r - e_r\delta - \theta\lambda_1 - \theta\lambda_2 + \lambda_3 = 0 \\
\beta\left(g - u^T\right) - \left(\alpha + \beta u^T\right) - \lambda_3 \beta\gamma = 0 \\
\mu_m - \dfrac{\left[\sigma_m^2 + \left(q_{2m}^T - \mu_m\right)^2\right]^{\frac{1}{2}} - \left(q_{2m}^T - \mu_m\right)}{2} - \lambda_1 = 0 \\
\mu_r - \dfrac{\left[\sigma_r^2 + \left(q_{2r}^T - \mu_r\right)^2\right]^{\frac{1}{2}} - \left(q_{2r}^T - \mu_r\right)}{2} - \lambda_2 = 0 \\
A - q_{2m}^T - \theta q_{2r}^T - p_{2m}^T = 0 \\
\theta\left(A - q_{2m}^T - q_{2r}^T\right) - p_{2r}^T = 0 \\
q_{2r}^T - \gamma\left(\alpha + \beta u^T\right) = 0
\end{cases} \quad (11\text{-}10)$$

整理可得

$$\begin{cases}
\lambda_1 = \mu_m - \dfrac{\left[\sigma_m^2 + \left(q_{2m}^{T^*} - \mu_m\right)^2\right]^{\frac{1}{2}} - \left(q_{2m}^{T^*} - \mu_m\right)}{2} \\
\lambda_2 = \mu_r - \dfrac{\left[\sigma_r^2 + \left(q_{2r}^{T^*} - \mu_r\right)^2\right]^{\frac{1}{2}} - \left(q_{2r}^{T^*} - \mu_r\right)}{2} \\
\lambda_3 = \dfrac{\beta\left(g - u^{T^*}\right) - \left(\alpha + \beta u^{T^*}\right)}{\beta\gamma} \\
q_{2r}^{T^*} = \mu_r + \dfrac{\sigma_r}{2}\left(\sqrt{\dfrac{s_r + p_{2r}^{T^*} - c_r - e_r\delta - \theta\lambda_1 - \theta\lambda_2 + \lambda_3}{c_r + e_r\delta - v_r + \theta\lambda_1 + \theta\lambda_2 - \lambda_3}} - \sqrt{\dfrac{c_r + e_r\delta - v_r + \theta\lambda_1 + \theta\lambda_2 - \lambda_3}{s_r + p_{2r}^{T^*} - c_r - e_r\delta - \theta\lambda_1 - \theta\lambda_2 + \lambda_3}}\right) \\
q_{2m}^{T^*} = \mu_m + \dfrac{\sigma_m}{2}\left(\sqrt{\dfrac{s_m + p_{2m}^{T^*} - c_m - e_m\delta - \lambda_1 - \theta\lambda_2}{c_m + e_m\delta - v_m + \lambda_1 + \theta\lambda_2}} - \sqrt{\dfrac{c_m + e_m\delta - v_m + \lambda_1 + \theta\lambda_2}{s_m + p_{2m}^{T^*} - c_m - e_m\delta - \lambda_1 - \theta\lambda_2}}\right) \\
p_{2m}^{T^*} = A - q_{2m}^{T^*} - \theta q_{2r}^{T^*} \\
p_{2r}^{T^*} = \theta\left(A - q_{2m}^{T^*} - q_{2r}^{T^*}\right) \\
u^{T^*} = \dfrac{q_{2r}^{T^*} - \alpha\gamma}{\beta\gamma}
\end{cases}$$

$$(11\text{-}11)$$

2）分散决策

通过对式（11-4）进行求解可得命题 11-3。

命题 11-3：在需求不确定条件下，当考虑碳税政策的第二阶段采用分散决策时，TPR 存在最优决策集（$p_{2r}^{T^{**}}, q_{2r}^{T^{**}}, u^{T^{**}}$）使得利润达到最大。这里，

$$q_{2r}^{T^{**}} = \mu_r + \frac{\sigma_r}{2}\left(\sqrt{\frac{A_{2r}^T}{B_{2r}^T}} - \sqrt{\frac{B_{2r}^T}{A_{2r}^T}}\right), \quad p_{2r}^{T^{**}} = \theta\left(A - q_{2m}^{T^{**}} - q_{2r}^{T^{**}}\right), \quad u^{T^{**}} = \frac{q_{2r}^{T^{**}} - \alpha\gamma}{\beta\gamma}。$$

其中，$A_{2r}^T = s_r + p_{2r}^{T^{**}} - f^{T^{**}} - c_r - e_r\delta + \lambda_2 - \theta\lambda_3$，$B_{2r}^T = c_r + e_r\delta + f^{T^{**}} - v_r - \lambda_2 + \theta\lambda_3$，$\lambda_2 = \dfrac{\beta(g - u^{T^{**}}) - (\alpha + \beta u^{T^{**}})}{\beta\gamma}$，$\lambda_3 = \mu_r - \dfrac{\left[\sigma_r^2 + (q_{2r}^{T^{**}} - \mu_r)^2\right]^{\frac{1}{2}} - (q_{2r}^{T^{**}} - \mu_r)}{2}$。

证明：对第二阶段 TPR 的利润目标函数式（11-4）构造拉格朗日函数：

$$L_{2r}^T(p_{2r}^T, q_{2r}^T, u^T, \lambda_2, \lambda_3) = (p_{2r}^T - v_r)\mu_r + (v_r - c_r - e_r\delta - f^T)q_{2r}^T + (\alpha + \beta u^T)(g - u^T)$$

$$- (p_{2r}^T - v_r + s_r)\frac{\left[\sigma_r^2 + (q_{2r}^T - \mu_r)^2\right]^{\frac{1}{2}} - (q_{2r}^T - \mu_r)}{2}$$

$$+ \lambda_2\left[q_{2r}^T - \gamma(\alpha + \beta u^T)\right] + \lambda_3\left[\theta(A - q_{2m}^T - q_{2r}^T) - p_{2r}^T\right]$$

（11-12）

上述问题的 KKT 条件为

$$\begin{cases} \mu_r - \dfrac{\left[\sigma_r^2 + (q_{2r}^T - \mu_r)^2\right]^{\frac{1}{2}} - (q_{2r}^T - \mu_r)}{2} - \lambda_3 = 0 \\[2mm] -\dfrac{1}{2}(p_{2r}^T - v_r + s_r)\left\{\dfrac{q_{2r}^T - \mu_r}{\left[\sigma_r^2 + (q_{2r}^T - \mu_r)^2\right]^{\frac{1}{2}}} - 1\right\} + v_r - c_r - e_r\delta - f + \lambda_2 - \theta\lambda_3 = 0 \\[2mm] \beta(g - u^T) - (\alpha + \beta u^T) - \lambda_2\beta\gamma = 0 \\[1mm] \theta(A - q_{2m}^T - q_{2r}^T) - p_{2r}^T = 0 \\[1mm] q_{2r}^T - \gamma(\alpha + \beta u^T) = 0 \end{cases}$$

（11-13）

整理可得

$$\begin{cases}
\lambda_2 = \dfrac{\beta\left(g - u^{T^{**}}\right) - \left(\alpha + \beta u^{T^{**}}\right)}{\beta\gamma} \\[2mm]
\lambda_3 = \mu_r - \dfrac{\left[\sigma_r^2 + \left(q_{2r}^{T^{**}} - \mu_r\right)^2\right]^{\frac{1}{2}} - \left(q_{2r}^{T^{**}} - \mu_r\right)}{2} \\[2mm]
u^{T^{**}} = \dfrac{q_{2r}^{T^{**}} - \alpha\gamma}{\beta\gamma} \\[2mm]
p_{2r}^{T^{**}} = \theta\left(A - q_{2m}^{T^{**}} - q_{2r}^{T^{**}}\right) \\[2mm]
q_{2r}^{T^{**}} = \mu_r + \dfrac{\sigma_r}{2}\left(\sqrt{\dfrac{s_r + p_{2r}^{T^{**}} - f^{T^{**}} - c_r - e_r\delta + \lambda_2 - \theta\lambda_3}{c_r + e_r\delta + f^{T^{**}} - v_r - \lambda_2 + \theta\lambda_3}} - \sqrt{\dfrac{c_r + e_r\delta + f^{T^{**}} - v_r - \lambda_2 + \theta\lambda_3}{s_r + p_{2r}^{U^{**}} - f^{T^{**}} - c_r - e_r\delta + \lambda_2 - \theta\lambda_3}}\right)
\end{cases}$$

(11-14)

命题 11-4：在需求不确定条件下，当考虑碳税政策的第二阶段采用分散决策时，OEM 存在最优决策集 $\left(p_{2m}^{T^{**}}, q_{2m}^{T^{**}}, f^{T^{*}}\right)$ 使得利润达到最大。这里，

$$q_{2m}^{T^{**}} = \mu_m + \dfrac{\sigma_m}{2}\left(\sqrt{\dfrac{A_{2m}^T}{B_{2m}^T}} - \sqrt{\dfrac{B_{2m}^T}{A_{2m}^T}}\right), \quad p_{2m}^{T^{**}} = A - q_{2m}^{T^{**}} - \theta q_{2r}^{T^{**}},$$

$$f^{T^{**}} = \dfrac{-q_{2r}^{T^{**}}\dfrac{\sigma_r}{2}\left(\sqrt{\dfrac{1}{A_{2r}^T B_{2r}^T}} + \sqrt{\dfrac{B_{2r}^T}{A_{2r}^{T^3}}}\right) - q_{2r}^{T^{**}}}{\dfrac{\sigma_r}{2}\left(\sqrt{\dfrac{B_{2r}^T}{A_{2r}^T}} \times \dfrac{-A_{2r}^T - B_{2r}^T}{B_{2r}^{T^2}} - \sqrt{\dfrac{A_{2r}^T}{B_{2r}^T}} \times \dfrac{A_{2r}^T + B_{2r}^T}{A_{2r}^{T^2}}\right)} + \theta\lambda_4 \, 。$$

其中，$A_{2m}^T = s_m + p_{2m}^{T^{**}} - c_m - e_m\delta - \lambda_4$，$B_{2m}^T = c_m + e_m\delta - v_m + \lambda_4$，$\lambda_4 = \mu_m - \dfrac{\left[\sigma_m^2 + \left(q_{2m}^{T^{**}} - \mu_m\right)^2\right]^{\frac{1}{2}} - \left(q_{2m}^{T^{**}} - \mu_m\right)}{2}$ 。

证明：对第二阶段 OEM 的利润目标函数式（11-5）构造拉格朗日函数：

$$\begin{aligned}
L_{2m}^T\left(p_{2m}^T, q_{2m}^T, f^T, \lambda_4\right) = &\left(p_{2m}^T - v_m\right)\mu_m \\
&- \left(p_{2m}^T - v_m + s_m\right)\dfrac{\left[\sigma_m^2 + \left(q_{2m}^T - \mu_m\right)^2\right]^{\frac{1}{2}} - \left(q_{2m}^T - \mu_m\right)}{2} \\
&+ \left(v_m - c_m - e_m\delta\right)q_{2m}^T + \lambda_4\left(A - q_{2m}^T - \theta q_{2r}^T - p_{2m}^T\right) + q_{2r}^T f^T
\end{aligned}$$

(11-15)

上述问题的 KKT 条件为

$$\begin{cases} \mu_m - \dfrac{\left[\sigma_m^2 + \left(q_{2m}^T - \mu_m\right)^2\right]^{\frac{1}{2}} - \left(q_{2m}^T - \mu_m\right)}{2} - \lambda_4 = 0 \\ -\dfrac{1}{2}\left(p_{2m}^T - v_m + s_m\right)\left\{\left[\sigma_m^2 + \left(q_{2m}^T - \mu_m\right)^2\right]^{-\frac{1}{2}}\left(q_{2m}^T - \mu_m\right) - 1\right\} + v_m - c_m - e_m\delta - \lambda_4 = 0 \\ q_{2r}^T + \left(f^T - \theta\lambda_4\right)\dfrac{\partial q_{2r}^T}{\partial f^U} = 0 \\ -q_{2m}^T - \theta q_{2r}^T - p_{2m}^T = 0 \end{cases}$$

（11-16）

整理可得

$$\begin{cases} \lambda_4 = \mu_m - \dfrac{\left[\sigma_m^2 + \left(q_{2m}^{T**} - \mu_m\right)^2\right]^{\frac{1}{2}} - \left(q_{2m}^{T**} - \mu_m\right)}{2} \\ p_{2m}^{T**} = A - q_{2m}^{T**} - \theta q_{2r}^{T**} \\ f^{T**} = \dfrac{-q_{2r}^{T**}\dfrac{\sigma_r}{2}\left(\sqrt{\dfrac{1}{A_{2r}^T B_{2r}^T}} + \sqrt{\dfrac{B_{2r}^T}{A_{2r}^{T3}}}\right) - q_{2r}^{T**}}{\dfrac{\sigma_r}{2}\left(\sqrt{\dfrac{B_{2r}^T}{A_{2r}^T}} \times \dfrac{-A_{2r}^T - B_{2r}^T}{B_{2r}^{T2}} - \sqrt{\dfrac{A_{2r}^T}{B_{2r}^T}} \times \dfrac{A_{2r}^T + B_{2r}^T}{A_{2r}^{T2}}\right)} + \theta\lambda_4 \\ q_{2m}^{T**} = \mu_m + \dfrac{\sigma_m}{2}\left(\sqrt{\dfrac{s_m + p_{2m}^{T**} - c_m - e_m\delta - \lambda_4}{c_m + e_m\delta - v_m + \lambda_4}} - \sqrt{\dfrac{c_m + e_m\delta - v_m + \lambda_4}{s_m + p_{2m}^{T**} - c_m - e_m\delta - \lambda_4}}\right) \end{cases}$$

（11-17）

11.2 碳限额与交易政策下再制造系统运营管理决策优化

11.2.1 模型构建

在需求不确定条件下，在碳限额与交易政策约束下，OEM 在第一阶段的利润函数为

$$\max \Pi_{1m}^{P}\left(p_{1m}^{P},q_{1m}^{P}\right) = p_{1m}^{P} E\min\left(D_{m},q_{1m}^{P}\right) + v_{m} E\left(q_{1m}^{P} - D_{m}\right)^{+}$$
$$- s_{m} E\left(D_{m} - q_{1m}^{P}\right)^{+} - c_{m} q_{1m}^{P} + \varepsilon_{1}\left(M_{m} - q_{1m}^{P} e_{m}\right)^{+}$$
$$- \varepsilon_{2}\left(q_{1m}^{P} e_{m} - M_{m}\right)^{+} \quad (11\text{-}18)$$
$$\text{s.t. } p_{1m}^{P} = A - q_{1m}^{P}$$

在第二阶段，当采取集中决策模式时，总利润函数为

$$\max \Pi_{S}^{P}\left(p_{2m}^{P},q_{2m}^{P},p_{2r}^{P},q_{2r}^{P},u^{P}\right) = p_{2m}^{P} E\min\left(D_{m},q_{2m}^{P}\right) + v_{m} E\left(q_{2m}^{P} - D_{m}\right)^{+}$$
$$- s_{m} E\left(D_{m} - q_{2m}^{P}\right)^{+} - c_{m} q_{2m}^{P} + p_{2r}^{P} E\min\left(D_{r},q_{2r}^{P}\right)$$
$$- c_{r} q_{2r}^{P} + G(u^{P})(g - u^{P}) + v_{r} E\left(q_{2r}^{P} - D_{r}\right)^{+}$$
$$- s_{r} E\left(D_{r} - q_{2r}^{P}\right)^{+} + \varepsilon_{1}\left(M_{m} - q_{2m}^{P} e_{m}\right)^{+}$$
$$- \varepsilon_{2}\left(q_{2m}^{P} e_{m} - M_{m}\right)^{+} + \varepsilon_{1}\left(M_{r} - q_{2r}^{P} e_{r}\right)^{+}$$
$$- \varepsilon_{2}\left(q_{2r}^{P} e_{r} - M_{r}\right)^{+}$$
$$\text{s.t.} \begin{cases} p_{2m}^{P} = A - q_{2m}^{P} - \theta q_{2r}^{P} \\ p_{2r}^{P} = \theta\left(A - q_{2m}^{P} - q_{2r}^{P}\right) \\ \gamma(\alpha + \beta u^{P}) = q_{2r}^{P} \end{cases} \quad (11\text{-}19)$$

在第二阶段，当采取分散决策模式时，TPR 的利润函数为

$$\max \Pi_{2r}^{P}\left(p_{2r}^{P},q_{2r}^{P},u^{P}\right) = p_{2r}^{P} E\min\left(D_{r},q_{2r}^{P}\right) - \left(c_{r} + f^{P}\right)q_{2r}^{P} + G(u^{P})(g - u^{P})$$
$$+ v_{r} E\left(q_{2r}^{P} - D_{r}\right)^{+} - s_{r} E\left(D_{r} - q_{2r}^{P}\right)^{+}$$
$$+ \varepsilon_{1}\left(M_{r} - q_{2r}^{P} e_{r}\right)^{+} - \varepsilon_{2}\left(q_{2r}^{P} e_{r} - M_{r}\right)^{+} \quad (11\text{-}20)$$
$$\text{s.t.} \begin{cases} p_{2r}^{P} = \theta\left(A - q_{2m}^{P} - q_{2r}^{P}\right) \\ \gamma(\alpha + \beta u^{P}) = q_{2r}^{P} \end{cases}$$

OEM 的利润函数为

$$\max \Pi_{2m}^{P}\left(p_{2m}^{P},q_{2m}^{P},f^{P}\right) = p_{2m}^{P} E\min\left(D_{m},q_{2m}^{P}\right) + v_{m} E\left(q_{2m}^{P} - D_{m}\right)^{+}$$
$$- s_{m} E\left(D_{m} - q_{2m}^{P}\right)^{+} - c_{m} q_{2m}^{P} + q_{2r}^{P} f^{P}$$
$$+ \varepsilon_{1}\left(M_{m} - q_{2m}^{P} e_{m}\right)^{+} - \varepsilon_{2}\left(q_{2m}^{P} e_{m} - M_{m}\right)^{+} \quad (11\text{-}21)$$
$$\text{s.t. } p_{2m}^{P} = A - q_{2m}^{P} - \theta q_{2r}^{P}$$

11.2.2 模型求解

1. 第一阶段决策

同理前面章节，本节将该问题分为三种情形：①碳排放量大于碳排放限额；②碳排放量等于碳排放限额；③碳排放量小于碳排放限额。计算方法与前面几节类似。

当 $M_m \geqslant q_{2m}e_m$ 时，

$$q_{1m}^{P'} = \mu_m + \frac{\sigma_m}{2}\left(\sqrt{\frac{p_{1m}^{P^*} + s_m - \lambda_1 - c_m - \varepsilon_1 e_m}{c_m + \varepsilon_1 e_m + \lambda_1 - v_m}} - \sqrt{\frac{c_m + \varepsilon_1 e_m + \lambda_1 - v_m}{p_{1m}^{P^*} + s_m - \lambda_1 - c_m - \varepsilon_1 e_m}}\right)$$

当 $M_m < q_{2m}e_m$ 时，

$$q_{1m}^{P''} = \mu_m + \frac{\sigma_m}{2}\left(\sqrt{\frac{p_{1m}^{P^*} + s_m - \lambda_1 - c_m - \varepsilon_2 e_m}{c_m + \varepsilon_1 e_m + \lambda_1 - v_m}} - \sqrt{\frac{c_m + \varepsilon_1 e_m + \lambda_1 - v_m}{p_{1m}^{P^*} + s_m - \lambda_1 - c_m - \varepsilon_2 e_m}}\right)$$

命题 11-5：在需求不确定条件下，当考虑碳限额与交易政策的第一阶段时，OEM 存在最优决策集（$q_{1m}^{P^*}, p_{1m}^{P^*}$）使得目标利润函数达到最大。这里，

$$q_{1m}^{P^*} = \begin{cases} \mu_m + \frac{\sigma_m}{2}\left(\sqrt{\frac{p_{1m}^{P^*} + s_m - \lambda_1 - c_m - \varepsilon_2 e_m}{c_m + \varepsilon_1 e_m + \lambda_1 - v_m}} - \sqrt{\frac{c_m + \varepsilon_1 e_m + \lambda_1 - v_m}{p_{1m}^{P^*} + s_m - \lambda_1 - c_m - \varepsilon_2 e_m}}\right) & q_{1m}^{P'} \leqslant \frac{M_m}{e_m} \\ \frac{M_m}{e_m} & q_{1m}^{P''} < \frac{M_m}{e_m} < q_{1m}^{P'} \\ \mu_m + \frac{\sigma_m}{2}\left(\sqrt{\frac{p_{1m}^{P^*} + s_m - \lambda_1 - c_m - \varepsilon_2 e_m}{c_m + \varepsilon_1 e_m + \lambda_1 - v_m}} - \sqrt{\frac{c_m + \varepsilon_1 e_m + \lambda_1 - v_m}{p_{1m}^{P^*} + s_m - \lambda_1 - c_m - \varepsilon_2 e_m}}\right) & q_{1m}^{P''} \geqslant \frac{M_m}{e_m} \end{cases}$$

（11-22）

$$p_{1m}^{P^*} = A - q_{1m}^{P^*} \quad (11\text{-}23)$$

其中，$\lambda_1 = \mu_m - \dfrac{\left[\sigma_m^2 + \left(q_{1m}^{P^*} - \mu_m\right)^2\right]^{\frac{1}{2}} - \left(q_{1m}^{P^*} - \mu_m\right)}{2}$。

2. 第二阶段决策

1）集中决策

通过对式（11-18）进行求解可得命题 11-6。

命题 11-6：在需求不确定条件下，当碳限额与交易政策第二阶段采用集中决策时，闭环供应链存在最优决策集（$q_{2r}^{P^*}, q_{2m}^{P^*}, p_{2m}^{P^*}, p_{2r}^{P^*}, u^{P^*}$）使得供应链总利润达到最大。这里，

$$q_{2m}^{P^*} = \begin{cases} q_{2m}^{P^1} & q_{2m}^{P^1} \leqslant \dfrac{M_m}{e_m} \\ \dfrac{M_m}{e_m} & q_{2m}^{P^1} > \dfrac{M_m}{e_m} > q_{2m}^{P^2} \\ q_{2m}^{P^2} & q_{2m}^{P^2} \geqslant \dfrac{M_m}{e_m} \end{cases} \quad (11\text{-}24)$$

$$q_{2r}^{P^*} = \begin{cases} q_{2r}^{P^1} & q_{2r}^{P^1} \leqslant \dfrac{M_r}{e_r} \\ \dfrac{M_r}{e_r} & q_{2r}^{P^1} > \dfrac{M_r}{e_r} > q_{2r}^{P^2} \\ q_{2r}^{P^2} & q_{2r}^{P^2} \geqslant \dfrac{M_r}{e_r} \end{cases} \quad (11\text{-}25)$$

$$\begin{cases} p_{2m}^{P^*} = A - q_{2m}^{P^*} - \theta q_{2r}^{P^*} \\ p_{2r}^{P^*} = \theta\left(A - q_{2m}^{P^*} - q_{2r}^{P^*}\right) \\ u^{P^*} = \dfrac{q_{2r}^{P^*} - \alpha\gamma}{\beta\gamma} \end{cases} \quad (11\text{-}26)$$

其中，

$$\begin{cases} q_{2r}^{P^1} = \mu_r + \dfrac{\sigma_r}{2}\left(\sqrt{\dfrac{s_r + p_{2r}^{P^*} - c_r - \varepsilon_1 e_r - \theta\lambda_1 - \theta\lambda_2 + \lambda_3}{c_r + \varepsilon_1 e_r - v_r + \theta\lambda_1 + \theta\lambda_2 - \lambda_3}} - \sqrt{\dfrac{c_r + \varepsilon_1 e_r - v_r + \theta\lambda_1 + \theta\lambda_2 - \lambda_3}{s_r + p_{2r}^{P^*} - c_r - \varepsilon_1 e_r - \theta\lambda_1 - \theta\lambda_2 + \lambda_3}}\right) \\ q_{2r}^{P^2} = \mu_r + \dfrac{\sigma_r}{2}\left(\sqrt{\dfrac{s_r + p_{2r}^{P^*} - c_r - \varepsilon_2 e_r - \theta\lambda_1 - \theta\lambda_2 + \lambda_3}{c_r + \varepsilon_2 e_r - v_r + \theta\lambda_1 + \theta\lambda_2 - \lambda_3}} - \sqrt{\dfrac{c_r + \varepsilon_2 e_r - v_r + \theta\lambda_1 + \theta\lambda_2 - \lambda_3}{s_r + p_{2r}^{P^*} - c_r - \varepsilon_2 e_r - \theta\lambda_1 - \theta\lambda_2 + \lambda_3}}\right) \\ q_{2m}^{P^1} = \mu_m + \dfrac{\sigma_m}{2}\left(\sqrt{\dfrac{s_m + p_{2m}^{P^*} - c_m - \varepsilon_1 e_m - \lambda_1 - \theta\lambda_2}{c_m + \varepsilon_1 e_m - v_m + \lambda_1 + \theta\lambda_2}} - \sqrt{\dfrac{c_m + \varepsilon_1 e_m - v_m + \lambda_1 + \theta\lambda_2}{s_m + p_{2m}^{P^*} - c_m - \varepsilon_1 e_m - \lambda_1 - \theta\lambda_2}}\right) \\ q_{2m}^{P^2} = \mu_m + \dfrac{\sigma_m}{2}\left(\sqrt{\dfrac{s_m + p_{2m}^{P^*} - c_m - \varepsilon_2 e_m - \lambda_1 - \theta\lambda_2}{c_m + \varepsilon_2 e_m - v_m + \lambda_1 + \theta\lambda_2}} - \sqrt{\dfrac{c_m + \varepsilon_2 e_m - v_m + \lambda_1 + \theta\lambda_2}{s_m + p_{2m}^{P^*} - c_m - \varepsilon_2 e_m - \lambda_1 - \theta\lambda_2}}\right) \end{cases}$$

$$(11\text{-}27)$$

$$\begin{cases} \lambda_1 = \mu_m - \dfrac{\left[\sigma_m^2 + \left(q_{2m}^{P^*} - \mu_m\right)^2\right]^{\frac{1}{2}} - \left(q_{2m}^{P^*} - \mu_m\right)}{2} \\ \lambda_2 = \mu_r - \dfrac{\left[\sigma_r^2 + \left(q_{2r}^{P^*} - \mu_r\right)^2\right]^{\frac{1}{2}} - \left(q_{2r}^{P^*} - \mu_r\right)}{2} \\ \lambda_3 = \dfrac{\beta\left(g - u^{P^*}\right) - \left(\alpha + \beta u^{P^*}\right)}{\beta\gamma} \end{cases} \quad (11\text{-}28)$$

证明过程同命题 11-2。

2）分散决策

分情形对第二阶段 TPR 的目标函数式（11-19）进行求导，可得

当 $M_r \geqslant q_{2r}e_r$ 时，$q_{2r}^{P'} = \mu_r + \dfrac{\sigma_r}{2}\left(\sqrt{\dfrac{A_{2r}^{P'}}{B_{2r}^{P'}}} - \sqrt{\dfrac{B_{2r}^{P'}}{A_{2r}^{P'}}}\right)$。

其中，$A_{2r}^{P'} = s_r + p_{2r}^{P^{**}} - f^{P^{**}} - c_r - \varepsilon_1 e_m + \lambda_2 - \theta\lambda_3$，$B_{2r}^{P'} = c_r + \varepsilon_1 e_m + f^{P^{**}} - v_r - \lambda_2 + \theta\lambda_3$。

当 $M_r < q_{2r}e_r$ 时，$q_{2r}^{P^*} = \mu_r + \dfrac{\sigma_r}{2}\left(\sqrt{\dfrac{A_{2r}^{P^*}}{B_{2r}^{P^*}}} - \sqrt{\dfrac{B_{2r}^{P^*}}{A_{2r}^{P^*}}}\right)$。

其中，$A_{2r}^{P^*} = s_r + p_{2r}^{P^{**}} - f^{P^{**}} - c_r - \varepsilon_2 e_m + \lambda_2 - \theta\lambda_3$，$B_{2r}^{P^*} = c_r + \varepsilon_2 e_m + f^{P^{**}} - v_r - \lambda_2 + \theta\lambda_3$。

同 11.1 节的求解方法，得到命题 11-7 和命题 11-8。

命题 11-7：在需求不确定条件下，当碳限额与交易政策第二阶段采用分散决策时，TPR 存在最优决策集（$p_{2r}^{P^{**}}, q_{2r}^{P^{**}}, u^{P^*}$）使得利润达到最大。这里，

$$q_{2r}^{P^{**}} = \begin{cases} q_{2r}^{P'} & q_{2r}^{P'} \leqslant \dfrac{M_r}{e_r} \\ \dfrac{M_r}{e_r} & q_{2r}^{P'} > \dfrac{M_r}{e_r} > q_{2r}^{P^*} \\ q_{2r}^{P^*} & q_{2r}^{P^*} \geqslant \dfrac{M_r}{e_r} \end{cases} \quad (11\text{-}29)$$

$$p_{2r}^{P^{**}} = \theta\left(A - q_{2m}^{P^{**}} - q_{2r}^{P^{**}}\right) \quad (11\text{-}30)$$

$$u^{P^*} = \dfrac{q_{2r}^{P^{**}} - \alpha\gamma}{\beta\gamma} \quad (11\text{-}31)$$

其中，
$$\lambda_2 = \frac{\beta(g - u^{P^{**}}) - (\alpha + \beta u^{P^{**}})}{\beta\gamma},$$

$$\lambda_3 = \mu_r - \frac{\left[\sigma_r^2 + \left(q_{2r}^{P^{**}} - \mu_r\right)^2\right]^{\frac{1}{2}} - \left(q_{2r}^{P^{**}} - \mu_r\right)}{2}。$$

当 $M_m \geqslant q_{2m}e_m$ 时，
$$q_{2m}^{P'} = \mu_m$$
$$+ \frac{\sigma_m}{2}\left(\sqrt{\frac{s_m + p_{2m}^{p^{**}} - c_m - \varepsilon_1 e_m - \lambda_4}{c_m + \varepsilon_1 e_m - v_m + \lambda_4}} - \sqrt{\frac{c_m + \varepsilon_1 e_m - v_m + \lambda_4}{s_m + p_{2m}^{p^{**}} - c_m - \varepsilon_1 e_m - \lambda_4}}\right)$$

当 $M_m < q_{2m}e_m$ 时，
$$q_{2m}^{P''} = \mu_m$$
$$+ \frac{\sigma_m}{2}\left(\sqrt{\frac{s_m + p_{2m}^{p^{**}} - c_m - \varepsilon_2 e_m - \lambda_4}{c_m + \varepsilon_2 e_m - v_m + \lambda_4}} - \sqrt{\frac{c_m + \varepsilon_2 e_m - v_m + \lambda_4}{s_m + p_{2m}^{p^{**}} - c_m - \varepsilon_2 e_m - \lambda_4}}\right)$$

命题 11-8：在需求不确定条件下，当碳限额与交易政策第二阶段采用分散决策时，OEM 存在最优决策集（$p_{2m}^{P^{**}}, q_{2m}^{P^{**}}$）使得利润达到最大。这里，

$$q_{2m}^{P^{**}} = \begin{cases} q_{2m}^{P'} & q_{2m}^{P'} \leqslant \dfrac{M_m}{e_m} \\ \dfrac{M_m}{e_m} & q_{2m}^{P'} > \dfrac{M_m}{e_m} > q_{2m}^{P''} \\ q_{2m}^{P''} & q_{2m}^{P''} \geqslant \dfrac{M_m}{e_m} \end{cases} \quad (11-32)$$

$$p_{2m}^{P^{**}} = A - q_{2m}^{P^{**}} - \theta q_{2r}^{P^{**}} \quad (11-33)$$

其中，$\lambda_4 = \mu_m - \dfrac{\left[\sigma_m^2 + \left(q_{2m}^{P^{**}} - \mu_m\right)^2\right]^{\frac{1}{2}} - \left(q_{2m}^{P^{**}} - \mu_m\right)}{2}$。

命题 11-9：在需求不确定条件下，当碳限额与交易政策第二阶段采用分散决策时，当 $M_r \leqslant q_{2r}^{P'}e_r$ 或 $M_r \geqslant q_{2r}^{P''}e_r$ 时，OEM 的专利许可费存在最优决策 f^{P^*} 使得 OEM 利润达到最大。当 $q_{2m}^{P'} > \dfrac{M_m}{e_m} > q_{2m}^{P''}$ 时，专利许可费不存在最优决策。这里，

$$f^{P^{**}} = \begin{cases} \dfrac{-q_{2r}^{P^{**}}\dfrac{\sigma_r}{2}\left(\sqrt{\dfrac{1}{A_{2r}^{P'}B_{2r}^{P'}}}+\sqrt{\dfrac{B_{2r}^{P'}}{A_{2r}^{P'3}}}\right)-q_{2r}^{P^{**}}}{\dfrac{\sigma_r}{2}\left(\sqrt{\dfrac{B_{2r}^{P'}}{A_{2r}^{P'}}}\times\dfrac{-A_{2r}^{P'}-B_{2r}^{T}}{B_{2r}^{P'2}}-\sqrt{\dfrac{A_{2r}^{P'}}{B_{2r}^{P'}}}\times\dfrac{A_{2r}^{P'}+B_{2r}^{P'}}{A_{2r}^{P'2}}\right)}+\theta\lambda_4 & q_{2r}^{P'}\leqslant \dfrac{M_r}{e_r} \\[2em] \dfrac{-q_{2r}^{P^{**}}\dfrac{\sigma_r}{2}\left(\sqrt{\dfrac{1}{A_{2r}^{P''}B_{2r}^{P''}}}+\sqrt{\dfrac{B_{2r}^{P''}}{A_{2r}^{P''3}}}\right)-q_{2r}^{P^{**}}}{\dfrac{\sigma_r}{2}\left(\sqrt{\dfrac{B_{2r}^{P''}}{A_{2r}^{P''}}}\times\dfrac{-A_{2r}^{P''}-B_{2r}^{P''}}{B_{2r}^{P''2}}-\sqrt{\dfrac{A_{2r}^{P''}}{B_{2r}^{P''}}}\times\dfrac{A_{2r}^{P''}+B_{2r}^{P''}}{A_{2r}^{P''2}}\right)}+\theta\lambda_4 & q_{2m}^{P''}\geqslant \dfrac{M_r}{e_r} \end{cases}$$

（11-34）

证明：从利润函数中容易看出，当 $q_{2r}^{P'} > \dfrac{M_r}{e_r} > q_{2r}^{P'}$ 时，$q_{2r}^{P^{**}} = \dfrac{M_r}{e_r}$ 为一个固定值，此时 $\dfrac{\partial \pi_{2m}^{P}}{\partial f^{P}} = \dfrac{M_r}{e_r}$。也就是说，目标函数随着 f 的增加单调递增，显然 f 是不能随意提高的，那么，此时专利许可费不存在一个最优值使得利润达到最大。

11.3 数值算例分析

针对需求不确定的情形，本节增设参数：$\mu_m=300$，$\mu_r=100$，$\sigma_m=40$，$\sigma_r=10$，$v_m=150$，$v_r=50$，$s_m=210$，$s_r=75$；设定碳排放限额的值为 $M_m=450$，$M_r=100$。代入前文的求解结果，得到不同情形下 OEM 和 TPR 的最优决策值，如表 11-1 所示。

表 11-1　需求不确定条件下不同碳排放政策约束的 OEM 与 TPR 最优运营策略

参数	第一阶段	第二阶段		参数	第二阶段		参数	第二阶段	
		集中决策	分散决策		集中决策	分散决策		集中决策	分散决策
$p_{im}^{U^*}$	896.12	836.95	841.81	$p_{2r}^{U^*}$	565.77	572.34	u^{U^*}	21.59	17.39
$p_{im}^{T^*}$	898.46	837.73	844.87	$p_{2r}^{T^*}$	566.49	574.68	u^{T^*}	21.35	17.13
$p_{im}^{P^*}$	900.76	838.59	847.99	$p_{2r}^{P^*}$	567.29	577.08	u^{P^*}	20.52	16.84
$q_{im}^{U^*}$	303.88	296.04	301.78	$q_{2r}^{U^*}$	95.72	80.59	$\Pi_{2r}^{U^*}$	—	1 656
$q_{im}^{T^*}$	301.54	295.85	299.36	$q_{2r}^{T^*}$	94.87	79.67	$\Pi_{2r}^{T^*}$	—	1 291
$q_{im}^{P^*}$	299.23	295.63	296.95	$q_{2r}^{P^*}$	93.95	78.63	$\Pi_{2r}^{P^*}$	—	3 336

续表

参数	第一阶段	第二阶段		参数	第二阶段		参数	第二阶段	
		集中决策	分散决策		集中决策	分散决策		集中决策	分散决策
$\Pi_{im}^{U^*}$	181 966	—	191 733	f^{U^*}	—	365.53	$\Pi_S^{U^*}$	195 416	193 389
$\Pi_{im}^{T^*}$	170 259	—	182 439	f^{T^*}	—	351.41	$\Pi_S^{T^*}$	184 430	167 271
$\Pi_{im}^{P^*}$	162 438	—	182 490	f^{P^*}	—	337.55	$\Pi_S^{P^*}$	195 470	169 827

注：Π、U、P 的单位为元；q 的单位为件

从表 11-1 可以看出：

（1）在需求不确定条件下，TPR 进入市场前后，OEM 对新品销售价格和数量都进行了一定程度的调整。相比第一阶段，OEM 在第二阶段的生产与定价决策都有所下降，说明 TPR 的进入对 OEM 产生了冲击，但影响不是特别大。其原因在于：再制品与新品相互竞争，使新品的市场份额被再制品瓜分了一部分，故 OEM 适当减少新品数量，并通过降低销售价格来提升新品的市场竞争力。

（2）当采用分散决策模式时，从 OEM 的角度来说，总利润相比第一阶段有所增加，说明在需求不确定条件下，OEM 通过向 TPR 收取专利许可费，可以抵消因为 TPR 的进入所带来的威胁。

（3）当采取集中决策模式时，为了使供应链的总利润最大，与当采用分散决策时相比，OEM 进一步减少了新品数量和新品销售价格，一方面降低自身的生产成本，另一方面鼓励再制品扩大生产，提升再制品的市场份额，充分发挥再制品生产成本低的优势，从而提高供应链的总利润。对于 TPR 来说，当闭环供应链采用分散决策时，利润空间很小，所以应该力求与 OEM 进行合作，采用集中决策的模式，先提升闭环供应链的总利润，再通过合理的内部收益分配机制，提升自身的利润空间。

（4）与无碳排放约束情形相比，在碳排放政策约束下，新品和再制品的价格都有所增加，而新品和再制品的数量及回收价格、专利许可费都有所减少。这说明在需求不确定条件下，受碳排放政策约束的 OEM 和 TPR，一方面通过减少数量来降低生产成本，另一方面通过增加产品的销售价格来保持利润。

（5）比较碳税政策和碳限额与交易政策的结果，可以看出碳限额与交易政策对 OEM 和 TPR 运营管理决策的影响更大。碳税政策下新品和再制品的数量更少，相应地，减少的碳排放量也更多。这说明在一定程度上，碳限额与交易政策在减少排放量方面要比碳税政策的效果更好。

（6）从利润角度来说，在需求不确定条件下，碳税政策还是会使 OEM 和 TPR 的利润降低，但是对 TPR 的影响相对较小。对于碳限额与交易政策，碳排放限额的设定依然是影响废旧产品再制造系统中 OEM 和 TPR 运营管理决策的关键因素。

第 12 章 专利授权下废旧产品再制造系统中主要参数对运营管理决策的影响

本章主要根据第 9~11 章的计算结果,通过数值算例分析不同情形下碳排放政策对废旧产品再制造系统运营管理决策的影响,同时对新品和再制品需求方差、再制造率和消费者购买意愿进行灵敏度分析,比较各种情形下最优决策的变化趋势。

12.1 新品和再制品需求方差对运营决策的影响

在需求不确定条件下,新品和再制品需求方差表示该产品在市场上需求变化的稳定性,天气因素、市场因素、政策因素等都有可能导致市场的需求方差发生变化。本节分析新品和再制品需求方差对废旧产品再制造系统运营管理决策的影响,根据以往参考文献及作图的效果,设定新品需求方差的变化区间为[1,50],再制品需求方差的变化区间为[10,30],M_m=450,M_r=100,再制造率 γ = 0.9,消费者购买意愿 θ=0.7,得到新品和再制品需求方差对运营管理决策的影响,如图 12-1~图 12-6 所示。

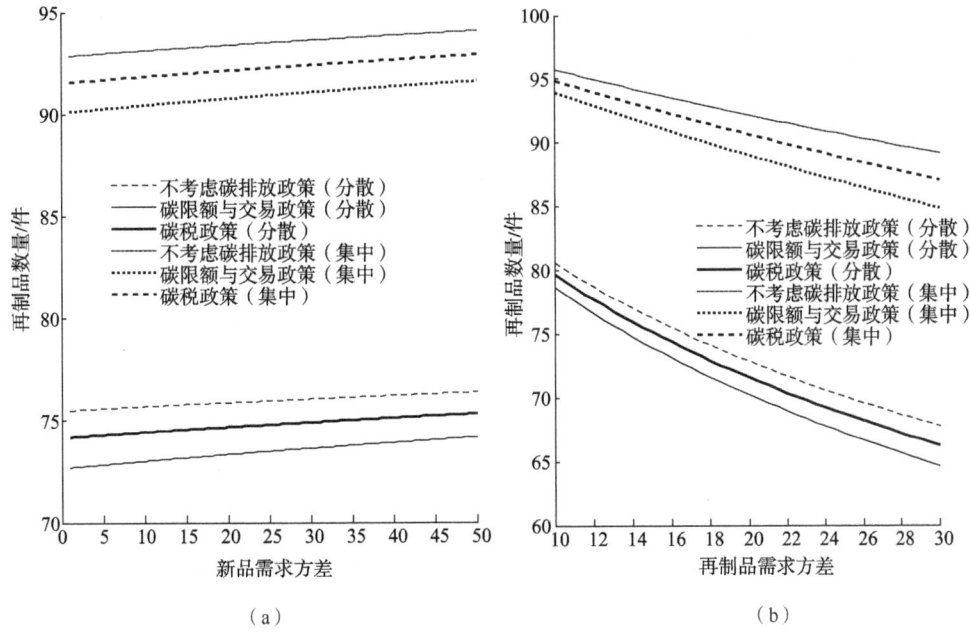

图 12-1　新品和再制品需求方差对再制品数量的影响

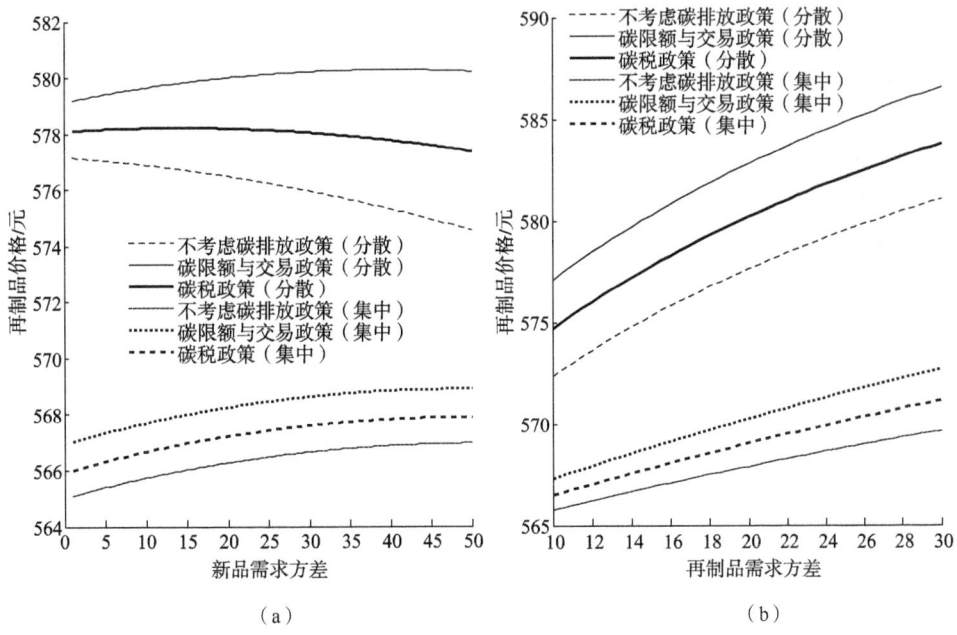

图 12-2　新品和再制品需求方差对再制品价格的影响

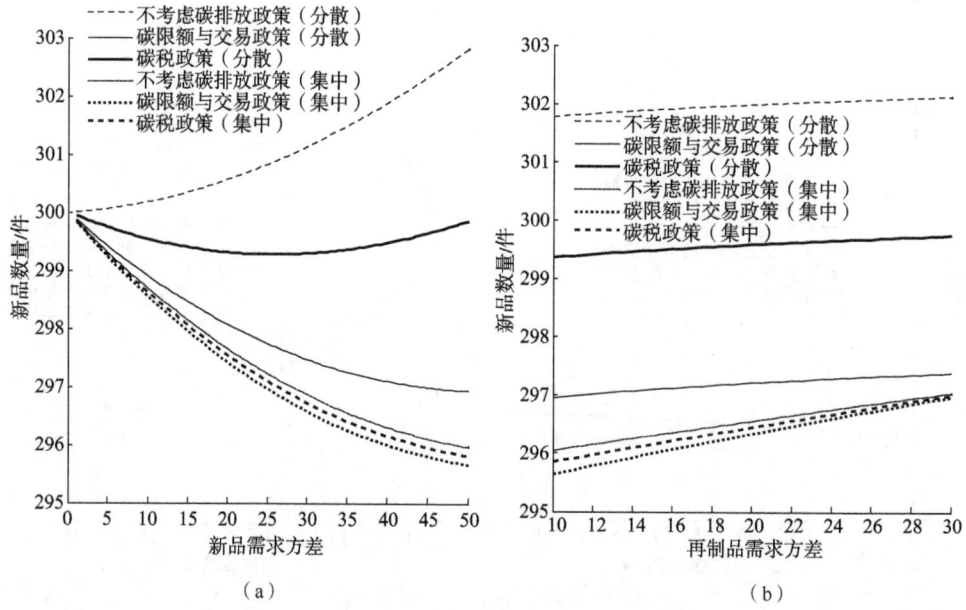

图 12-3 新品和再制品需求方差对新品数量的影响

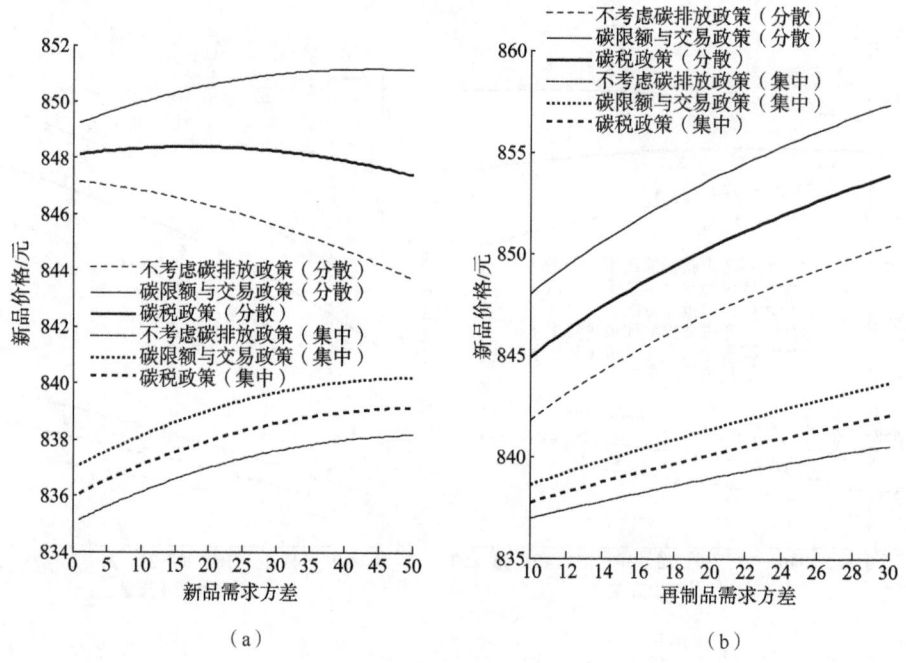

图 12-4 新品和再制品需求方差对新品价格的影响

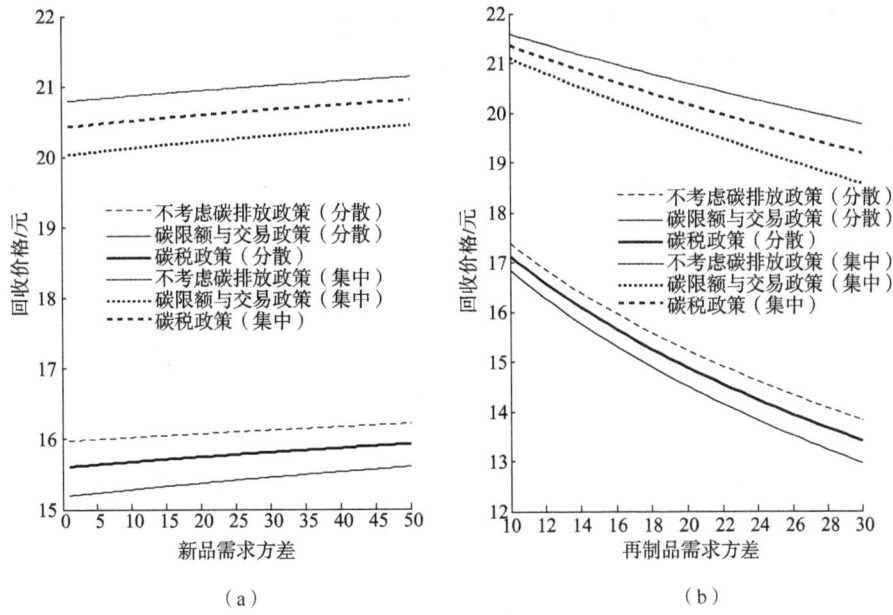

图 12-5　新品和再制品需求方差对回收价格的影响

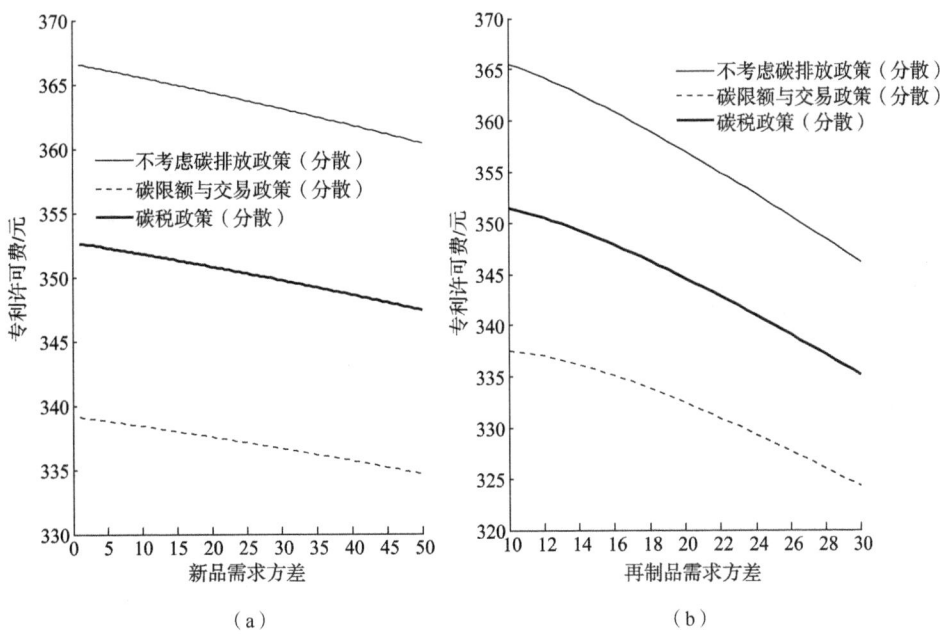

图 12-6　新品和再制品需求方差对专利许可费的影响

从图 12-1~图 12-6 中的（a）图可以看到，随着新品需求方差的增加，再制品数量和回收价格小幅提高，专利许可费有所减少，并且新品价格和再制品价格随新品需求方差增加而变化的趋势基本一致。在分散决策模式下，当不考虑碳排放政策时，新品价格和再制品价格都随着新品需求方差的增加而减少，新品数量随之增加；但当考虑碳限额与交易政策时，新品价格和再制品价格及新品数量的变化趋势则与不考虑碳排放政策时相反。然而在集中决策模式下，不论哪种碳排放政策的情形下，新品价格和再制品价格都随新品需求方差的增加而提高，新品数量随之减少。从图 12-1~图 12-6 中的（b）图可以看到，随着再制品需求方差的增加，再制品数量、回收价格和专利许可费有所减少，新品数量及新品价格和再制品价格都有所增加。并且，从图 12-1~图 12-6 中相关变化曲线的斜率可以看出，再制品需求方差的变化在不同的决策模式下对 OEM 和 TPR 的生产定价回收决策的影响是不同的，但是在不同碳排放政策情形下对它们的生产定价回收决策的影响是相同的。

图 12-7~图 12-9 描述了新品和再制品需求方差对 OEM 总利润、TPR 总利润和闭环供应链总利润的影响。

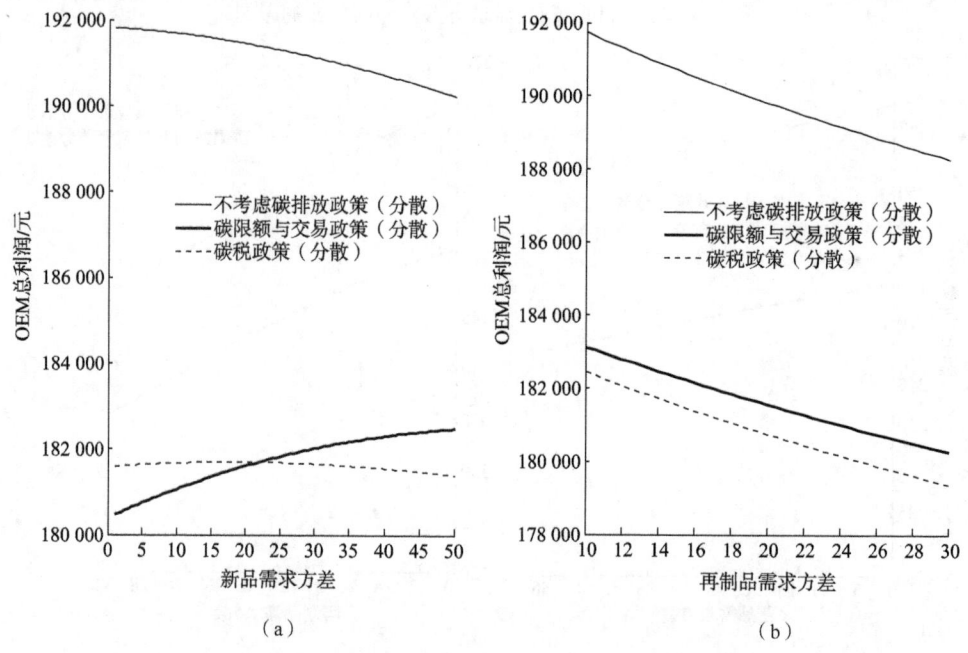

图 12-7 新品和再制品需求方差对 OEM 总利润的影响

第 12 章 专利授权下废旧产品再制造系统中主要参数对运营管理决策的影响

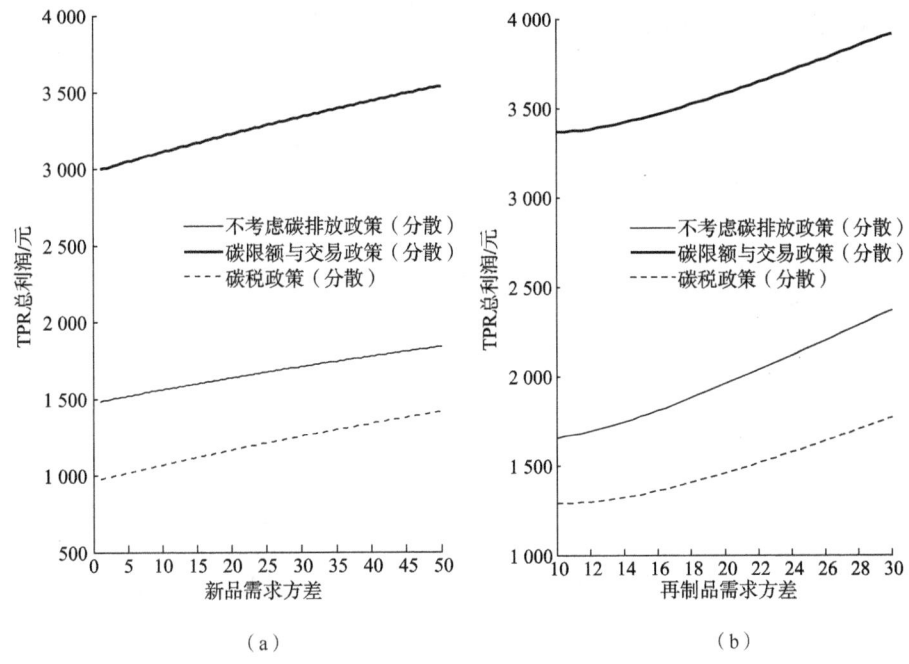

图 12-8　新品和再制品需求方差对 TPR 总利润的影响

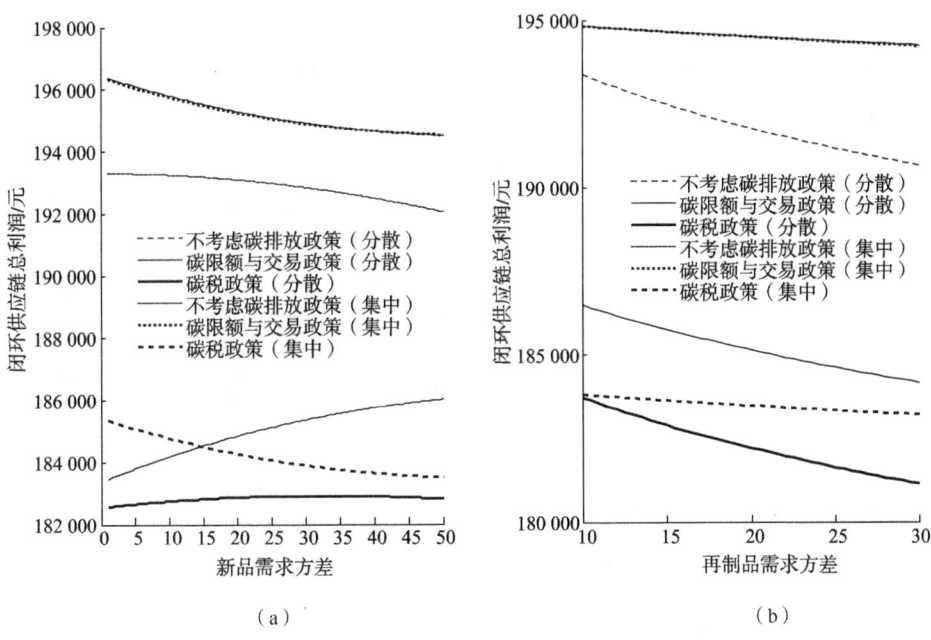

图 12-9　新品和再制品需求方差对闭环供应链总利润的影响

从图12-7~图12-9的（a）图可以看到，在分散决策模式下，TPR总利润随着新品需求方差的增加而增加，而当不考虑碳排放政策时，OEM总利润随之减少，当考虑碳限额与交易政策时，OEM总利润随之增加。在集中决策模式下，闭环供应链总利润都是随着新品需求方差的增加而减少。从图12-7~图12-9的（b）图发现，在分散决策模式下，随着再制品需求方差的增加，TPR总利润随之增加，OEM总利润随之减少，并且在任何情形下闭环供应链总利润都随之减少。从图12-9（b）中曲线的变化斜率还能看出，再制品需求方差的变化对在分散决策模式下闭环供应链总利润的影响更大。

12.2 再制造率对运营决策的影响

本节对再制造率γ进行灵敏度分析，参数设定同第10章和第11章。比较多次数值测试作图的效果，在不影响结果分析的基础上，为了使作图的结果更加直观，本节对需求确定和需求不确定两种条件下M_m值做出不同的设定：在需求确定条件下，$M_m=700$，$M_r=10$；在需求不确定条件下，$M_m=450$，$M_r=100$。为了满足结果符合实际的要求，对再制造率γ设定如下：在需求确定条件下，$\gamma\in[0.1,1]$；在需求不确定条件下，$\gamma\in[0.5,1]$。再制造率对再制品数量、再制品价格和新品数量的影响如图12-10~图12-12所示。

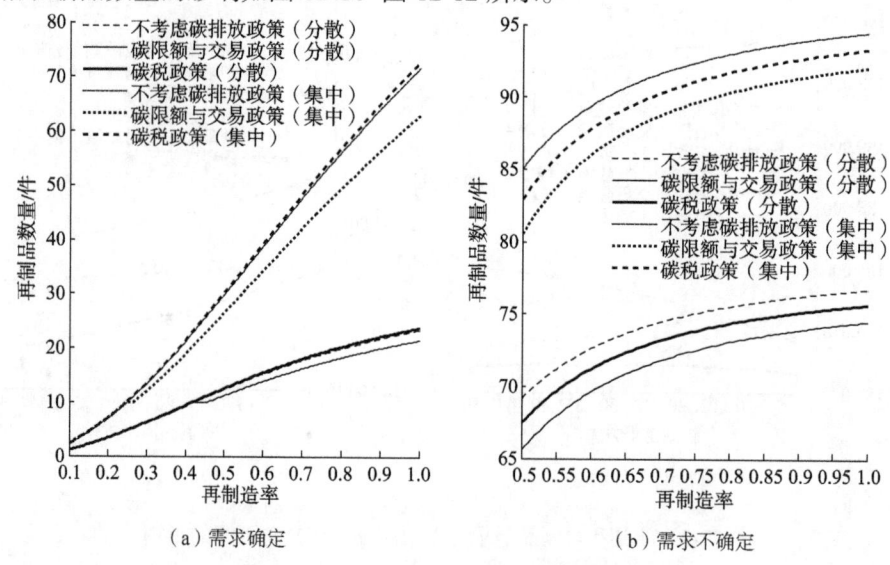

图 12-10 再制造率对再制品数量的影响

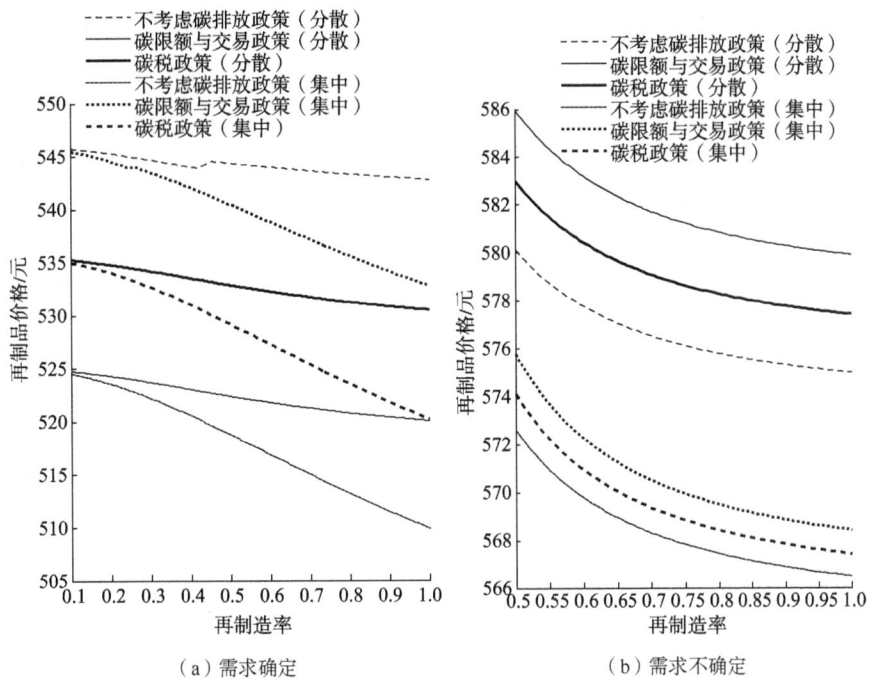

图 12-11　再制造率对再制品价格的影响

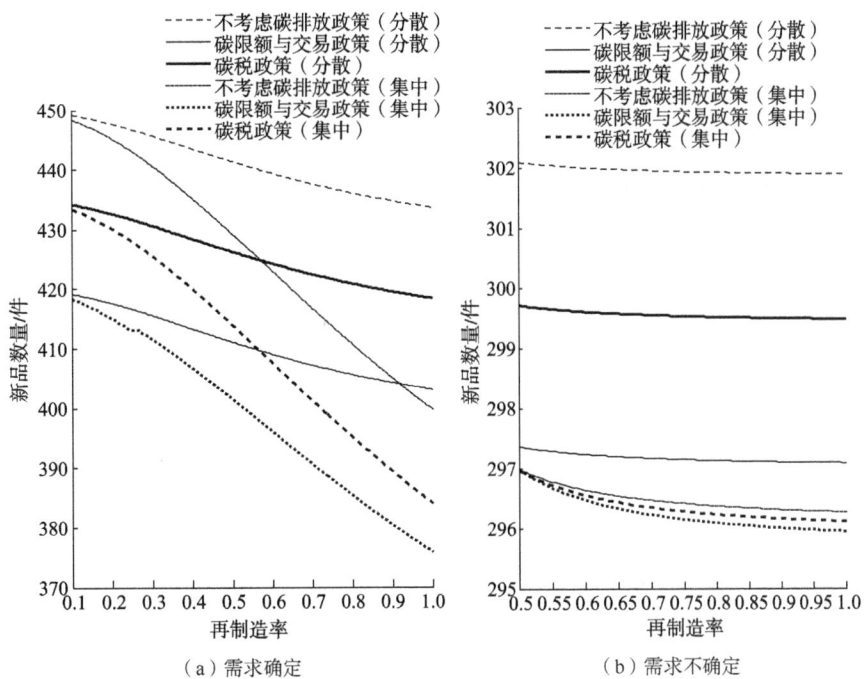

图 12-12　再制造率对新品数量的影响

从图 12-10~图 12-12 中可以看出，在各个情形下，再制品数量都随再制造率的增加而增加，再制品价格、新品数量随着再制造率的增加而减少。从决策模式的角度来说，闭环供应链采用集中决策与分散决策相比，再制品数量更大，再制品价格更低，新品数量更少。并且，在需求确定条件下，再制品的生产、定价和新品的生产决策随再制造率增加而变化的速率更快，但是在需求不确定条件下，再制品的生产、定价和新品的生产决策随再制造率的增加而变化的速率在不同的决策模式下差别不是特别明显，并且从图 12-12（b）中发现在需求不确定条件下，再制造率对 OEM 的生产决策影响很小。这说明当需求条件不同时，再制造率对再制品数量的影响不同。通过比较可以发现，在需求确定条件下，当闭环供应链采用分散决策时，再制造率对 OEM、TPR 运营决策的影响较小，而当采用集中决策时，再制造率对 OEM、TPR 运营决策的影响较大。

以下将分析再制造率对新品价格、回收价格和专利许可费的影响，如图 12-13~图 12-15 所示。

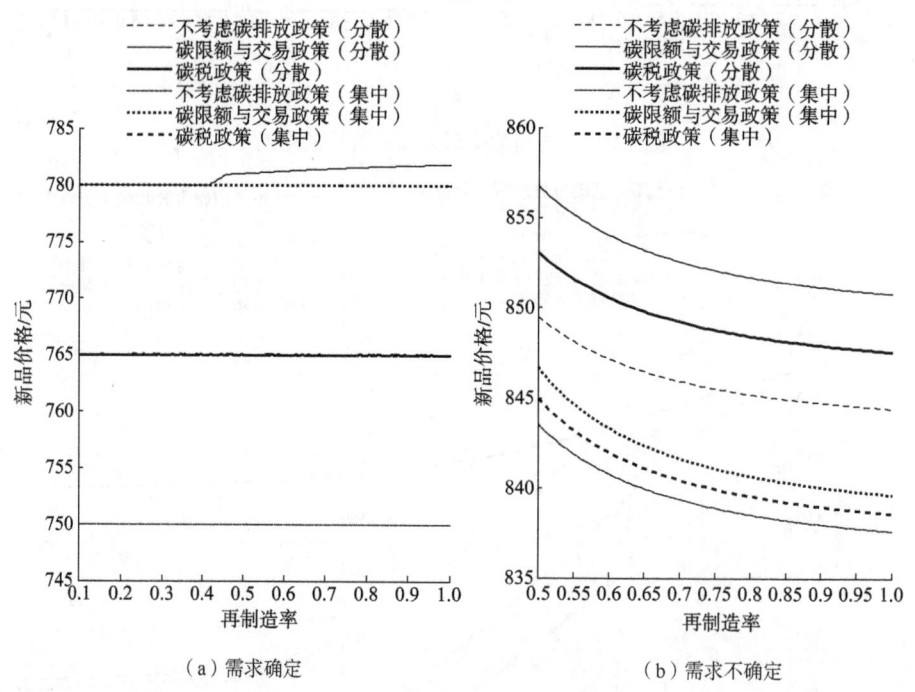

（a）需求确定　　　　　　　　　（b）需求不确定

图 12-13　再制造率对新品价格的影响

第 12 章　专利授权下废旧产品再制造系统中主要参数对运营管理决策的影响　　241

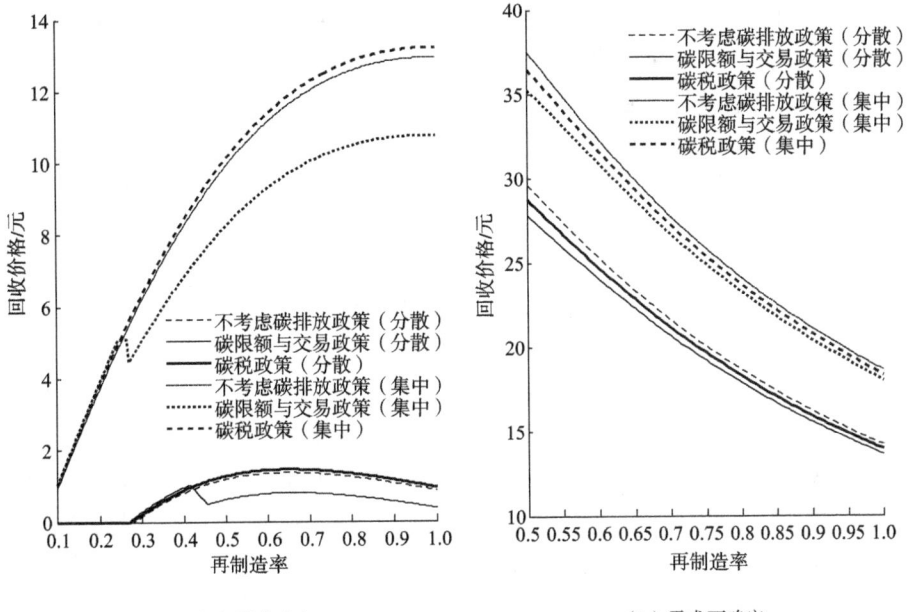

（a）需求确定　　　　　　　　　　　（b）需求不确定

图 12-14　再制造率对回收价格的影响

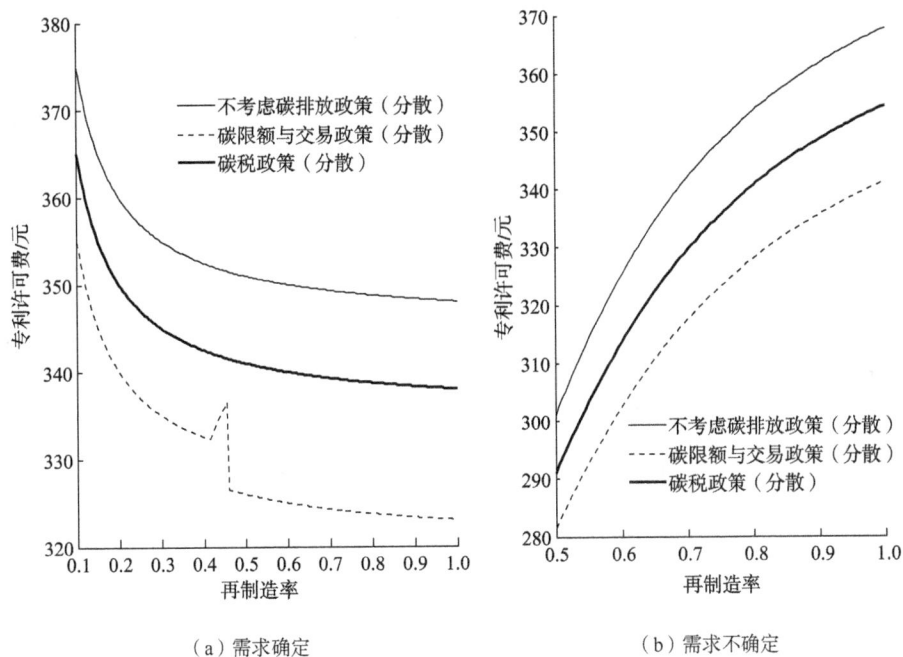

（a）需求确定　　　　　　　　　　　（b）需求不确定

图 12-15　再制造率对专利许可费的影响

从图 12-13~图 12-15 中可以看到，在需求确定和需求不确定两种条件下，再制造率对新品价格、回收价格和专利许可费的影响有着明显的区别。

在需求确定条件下，新品价格几乎不受再制造率的影响，回收价格随着再制造率的增加，基本呈现先增加再减少的趋势；专利许可费总体上随着再制造率的增加而减少，但在再制造率较高时变化趋于平稳。这是由于当再制造率较低时，随着再制造率的增加，TPR 的市场竞争力提高，增加了再制品的市场份额，从而需要提高回收价格来满足再制品的生产；但是随着再制造率的增加，再制品市场需求的限制，再制品的市场份额无法无限扩张，当再制造率较高时，再制品市场需求的增加跟不上生产力的增长，导致 TPR 只需根据市场需求生产进行回收废旧产品，生产足量的再制品满足需求即可，从而使回收价格趋于平稳甚至下降。对于 OEM 来说，随着再制造率的增加，再制品的市场份额增加，TPR 必然会扩大生产，OEM 此时适当降低单位专利许可费，降低再制品的生产压力，提高再制品数量，增加收取的总的专利许可费，从而在再制造率增加时也能提高自己的总利润。

在需求不确定条件下，新品价格、回收价格随着再制造率的增加而减少，专利许可费随着再制造率的增加而增加。结合图 12-10~图 12-12，由于需求不确定的缘故，当再制造率提高时，TPR 的生产力提高，但再制品的市场需求并没有大幅地增加，故随着再制造率提高，TPR 生产所需的废旧产品反而减少，回收价格也随之减少。

图 12-16~图 12-18 描述了再制造率对 OEM 总利润、TPR 总利润和闭环供应链总利润的影响。

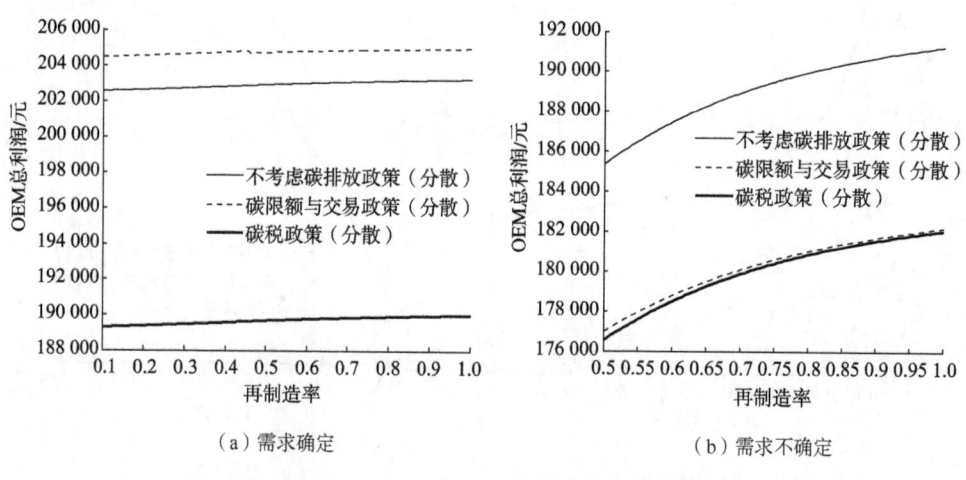

图 12-16 再制造率对 OEM 总利润的影响

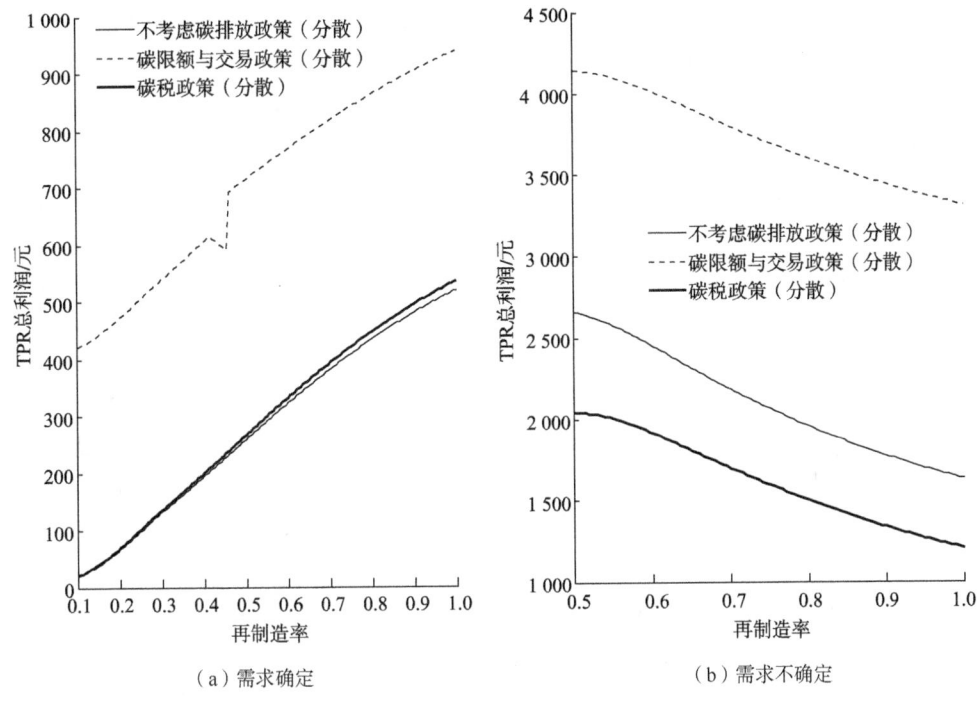

图 12-17　再制造率对 TPR 总利润的影响

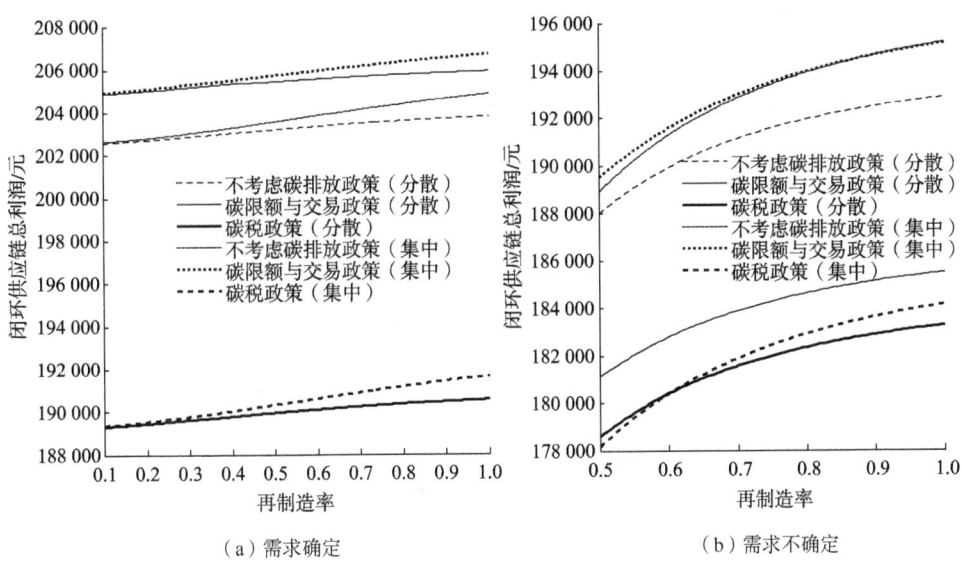

图 12-18　再制造率对闭环供应链总利润的影响

从图 12-16~图 12-18 中可以看到，在需求确定的条件下，TPR 总利润、OEM 总利润及闭环供应链总利润在各个情形下总体上都是随着再制造率的增加而增加的。然而在需求不确定条件下，专利许可费的增加导致 OEM 总利润随着再制造率的增加而增加，TPR 总利润随着再制造率的增加而减少，但是闭环供应链总利润是增加的。这说明在需求确定条件下，闭环供应链中 OEM 和 TPR 都可以通过努力提高再制造率来增加自身的利润，而在需求不确定条件下，TPR 应该根据目前的市场需求，制定合适的生产策略及回收策略，并力求与 OEM 达成合作关系进行集中决策，从而通过其他供应链内部的收益分配机制来获得更多的利润。

在以上分析中，我们都是从总体变化趋势上进行分析的，但我们还可以发现，当考虑碳限额与交易政策时，闭环供应链中有几项运营管理决策变量的变化曲线存在拐点。这是由于在碳限额与交易政策的模型中，存在三种情形：①碳排放量大于碳排放限额；②碳排放量等于碳排放限额；③碳排放量小于碳排放限额。这也说明再制造率对闭环供应链运营管理决策的影响在这三种情形下有所区别，以下对变化曲线中的拐点进行具体的分析。

在需求确定条件下考虑碳限额与交易政策，当闭环供应链采用分散决策时，再制品数量、再制品价格、新品价格、回收价格及专利许可费在再制造率 $\gamma = 0.42$ 和 $\gamma = 0.47$ 处出现两次拐点。当 $\gamma < 0.42$ 和 $\gamma \geqslant 0.47$ 时，也就是 TPR 的碳排放量大于或小于碳排放限额时，闭环供应链相关的决策变量随再制造率的变化趋势都与其他两种碳排放政策情形基本相同。但是，当 $0.42 \leqslant \gamma < 0.47$ 时，TPR 的碳排放量等于碳排放限额，此时再制品数量 $q_{2r} = M_r / e_r$ 不变，新品价格稍微有些提升，随着再制造率的提高，TPR 所需要的废旧产品也随之减少，那么所需的回收价格也逐渐下降，并且专利许可费此时突然增加，这是由于该区间内 TPR 的碳排放量等于碳排放限额，再制品需求不会随着 OEM 的决策而改变，故 OEM 在此区间内可以通过收取较高的专利许可费来增加自身的利润，因此，从图 12-17 中也可以看到该情况下 TPR 总利润在此区间内随再制造率的增加而突然减少。

在需求不确定条件下，当考虑碳限额与交易政策，闭环供应链采用集中决策时，再制品数量、再制品价格、新品数量及回收价格在 $\gamma = 0.755$ 和 $\gamma = 0.9$ 处出现两次拐点。当 $\gamma < 0.755$ 和 $\gamma \geqslant 0.9$ 时，闭环供应链相关的决策变量随再制造率的变化趋势也与其他两种碳排放政策情形基本相同。但是，当 $0.755 \leqslant \gamma < 0.9$ 时，再制品数量、再制品价格、新品数量及回收价格都保持不变，并且专利许可费的变化趋势没有受到影响，说明碳限额与交易政策对在需求确定和需求不确定两种条件下闭环供应链运营管理决策的影响有很大的不同。

12.3 消费者购买意愿对运营决策的影响

本节对消费者对再制品的购买意愿 θ 进行灵敏度分析,相关参数的设定与 12.2 节相同,并设定再制造率 $\gamma = 0.9$。数值算例的结果如图 12-19~图 12-24 所示。

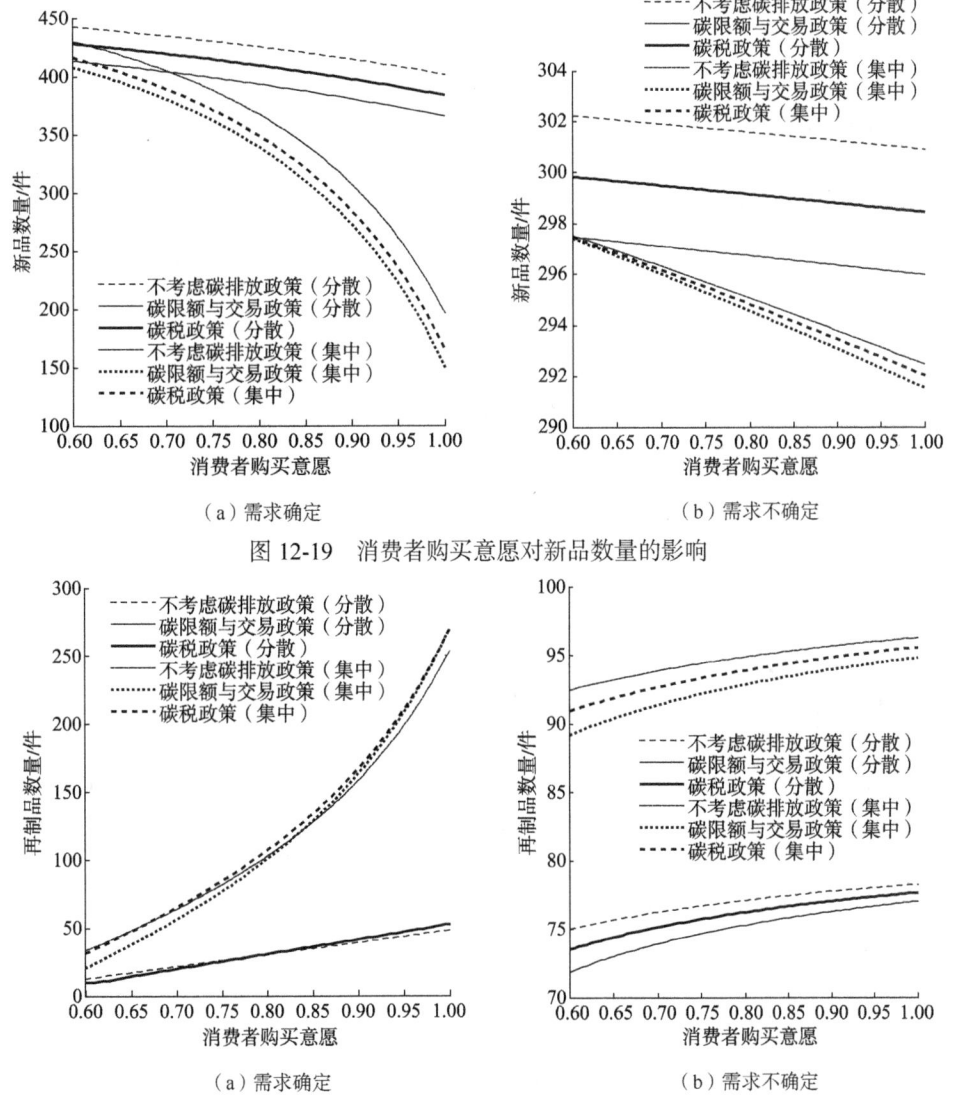

(a) 需求确定

(b) 需求不确定

图 12-19 消费者购买意愿对新品数量的影响

(a) 需求确定

(b) 需求不确定

图 12-20 消费者购买意愿对再制品数量的影响

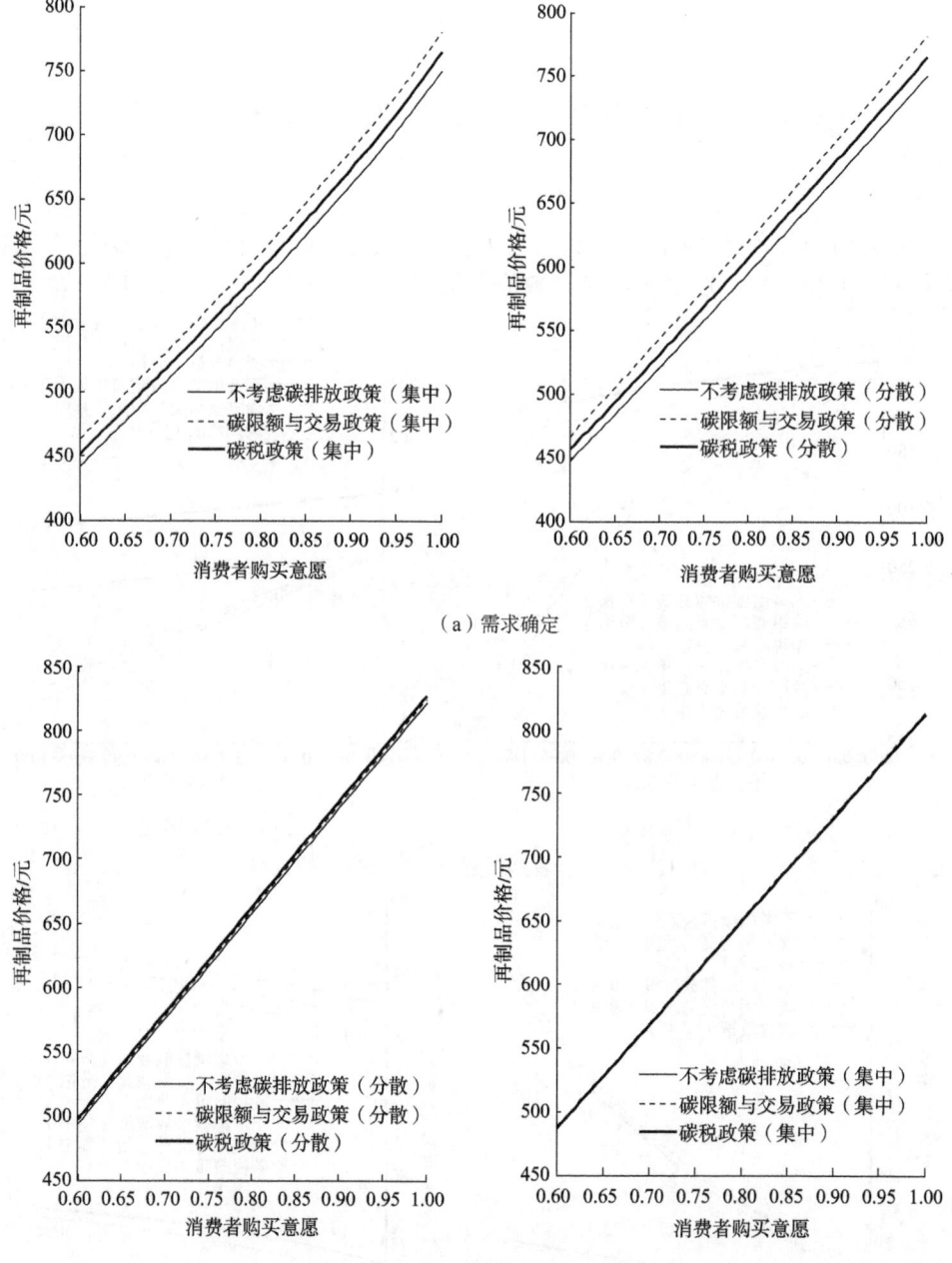

图 12-21 消费者购买意愿对再制品价格的影响

第 12 章 专利授权下废旧产品再制造系统中主要参数对运营管理决策的影响

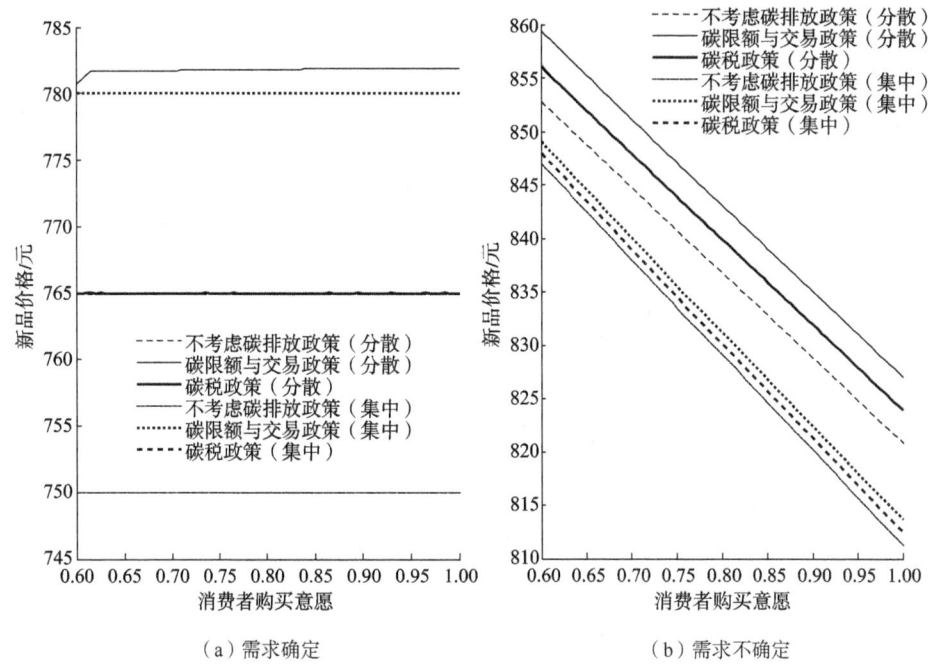

图 12-22 消费者购买意愿对新品价格的影响

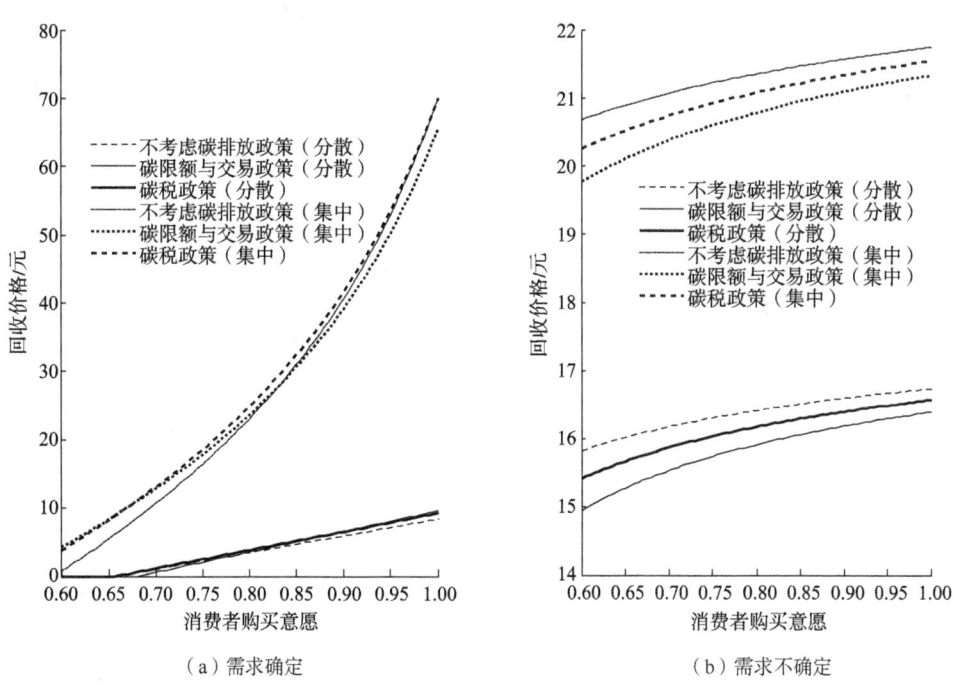

图 12-23 消费者购买意愿对回收价格的影响

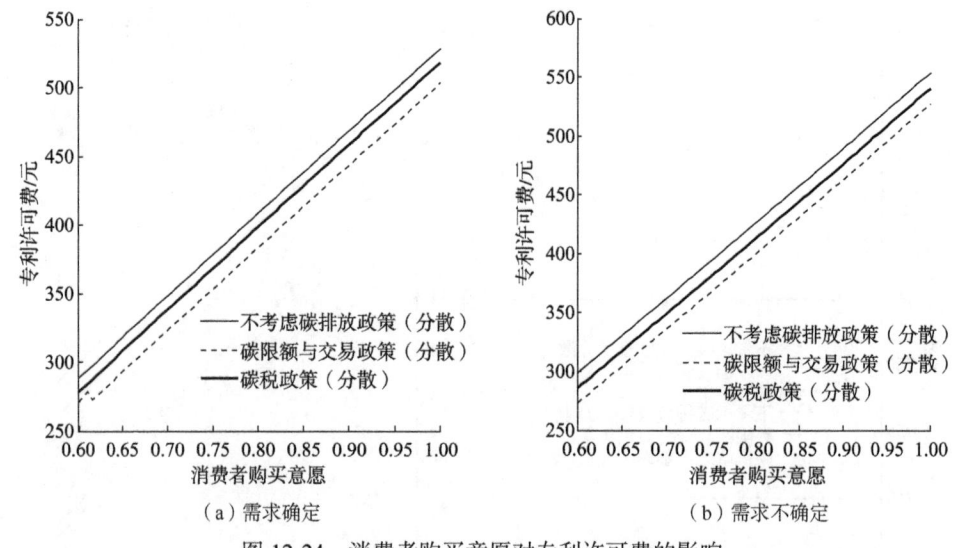

图 12-24 消费者购买意愿对专利许可费的影响

从图 12-19~图 12-24 可以看出，在不同需求条件下，再制品数量、再制品价格、新品数量、回收价格和专利许可费随消费者购买意愿的增加而变化的趋势大致是一致的。再制品数量、再制品价格、回收价格和专利许可费都随着购买意愿的增加而增加，新品数量随着消费者购买意愿的增加而减少，但在不同需求条件下，再制品数量、新品数量和回收价格随消费者购买意愿而变化的速率则有所不同。首先，再制品数量和回收价格的变化曲线非常相似，从图 12-19（a）、图 12-21（a）和图 12-22（a）中可以看出，在需求确定条件下，当闭环供应链采用集中决策时，再制品数量和回收价格的增长速率和新品数量的下降速率都在增加，而当采用分散决策时，再制品数量、新品数量和回收价格的变化都比较平稳，速率的变化则不是特别明显。从图 12-19（b）、图 12-21（b）和图 12-22（b）中可以看出，在需求不确定条件下，消费者购买意愿对在不同决策模式下 TPR 生产决策和回收决策的影响基本相同，再制品数量和回收价格随消费者购买意愿的增加而增加，但慢慢趋于平稳。这说明在需求确定条件下，当消费者购买意愿较高时对闭环供应链生产决策和回收决策的影响较大，而在需求不确定条件下对生产决策和回收决策的影响较小。

从图 12-21 和图 12-24 中看出，再制品价格和专利许可费随着购买意愿的增加呈类线性增长的趋势。从 TPR 的角度来说，消费者对再制品的购买意愿增加，那么也更愿意以更高的价格购买再制品，故再制品的价格也随之增加；从 OEM 的角度来说，随着消费者购买意愿的增加，新品的市场份额减少，再制品的市场份额和价格都随之增加，那么就只能通过增加专利许可费来增加自己的利润。

图 12-25~图 12-27 描述了消费者购买意愿对 OEM 总利润、TPR 总利润和闭环

供应链总利润的影响。

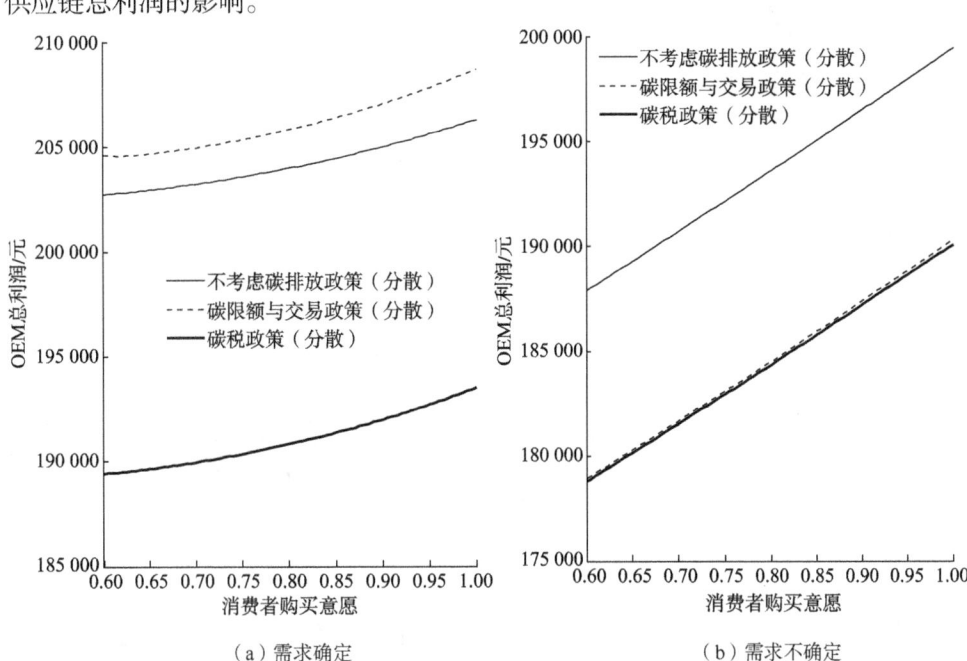

(a) 需求确定　　　　　　　　　(b) 需求不确定

图 12-25　消费者购买意愿对 OEM 总利润的影响

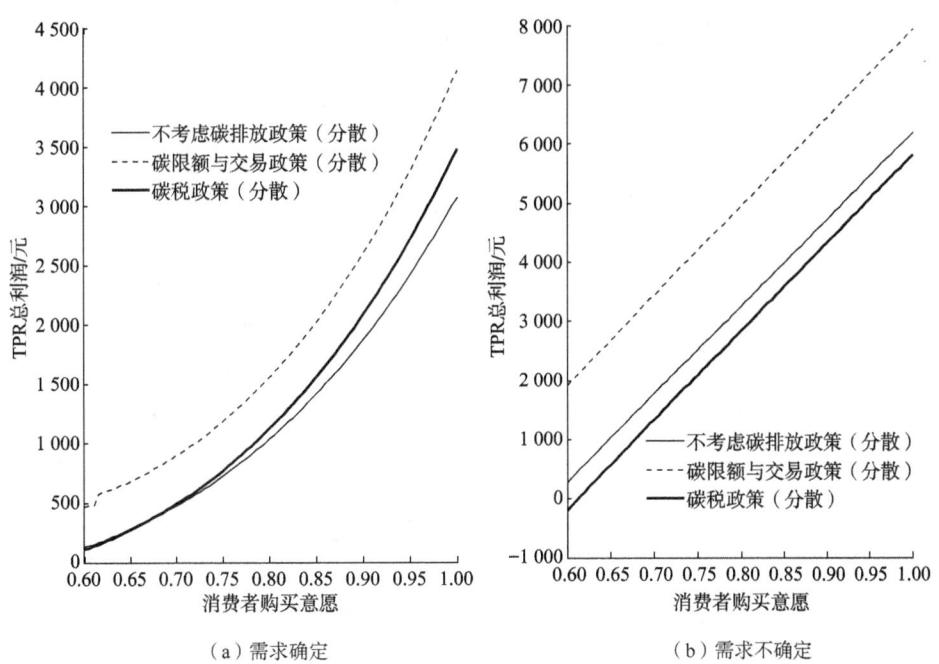

(a) 需求确定　　　　　　　　　(b) 需求不确定

图 12-26　消费者购买意愿对 TPR 总利润的影响

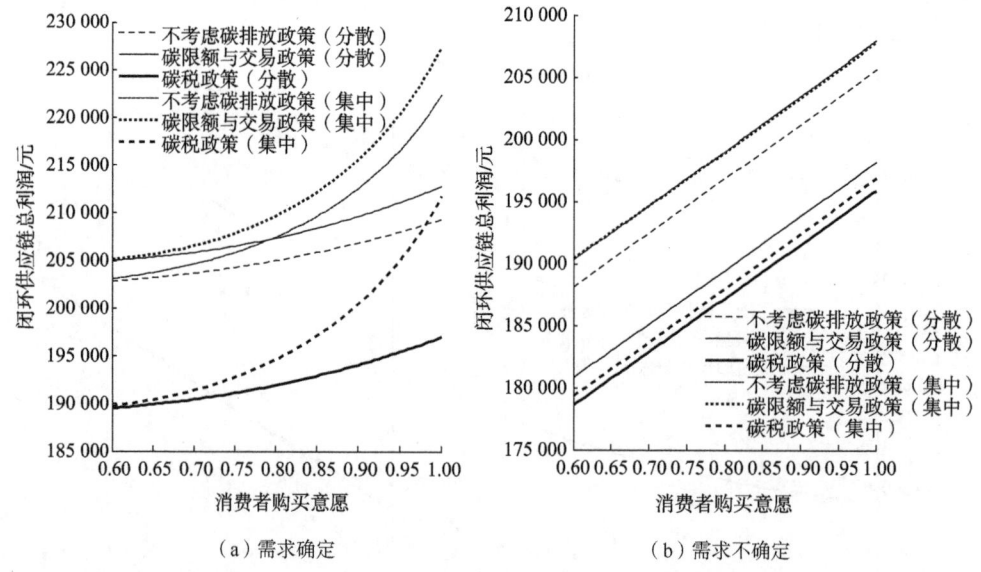

(a) 需求确定 (b) 需求不确定

图 12-27 消费者购买意愿对闭环供应链总利润的影响

从图 12-25~图 12-27 中看到，在任何情形下，随着消费者购买意愿的增加，TPR 总利润、OEM 总利润和闭环供应链总利润都随之增加，并且利润的增长幅度十分可观。在需求确定条件下，消费者购买意愿越高，TPR 总利润、OEM 总利润和闭环供应链总利润增加得越快，并且，在集中决策模式下，闭环供应链总利润增长速度最快；而在需求不确定条件下，TPR 总利润、OEM 总利润和闭环供应链总利润增长的速率变化不是特别明显。这说明不论在哪种情形下，消费者购买意愿对闭环供应链各方利润的影响都比较大，因此，通过广告等宣传手段，提高消费者对再制品的购买意愿，是闭环供应链提高自身利润的一种有效途径。

下面分析当考虑碳限额与交易政策时变化曲线中的拐点。在需求确定条件下，从图 12-20（a）、图 12-22（a）和图 12-24（a）中并结合实验数据，发现消费者购买意愿在区间[0.6,0.61]时，TPR 的碳排放量等于碳排放限额，此时再制品数量保持不变，新品价格略微增加。当消费者购买意愿 $\theta>0.61$ 时，再制品数量继续增加，新品价格基本保持不变，专利许可费下降了一段之后继续增加，TPR 总利润增加了一段之后继续增加。变化的原因与 12.2 节中的情况类似，当 TPR 的碳排放量等于碳排放限额时，OEM 可以收取较高的专利许可费，也不会影响 TPR 的生产决策，还能增加的自己的利润，TPR 总利润也因此在该区间内处于较低的水平。

在需求不确定条件下，当闭环供应链采用分散决策时，从图 12-19（b）中可以看到，在区间[0.67,0.99]内，新品数量呈下降趋势，这是由于在该区间内，

OEM的碳排放量等于碳排放限额，并且还可以发现，其他决策变量此时依然随消费者购买意愿的增加而变化，只有OEM的生产决策受到影响。然而，当闭环供应链采用集中决策时，从图12-19~图12-23的（b）图中都可以看到，在区间[0.69,0.7]内，当OEM的碳排放量等于碳排放限额时，再制品数量、再制品价格、新品数量、新品价格和回收价格都保持不变。这说明在不同的决策模式下，碳限额与交易政策对闭环供应链运营管理决策的影响有着很大的区别。由此，本书得到了以下结论。

（1）碳排放政策能够有效减少新品和再制品数量，从而降低OEM和TPR的碳排放量。相比碳税政策，碳限额与交易政策对闭环供应链各个决策变量的影响更大，也更加复杂，但也能够获得更好的环境效益。

（2）再制造率和消费者购买意愿的增加都能够提高再制品的市场竞争力，提升再制品的市场份额，减少新品的市场份额。在采用分散决策时，OEM能够通过调整专利许可费，使自身的利润在新品市场份额减少的同时依然增加；而集中决策相比分散决策，也能够有效地提高闭环供应链总利润。再制造率和消费者购买意愿的增加能够明显地提高闭环供应链的总利润，因此闭环供应链应该设法提高再制造率和消费者对于再制品的购买意愿。

（3）在需求确定条件下，当再制造率或消费者购买意愿处于较高的水平时，相比较低水平，闭环供应链的许多决策变量对这两个参数的变化更加灵敏。在需求不确定条件下，闭环供应链的决策变量对这两个参数在各个水平上的灵敏度变化不是特别明显。

（4）碳税政策也能够有效地增加再制品数量，减少新品数量，但是对闭环供应链运营管理决策的影响程度随再制造率及消费者购买意愿的增加而产生的变化也不是特别明显。

（5）当考虑碳限额与交易政策时，在OEM和TPR的碳排放量大于、等于或小于碳排放限额这三种情形下，再制造率和消费者购买意愿对其运营管理决策的影响是不同的。因此，无论是OEM还是TPR，都需要根据实际的政策环境及时调整自身的决策，才能为企业带来更多的利润。

参 考 文 献

包兴，季建华，Tang O. 2007. MTO 再制造系统最优生产计划提前期研究——基于最小相对熵的方法[J]. 工业工程与管理，（2）：51-56，64.

曹柬，胡强，吴晓波，等. 2013. 基于 EPR 制度的政府与制造商激励契约设计[J]. 系统工程理论与实践，33（3）：610-621.

曹俊，熊中楷，刘莉莎. 2010. 闭环供应链中新件制造商和再制造商的价格及质量水平竞争[J]. 中国管理科学，（5）：82-90.

常香云，王艺璇，朱慧赟，等. 2014. 集成碳排放约束的企业制造/再制造生产决策[J]. 系统工程，32（2）：49-56.

常香云，钟永光，王艺璇，等. 2013. 促进我国汽车零部件再制造的政府低碳引导政策研究——以汽车发动机再制造为例[J]. 系统工程理论与实践，33（11）：2811-2821.

常香云，朱慧赟. 2012. 碳排放约束下企业制造/再制造生产决策研究[J]. 科技进步与对策，29（11）：75-78.

陈伟达，刘碧玉. 2015. 考虑质量成本的再制造系统批量计划综合优化[J]. 管理科学学报，18（12）：36-46.

陈翔宇，梁工谦. 2006. 再制造业及其生产模式研究综述——美国的经验与中国的方向[J]. 中国软科学，（5）：80-88.

杜少甫，董骏峰，梁樑，等. 2009. 考虑排放许可与交易的生产优化[J]. 中国管理科学，17（3）：81-86.

高举红，滕金辉，侯丽婷，等. 2017. 需求不确定下考虑竞争的闭环供应链定价研究[J]. 系统工程学报，32（1）：78-88.

郭军华，李帮义，倪明. 2012. 不确定需求及 WTP 差异下的再制造回收模式选择[J]. 软科学，26（4）：131-135.

郭军华，李帮义，倪明. 2015. WTP 差异下再制造闭环供应链的回收模式选择[J]. 管理学报，12（1）：142-147.

郭军华，杨丽，李帮义，等. 2013. 不确定需求下的再制造产品联合定价决策[J]. 系统工程理论与实践，33（8）：1949-1955.

参考文献

国家发展和改革委员会，科学技术部，工业和信息化部，等. 2010. 关于推进再制造产业发展的意见. 广西节能，（2）：8-9.

韩小花，薛声家. 2010. 竞争的闭环供应链回收渠道的演化博弈决策[J]. 计算机集成制造系统，16（7）：1487-1493.

黄伟鑫，陈伟达. 2012. 基于可信性理论的模糊环境下再制造生产计划[J]. 工业工程与管理，17（1）：21-26.

计国君. 2009. 不确定需求下有价差时再造回收模式研究[J]. 中国流通经济，（5）：41-45.

计国君，黄位旺. 2010. 回收条例约束下的再制造供应链决策[J]. 系统工程理论与实践，30（8）：1355-1362.

计国君，黄位旺. 2012. WEEE回收条例有效实施问题研究[J]. 管理科学学报，15（5）：1-9，96.

李春发，冯立攀. 2016. 考虑消费者偏好的WEEE双回收渠道设计策略研究[J]. 系统工程学报，31（4）：494-503.

李春发，薛楠楠，王学敏，等. 2019. "互联网+"手机回收模式影响因素：理论模型构建与SD仿真分析[J]. 复杂系统与复杂性科学，16（4）：44-55.

李响，李勇建. 2011. 随机环境下考虑回收定价和销售定价的逆向供应链优化与协调研究[J]. 系统科学与数学，31（11）：1511-1523.

李潇芮，张黎明，钟永光. 2018. 奖惩机制下废弃电器电子产品回收处理商合作研发决策研究[J]. 科技管理研究，38（14）：200-209.

刘碧玉. 2014. 废旧机电类产品再制造系统生产计划综合优化研究[D]. 东南大学博士学位论文.

刘碧玉，陈伟达. 2014. 有限分布信息条件下MTO再制造系统提前期优化[J]. 中国管理科学，22（9）：82-89.

刘碧玉，陈伟达，杨海东. 2016. 基于REVD考虑碳排放的零部件再制造决策[J]. 管理科学学报，19（10）：48-60，86.

刘超，慕静. 2017. 碳排放政策不同和碳敏感度差异对于供应链的影响研究[J]. 中国管理科学，25（9）：178-187.

刘慧慧，刘涛. 2017. 电器电子产品基金补贴和市场合作对正规回收渠道的影响研究[J]. 中国管理科学，25（5）：87-96.

刘林，陈蕾，杨爱峰. 2017. 考虑碳排放约束的制造/再制造生产优化[J]. 计算机工程与应用，53（9）：231-235，252.

刘志，李帮义，唐娟，等. 2018a. 政府基金政策下的闭环供应链产品设计与生产决策[J]. 计算机集成制造系统，24（2）：505-515.

刘志，李帮义，汪磊，等. 2018b. 差异化竞争下考虑再制造专利许可的闭环供应链生产决策[J]. 运筹与管理，27（5）：66-74.

马祖军，胡书，代颖. 2016. 政府规制下混合渠道销售/回收的电器电子产品闭环供应链决策[J].

中国管理科学，24（1）：82-90.

牟新娣. 2016. 废弃电器电子产品回收处理基金补贴研究[D]. 青岛大学硕士学位论文.

慕艳芬. 2015. WEEE回收处理基金和补贴的影响分析[J]. 生态经济，31（3）：107-111.

慕艳芬，马祖军. 2015. 消费者回收渠道选择对WEEE回收企业决策的影响[J]. 生态经济，31（2）：145-148.

倪明，莫露骅. 2013. 两种回收模式下废旧电子产品再制造闭环供应链模型比较研究[J]. 中国软科学，（8）：170-175.

聂佳佳. 2011. 存在强势零售商的回收再制造闭环供应链模型[J]. 预测，30（5）：36-41.

聂佳佳，王拓，赵映雪，等. 2015. 碳排放约束下再制造闭环供应链回收策略[J]. 管理工程学报，29（3）：249-256.

聂佳佳，王文宾，吴庆. 2011. 奖惩机制对零售商负责回收闭环供应链的影响[J]. 工业工程与管理，16（2）：52-59.

申成然，李林芝. 2019. 新能源背景下考虑政府补贴的汽车供应链决策研究[J]. 数学的实践与认识，49（8）：79-88.

申成然，熊中楷. 2014. 碳排放约束下制造商再制造决策研究[J]. 系统工程学报，29（4）：537-549.

申成然，熊中楷，孟卫军. 2015. 考虑专利保护的闭环供应链再制造模式[J]. 系统管理学报，24（1）：123-129.

申成然，熊中楷，彭志强. 2013. 专利保护与政府补贴下再制造闭环供应链的决策和协调[J]. 管理工程学报，27（3）：132-138.

孙浩，叶俊，胡劲松，等. 2017. 不同决策模式下制造商与再制造商的博弈策略研究[J]. 中国管理科学，25（1）：160-169.

孙嘉轶，滕春贤，陈兆波. 2013. 基于回收价格与销售数量的再制造闭环供应链渠道选择模型[J]. 系统工程理论与实践，33（12）：3079-3086.

万延花，陈伟达. 2012. 需求不确定的再制造批量决策[J]. 系统管理学报，21（2）：270-274.

王道平，李小燕，张博卿. 2019. 考虑政府碳排放奖惩的差别定价闭环供应链协调策略研究[J]. 管理工程学报，33（1）：189-196.

王发鸿，达庆利. 2006. 电子行业再制造逆向物流模式选择决策分析[J]. 中国管理科学，14（6）：44-49.

王文宾，邓雯雯. 2016. 逆向供应链的政府奖惩机制与税收-补贴机制比较研究[J]. 中国管理科学，24（4）：102-110.

王文宾，邓雯雯，白拓，等. 2016. 碳排放约束下制造商竞争的逆向供应链政府奖惩机制研究[J]. 管理工程学报，30（2）：188-194.

王晓军. 2016. 碳税机制下的闭环供应链回收及再制造决策研究[D]. 重庆交通大学硕士学位论文.

闻卉, 曹晓刚, 黎继子, 等. 2016. 专利保护下考虑再制造竞争的闭环供应链定价决策[J]. 数学的实践与认识, 46 (21): 64-71.

吴鹏, 陈剑. 2008. 考虑回收数量不确定性的生产决策优化[J]. 系统工程学报, 23 (6): 644-649, 719.

谢红莲. 2013. 基于碳减排的废弃物回收逆向物流研究[D]. 电子科技大学硕士学位论文.

谢家平, 迟琳娜, 梁玲. 2012. 基于产品质量内生的制造/再制造最优生产决策[J]. 管理科学学报, 15 (8): 12-23.

谢家平, 王爽. 2011. 偏好市场下制造/再制造系统最优生产决策[J]. 管理科学学报, 14 (3): 24-33.

熊中楷, 申成然, 彭志强. 2011. 专利保护下再制造闭环供应链协调机制研究[J]. 管理科学学报, 14 (6): 76-85.

徐滨士. 2007. 装备再制造工程的理论与技术[M]. 北京: 国防工业出版社.

徐滨士, 马世宁, 刘世参, 等. 2000. 21 世纪的再制造工程[J]. 中国机械工程, 11 (1/2): 36-39.

许民利, 莫珍连, 简惠云, 等. 2016. 考虑低碳消费者行为和专利保护的再制造产品定价决策[J]. 控制与决策, 31 (7): 1237-1246.

颜荣芳, 程永宏, 王彩霞. 2013. 再制造闭环供应链最优差别定价模型[J]. 中国管理科学, 21 (1): 90-97.

杨珺, 李金宝, 卢巍. 2012. 系统动力学的碳排放政策对供应链影响[J]. 工业工程与管理, 17 (4): 21-30.

姚卫新. 2004. 再制造条件下逆向物流回收模式的研究[J]. 管理科学, 17 (1): 76-80.

尹君, 谢家平. 2017. 分享经济视角下回收再制造系统动力学仿真研究[J]. 统计与决策, (9): 58-61.

张汉江, 李聪颖, 姚琴, 等. 2014. 闭环供应链上的最优回收激励契约与政府补贴再制造政策的最优化[J]. 系统工程, 32 (8): 74-79.

钟永光, 贾晓菁, 钱颖. 2016. 系统动力学前沿与应用[M]. 北京: 科学出版社.

钟永光, 贾晓菁, 钱颖, 等. 2013. 系统动力学[M]. 2 版. 北京: 科学出版社.

钟永光, 钱颖, 尹凤福, 等. 2010. 激励居民参与环保化回收废弃家电及电子产品的系统动力学模型[J]. 系统工程理论与实践, 30 (4): 709-722.

周垂日, 梁樑, 苟清龙, 等. 2008. 考虑产品可替换的再制造产品选择决策[J]. 中国管理科学, 16 (2): 57-61.

周岩, 韩瑞京, 蒋京龙, 等. 2015. 废旧产品分类管理的随机需求闭环供应链网络均衡[J]. 系统科学与数学, 35 (8): 939-957.

周永圣, 汪寿阳. 2010. 政府监控下的退役产品回收模式[J]. 系统工程理论与实践, 30 (4): 615-621.

朱庆华，夏西强，李幻云. 2017. 政府补贴与专利费用下制造与再制造博弈模型[J]. 系统工程学报，32（1）：8-18.

朱胜，姚巨坤. 2009. 基于再制造的装备多寿命周期工程[J]. 装甲兵工程学院学报，23（4）：1-5.

Abbey J D, Blackburn J D, Guide V D R, Jr. 2015. Optimal pricing for new and remanufactured products[J]. Journal of Operations Management, 36：130-146.

Absi N, Dauzère-Pérès S, Kedad-Sidhoum S, et al. 2013. Lot sizing with carbon emission constraints[J]. European Journal of Operational Research, 227（1）：55-61.

Alfares H K, Elmorra H H. 2005. The distribution-free newsboy problem：extensions to the shortage penalty case[J]. International Journal of Production Economics, 93/94：465-477.

Bakal I S, Akcali E. 2006. Effects of random yield in remanufacturing with price-sensitive supply and demand[J]. Production and Operations Management, 15（3）：407-420.

Bao X, Tang O, Ji J. 2008. Applying the minimum relative entropy method for bimodal distribution in a remanufacturing system[J]. International Journal of Production Economics, 113（2）：969-979.

Bashmakov I, Jepma C, Bohm P, et al. 2001. Policies, measures, and instruments[C]//Metz B, Davidson O, Swart R. Climate Change 2001：Mitigation. Cambridge：Cambridge University Press：413, 414.

Bayındır Z P, Erkip N, Güllü R. 2003. A model to evaluate inventory costs in a remanufacturing environment[J]. International Journal of Production Economics, 81/82：597-607.

Bazan E, Jaber M Y, El Saadany A M A. 2015. Carbon emissions and energy effects on manufacturing-remanufacturing inventory models[J]. Computers & Industrial Engineering, 88：307-316.

Bazan E, Jaber M Y, Zanoni S. 2017. Carbon emissions and energy effects on a two-level manufacturer-retailer closed-loop supply chain model with remanufacturing subject to different coordination mechanisms[J]. International Journal of Production Economics, 183：394-408.

Behret H, Korugan A. 2009. Performance analysis of a hybrid system under quality impact of returns[J]. Computers & Industrial Engineering, 56（2）：507-520.

Benjaafar S, Li Y, Daskin M. 2013. Carbon footprint and the management of supply chains：insights from simple models[J]. IEEE Transactions on Automation Science and Engineering, 10（1）：99-116.

Benz E, Trüick S. 2009. Modeling the price dynamics of CO_2 emission allowances[J]. Energy Economics, 31（1）：4-15.

Bonney M, Jaber M Y. 2011. Environmentally responsible inventory models：non-classical models for a non-classical era[J]. International Journal of Production Economics, 133（1）：43-53.

Cao K, He P, Liu Z. 2019. Production and pricing decisions in a dual-channel supply chain under remanufacturing subsidy policy and carbon tax policy[J]. Journal of the Operational Research Society, 71 (8): 1199-1215.

Cao K, Xu B, Wang J. 2020. Optimal trade-in and warranty period strategies for new and remanufactured products under carbon tax policy[J]. International Journal of Production Research, 58 (1): 180-199.

Chang X, Fan J, Zhao Y, et al. 2016. Impact of China's recycling subsidy policy in the product life cycle[J]. Sustainability, 8 (8): 781-801.

Chen Y, Li B, Bai Q, et al. 2018. Decision-making and environmental implications under cap-and-trade and take-back regulations[J]. International Journal of Environmental Research and Public Health, 15 (4): 678-702.

Daniel V, Guide R, Jr, Spencer M S. 1997. Rough-cut capacity planning for remanufacturing firms[J]. Production Planning & Control, 8 (3): 237-244.

Debo L G, Toktay L B, van Wassenhove L N. 2005. Market segmentation and product technologyselection for remanufacturable products[J]. Management Science, 51 (8): 1193-1205.

Delage E, Ye Y. 2010. Distributionally robust optimization under moment uncertainty with application to data-driven problems[J]. Operations Research, 58 (3): 595-612.

DePuy G W, Usher J S, Walker R L, et al. 2007. Production planning for remanufactured products[J]. Production Planning and Control, 18 (7): 573-583.

Dou G, Guo H, Zhang Q, et al. 2019. A two-period carbon tax regulation for manufacturing and remanufacturing production planning[J]. Computers & Industrial Engineering, 128: 502-513.

European Commission. 2008-01-23. Questions & answers on emissions trading and national allocation plans[EB/OL]. http://europa.eu/rapid/pressReleasesAction.do?reference=MEMO/08/35.

European Commission. 2012. Reducing emissions from the aviation sector[EB/OL]. http://ec.europa.eu/clima/policies/transport/aviation.

Fahimnia B, Sarkis J, Dehghanian F, et al. 2013. The impact of carbon pricing on a closed-loop supply chain: an Australian case study[J]. Journal of Cleaner Production, 59 (18): 210-225.

Ferguson M E, Guide V D, Jr, Koca E, et al. 2009. The value of quality grading in remanufacturing[J]. Production and Operations Management, 18 (3): 300-314.

Ferguson M E, Toktay L B. 2006. The effect of competition on recovery strategies[J]. Production and Operations Management, 15 (3): 351-368.

Galbreth M R, Blackburn J D. 2006. Optimal acquisition and sorting policies for remanufacturing[J]. Production and Operations Management, 15 (3): 384-392.

Galbreth M R, Blackburn J D. 2010. Optimal acquisition quantities in remanufacturing with condition uncertainty[J]. Production and Operations Management, 19 (1): 61-69.

Gallego G, Moon I. 1993. The distribution free newsboy problem: review and extensions[J]. Journal of the Operational Research Society, 44 (8): 825-834.

Gallego G, Ryan J K, Simchi-Levi D. 2001. Minimax analysis for finite-horizon inventory models[J]. IIE Transactions, 33 (10): 861-874.

Guide V D R, Jr. 2000. Production planning and control for remanufacturing: industry practice and research needs[J]. Journal of Operations Management, 18 (4): 467-483.

Guide V D R, Jr, Jayaraman V, Linton J D. 2003a. Building contingency planning for closed-loop supply chains with product recovery[J]. Journal of Operations Management, 21 (3): 259-279.

Guide V D R, Jr, Jayaraman V, Srivastava R. 1999a. Production planning and control for remanufacturing: a state-of-the-art survey[J]. Robotics and Computer-Integrated Manufacturing, 15 (3): 221-230.

Guide V D R, Jr, Jayaraman V, Srivastava R. 1999b. The effect of lead time variation on the performance of disassembly release mechanisms[J]. Computers & Industrial Engineering, 36 (4): 759-779.

Guide V D R, Jr, Pentico D. 2003. A hierarchical decision model for re-manufacturing and re-use[J]. International Journal of Logistics, 6 (1/2): 29-35.

Guide V D R, Jr, Srivastava R, Spencer M S. 1997. An evaluation of capacity planning techniques in a remanufacturing environment[J]. International Journal of Production Research, 35 (1): 67-82.

Guide V D R, Jr, Teunter R H, van Wassenhove L N. 2003b. Matching demand and supply to maximize profits from remanufacturing[J]. Manufacturing & Service Operations Management, 5 (4): 303-316.

Guide V D R, Jr, van Wassenhove L N. 2001. Managing product returns for remanufacturing[J]. Production and Operations Management, 10 (2): 142-155.

Gungor A, Gupta S M. 1999. Issues in environmentally conscious manufacturing and product recovery: a survey[J]. Computers & Industrial Engineering, 36 (4): 811-853.

Gupta S M, Tirpak D A, Burger N, et al. 2007. Policies, instruments, and co-operative arrangements[C]//Metz B, Davidson O R, Bosch P R, et al. Climate Change 2007: Mitigation. Cambridge: Cambridge University Press: 755, 756.

Hasanov P, Jaber M Y, Tahirov N. 2019. Four-level closed loop supply chain with remanufacturing[J]. Applied Mathematical Modelling, 66: 141-155.

Helm D. 2005. Economic instruments and environmental policy[J]. Economic and Social Review, 36 (3): 205-228.

Hoen K M R, Tan T, Fransoo J C, et al. 2014. Effect of carbon emission regulations on transport mode selection under stochastic demand[J]. Flexible Services and Manufacturing Journal, 26 (1/2): 170-195.

Hong X, Govindan K, Xu L, et al. 2017. Quantity and collection decisions in a closed-loop supply chain with technology licensing[J]. European Journal of Operational Research, 256 (3): 820-829.

Hua G, Cheng T C E, Wang S. 2011. Managing carbon footprints in inventory management[J]. International Journal of Production Economics, 132 (2): 178-185.

Huang Y, Wang Z. 2018. Demand disruptions, pricing and production decisions in a closed-loop supply chain with technology licensing[J]. Journal of Cleaner Production, 191: 248-260.

Huang Y, Wang Z. 2019. Pricing and production decisions in a closed-loop supply chain considering strategic consumers and technology licensing[J]. International Journal of Production Research, 57 (9): 2847-2866.

Ilgin M A, Gupta S M. 2010. Environmentally conscious manufacturing and product recovery (ECMPRO): a review of the state of the art[J]. Journal of Environmental Management, 91 (3): 563-591.

International Energy Agency. 2008. Carbon capture and storage (CCS) for power generation and industry[Z].

Jaber M Y, Glock C H, El Saadany A M A. 2013. Supply chain coordination with emissions reduction incentives[J]. International Journal of Production Research, 51 (1): 69-82.

Jena S K, Sarmah S P, Padhi S S. 2018. Impact of government incentive on price competition of closed-loop supply chain systems[J]. Information Systems and Operational Research, 56 (2): 192-224.

Jiang H, Netessine S, Savin S. 2011. Robust newsvendor competition under asymmetric information[J]. Operations Research, 59 (1): 254-261.

Jiang N, Sharp B, Sheng M. 2009. New Zealand's emissions trading scheme[J]. New Zealand Economic Papers, 43 (1): 69-79.

Jørgensen S, Sigue S P, Zaccour G. 2000. Dynamic cooperative advertising in a channel[J]. Journal of Retailing, 76 (1): 71-92.

Junior M L, Filho M G. 2012. Production planning and control for remanufacturing: literature review and analysis[J]. Production Planning & Control, 23 (6): 419-435.

Kapetanopoulou P, Tagaras G. 2009. An empirical investigation of value-added product recovery activities in SMEs using multiple case studies of OEMs and independent remanufacturers[J]. Flexible Services and Manufacturing Journal, 21 (3/4): 92-113.

Kenné J P, Dejax P, Gharbi A. 2012. Production planning of a hybrid manufacturing-remanufacturing system under uncertainty within a closed-loop supply chain[J]. International

Journal of Production Economics, 135（1）：81-93.

Kerr W, Ryan C. 2001. Eco-efficiency gains from remanufacturing: a case study of photocopier remanufacturing at Fuji Xerox Australia[J]. Journal of Cleaner Production, 9（1）：75-81.

Kim E J, Saghafian S, van Oyen M P. 2013. Joint control of production, remanufacturing, and disposal activities in a hybrid manufacturing-remanufacturing system[J]. European Journal of Operational Research, 231（2）：337-348.

Kleber R, Minner S, Kiesmüller G. 2002. A continuous time inventory model for a product recovery system with multiple options[J]. International Journal of Production Economics, 79（2）：121-141.

Kongar E, Gupta S M. 2002. A multi-criteria decision making approach for disassembly-to-order systems[J]. Journal of Electronics Manufacturing, 11（2）：171-183.

Korugan A, Dingeç K D, Önen T, et al. 2013. On the quality variation impact of returns in remanufacturing[J]. Computers & Industrial Engineering, 64（4）：929-936.

Letmathe P, Balakrishnan N. 2005. Environmental considerations on the optimal product mix[J]. European Journal of Operational Research, 167（2）：398-412.

Li J, González M, Zhu Y. 2009. A hybrid simulation optimization method for production planning of dedicated remanufacturing[J]. International Journal of Production Economics, 117（2）：286-301.

Li Y, Xu F, Zhao X. 2017. Governance mechanisms of dual-channel reverse supply chains with informal collection channel[J]. Journal of Cleaner Production, 155：125-140.

Liao C, Önal H, Chen M H. 2009. Average shadow price and equilibrium price: a case study of tradable pollution permit markets[J]. European Journal of Operational Research, 196（3）：1207-1213.

Liao Y, Banerjee A, Yan C. 2011. A distribution-free newsvendor model with balking and lost sales penalty[J]. International Journal of Production Economics, 133（1）：224-227.

Liu B, Chen W, Segerstedt A, et al. 2019. A min-max solution to optimise planned lead time in a remanufacturing system[J]. International Transactions in Operational Research, 26（2）：485-506.

Liu B, Holmbom M, Segerstedt A, et al. 2015. Effects of carbon emission regulations on remanufacturing decisions with limited information of demand distribution[J]. International Journal of Production Research, 53（2）：532-548.

Liu Z, Tang J, Li B, et al. 2017. Trade-off between remanufacturing and recycling of WEEE and the environmental implication under the Chinese Fund Policy[J]. Journal of Cleaner Production, 167：97-109.

Luh P B, Yu D, Soorapanth S, et al. 2005. A Lagrangian relaxation based approach to schedule asset overhaul and repair services[J]. IEEE Transactions on Automation Science and Engineering, 2（2）：145-157.

Lund R T. 1996. The Remanufacturing Industry: Hidden Giant[M]. Boston: Boston University.

Lund R T, Mundial B. 1984. Remanufacturing: The Experience of the United States and Implications for Developing Countries[M]. Washington, DC: World Bank.

Majumder P, Groenevelt H. 2001. Competition in remanufacturing[J]. Production and Operations Management, 10(2): 125-141.

Miao S, Wang T, Chen D. 2017. System dynamics research of remanufacturing closed-loop supply chain dominated by the third party[J]. Waste Management & Research, 35(4): 379-386.

Miao Z, Mao H, Fu K, et al. 2018. Remanufacturing with trade-ins under carbon regulations[J]. Computers & Operations Research, 89: 253-268.

Moon I, Choi S. 1997. Distribution free procedures for make-to-order (MTO), make-in-advance (MIA), and composite policies [J]. International Journal of Production Economics, 48(1): 21-28.

Mostard J, de Koster R, Teunter R. 2005. The distribution-free newsboy problem with resalable returns[J]. International Journal of Production Economics, 97(3): 329-342.

Mukhopadhyay S K, Ma H. 2009. Joint procurement and production decisions in remanufacturing under quality and demand uncertainty[J]. International Journal of Production Economics, 120(1): 5-17.

Mukhopadhyay S K, Setoputro R. 2005. Optimal return policy and modular design for build-to-order products[J]. Journal of Operations Management, 23(5): 496-506.

Oraiopoulos N, Ferguson M E, Toktay L B. 2012. Relicensing as a secondary market strategy[J]. Management Science, 58(5): 1022-1037.

Ouyang L Y, Wu K S. 1998. A minimax distribution free procedure for mixed inventory model with variable lead time[J]. International Journal of Production Economics, 56: 511-516.

Özler A, Tan B, Karaesmen F. 2009. Multi-product newsvendor problem with value-at-risk considerations[J]. International Journal of Production Economics, 117(2): 244-255.

Pal B, Sana S S, Chaudhuri K. 2015. A distribution-free newsvendor problem with nonlinear holding cost[J]. International Journal of Systems Science, 46(7): 1269-1277.

Patel G S. 2006. A stochastic production cost model for remanufacturing systems[D]. MS Thesis, The University of Texas-Pan American.

Pazoki M, Abdul-Kader W. 2016. Optimal disposition decisions for a remanufacturing system considering time value of products[J]. Computers & Industrial Engineering, 99: 124-136.

Penkuhn T, Spengler T, Püchert H, et al. 1997. Environmental integrated production planning for the ammonia synthesis[J]. European Journal of Operational Research, 97(2): 327-336.

Perakis G, Roels G. 2008. Regret in the newsvendor model with partial information[J]. Operations Research, 56(1): 188-203.

Pokharel S, Liang Y. 2012. A model to evaluate acquisition price and quantity of used products for remanufacturing[J]. International Journal of Production Economics, 138（1）：170-176.

Reveliotis S A. 2007. Uncertainty management in optimal disassembly planning through learning-based strategies[J]. IIE Transactions, 39（6）：645-658.

Richter K, Weber J. 2001. The reverse Wagner/Whitin model with variable manufacturing and remanufacturing cost[J]. International Journal of Production Economics, 71（1/3）：447-456.

Rosič H, Jammernegg W. 2013. The economic and environmental performance of dual sourcing: a newsvendor approach[J]. International Journal of Production Economics, 143（1）：109-119.

Savaskan R C, Bhattacharya S, van Wassenhove L N. 2004. Closed-loop supply chain models with product remanufacturing[J]. Management Science, 50（2）：239-252.

Scarf H A. 1958. A min-max solution of an inventory problem[C]//Arrow K J, Karlin S, Scarf H E. Studies in the International Theory of Inventory and Productions. Stanford: Stanford University Press: 201-209.

Sheu J B, Chen Y J. 2012. Impact of government financial intervention on competition among green supply chains[J]. International Journal of Production Economics, 138（1）：201-213.

Shi J, Zhang G, Sha J. 2011. Optimal production planning for a multi-product closed loop system with uncertain demand and return[J]. Computers & Operations Research, 38（3）：641-650.

Shu T, Wu Q, Chen S, et al. 2017. Manufacturers'/remanufacturers' inventory control strategies with cap-and-trade regulation[J]. Journal of Cleaner Production, 159: 11-25.

Shulman J D, Coughlan A T, Savaskan R C. 2010. Optimal reverse channel structure for consumer product returns[J]. Marketing Science, 29（6）：1071-1085.

Song J, Leng M. 2012. Analysis of the single-period problem under carbon emissions policies[J]. Handbook of Newsvendor Problems, International Series in Operations Research & Management Science, 176: 297-313.

Stanfield P M, King R E, Hodgson T J. 2006. Determining sequence and ready times in a remanufacturing system[J]. IIE Transactions, 38（7）：565-575.

Steinhilper R. 1998. Remanufacturing: The Ultimate Form of Recycling[M]. Stuttgart: Fraunhofer IRB Verlag.

Tang O, Grubbström R W. 2005. Considering stochastic lead times in a manufacturing/remanufacturing system with deterministic demands and returns[J]. International Journal of Production Economics, 93/94: 285-300.

Tang O, Grubbström R W, Zanoni S. 2007. Planned lead time determination in a make-to-order remanufacturing system[J]. International Journal of Production Economics, 108（1/2）：426-435.

Teunter R H, Bayindir Z P, van den Heuvel W. 2006. Dynamic lot sizing with product returns and remanufacturing[J]. International Journal of Production Research, 44（20）: 4377-4400.

Teunter R H, Flapper S D P. 2011. Optimal core acquisition and remanufacturing policies under uncertain core quality fractions[J]. European Journal of Operational Research, 210（2）: 241-248.

Tian J, Chen M. 2014. Sustainable design for automotive products: dismantling and recycling of end-of-life vehicles[J]. Waste Management, 34（2）: 458-467.

Tornese F, Carrano A L, Thorn B K, et al. 2016. Carbon footprint analysis of pallet remanufacturing[J]. Journal of Cleaner Production, 126: 630-642.

Umeda Y, Ishizuka K, Matsumoto M, et al. 2017. Modeling competitive market of remanufactured products[J]. CIRP Annals, 66（1）: 61-64.

van der Laan E, Salomon M, Dekker R. 1999. An investigation of lead-time effects in manufacturing/remanufacturing systems under simple PUSH and PULL control strategies[J]. European Journal of Operational Research, 115（1）: 195-214.

Vlachos D, Georgiadis P, Iakovou E. 2007. A system dynamics model for dynamic capacity planning of remanufacturing in closed-loop supply chains[J]. Computers & Operations Research, 34（2）: 367-394.

Wang H, Han H, Liu T, et al. 2018. "Internet+" recyclable resources: a new recycling mode in China[J]. Resources, Conservation and Recycling, 134: 44-47.

Wang J, Wang Y, Zhang S, et al. 2018. Effects of fund policy incorporating extended producer responsibility for WEEE dismantling industry in China[J]. Resources, Conservation and Recycling, 130: 44-50.

Wang J, Zhao J, Wang X. 2011. Optimum policy in hybrid manufacturing/remanufacturing system[J]. Computers & Industrial Engineering, 60（3）: 411-419.

Wang W, Zhang Y, Li Y, et al. 2017. Closed-loop supply chains under reward-penalty mechanism: retailer collection and asymmetric information[J]. Journal of Cleaner Production, 142: 3938-3955.

Wang W, Zhou S, Zhang M, et al. 2018. A closed-loop supply chain with competitive dual collection channel under asymmetric information and reward-penalty mechanism[J]. Sustainability, 10（7）: 2131.

Wang X F, Zhu Y T, Sun H, et al. 2018. Production decisions of new and remanufactured products: implications for low carbon emission economy[J]. Journal of Cleaner Production, 171: 1225-1243.

Wang X V, Wang L. 2019. Digital twin-based WEEE recycling, recovery and remanufacturing in the background of Industry 4.0[J]. International Journal of Production Research, 57（12）: 3892-3902.

Wang Y, Chang X, Chen Z, et al. 2014. Impact of subsidy policies on recycling and remanufacturing using system dynamics methodology: a case of auto parts in China[J]. Journal of Cleaner Production, 74: 161-171.

Wang Y, Chen W, Liu B. 2017. Manufacturing/remanufacturing decisions for a capital-constrained manufacturer considering carbon emission cap and trade[J]. Journal of Cleaner Production, 140: 1118-1128.

Wang Z B, Wang Y Y, Wang J C. 2016. Optimal distribution channel strategy for new and remanufactured products[J]. Electronic Commerce Research, 16(2): 269-295.

Wang Z H, Guo D X, Wang X M. 2016. Determinants of residents' e-waste recycling behaviour intentions: evidence from China[J]. Journal of Cleaner Production, 137: 850-860.

Xiong Y, Zhao Q, Zhou Y. 2016. Manufacturer-remanufacturing vs supplier-remanufacturing in a closed-loop supply chain[J]. International Journal of Production Economics, 176: 21-28.

Xu B, Zhu S. 1999. Advanced remanufacturing technologies based on nano-surface engineering[C]// Proceeding 3rd International Conference on Advances in Production Engineer: 35-43.

Xu L, Wang C. 2018. Sustainable manufacturing in a closed-loop supply chain considering emission reduction and remanufacturing[J]. Resources, Conservation and Recycling, 131: 297-304.

Yang C H, Liu H, Ji P, et al. 2016. Optimal acquisition and remanufacturing policies for multi-product remanufacturing systems[J]. Journal of Cleaner Production, 135: 1571-1579.

Yang X Y, Gao F L. 2009. Controlling remanufacturing time based on Markov process[C]//2009 International Conference on Information Management, Innovation Management and Industrial Engineering. IEEE, 1: 176-178.

Yang Y, Xu X. 2019. A differential game model for closed-loop supply chain participants under carbon emission permits[J]. Computers & Industrial Engineering, 135: 1077-1090.

Yenipazarli A. 2016. Managing new and remanufactured products to mitigate environmental damage under emissions regulation[J]. European Journal of Operational Research, 249(1): 117-130.

Yue J, Chen B, Wang M C. 2006. Expected value of distribution information for the newsvendor problem[J]. Operations Research, 54(6): 1128-1136.

Zhang B, Xu L. 2013. Multi-item production planning with carbon cap and trade mechanism[J]. International Journal of Production Economics, 144(1): 118-127.

Zhang C T, Ren M L. 2016. Closed-loop supply chain coordination strategy for the remanufacture of patented products under competitive demand[J]. Applied Mathematical Modelling, 40(13/14): 6243-6255.

Zhang D, Cao Y, Wang Y, et al. 2020. Operational effectiveness of funding for waste electrical and electronic equipment disposal in China: an analysis based on game theory[J]. Resources, Conservation and Recycling, 152: 104514.

Zhang D, Zhang X, Shi B, et al. 2018. Collection and remanufacturing of waste products under patent protection and government regulation[J]. Sustainability, 10（5）：1-22.

Zhang Z, Gong B, Tang J, et al. 2019. The joint dynamic green innovation and pricing strategies for a hybrid system of manufacturing and remanufacturing with carbon emission constraints[J]. Kybernetes, 48（8）：1699-1730.

Zhao J, Wang C, Xu L. 2019. Decision for pricing, service, and recycling of closed-loop supply chains considering different remanufacturing roles and technology authorizations[J]. Computers & Industrial Engineering, 132：59-73.

Zhu X, Li W. 2020. Research on the pricing strategy of "Internet+" recycling platforms in a two-sided network environment[J]. Sustainability, 12（3）：1001-1020.

Zhu X, Wang J, Tang J. 2017. Recycling pricing and coordination of WEEE dual-channel closed-loop supply chain considering consumers' bargaining[J]. International Journal of Environmental Research and Public Health, 14（12）：1578.

Zhu Z, Zhang J, Ye Y. 2013. Newsvendor optimization with limited distribution information [J]. Optimization Methods and Software, 28（3）：640-667.

Zikopoulos C, Tagaras G. 2008. On the attractiveness of sorting before disassembly in remanufacturing[J]. IIE Transactions, 40（3）：313-323.

Zou Z B, Wang J J, Deng G S, et al. 2016. Third-party remanufacturing mode selection：outsourcing or authorization?[J]. Transportation Research Part E：Logistics and Transportation Review, 87：1-19.